D1995434

Andreas Disselnkötter / Siegfried Jäger /
Helmut Kellershohn / Susanne Slobodzian (Hg.)

Evidenzen im Fluß

Demokratieverluste in Deutschland

Modell D - Geschlechter - Rassismus - PC

DISS

© 1997 by DISS, Duisburg
Duisburger Institut für Sprach- und Sozialforschung
Realschulstr. 51, 47051 Duisburg
Telefon 0203-20249, FAX 0203-287881

Umschlaggestaltung: Dorothea Hein
Satz und Layout: Hans Uske
Druck: Rosch Buch-Druckerei, Scheßlitz
ISBN: 3-927388-60-2

Alle Rechte vorbehalten
insbesondere die des öffentlichen Vortrags,
der Rundfunksendung und der Fernsehausstrahlung,
der fotomechanischen Wiedergabe, auch einzelner Teile.

Inhalt

Vorwort:

Andreas Disselnkötter / Siegfried Jäger / Helmut Kellershohn / Susanne Slobodzian

Zur derzeitigen diskursiven Situation der Bundesrepublik Deutschland.

Vorbemerkungen zu diesem Band

In Deutschland sind viele Jahre gültige Maßstäbe ins Wanken geraten: soziale Sicherheit und sozialer Frieden; die Bundeswehr als Armee 'in area', getragen von Bürgern in Uniform; Ausländer als Mitbürger, nicht nur reduziert auf ihre Rolle als *Gastarbeiter*; das langsame aber stetige Fortschreiten der Gleichberechtigung der Frauen. Alle diese Perspektiven einschließlich der Hoffnung auf ihre Entwicklungsfähigkeit haben herbe Dämpfer erhalten. Selbstverständlich gewordene Optionen erscheinen als fragwürdig, überlieferte Normen und Werte geraten ins schlingern.

Sind also alle Sicherheiten und Evidenzen im Fluß? Eine solche Einschätzung erfordert Präzisierungen. Haben wir es doch in Deutschland - und darüber hinaus - mit einem viel konkreter zu fassenden Prozeß zu tun: dem globalen Durchmarsch des Kapitalismus *par excellence* und dem regionalen Gerangel beim Kampf um eine Neuverteilung der Profite nach dem Zusammenbruch des Ostblocks und der Wiedervereinigung.

Es ging den Veranstaltern des Kolloquiums *Evidenzen im Fluß* im Winter '96, dessen Ergebnisse - erweitert um einige Gastbeiträge - wir in diesem Band präsentieren, nicht primär darum, einen kritischen Rundumschlag zur Lage der Bundesrepublik vorzunehmen, obwohl dazu genügend Anlaß bestünde.[1] Vielmehr handelt es sich hier um Diskussionsbeiträge zu Themen, die uns für das

[1] Im Dezember 1996 fand unter dem Titel *Evidenzen im Fluß* in Bonn ein Kolloquium statt, das vom Duisburger Institut für Sprach- und Sozialforschung und der Diskurswerkstatt Bochum e. V. in Verbindung mit der Friedrich-Ebert-Stiftung veranstaltet wurde.

Verständnis der derzeitigen diskursiven Situation der Bundesrepublik Deutschland relevant erscheinen. Sie zeigen Ansätze zur Resistenz gegen den Abbau von Demokratie sowie Wege auf denen dem Projekt Zivilgesellschaft zugearbeitet werden kann. Daß es dabei zu inhaltlichen Kontroversen kommt - was hier insbesondere an konträren Einschätzungen der Bedeutung von 'political correctness' ablesbar ist - wird von uns ebenso begrüßt wie die Heterogenität bei den Vorstellungen, wie kritisches wissenschaftliches Arbeit zu verfahren habe; zeigt sich doch ein gemeinsamer Nenner etwa von Mentalitätsgeschichte der Gegenwart, angewandter Diskurstheorie und Ideologiekritik darin, daß solche Ansätze wie die hier versammelten den hegemonialen Diskurs dieser Gesellschaft an verschiedenen brisanten Stellen analysieren und intellektuell angreifen.

In dieser Perspektive werden Foucaults Überlegungen zur Kritik der Macht virulent: Ihm zufolge können wir die Machtmechanismen fokussieren; die Produktion von Wahrheiten und das Regelwerk ihrer Vermittlung und Kontrolle vor allem über „Universität, Armee, Presse und Massenmedien" (Foucault 1978, S. 52)[2]. Wenn Macht eine allgemeine Matrix der Kräfteverhältnisse zu einer bestimmten Zeit in einer bestimmten Gesellschaft ist und es keine Machtbeziehungen ohne Widerstand gibt, kann dies für eine widerständige Praxis bedeuten, daß sie auf vielfältige Weise die Verhältnisse zu irritieren vermag.

Die Formierung der Gesellschaft, die Art, wie in ihr gedacht, gebaut, produziert und reproduziert wird, hängt wesentlich davon ab, wie die diskurstragenden Kategorien beschaffen sind, die sie stützen. Stärkste Waffe der Hegemonie ist die Rede von der Unveränderbarkeit, der Festigkeit und Unangreifbarkeit ihrer Definition von Wahrheit. Diese Festlegungen unterliegen fortlaufender Veränderung. In der derzeitigen diskursiven Situation geht die Tendenz deutlich in Richtung eines weiteren Abbaus des demokratischen Status quo, was - auf die Verfassung bezogen - besonders an den Änderungen im Artikel 16 GG sowie der (Um-)Deutung des Artikel 24a GG (Out-of-area Urteil) ablesbar ist.

---

[2] Das Duisburger Institut für Sprach- und Sozialforschung (DISS) wie auch die Bochumer Diskurswerkstatt e. V. arbeiten mit einem an Michel Foucault entwickelten Diskursbegriff - wenn auch mit etwas unterschiedlicher, sich jedoch oftmals wechselseitig befruchtender Ausprägung. Hier wird an Foucaults Machtbegriff angeknüpft, vgl. besonders: Foucault, Michel: Dispositive der Macht. Berlin 1978.

Doch gerade in der Labilität von Machtverhältnissen besteht für *Kritische Wissenschaft* allgemein und insbesondere für angewandte Diskurstheorie die Chance zu politischen Interventionen. Um dafür brauchbare Instrumentarien zu entwickeln, stehen auch die etablierten Theorien und Methoden auf dem Prüfstand. Der Fragekomplex, der sich auftut, läßt sich wie folgt skizzieren: Wieso ist Diskursanalyse in der Lage, eine Kritik der Macht zu leisten? Wie kann sie 'praktisch' werden als Instrumentarium zum politischen Eingreifen, z. B. in den Interdiskurs der Medien? Wie kann sie die Kenntnis von den Machtbeziehungen als Strategie nutzen, um an der „vielförmigen Produktion von Herrschaftsverhältnissen“ (Foucault 1978, S. 210) kräftig mitzumischen? Aller Diskurspraxis geht die Frage voran, wo wir die *brisanten politischen Themen* aufspüren, deren Untersuchung bevorzugt geleistet werden sollte? Welche Diskursstränge verlangen und erlauben eine gründliche Analyse?

Ein Blick auf die Situation der Bundesrepublik Deutschland im Jahr '97 zeigt die wachsende Stabilisierung des biopolitischen Diskurses und seine zunehmende Bedeutung für zentrale politische Themen: So ist die Soziobiologie, in der die Gesellschaftlichkeit des Menschen in ihrer *historischen* Gewordenheit massiv infrage gestellt wird, inzwischen zur Leitphilosophie avanciert. Durch diese Anrufung anthropologischen Ideenguts aus der historischen Mottenkiste erscheint der Mensch in seinen Handlungsmöglichkeiten massiv eingeschränkt; Konzepte von natürlicher und überhistorischer Ordnung und deren Bestätigung mit neuen Mitteln - denen der Gentechnik - treten an, um auch biologisch-völkische Denkformen wieder sag- und vertretbar zu machen. Formen der Resistenz gegen die Ordnung des Diskurses über die 'natürliche Ordnung' müssen sich an den Strategien ihrer Apologeten schulen, um nicht als bloße Kritik zu verhallen. In diesem Band werden zentrale Themen des derzeit vorherrschenden gesellschaftlich-politischen Interdiskurses der Medien in der Bundesrepublik Deutschland, die sich in ihrer Tendenz gemeinsam auf den Begriff Völkischer Nationalismus[3] hin fokussieren lassen, analysiert.

Im Anschluß an die Arbeiten der Bochumer Diskurswerkstatt[4] und des Duisburger Instituts für Sprach- und Sozialforschung lassen sich die Themen wie folgt kategorisieren:

---

3 Vgl. z.B. Helmut Kellershohn: Was heißt Völkischer Nationalismus? In: DISS-Forschungsbericht 1995. Studien zu rechtsextremen und (neo-)konservativen Diskursen, Duisburg 1995, S. 92-100.

4 Vgl. dazu die Darstellung: Andreas Disselnkötter / Dorothee Meer / Matthias Thiele 'PROGNO' statt 'RETRO': Prognosen und Interventionen der *Diskurswerkstatt Bochum* und

- *'nationaler Diskurs'*

Das Kernproblem ist hier, wie sich das diskursive Verhältnis von Volk und Nation darstellt. Es geht also um die Konstruktion von nationaler Identität. Zu fragen ist: Werden Volk und Nation mit Verweis auf die sog. 'Abstammung' gleichgesetzt? Auf diese naturalisierende und biologistische Setzung als Leitideologem stützt sich der Völkische Nationalismus. Dieser Diskurs bestimmt den Charakter des Staates mit.

- *'biopolitischer Diskurs'*

Welche institutionellen Regelwerke hat eine Gesellschaft? Wie sieht der Diskursstrang aus, bei dem es um die gesamte Bevölkerung geht, also um Leben und Tod, um Krankheit und Gesundheit, um Bevölkerungsentwicklung, Medizin und Gentechnik? Wird hier nach Maßgabe der Biopolitik ein 'Volkskörper' konstruiert? Zu diesem Punkt gehören auch die Fragen nach der Konstitution der Geschlechter, etwa, welche Grenzziehungen durch Einteilungen in 'normal' und 'nicht normal' erfolgen und welche Folgen das hat.

- *'Sozialdiskurs'*

Ganz aktuell lauten die Fragen: Wohin steuert der Sozialstaat? Wie werden soziale Strukturen und Bedingungen thematisiert? Wie wird Arbeitslosigkeit geleugnet oder auch legitimiert? Wie der Abbau sozialer Errungenschaften? Wird die Volksgemeinschaft tendenziell zu einem Kollektivsubjekt überhöht, dem besondere gesellschaftliche Interessen nachgeordnet werden sollen?

- *'Demokratiediskurs'*

Wie ist das *Verhältnis des Einzelnen zum Ganzen?* Zu fragen ist: Wie wird die Loyalität des Bürgers eingefordert? Wird seine Bereitschaft zu Verzicht und Opfer auch im Namen von Volk und Nation eingefordert?

- *'Einwanderungsdiskurs'*

Im Blickfeld stehen hier gesellschaftliche Gruppen wie Einwanderer, Flüchtlinge und Asylsuchende in ihrer medialen Darstellung. Sodann alle Formen *innerer Feinde*. Also auch die 'illoyalen', 'unanständigen' Deutschen, "unappetitliche Leute" (Kanther) und sog. "Gehirnprothesenträger", wie Franz Josef Strauß die Linken einmal nannte, sind Gegenstand dieses Diskurses. Zu fragen ist, wie der Feind im '*Inneren*' konstruiert wird und welche Mittel zu seiner Bekämpfung gebildet werden.

---

der Zeitschrift *kultuRRevolution* auf diskurstheoretischer Basis. In: Osnabrücker Beiträge zur Sprachtheorie (OBST), Nr. 53, Juni 1996, S. 113-133.

- *'Out-of-area Diskurs'*

Darunter wird der gesamte Themenkomplex der Feindbilder und die militärpolitische Formierung der Bundesrepublik gefaßt. 'Außenpolitik' folgt militärlogischen Kalküls, dies zeigt sich z. B. in dem 'Wertetransfer-Ost' durch die NATO. Diese Bewegung nach außen, weit über das NATO-Gebiet hinaus und mittels Sondertruppen, korrespondiert mit einer ihrem Charakter nach zunehmend militärisch organisierten Feindsuche im 'Inneren'.

Dieser noch erweiterbare grobe Umriß an Themen ist ein Raster zur Untersuchung der 'Wachstumsrate' und des Fortschritts der völkisch-nationalistischen Axiome im Interdiskurs der Medien. Inwieweit haben sie sich bereits in den Diskursen stabilisiert, welche Diskursverschränkungen gibt es und welche Subjekteffekte entstehen?

Mit diesen Fragen ist eine Grundstruktur bzw. ein Schema bereitgestellt, mit dem eine vorläufige Ordnung in die diskursiven Verläufe gebracht ist, um zunächst auf die markantesten und aktualpolitisch relevanteren Komplexe einen analytischen Zugriff zu bekommen.

Die einzelnen Kapitelunterteilungen haben vor allem die Funktion einer formalen Übersicht, denn zu unserem Hauptanliegen gehört die thematische Verschränkung und oft auch enge Verklammerung von Themen. Auch für den Einstieg in die Lektüre der sehr heterogenen Vorgehensweisen der AutorInnen skizzieren wir die Beiträge.

Umbauten am "Modell Deutschland"

Zu den derzeit virulenten Themen, die auch im Kolloquium behandelt wurden, gehört zweifellos der im Namen von 'Globalisierung' und 'Standortdebatte' betriebene Umbau des 'Modells Deutschland'.

Alex Demirovic zeigt am Beispiel von Wolfgang Schäubles Programmschrift *Und der Zukunft zugewandt* (1994), daß sich in diesem Versuch Bedrohungsängste einer in Entstehung begriffenen postfordistischen *Elite* widerspiegeln. Sie würden an die gesamte Bevölkerung weitergereicht, um einen *nationalen Pakt* herbeizuführen, dessen Nutzen für die bürgerlichen Eliten nicht zuletzt in einem symbolischen Gewinn an Selbststabilisierung zu sehen sei.

In seinem Vortrag[5] ging er von der These aus, daß Globalisierung keineswegs schon vollzogene Realität und umfassende Determinante gegenwärtigen Handelns sei, sondern ein Hegemonieprojekt zur Veränderung und Schwächung des keynesianischen Klassenkompromisses. Globalisierung, so seine Vermutung, sei nicht nur, aber auch ein diskursiver Produktionsmechanismus zur Erzeugung neuer Evidenzen.

Maßgeblichen Anteil an diesem Hegemonieprojekt hat der *Neokonservatismus*, dessen ideologische Grundstruktur und Entwicklung seit den 70er Jahren *Helmut Kellershohn* in seinem Beitrag[6] skizziert. Dabei wird deutlich: Der Angriff auf den keynesianischen Klassenkompromiß wurde nie ausschließlich mit rein ökonomistischen Argumenten aus dem Arsenal neoliberaler Wirtschaftspolitik und neoklassischer Wirtschaftstheorie vorgetragen.

Ursula Kreft und *Hans Uske* wenden sich in ihrem Beitrag mehr der Kostenseite des Umbauprojekts zu. Ihr Thema ist die diskursive Verarbeitung der *Massenarbeitslosigkeit* in der Öffentlichkeit seit Beginn der 80er Jahre.

Um die Bedeutung symbolischer Politik geht es auch in dem Beitrag von *Adi Grewenig*. Ihr Thema ist die Art und Weise, wie die Probleme der *'Wiedervereinigung'* und sog. *'inneren Einheit'* in den letzten Jahren medial verarbeitet worden sind. Im Mittelpunkt steht eine Untersuchung der ARD-Fernsehsendungen zum 'Tag der Deutschen Einheit' in den Jahren 1991, 1995 und 1996.

Im Beitrag von *Andreas Musolff* wird die Baustelle Deutschland GmbH aus einer anderen Perspektive besichtigt. Der Beitrag analysiert die Entwicklung des Deutschlandbildes seit 1990 im britischen Mediendiskurs. Im Mittelpunkt steht die Umdeutung des zuvor neutral bis positiv bewerteten 'Modell'-Images der BRD zu einem als bedrohlich empfundenen Bild vom 'wiedervereinigten' Deutschland, das hegemoniale Ansprüche auf eine Vorreiter- bzw. Kommando-Rolle bei der politisch-ökonomischen Einigung der EU stellt.

Tatsächlich ist diese Sichtweise britischer Medien keine Chimäre, sondern gehört mittlerweile zur obersten Leitlinie bundesrepublikanischer Außenpoli-

---

[5] Der Vortrag von Alex Demirovic wurde bereits in einem anderen, von DISS-Mitarbeitern herausgegebenen Sammelband veröffentlicht. Vgl. Cleve, Gabriele/Ruth, Ina/Schulte-Holtey, Ernst/Wichert, Frank (Hg.): Wissenschaft, Macht, Politik. Interventionen in aktuelle gesellschaftliche Diskurse, Münster 1997.

[6] Dieser Beitrag und der von Alex Demirovic wurden nicht auf dem Colloquium vorgetragen. Demirovic' Artikel erschien erstmals in der Zeitschrift *links* 11/12 (1996).

tik. "Deutschland ist nach der Wiedervereinigung das wichtigste und einflußreichste Land in Europa", schreibt z.B. Klaus-Peter Klaiber, der Leiter des Planungsstabes des Auswärtigen Amtes.[7] Der Anspruch auf eine hegemoniale Stellung im zukünftigen 'Haus Europa' ist gewissermaßen die nach außen gerichtete Komponente des Umbauprojekts. Er zeigt noch einmal, daß die Kritik des 'welfare state' keineswegs auf eine Schwächung, sondern genau umgekehrt auf eine Stärkung des Staates, nämlich insbesondere des staatlichen Gewaltmonopols nach außen (wie nach innen!) zielt. Es ist durchaus bemerkenswert, wie in den letzten Jahren Schritt für Schritt die Rolle der Bundeswehr in der internationalen Krisenbewältigungspolitik aufgewertet worden ist.

In diesem Zusammenhang geht der Beitrag von *Mark Galliker*, *Kurt Imminger*, *Daniel Weimer* und *Herbert Bock* auf die für die Akzeptanz der Bundeswehr brisante Debatte um das Urteil des Bundesverfassungsgerichts vom 25.8.1994 ein. Bekanntlich erklärte das BVG die Aussage *"Soldaten sind Mörder"* zu einer zulässigen Meinungsäußerung. Das Beispiel zeigt, daß die Umbauarbeiten am Modell Deutschland keineswegs bruchlos und widerspruchsfrei verlaufen, sondern zweifellos auch Gegentendenzen zur Wirkung kommen lassen.

Geschlechterkonstitution

Die Kategorie Geschlecht, lange Zeit unangefochtene Analyseeinheit feministischer Theoriebildung, wurde in den letzten Jahren einer sehr grundlegenden Kritik unterzogen. Neben der Zuspitzung der Kritik am struktuellen Essentialismus und Biologismus feministischer Theorie, wurden bis dato unreflektiert verwendete Kategorien wie 'Frau', 'Mann', zentrale Topoi wie 'Subjekt', 'Identität', 'Zweigeschlechtlichkeit' oder die traditionelle Trennung zwischen biologischem und sozialem Geschlecht teilweise bis zu ihrer Verwerfung in Frage gestellt.

Die hier versammelten Beiträge von *Hannelore Bublitz, Andrea Dorothea Bührmann, Antke Engel und Birgit Dahlke* dokumentieren und reflektieren zum einen diesen Diskussionsstand und die Konfliktlinien aktueller feministischer Theorie und Forschung, zum anderen nimmt bei allen die Frage nach Operationalisierbarkeit neuer theoretischer Modelle für die gesellschaftliche

7 Vgl. dazu den Beitrag von Kellershohn in diesem Band, Anm. 1.

und politische Praxis angesichts der fundamentalen aktual-historischen Umbrüche einen zentralen Stellenwert ein.

Rassismus

Die Entwicklungen der Rassismusforschung hat Mark Terkessides im Blick. Sein Beitrag erleichtert die Verortung eines Anwendungsfelds, das Martin Ramstedt unter dem Stichwort 'interkulturelle Kommunikation' in seinen verschieden Facetten untersucht. Von zunehmender Bedeutung sind in der Politikwissenschaft die Erforschung der Öffentlichkeitsbilder und deren Wirkungsmächtigkeit, was Kai Hafez bei gleichzeitiger Vorstellung einzelner Methoden und Modelle am Beispiel des Islam fokussiert. Mit den Beiträgen von Gabriele Cleve und Thomas Niehr wird der hier weit gezogenene theoretische Rahmen mit praktischen Analysen gefüllt.

Political Correctness

Das Herüberschwappen der 'PC-Debatte' aus den USA hat für viele politische Strömungen in Deutschland weiterhin enorme Bedeutung und ist in den Medien immer wieder Gegenstand heftiger Auseinandersetzungen. Brigitta Huhnke versucht mit einer Fülle neuer Beispiele, die sie auf der Basis eines eigenen Diskursbegriffs analysiert, ihre Thesen von der Männergewalt durch PC zu belegen, wozu ihr der Beitrag von Rainer Wimmer ein weiteres Beispiel liefern könnte.

Bei dem Kolloquium zeigte Rainer B. Jogschies seinen Film ''Fünfzig Meter Große Freiheit. Eine Versuchsanordnung''. Die von heftigem Widerstreit begleitete Vorführung kommentiert der Autor hier in einer Art 'ästhetischem Nachschlag', in dem sowohl der Film wie auch die Kontroverse nachvollziehbar gemacht werden sollen.

I Modell Deutschland

Helmut Kellershohn

Freier Markt, nationale Gemeinschaft, starker Staat - Die Botschaft des Neokonservatismus

„Aus der Mitte der Gesellschaft...“

Vierzehn Jahre regiert mittlerweile die konservativ-liberale Koalition die Bundesrepublik. Ein Ende dieses Projekts für 1998 zu prognostizieren wäre, allen Unkenrufen zum Trotz, durchaus gewagt. Noch umgibt die Aura des Erfolges das "System Kohl" (Raschke 1997), wie unverdient und mittlerweile arg befleckt sie auch sein mag. Die Bundesrepublik ist seit der Wende aus ihrer oftmals zitierten Zwitterrolle herausgewachsen. Sie ist nicht mehr nur ein wirtschaftlicher Riese, sondern auch eine europäische Großmacht[1] und als solche anerkannter "partner in leadership" - so George Bush bereits 1989 - für die nach dem Zusammenbruch der UDSSR einzig verbliebene Supermacht USA. Und dies, salopp gesprochen, ohne einen Schuß Munition, zumindest bis in jüngster Zeit.

Die politische Linke, besser gesagt: die Rest-Linke, ist bei dieser Sachlage in arger Verlegenheit. Nicht nur, daß sie an der welthistorischen Niederlage des Realsozialismus partizipiert, gleichgültig ob sie diesem historischen Modell kritisch gegenüberstand oder nicht; auch die ehedem häufig geäußerte Erwar-

---

[1] In einem Beitrag für die von der Konrad-Adenauer-Stiftung herausgegebene Reihe 'Aktuelle Fragen der Politik' (Heft 41) fordert in diesem Sinne Klaus-Peter Klaiber, Ministerialdirektor und Leiter des Planungsstabes des Auswärtigen Amtes: "Wir Deutschen müssen unsere Interessen auf der Grundlage der politischen Fakten klarer erkennen" (Klaiber 1996, S. 46f.). Als allererstes heißt es dann lapidar: "Deutschland ist nach der Wiedervereinigung das wichtigste und einflußreichste Land in Europa" (S. 47).

tung, daß der Zusammenbruch des Realsozialismus im wesentlichen Ergebnis einer gewaltsamen Veränderung der politischen Landkarte sein werde und eine solche Veränderung wesentlich einer Faschisierung der westlichen Gesellschaften geschuldet sein müsse, ist durch den Gang der Ereignisse widerlegt worden. Ironischerweise drückte die Erfahrung des Faschismus selbst dann noch dem politischen Weltbild großer Teile der Linken ihren Stempel auf, als dieser schon längst durch das weit erfolgreichere „Modell Deutschland" abgelöst worden war.[2] Man war fixiert auf einen Gegner, der als extreme Möglichkeit der bürgerlichen Gesellschaft zwar inhärent ist; für die 'normale' Sicherung und Expansion der bürgerlichen Gesellschaft ist jedoch an den Satz zu erinnern, daß die Wohlfeilheit der Warenwelt und die Universalität des Geldverkehrs "die schwere Artillerie (bilden), mit der sie (= die Bourgeoisie) alle chinesischen Mauern in den Grund schießt" (Kommunistisches Manifest). Das schließt die "schwere Artillerie" der Waffen nicht aus; aber auch deren Gebrauch ist in diesem Jahrhundert durch die führenden demokratischen Staaten offensichtlich 'effektiver' gehandhabt worden als durch die faschistischen oder totalitären Systeme.

Der Fixierung auf Faschismus und Neofaschismus entsprach umgekehrt die Verkennung demokratischer Politik und demokratischer Politiker, auch und insbesondere konservativer Couleur. Einerseits kopierte man die konservativrevolutionäre Fehleinschätzung, wonach demokratische Politik zur Entscheidungsunfähigkeit und mangelnden Härte tendiere; andererseits wurde demokratische Politik derart idealisiert, daß alle rassistischen und nationalistischen Übeltaten dem Konto des neofaschistischen Wolfs im demokratischen Schafspelz gutgeschrieben wurden. Daß demokratische Politik und Politiker bei aller systematischen Beschränktheit staatlichen Handelns über ziemlich wirkungsvolle Mittel zur 'Gestaltung' von Politik verfügen und zu (fast) jeder Affäre bereit sind, falls der politische Zweck es verlangt, diese simple Erkenntnis wollte dem Gemüt vieler Linker partout nicht einleuchten. Und drittens haben demokratische Politiker vorgesorgt: Als 'streitbare' oder 'wehrhafte Demokraten' deklarieren sie ihren "Extremismus der Mitte" (Lohmann (Hg.) 1994) gnadenlos als notwendiges Übel, dessen sie sich angeblich nur deswegen bedienen, um sog. Protestwähler an den 'Rändern' des politischen Spektrums zu

---

2 Symptomatisch für diese Denkblockade ist die Faschisierungsthese des Kommunistischen Bundes („schrittweise Faschisierung von Staat und Gesellschaft"), die bis Mitte der 80er Jahre zum Standardrepertoire nicht nur des KB zählte und dann - etwas später - durch die 'antideutsche' Orientierung der Radikalen Linken abgelöst wurde.

reintegrieren.[3] Den sog. Extremisten weisen sie zudem eine spezielle Rolle zu: Diese dienen ihnen als *negative Kronzeugen* für die Richtigkeit ihrer Politik, die sie ohnehin, nur eben mit Augenmaß und selbstverständlich im Rahmen des Rechtsstaats, verfolgen würden.

Dies schließt nicht aus, daß Extremisten, und hier meine ich jetzt insbesondere sog. Rechtsextremisten, mit der ihnen zugedachten Rolle ganz gut leben können. Sie können sich als Nutznießer des Extremismus der Mitte profilieren, indem sie sich als die einzig und wahrhaft Konsequenten darstellen; sie pochen auf die Originalität des Gedankens, üben sich in der Rolle des Stichwortgebers und denunzieren die offizielle Politik als platte Kopie, als ob die Herren Kohl, Waigel oder Wissmann (vgl. CAPITAL 1/95) nicht selber ihren Ernst Jünger lesen könnten! Andere Extremisten, die sich für klüger halten, geben sich moderat ('radikal'), suchen den Weg in die Institutionen und betreten die Pfade, die ihnen demokratische Politiker weisen, nachdem diese sich der Nützlichkeit der neuen Bundesgenossen vergewissert haben. Zwischen der staatsoffiziellen Politik und der Kritik derselben durch sog. Extremisten entsteht so eine Menge vortrefflicher Wechselwirkungen; semantische Bälle werden hin und her gespielt, der Ideenaustausch floriert. Demokratische Politiker beherrschen dieses Spiel ausgezeichnet, und solange sie die staatlichen und zivilgesellschaftlichen Institutionen 'im Griff haben', d.h. aus der Mitte der Gesellschaft agieren können, ist klar, wer hier der 'Herr des Verfahrens' ist. Dies zumindest die Lage in Deutschland, in der z.Zt. nicht ersichtlich ist, wie eine distinkte Bewegung rechts von der Union größere politische Bedeutung entwickeln könnte.

Der Neokonservatismus als Hauptfeind

Es ist daher nicht eine faschistische Gefahr, die die Lebensverhältnisse in der Bundesrepublik massiv verändert, auch wenn ich nicht abstreiten will, daß der faschistische Alptraum keineswegs für ewige Zeiten ausgeträumt ist. Im Gegenteil: Als mögliche Folge der Veränderung der Lebensverhältnisse ist eine Reaktualisierung proto-faschistischer Bewegungen[4] größeren Ausmaßes durchaus denkbar, wie ein Blick auf die Entwicklung in anderen europäischen

---

3 Zum Konzept der 'wehrhaften Demokratie' vgl. Jaschke 1991 und neuerdings Butterwegge 1996, S. 64 - 78; zum Bedeutungsgehalt des Begriffs 'Extremismus der Mitte' vgl. Kraushaar 1994; zur Protestwähler-These vgl. Starzacher u.a. (Hg.) 1992

4 Zur Bedeutung des Begriffs 'Proto-Faschismus' vgl. Stegmann 1983

Ländern nahelegt. Aber, um das einmal plakativ auszudrücken, der politische *Hauptfeind* ist heute und in absehbarer Zeit der Neokonservatismus.

Ich verstehe den Neokonservatismus einerseits als eine breite politische Strömung, die sich nicht nur in den Unionsparteien - in den unterschiedlichsten Abstufungen und Schattierungen, aber auch in Auseinandersetzung mit blockierenden und verzögernden Gegentendenzen - institutionell manifestiert; sie strahlt vielmehr tief hinein in andere politische Lager, denen sie umgekehrt wichtige Politikelemente entlehnt. Zum Verständnis des Neokonservatismus wird immer wieder auf den Austauschprozeß mit liberalen Kernideen hingewiesen. Demnach ist es zu einer wechselseitigen Durchdringung und Vermischung konservativer und liberaler Konzepte gekommen, so daß etwa Leo Kofler zugespitzt konstatierte: "In der politischen Praxis ist kaum noch ein Unterschied zu erkennen, abgesehen von randmäßigen Differenzen" (1984, S. 14). Daran anknüpfend wurde z.B. von Frank Schulz der Neokonservatismus als "marktgläubiger Status-Quo-Konservatismus" (1984, S. 133) definiert, als eine Verknüpfung marktliberaler Ordnungsvorstellungen mit dem Interesse an der Erhaltung der bestehenden gesellschaftlichen Machtverhältnisse.

Andererseits ist der Neokonservatismus, worauf ich im folgenden nicht näher eingehen kann, breit verankert in der Zivilgesellschaft; wir haben es also nicht nur mit einer politischen Strömung und einem Komplex spezifisch politischer Strategien zu tun, sondern auch, weitaus fundamentaler, mit einer ideologischen Formation, die die verschiedenen Ebenen und Bereiche des Staates, der Zivilgesellschaft und der Kultur durchdringt, miteinander verbindet und dominiert. Der Neokonservatismus ist zudem keine - im theoretischen Sinne - konsistente Ideologie, sondern ein Mit-, Neben- und auch Gegeneinander unterschiedlicher Diskurse, die an den verschiedensten Orten und Machtzentren der Gesellschaft situiert sind. Zu einer ideologischen Formation werden sie durch theoretisch-konzeptionelle, praktisch-politische, symbolische und institutionelle Verknüpfungen, die, vermittelt über staatliche Politik, hegemoniale Effekte hervorrufen.

Politisch-kulturelle Hegemonie ist freilich kein ewiger Besitz, sondern unterliegt sich verändernden gesellschaftlichen Bedingungen und internen Wandlungsprozessen. Die sog. geistige Führung, von der konservative Politiker immer so gerne reden, muß immer wieder aufs Neue erkämpft werden, so daß sich das Gesicht des Neokonservatismus zwangsläufig ändert. So konstatierte Josef Esser noch Ende der 80er Jahre "große Gemeinsamkeiten" (1989, S. 170) zwischen dem sozialdemokratischen und konservativen 'Modell Deutschland'. Es gäbe allenfalls graduelle Unterschiede "im jeweils zu bestimmenden 'Mischungsverhältnis' zwischen Staat und Markt", in der Frage der "Beteiligung bzw. Disziplinierung der Gewerkschaften (und) im quantitativen Ausmaß des Sozialstaats-Umbaus". Heinz Kleger verwies (gegen Habermas' Analysen zum Neokonservatismus) "auf das eigentlich Herausfordernde am Neokonservatismus, nämlich seine sozialdemokratische Komponente" (1985, S. 513) und erläuterte diese These auf der ideenpolitischen Ebene am Beispiel einiger sozialdemokratischer Vordenker wie Richard Löwenthal, Hermann Lübbe, Martin Kriele und Ernst-Wolfgang Böckenförde.

In den letzten Jahren allerdings haben sich mit dem Zusammenbruch der DDR und dem Ende des Systemkonflikts die Rahmenbedingungen des neokonservativen Projekts erheblich geändert. Es ist zu ein*er schärferen Profilierung* des Neokonservatismus gekommen, die sich u.a. auch daran zeigt, daß gewichtige Teile der Sozialdemokratie heute offensichtlich bereit sind, auf das Etikett 'sozialdemokratisch' im Zusammenhang mit der von ihnen propagierten Wirtschaftspolitik zu verzichten. Realpolitisch läßt sich diese stärkere Profilierung z.B. an folgenden Vorgängen festmachen: Innenpolitisch etwa an der Defacto-Abschaffung des Grundrechts auf Asyl (1993), währungspolitisch an der intransigenten Haltung der BRD in der europäischen Währungskrise, die im August 1993 zum Zusammenbruch des EWS führte (vgl. Kuhr 1996), außenpolitisch am (endgültigen) Ende der genscheristischen Ära mit dem Out-of-area-Urteil des BVG (1994), sozialpolitisch mit dem Einstieg in die Privatisierung der Sozialversicherungssysteme (vgl. Pflegeversicherung, 'Kostendämpfungspolitik' im Gesundheitswesen), finanzpolitisch an den seit 1993 sich verschärfenden Sanierungsprogrammen des Staatshaushaltes, sodann an der Transformation des Asyldiskurses in einen 'Innere Sicherheits'-Diskurs (vgl. Kunz 1995). Natürlich sind dies alles keine isolierten Vorgänge, sondern auch nur Etappen in einem kontinuierlich-diskontinuierlichen Prozeß von Teilprozessen, die unterschiedlichen Geschwindigkeiten unterliegen. Dennoch markieren sie, nicht zuletzt auch aufgrund ihrer kumulativen Wirkung, qualitative Veränderungen, die man mit dem Begriff 'Radikalisierung' umschreiben könnte. Ein markanter und symbolträchtiger Punkt innerhalb dieses Radikalisierungsprozesses[5] ist die Rede Schäubles auf dem Berliner Parteitag im Sep-

[5] Zu dieser These vgl. Klaus Fritzsche: "Für die führenden Industriestaaten kann jedenfalls eine langfristige *Radikalisierung* des Konservatismus hin zu offenen Formierungskonzepten festgestellt werden. Sie wurde durch den Untergang des sowjetische Modells und durch das nachfolgende Ende des West-Ost-Konflikts (...) massiv beschleunigt. Mit der planmäßig betriebenenen Rechtsverschiebung des politischen Bewußtseins wuchs auch allenthalben die

tember 1993. "Seine Rede (...) war die Fanfare in eine andere, in eine neue Richtung", schrieb Warnfried Dettling (1994, S. 152); und Ulrich Reitz notierte: "Die tausend Delegierten verstehen die Zeitenwende in ihrer Partei: zuerst wieder einmal der wolkig-gemütliche Kohl im unverbindlichen Plauderton, dann der ernste, fordernde, wegweisende Propagandist einer neuen CDU. Schäuble macht sich (...) für alle sichtbar zur Alternative Kohls" (1996, S. 208). Ein Jahr später veröffentlichte dann Schäuble seine Programmschrift *Und der Zukunft zugewandt*, sicherlich der elaborierteste Versuch, unter den veränderten Bedingungen die ideologische Struktur des Neokonservatismus neu zu justieren. Sie kann als Generalüberholung der politischen Linie der Unionsparteien im Sinne eines gegenüber den 80er Jahren *radikalisierten Neokonservatismus* gelesen werden (Kellershohn 1996, 1997).

Es stellt sich nun die Frage nach der Beschaffenheit der ideologischen Grundstruktur des Neokonservatismus. Darauf will ich im folgenden näher eingehen. Es versteht sich, daß es sich hierbei nur um ein vereinfachtes Modell handeln kann.

Die neoliberale Komponente: der 'freie Markt'

Der Neokonservatismus formierte sich in den 70er Jahren - angeregt durch US-amerikanische Vorbilder und in Auseinandersetzung mit dem sozialdemokratischen 'Modell Deutschland' - vermittels einer spezifischen Deutung des - bezogen auf die Weltmarktkonkurrenz - relativen wirtschaftlichen Niedergangs des BRD-Kapitalismus. Er interpretierte den Niedergang dahingehend,

> "daß der Prozeß der Vermögens- und Kapitalbildung und damit der Investitionsmotor der Wirtschaft grundlegend gestört sei. Die Eigentumsrechte und die Vertragsfreiheit der Privatsubjekte seien durch das sozialliberale Projekt unangemessen beschränkt worden; durch Subventionen und andere öffentlichen Eingriffe sei der Markt als Steuerungsinstrument zunehmend blockiert worden; die Reallöhne und insbesondere die Lohnnebenkosten seien zu sehr gestiegen, wodurch die Unternehmens- und Vermögenserträge dermaßen begrenzt worden seien, daß der Investitionsspielraum zurückging." (Sozialistische Studiengruppen 1986, S. 34f.)

Mit dieser neoliberalen Kritik (vgl. Schui 1996) an der Höhe der Masseneinkommen und der staatlich vermittelten Sozialtransfers rüttelte der Neokonservatismus an der Grundlage des bundesrepublikanischen Sozialstaats. Grund-

---

ideologische Mischzone zwischen den verschiedenen Typen, Linien und Lagern der Rechten, so daß weithin von einem offenen Durchgangsverkehr, von einem Kontinuum gesprochen werden konnte" (1995, S. 211).

lage aber war - unter dem Titel 'Sozialpartnerschaft' firmierend - ein asymmetrischer Klassenkompromiß von Lohnarbeit und Kapital. Seit der 'Wende' von 1982 war es das erklärte Ziel der neuen Regierungskoalition und der von ihr betriebenen *angebotsorientierten Wirtschaftspolitik*, die Spielregeln der Sozialpartnerschaft aufzukündigen. Ihr ging es um die Durchsetzung einer von sozialstaatlichen Fesseln soweit wie möglich befreiten Marktwirtschaft, wobei man weniger frontal als vielmehr gradualistisch vorging.[6] Als oberstes Prinzip galt ihr die Erweiterung des Spielraums privater Kapitalakkumulation: 'Deregulierung', 'Flexibilisierung', 'Privatisierung' und - in jüngster Zeit hinzukommend - 'Globalisierung' und 'Standortkonkurrenz' lauteten die Schlüsselbegriffe dieses Konzepts, das mit der Absicht umzusetzen versucht wurde, die Angebots- und Profitbedingungen bei den Unternehmen selbst - und damit letztlich ihre Wettbewerbsfähigkeit auf dem Weltmarkt - zu verbessern.

Ausgangspunkt der angebotsorientierten Wirtschaftspolitik als einer neoklassisch ausgerichteten Position ist die Basishypothese (vgl. Say'sches Theorem[7]), daß die Marktwirtschaft im Prinzip harmonisch und stabil funktioniere und, einen ungehinderten Wettbewerb vorausgesetzt, langfristig zu einer vollen Auslastung der Produktionskapazitäten und zu einem Vollbeschäftigungsgleichgewicht führe. Ebenso könne mit Hilfe einer monetaristischen Geldmengensteuerung das Preisniveau stabilisiert werden. Fehlentwicklungen und Funktionsstörungen beruhen demzufolge im wesentlichen auf einem fehlgeleiteten staatlichen Interventionismus und insbesondere einer überzogenen antizyklischen Beschäftigungspolitik, wie sie die keynesianische Globalsteuerung angestrebt hatte, um die Entstehung einer dauerhaften Nachfragelücke zu verhindern. Einem solchen Interventionismus werden destabilisierende und inflationsfördernde Impulse unterstellt. Die Rolle des Staates soll sich vielmehr darauf beschränken, angebotsseitige Störungen zu beseitigen und die Profitabilität der Angebotsfaktoren zu fördern, um dadurch mehr Wachstum und Beschäftigung zu sichern.

---

6 DAS ARGUMENT schrieb 1985 im Vorwort zum Themenheft *Die neuen Konservativen*: "Die deutschen Konservativen haben aus dem Scheitern der Kanzlerkandidatur von Strauß 1980 gelernt, daß ein Frontalangriff auf Gewerkschaften und Sozialstaat - wie in Großbritannien und in den USA - hierzulande nicht zum Erfolg führt. Das Schwergewicht des wohlfahrtsstaatlichen Blocks bremst die gegenwärtige Regierungspolitik, zwingt sie zu Zugeständnissen und führt zu national-spezifischer Ausprägung des neuen Konservatismus" (H. 152, S. 485).

7 Zur Kritik des Say'schen Theorems vgl. Rahmann 1985; zum folgenden vgl. Taenzer 1985, S. 266ff., Pätzold 1985, S. 192f.

Zu den Instrumenten der Angebotspolitik zählen - auf der Kapitalseite - vor allem die generelle Stärkung der Investitionstätigkeit der Unternehmen, daneben die Erleichterung der Existenzgründung kleinerer und mittlerer Unternehmen sowie die Förderung von Forschung und Entwicklung; investitionshemmende staatliche Auflagen sollen dereguliert werden; der 'Faktor Arbeit' soll insgesamt dadurch angebotsgerecht gestaltet werden, daß den Tarifparteien durch den Abbau staatlicher Regulierungskompetenzen wieder die Verantwortung für die Vollbeschäftigung zugewiesen wird. Gefordert wird die Verringerung der Lohnquote durch eine 'vollbeschäftigungskonforme' Lohnpolitik, vermittels der das Wachstum der Reallöhne dauerhaft geringer als das der Arbeitsproduktivität ausfallen soll, um die Gewinnsituation der Unternehmen und damit ihre Eigenkapitalbasis und Investitionsbereitschaft zu stärken. Darüberhinaus sollen die Löhne stärker differenziert und die nationalen Arbeitskosten an niedrigere Löhne in anderen Ländern angepaßt werden, was allerdings die Perspektive einer deflationären Abwärtsspirale eröffnet (Bischoff 1997).

Finanzpolitisch steht die Konsolidierung und Umstrukturierung der öffentlichen Haushalte im Mittelpunkt. Auf der Ausgabenseite wird neben einer Verstetigung der Ausgabenentwicklung grundsätzlich der Abbau der hohen Haushaltdefizite und damit auch die Höhe der Neuverschuldung durch ein unterdurchschnittliches Wachstum der Staatsausgaben angestrebt, um Zinssenkungen und Investitionsanregungen für die Unternehmen zu ermöglichen. Zu diesem quantitativen Aspekt der Haushaltskonsolidierung kommt ein qualitativer Aspekt hinzu: Es geht um die Veränderung der Ausgabenstruktur der staatlichen Haushalte zu Gunsten des investiven Anteils durch den Abbau von Subventionen und die Privatisierung staatlicher Unternehmungen und öffentlicher Leistungen; umgekehrt sollen Ausgaben im konsumtiven Bereich z.B. durch Personalabbau im öffentlichen Dienst zurückgefahren werden und insbesondere Ausgabenkürzungen durch Einsparungen im Sozialbereich (z.B. Sozialhilfe) erreicht werden, was wiederum zur Absenkung des Lohnniveaus beitragen soll. Darüberhinaus steht in der Tendenz, und heute besonders aktuell, das ganze System der umlagefinanzierten Sozialversicherungen zur Disposition. Auf der Einnahmeseite wird eine Steuerpolitik favorisiert, die die Angebotsbedingungen der privaten Investoren verbessert. Steuererhöhungen bei den indirekten Steuern werden für vertretbar gehalten, während bei den direkten Steuern (s. Vermögenssteuer, Gewerbekapitalsteuer, Reform des Einkommenssteuertarifs) Steuersenkungen durchgesetzt werden sollen.

Wolfgang Schäuble hat Erfolg und Scheitern der angebotsorientierten Wirtschaftspolitik in Deutschland folgendermaßen zusammengefaßt und dabei zugleich deutlich gemacht, daß das neoliberale Projekt von konservativer Seite weiter forciert werden wird. Er schreibt:

"Wirtschaftspolitisch stellen sich damit zwei große Aufgaben: erstens, öffentliche Armut in privaten Reichtum zu verwandeln - oder, technokratisch ausgedrückt, die Staatsquote zu senken . Zweitens muß es gelingen, das alte Prinzip der Arbeitsteilung, das über Jahrhunderte der Motor wirtschaftlichen Wachstums gewesen ist, sowohl national als auch international wieder stärker zu verwirklichen" (1994, S. 135).

Die Ausführungen Schäubles enthalten erstens das Eingeständnis, daß es der neokonservativen Politik seit der Wende nicht gelungen ist, die Staatsquote zu senken. Das Gegenteil ist der Fall. Zweitens ist der "Motor wirtschaftlichen Wachstums" offensichtlich nicht derart 'auf Touren' gekommen, daß er die infolge der Produktivitätsentwicklung vernichteten Arbeitsplätze durch die Expansion neuer Anlagefelder hätte kompensieren können. Statt Herstellung eines Vollbeschäftigungsgleichgewichts sind die Massen- und Dauerarbeitslosigkeit sowie die sozialen Ausgrenzungsprozesse zur mittlerweile auch symbolisch sanktionierten Realität geworden.[8] Die von Schäuble nach US-amerikanischem Vorbild propagierte kommerzialisierte Dienstleistungsgesellschaft ist denn auch weniger ein Beitrag zur Behebung der Massenarbeitslosigkeit, als vielmehr dazu, den Druck auf Lohnniveau, Arbeitszeiten und Arbeitsschutzgesetze durch die Ausdehnung eines Sektors ungeregelter, ungeschützer und schlecht bezahlter Teilzeitarbeiter, also durch die Spaltung des Arbeitsmarktes weiter zu verstärken. Genau in diese Richtung der Umverteilung des gesellschaftlichen Reichtums sind aber die Erfolge der angebotsorientierten Wirtschaftspolitik zu suchen, wofür hier abschließend folgende Daten stehen mögen (vgl. DIE WOCHE 17.1.1997):

1. Zwischen 1980 und 1994 hat sich der reale Wert der Einkommen aus Unternehmertätigkeit und Vermögen fast verdoppelt, während ein unselbständig Beschäftigter 1994 nach Abzug von Steuern und Abgaben sowie der Inflationsrate über gerade mal 1,9 Prozent mehr Einkommen im Durchschnitt verfügte als 14 Jahre vorher.

2. Den 2,7 Prozent der Haushalte, die (1993) jeweils über mindestens 1 Million Mark verfügen, gehören insgesamt rund 28 Prozent des Bestandes an Vermögenswerten in der Bundesrepublik. Das Vermögen der Sparer mit jeweils maximal 100.000 Mark Rücklagen, zu denen 46 Prozent der bun-

---

8 Vgl. den Beitrag von Hans Uske und Ursula Kreft in diesem Band.

desdeutschen Haushalte gehören, addiert sich dagegen zu nicht einmal einem Zehntel des gesamten Bestandes.

Die wertkonservative Komponente: die 'nationale Gemeinschaft'

Das hier skizzierte Projekt einer kapitalorientierten ökonomischen Modernisierung neoliberalen Zuschnitts wurde nicht isoliert vorgetragen. Es stand vielmehr von vornherein in Verbindung mit einer restaurativen Wertkulturpolitik (vgl. Zukunftsperspektiven 1983) und einer Neudefinition der Rolle des Staates mit Rückgriff auf Konzepte eines autoritären Etatismus in der Tradition der Konservativen Revolution (siehe weiter unten). Diese drei Komponenten machten das aus, was allgemein als Neokonservatismus bezeichnet wurde (vgl. Saage 1983, 1987; Dubiel 1985).

Die *Wertkulturpolitik* zielte in diesem Zusammenhang auf eine Kritik des gesellschaftskritischen Materialismus der '68er und dessen Eindringen in die Alltagskultur und das Alltagsbewußtsein. Dubiel (1985, S. 22) verweist auf drei Aspekte dieser Kritik. Erstens sei an die Stelle der calvinistischen Arbeitsethik in einem gesellschaftlich relevanten Ausmaß ein "hedonistisch-expressives Selbstverhältnis des Individuums" getreten. Zweitens sei die traditionelle Verhaltensorientierung auf das System der Konkurrenz tendenziell durch eine Orientierung auf eine "solidarisch-kollektive Organisation der gesellschaftlichen Arbeit" abgelöst worden. Und drittens sei die Gehorsamsbereitschaft gegenüber dem Staat einer "prinzipiell kritischen Einstellung gegenüber öffentlichen Institutionen" gewichen.

Demgegenüber präsentiert der Neokonservatismus ein 'gemischtes' Wertangebot (Herkommer 1988), das die klassisch-liberalen Wertorientierungen und Tugendhaltungen des homo oeconomicus mit restaurativ konservativen Werten zu verbinden sucht. Es umfaßt im wesentlichen vier Komponenten, nämlich

- das altbekannte System der bürgerlichen Arbeits- und Sekundärtugenden, z.T. erweitert um Tugenden, die den neuen postfordistischen Produktionsstrukturen Rechnung tragen, wie z.B. in der von Gertrud Höhler vorgeschlagenen "flexiblen Wertepolitik" (Höhler 1988). Hier werden solche Werte wie Selbstentfaltung, Kreativität und neue Sinnlichkeit, Authenzität und Fairness in den klassischen Tugendkatalog integriert, die dem kulturrevolutionären Impetus der 68'er entsprungen waren und in der sog. 'Wertewandel'-Forschung als postmaterialistisch klassifiziert wurden;

- einen Komplex typisch liberaler Wertorientierungen: eigene Leistung ("jeder ist seines Glückes Schmied"), Eigenverantwortung, individuelle Freiheit (idealiter die 'freie' Unternehmerpersönlichkeit), die *formale* Gleichheit der Person sowie die postmaterialistischen Werte, soweit sie auf einen privatistischen und besitzindividualistischen Rahmen beziehbar und reduzierbar erschienen;

- die traditionell konservativen Orientierungen: auf die *Familie* als "Fundament von Staat und Gesellschaft"; auf die *Nation* als "Schutz- und Schicksalsgemeinschaft"; auf die *nationale Identität* als Maßstab für die Loyalität der Bürger gegenüber dem Staat; auf den *starken Staat* als Garant von Ordnung und Herrschaft nach innen wie außen;

- die Besinnung auf den christlichen Wertehorizont, sei es direkt oder mehr in zivilreligiöser Form, die die Säkularisierung der westlichen Gesellschaften für unhintergehbar hält, dennoch aber eine "minima religiosa" (Eberhard Jüngel) christlicher Observanz als Bestandteil der Staatsideologie und Staatssymbolik für notwendig hält (Maier 1995, S. 104ff.).

Den eigentlichen Stellenwert dieser Wertkulturpolitik mit ihren insgesamt gesehen restaurativen Zügen beschrieb Jürgen Habermas so: "Der Neokonservatismus verschiebt (...) die unbequemen Folgelasten einer mehr oder weniger erfolgreichen kapitalistischen Modernisierung von Wirtschaft und Gesellschaft auf die kulturelle Moderne" (Habermas 1981, S. 450). Sieht man von der spezifisch konservativen Kritik der ästhetischen Moderne ab, auf die sich Habermas damals primär bezog, so ist damit gemeint, daß die Wirtschaftspolitik des Neokonservatismus mit einer kulturalistischen Argumentation verknüpft ist, in der ökonomische Krisen als wesentlich kulturelle Krisen verstanden werden. Danach ist die 'freie' Marktwirtschaft an sich betrachtet stabil, im Prinzip kann es keine Krisen geben; aber, so die Argumentation, Krisen werden allererst durch marktfremde Eingriffe ermöglicht, die auf einer mangelnden kulturellen Anpassung der Individuen an die Bedingungen einer dynamischen Marktwirtschaft beruhen. Die gesellschaftlichen Leitbilder und Werte (z.B. in puncto Arbeitsmoral) seien einem erfolgreichen ökonomischen Handeln abträglich. Für den Neokonservatismus tritt also der Bereich des Kulturellen und insbesondere der Wertorientierungen in ein bestimmtes Verhältnis zur Ökonomie, das nach Habermas einer Vertauschung von Ursache und Wirkung unterliegt (vgl. Habermas 1985): Die über Werte vermittelte Anpassungsbereitschaft der Individuen gilt als Voraussetzung für ein reibungsloses Funktionieren der Ökonomie. Andererseits soll die Wertkulturpolitik (besonders mit ihren originär konservativen Anteilen) gewissermaßen einen utopischen Überschuß produzieren, indem sie die normative Integration der Gesellschaft als Kompensation für die negativen Folgen einer marktradikalen Wirtschaftspolitik (z.B. soziale Desintegrationsprozesse) anzubieten versucht (Kleger 1985, S. 512).

In den letzten Jahren ist die Idee der 'nationalen Gemeinschaft', insbesondere durch Wolfgang Schäuble, immer stärker in das Zentrum der von konservativer Seite intendierten 'Werteordnung' gerückt worden. Warnfried Dettling schreibt:

> Schäuble "will so etwas wie eine neue konservative Revolution in Deutschland. Mit alten Werten in eine moderne Zukunft. Diesen konservativen Anspruch hat es in Deutschland nach dem Zweiten Weltkrieg nicht mehr gegeben. Politisch, publizistisch und philosophisch hat er sich, von freilich bemerkenswerten Ausnahmen abgesehen, an die Ränder oder in die Krähwinkel zurückgezogen. Schäuble holt sie zurück zu seiner, wie er es wohl versteht, neuen Mehrheit rechts von der Mitte." (Dettling 1984, S. 154f.)

Der Rückgriff auf die Konservative Revolution, den Dettling anspricht, bezieht sich vor allem auf die bereits von Herbert Marcuse für die 20er Jahre etwa am Beispiel Moeller van den Brucks herausgearbeitete Tendenz, die Ideenwelt des Liberalismus in einen mehr oder weniger bejahten ökonomischen und einen heftig kritisierten 'weltanschaulichen' Korpus aufzuspalten, wobei letzterer die politischen und universalistischen Komponenten des Liberalismus umfaßt (Marcuse 1968). Schäuble entdeckt hier eine Menge Überdenkenswertes, "insofern (...) jeder freiheitlichen Ordnung unvermeidlich(!) ein gewisses Maß an zentrifugalen Kräften" innewohne. "In der pluralistischen Gesellschaft unserer Tage haben wir nun allerdings einen Punkt erreicht, wo diese auseinanderstrebenden Kräfte überhand zu nehmen drohen" (1994, S. 45). Auf der Suche nach einer Gegenkraft gegen die Bindungsschwächen der pluralistischen Gesellschaft verweist Schäuble auf die Notwendigkeit eines "Grundbestand(s) an gemeinsamen Werten und Überzeugungen" (S. 46). Nur ein solcher Wertebestand sei gemeinschaftsbildend und gesellschaftserhaltend, da ihm "ein emotionales Element der Identitätsstiftung" innewohne. Von den in einer Gesellschaft anzutreffenden Vergemeinschaftungsformen sei aber die Nation die *"Wertegemeinschaft"* (S. 55) schlechthin. Schäuble begreift die nationale Gemeinschaft als ideelle Existenzbedingung für Staat und Gesellschaft, die die entscheidenden emotionalen Ressourcen und Bindewirkungen freisetze.

Mit dieser stärkeren Zentrierung der Wertkulturpolitik auf das Nationale geht bei Schäuble eine Reaktualisierung des für die historische Entwicklung Deutschlands so verhängnisvollen Völkischen Nationalismus einher. Wesentliche Bestandteile dieser Version des Nationalismus (Kellershohn 1994) sind: ein ethnisch geprägtes Verständnis der Nation, die Vorrangstellung der Volksgemeinschaft gegenüber den Individuen, ein autoritärer Etatismus mitsamt Elite- und/oder Führerkult, die Heroisierung des loyalen Bürgers, ein dichotomisches Freund-Feind-Denken, ein biopolitisches Verständnis des Volkskörpers und der Primat der Außenpolitik, basierend auf einem imperialen Machtstaatsdenken. Alle diese Elemente tauchen ansatzweise oder explizit (z.B. in der Verteidigung des deutschen Staatsbürgerschaftsrechts) bei Schäuble auf und signalisieren eine merkliche Verschiebung des konservativen Wertediskurses nach rechts. Anders ausgedrückt: Um die Zumutungen und Folgen der neoliberalen Wirtschaftspolitik für die Gesellschaft ideologisch aufzufangen, bedarf es eines Opferdiskurses, der die eingeforderte Unterordnung der Bürger unter die oftmals beschworenen Sachzwänge des Weltmarktes legitimiert. Da der Bezug auf den christlichen Wertehorizont aus der Sicht Schäubles die notwendigen emotionalen Ressourcen nicht mehr in ausreichendem Maße evozieren kann, verbleibt in der Tat nur der Rekurs auf die Nation. Als "Schicksalgemeinschaft" (Schäuble 1994, S. 217) mythopoetisch überhöht, verlangt sie ihren Tribut von den Individuen; als "Schutzgemeinschaft" (ebd.) gegen den inneren und äußeren Feind imaginiert sie eine Wertschätzung, anhand der die Individuen ihrem Opfer einen höheren Sinn zumindest symbolisch abgewinnen können.

Die autoritär-etatistische Komponente: der 'starke Staat'

Die dritte Komponente, der Rückgriff auf Konzepte eines *autoritären Etatismus*, muß vor folgendem Hintergrund gesehen werden: Von den Repräsentanten der Konservativen Revolution, die nach 1945 zunächst aufgrund ihrer geistigen Nähe zum Nationalsozialismus diskreditiert waren, haben vor allem diejenigen dennoch eine Breitenwirkung erlangt, die in den 20er Jahren die Spielregeln der industriellen Zivilisation akzeptiert und verinnerlicht hatten. Zu nennen sind hier insbesondere Carl Schmitt, Hans Freyer und Ernst Jünger (vgl. Breuer 1993, S. 76f.). In dieser Traditionslinie bildete sich dann in den 50er und 60er Jahren der sog. technokratische Konservatismus (Greiffenhagen 1977, S. 316ff.) heraus, dessen theoretische Grundlagen von Hans Freyer, Ernst Forsthoff, Arnold Gehlen und Helmut Schelsky erarbeitet wurden, während die politische Umsetzung u.a von Rüdiger Altmann mit dem Konzept der 'formierten Gesellschaft' (vgl. Schmidt 1986, S. 547ff.) betrieben wurde. Den Kern der konservativen Technokratiethese faßt Greiffenhagen folgendermaßen zusammen:

"Er läßt die prinzipielle Aufklärungskritik hinter sich und stellt sich offen auf die Seite des Fortschritts. Indem die Technokratie die technischen Konsequenzen, in Grenzen auch die sozialen Ergebnisse der Aufklärung akzeptiert und in Dienst stellt, versucht sie gleichzeitig, die politischen Konsequenzen der Emanzipationsforderung zu vermeiden und zu bekämpfen. Technokratische Vorstellungen sind nicht notwendig auf die politische Rechte beschränkt, aber nur auf dem konservativen Flügel findet sich ein offenes Bekenntnis zum 'Sachzwang' und der diesem Sachzwang entsprechenden Herrschaft von Sachverständigen. Man führt den Sachverstand von Experten offen gegen das demokratische Mehrheitsprinzip ins Feld und rät dem Bürger zu weislicher Beschneidung in seiner politischen Aktivität." (1976, Sp. 984).

Mit der Betonung des Sachzwangcharakters politischer Entscheidungen und ihrer Überantwortung an eine sozialtechnologisch operierende Funktionselite unterstellte der technokratische Konservatismus eine Entsubstanzialisierung von Demokratie bei gleichzeitiger Fortexistenz ihrer formalen Spielregeln.[9] Die Imperative des 'technischen Staates' seien an die Stelle der politischen Auseinandersetzung getreten, das Politische sei abgestorben.

Diese konservative Technokratiethese mußte freilich in dem Augenblick in eine Legitimationskrise geraten, als mit den Umbrüchen von 1968 Forderungen nach einer fundamentalen Demokratisierung der Institutionen gesellschaftliche Breitenwirkung ("Mehr Demokratie wagen!") erlangten. Die Politisierung der gesellschaftlichen Auseinandersetzungen um die Gestaltung der Lebensverhältnisse, um die Rolle des Staates, um die Kernfragen der Außenpolitik (Ostpolitik) verlangte nach einer Selbstkritik des technokratischen Konservatismus mit dem Ziel, die kulturelle Hegemonie, die die Linke infolge von '68 erobert hatte, wieder infragestellen zu können. Außerdem kam es in den 70er Jahren zu inneren Krisen des 'Modells Deutschland' (Stichworte: Grenzen des Wachstums, Energiekrise, Ökologiekrise, Massenarbeitslosigkeit, Terrorismus, Wertewandel usw.), die es galt, gegen Sozialdemokratismus und Sozialliberalismus konzeptionell zu verarbeiten. Erwähnenswert sind in die-

[9] Helmut Schelsky schrieb: "Gegenüber dem Staat als einem universalen technischen Körper wird die klassische Auffassung der Demokratie als eines Gemeinwesens, dessen Politik vom Willen des Volkes abhängt, immer mehr zu einer Illusion. Der technische Staat entzieht, ohne antidemokratisch zu sein, der Demokratie ihre Substanz" (1965, S. 459).

sem Zusammenhang z.B. Arnold Gehlens *Moral und Hypermoral* (1969)[10], Helmut Schelskys *Die Arbeit tun die anderen* (1975), die Arbeiten von Hermann Lübbe oder Gerd-Klaus Kaltenbrunners Reihe *Herderbücherei Initiative* (seit 1974).

Richard Saage (1983, S. 246 - 257) resümiert diese Ansätze dahingehend, daß in ihnen eine "Renaissance des innenpolitischen Freund-Feind-Denkens" zum Ausdruck komme. Die aggressive Kritik der 68'er-Intellektuellen als "Gegenaristokratie" (Gehlen) oder als "neue Klasse" der "Sinn-Produzenten" (Schelsky), daran anknüpfend die Kampfansage an den Terrorismus und dessen 'Hintermänner' stehe in der Tradition Carl Schmitts. Auf der realpolitischen Ebene entsprach diesem Freund-Feind-Denken die "Polarisierungsstrategie" (Schmidt 1986, S. 513) der Unionsparteien in den Bundestagswahlen 1976 und 1980 ("Freiheit oder/statt Sozialismus"), die von den nationalkonservativen Kräften um Strauß, Dregger und Filbinger durchgedrückt wurde.

In den 80er Jahren dominierte dagegen - trotz der Wende-Rhetorik - ein eher moderates Konzept, das man als eine modifizierte und modernisierte Fassung des technokratischen Konservatismus begreifen kann. Insbesondere in den Publikationen von Lothar Späth, Kurt Biedenkopf, Heinz Riesenhuber und - auf liberaler Seite - Hans-Dietrich Genscher kristallisierte sich eine an den neuen Technologien orientierte Version des 'technischen Staates' heraus, von linken Kritikern spöttisch "Späth-Kapitalismus" (Krysmanski 1984) oder "Späth-Absolutismus" (Erdmenger/Fach 1986) genannt. Saage (1987, S. 252 - 266) arbeitet - neben einigen Gemeinsamkeiten - fünf wesentliche Unterschiede gegenüber der älteren Version heraus:

1. Als Inbegriff des Konservativen gilt weiterhin, "an der Spitze des (technischen) Fortschritts zu marschieren" (Strauß), und zwar im Rahmen kapitalistischer Produktionsverhältnisse. Die Grundtechnologie jedoch, an der es sich zu orientieren gilt, sind nicht mehr die fordistischen, sondern die neuen Technologien, denen eine quasi-mythische Problemlösungskompetenz zugewiesen wird *("Silicon-Valley-Mythos")*. "Gemeint ist der Glaube, daß der verstärkte Einsatz der neuen Technologien die großen

[10] Die Bedeutung dieses Buches wird u.a. daraus ersichtlich, daß Armin Mohler es als "die bedeutendste Leistung" bezeichnet, die "die deutsche Rechte seit dem Zusammenbruch von 1945 hervorgebracht" (1974, S. 52) habe. Ausgerechnet auf dieses Buch bezieht sich Wolfgang Schäuble an entscheidenden Stellen seiner Programmschrift *Und der Zukunft zugewandt*.

Probleme der ersten und zweiten industriellen Revolution löst, nämlich Umweltzerstörung, Ressourcenknappheit und Arbeitsplatzvernichtung" (S. 159).

2. Das Sachzwang-Argument wird nicht mehr an den "Superstrukturen" (Gehlen) der industriellen Zivilisation festgemacht; deren disziplinierender Entfremdungszusammenhang kann vielmehr durch ein neues, versöhnlicheres Verhältnis von Mensch und Technik aufgelöst werden. An die Stelle der "Superstrukturen" tritt nunmehr der Zwang der *internationalen Konkurrenz*.

3. Sprach der ältere technokratische Konservatismus davon, "daß sich im technischen Zeitalter die Geschichte vollende" (Forsthoff 1971, S. 39), wird nunmehr der Gedanke einer "Posthistoire" (Gehlen) aufgegeben. Wohl sei die "sozialdemokratische Epoche" (Genscher), das Zeitalter der 'Vermassung', zu Ende. Das *'neue Zeitalter'* sei "durch das Vorherrschen der mittleren und kleineren Unternehmen individualisierte Produktion, individualisierte Lebensstile, interaktives Fernsehen etc." geprägt. "Dem vorherrschenden 'Sozialcharakter' werden Eigenschaften wie Eigenverantwortung, Unternehmergeist und Risikobereitschaft zugesprochen" (Saage 1987, S. 262).

4. Ging der ältere technokratische Konservatismus von einer quasi naturwüchsigen Verinnerlichung der Sekundärtugenden als Funktionsbedingung der technischen Zivilisation aus, so sieht die neuere Version die wachsende Bedeutung der Sozialisationsinstanzen. Ein wesentlicher Aspekt der oben bereits vorgestellten *Wertkulturpolitik* ist die Einübung der für das Funktionieren des technischen Staates notwendigen Wertorientierungen per Erziehung.

5. Im älteren Konzept des technischen Staates war für *"Gestaltungsfunktionen"* staatlichen Handelns wenig Platz; die jüngere Version plädiert für "die bewußte Gestaltung der Rahmenbedingungen der neuen Technologien" (S. 263), ohne dabei die "*Inhalte* der von den neuen Technologien hergestellten Produkte" zu determinieren. Gemeinsam ist freilich beiden Versionen, daß die Gewerkschaften und die "Masse der lohnabhängigen Arbeitnehmer von der Mitbestimmung an der Planung des wissenschaftlich-technischen Fortschritts" (S. 259) mehr oder weniger ausgeschlossen werden.

Alle diese fünf Elemente - Orientierung an den neuen Technologie, der Bezug auf die internationale Konkurrenz, die Prophetie eines neuen Zeitalters der 'Entmassung', die Wertkulturpolitik, die Auflösung des Tripartismus (Staat, Unternehmen, Gewerkschaften) - werden bei Späth zusammengefaßt in der Vision einer durch wirtschaftliches Wachstum und technologischen Fortschritt befriedeten "Versöhnungsgesellschaft"(Späth 1985, S. 207ff.). Ein aktives Eingreifen in die Entwicklung des wissenschaftlich-technischen Fortschritts, also die Wahrnehmung gesellschaftlicher und politischer Teilhaberechte durch die breite Mehrheit der Bevölkerung ist freilich nicht vorgesehen. Die wegweisenden Entscheidungen sind im wesentlichen den abgehobenen Aushandlungsprozeduren zwischen Staatsbürokratie, wissenschaftlichen Apparaten und Privatunternehmen vorbehalten. Der Staat soll von sozialstaatlichen Bindungen entlastet werden, die Politik soll sich nur noch um die übergreifenden Zusammenhänge, Zeiträume (Generationenvertrag!) und Infrastrukturen kümmern und sich dabei von Experten und Datenbanksystemen beraten lassen. Dahinter steckt der Wunsch nach staatlichem Kompetenzzuwachs bzw. umgekehrt nach Kompetenzverlust für den Großteil der Bürger.

An dieser Konzeption der Entflechtung von gesellschaftlichen Anspruchshaltungen und staatlichen Entscheidungsprozessen, von Vielen geradezu euphorisch, aber fälschlicherweise als 'Entstaatlichung' gefeiert, hält auch der neue Generalist der Unionsparteien, Wolfgang Schäuble, fest. Seine Vision des 'schlanken Staates' (Schäuble 1994, S. 92ff.) enthält zwar auch die Abgrenzung gegen den "hypertrophen" Wohlfahrtsstaat ("Gulliver in Fesseln", "Milchkuh") und die Anspruchsinflation von Seiten konkurrierender gesellschaftlicher Interessengruppen; bei ihm werden aber sehr viel stärker die folgenden zwei Aspekte hervorgehoben:

Erstens liegt Schäuble die Idee, daß der technische Fortschritt und die Sicherung der Wettbewerbsfähigkeit auf den Weltmärkten quasi naturwüchsig zu einer Art "Versöhnungsgesellschaft" führen werde, durchaus fern. Sein Anliegen ist primär die Sicherung von Staatsloyalität angesichts der Verteilungskonflikte, die durch die Globalisierung des Weltmarktes hervorgerufen werden. Und darauf bezogen, erscheint ihm das Bild des 'schlanken Staates' zu sehr an materielle Kosten-Nutzen-Kalküle gebunden. Diese lassen sich zwar nicht aus der Welt schaffen, aber als Grundlage für die Akzeptanz des modernen kapitalistischen Staates vertraut er lieber und sehr viel stärker als die neokonservativen Vordenker in den 70er und 80er Jahren auf traditionelle Konzepte, die sich bei ihm - wie oben angesprochen - zum Begriff der 'nationalen Gemeinschaft' verdichten.

Zweitens stellt Schäuble klar, daß der 'Umbau des Sozialstaats' keineswegs im Sinne einer 'Entstaatlichung' zu verstehen ist. Vielmehr stehe dem Abbau von *"zuviel Staat"*, nämlich bezogen auf die wohlfahrtstaatliche Funktionen des Staates, auf der anderen Seite ein Defizit von *"zuwenig Staat"*[11] gegenüber (Schäuble 1994, S. 109), nämlich dort, wo es um die Rolle des Staates als Schutzgemeinschaft gehe. Dieses Defizit müsse behoben werden. Die Profilierung des staatlichen Gewaltmonopols ist erklärtes Ziel der Therapie. Der 'schlanke Staat' muß im Kern ein 'starker Staat' sein. Schäuble scheut sich daher auch nicht, dem Abbau erprobter rechtsstaatlicher Prozeduren das Wort zu reden, wie seine Invektiven gegen die Rolle des Bundesrates und Bundesverfassungsgerichts in jüngster Zeit gezeigt haben (Schäuble 1996). Nicht nur, daß er den "Irrtum von 1969" beklagt, "unter dem Etikett 'Demokratisierung' die Politisierung immer weiterer Lebensbereiche zu betreiben"; auch die "Ersetzung von Politik durch Verfassungsauslegung" sieht er als ein Hindernis auf dem Wege zu einer Stärkung der staatlichen Exekutive.

Neokonservatismus, Globalisierung und veränderte Staatlichkeit

Der Neokonservatismus ist, insgesamt gesehen, eine spezifische und durchaus nicht, wie häufig suggeriert wird, eine zwangsläufige Reaktion auf die veränderten weltwirtschaftlichen Rahmenbedingungen staatlichen Handelns. Freilich forciert er das, was Bob Jessop unter dem Stichwort "veränderte Staatlichkeit" notiert: die allmähliche Transformation des 'welfare state' in einen Schumpeterschen 'workfare state' (Jessop 1997). Ähnlich argumentiert Joachim Hirsch, der ebenfalls die Veränderungen des kapitalistischen Staates ausführlich untersucht (Hirsch 1995). Danach leben wir heute in einer prekären Übergangsphase, in der die Strukturen der historischen kapitalistischen Formation des Fordismus global in Auflösung begriffen sind, ohne daß sich insbesondere auf der Ebene der Regulationsweise, national wie international gesehen, schon durchgängig neue stabile Strukturen entwickelt hätten (vgl.

---

[11] Die Unterscheidung von "zuviel" und "zuwenig" Staat stammt ursprünglich von Ernst Forsthoff: "Wir haben zuviel Staat in der durch ein problematisches Gleichheitsstreben und fachmännischen Perfektionsdrang ausgeweiteten Gesetzgebung und Verwaltung. Wir haben zuwenig Staat in allem, was die Behauptung unserer äußeren und inneren Sicherheit und Ordnung betrifft, wir haben zuwenig Staatsgesinnung(!). Wir haben deshalb zuviel und zuwenig Staat - jeweils an der falschen Stelle" (1964, S. 77).

ebd. S. 93f.). Die Auswirkungen auf die nationale und internationale Rolle des kapitalistischen Staates seien allerdings gravierend:

"Was sich (...) verändert, ist das Verhältnis von 'Staat' und 'Kapital' und die Bedeutung, die Staaten im kapitalistischen Akkumulations- und Verwertungsprozeß haben. Die Entwicklung des Kapitalismus ist tatsächlich durch einen widersprüchlichen Prozeß von Globalisierung und Regionalisierung gekennzeichnet, der dazu tendiert, die bestehenden ökonomischen Räume aufzulösen, und der die staatlichen Funktionen und die nationalstaatlichen politischen Strukturen und Prozesse entscheidend verändert." (S. 102f.)

Der Tendenz nach könne "von der Herausbildung eines neuen Typs des kapitalistischen Staates: dem 'nationalen Wettbewerbsstaat' gesprochen werden". Hirsch diagnostiziert für diesen neuen Staatstyp eine grundlegende Ambivalenz. Der 'Nationale Wettbewerbsstaat' unterliege im Prozeß der Globalisierung des Kapitals einerseits einem Bedeutungszuwachs nationalstaatlicher Regulierungsinstanzen: "Grob gesprochen, konzentriert sich staatliche Politik zunehmend darauf, einem global immer flexibler agierenden Kapital in Konkurrenz mit anderen Staaten günstige Verwertungsvoraussetzungen zu verschaffen", was nicht zuletzt auch den Einsatz "physischer Gewaltmittel" (Militärinterventionismus) einschließen könne (vgl. S. 106). Andererseits aber unterliege der 'Nationale Wettbewerbsstaat' einer Erosion nationalstaatlicher Souveränität und Kompetenzen in Hinblick auf eine halbwegs kohärente "gesamtwirtschaftliche Regulation" (S. 107) im Innern der Nationalstaaten, mit der Konsequenz vielfältiger sektoraler, regionaler und sozialer Spaltungsprozesse (vgl. S. 108). Im Schnittpunkt beider widersprüchlicher Tendenzen steht für Hirsch eine 'Standortpolitik', die sich an der Konkurrenzfähigkeit der weltweit operierenden Technologiekapitale orientiere und diesbezüglich eine "umfassende Mobilisierung der Bevölkerung für einen 'Wirtschaftskrieg' (S. 109), ohne Rücksicht auf wohlfahrtsstaatliche Belange, anstrebe. Die Nation werde unter den 'totalitären' Imperativ gestellt, sich als kapitalistisches Gesamtunternehmen (Deutschland GmbH, Japan Inc. usw.) zu begreifen.

Vor dem Hintergrund dieser Analyse, die ich hier nur kurz skizzieren kann, lassen sich zwei Konsequenzen umreißen, die für die Strukturierung des neokonservativen Diskurses von erheblicher Bedeutung sind.

1. Die gleichzeitige Auf- und Abwertung des Nationalstaats unter den Bedingungen einer globalisierten 'Geoökonomie' führt, vermittelt über das strategische Konzept des Neokonservatismus, zu bedeutsamen Machtverschiebungen innerhalb der staatlichen Apparate der Regulationsweise: einerseits werden die exekutiven und repressiven Instanzen des Staates gegenüber

den Instanzen gestärkt, die innerstaatlich die Gesellschaft gegenüber dem Staat repräsentieren (Entdemokratisierung); auch ideologisch verzeichnen sie einen Bedeutungsgewinn (vgl. Primat der Außenpolitik, Machtstaatsgedanke, innere Sicherheit). Andererseits führt der 'Umbau des Sozialstaates' zu einer qualitativ-quantitativen Beschneidung der sozialstaatlichen Apparate in Richtung zu "einem stärker selektiven Wohlfahrtssystem, das sich an Arbeitsmarktflexibilisierung und Konkurrenzfähigkeit orientiert" (Jessop 1997, S. 65). Der Schwerpunkt des staatlichen Interventionssystems verlagert sich auf die Angebotsseite und die Rahmenbedingungen der ökonomischen Modernisierung.

2. Der alte Wohlfahrtsstaat basierte in seinen Legitimationsmustern auf einem scheinbar grenzenlosen Wachstum, fortwährender Steigerung der Masseneinkommen, dem Ausbau sozialer Sicherungssysteme und der Ausweitung demokratischer Partizipationschancen. Das neue hegemoniale Projekt, das seit der 'Wende' von neokonservativer Seite vorangetrieben und durch Schäubles Interventionen merklich nach rechts verschoben wird, kristallisiert sich dagegen um eine andere Basis-Semantik: kapital- und weltmarktorientierte Modernisierung unter marktradikalen Vorzeichen ('freier Markt'), autoritärer Etatismus ('starker Staat') und völkischer Nationalismus als Kern einer restaurativen Wertkulturpolitik.

Literatur

Argument, Das [Redaktion] 1985: Themenheft *Die neuen Konservativen*, Editorial 152 (1985)

Bischoff, Joachim 1997: Kapitalismus pur oder Systemwandel nach rechts? Supplement der Zeitschrift Sozialismus 1 (1997)

Breuer, Stephan 1993: Anatomie der Konservativen Revolution, Darmstadt

Butterwegge, Christoph 1996: Rechtsextremismus, Rassismus und Gewalt. Erklärungsmodelle in der Diskussion, Darmstadt

Buttler, Friedrich/Kühl, Jürgen/Rahmann, Bernd (Hg.) 1985: Staat und Beschäftigung. Angebots- und Nachfragepolitik in Theorie und Praxis, Nürnberg

Cleve, Gabriele/Ruth, Ina/Schulte-Holtey, Ernst/Wichert, Frank (Hg.) 1997: Wissenschaft, Macht, Politik. Interventionen in aktuelle gesellschaftliche Diskurse, Münster

Dettling, Warnfried 1994: Das Erbe Kohls. Bilanz einer Ära, Frankfurt/M.

Dubiel, Helmut 1985: Was ist Neokonservatismus? Frankfurt/M.

Epskamp, Heinrich u.a. (Hg.) 1989: Die neokonservative Verheißung und ihre Praxis, Köln

Erdmenger, Klaus/Fach, Wolfgang 1986: Späth-Absolutismus? Über die Zukunft der Vergangenheit des modernisierten Staates, in: Blätter für deutsche und internationale Politik 6 (1986), S. 716-725

Esser, Josef 1989: Neokonservatismus und das 'Modell Deutschland', in: Epskamp, Heinrich u.a. (Hg.) 1989, S. 153-175

Forsthoff, Ernst 1964: Haben wir zuviel oder zuwenig Staat? [1955], in: ders.: Rechtsstaat im Wandel. Verfassungsrechtliche Abhandlungen 1950-1964, Stuttgart, S. 63-77

ders. 1971: Der Staat der Industrie-Gesellschaft, München

Fritzsche, Klaus 1995: Konservatismus: Entwürfe zur Sicherung sozialer Herrschaft, in: Neumann, Franz [Hg.] 1995, S. 179-228

Gehlen, Arnold 1969: Moral und Hypermoral. Eine pluralistische Ethik, Frankfurt/M.-Bonn

Greiffenhagen, Martin 1976: Art. 'Konservativ Konservatismus', in: Historisches Wörterbuch der Philosophie, hrsg. von Joachim Ritter, Darmstadt, Bd. 4, Sp. 90-985

ders. 1977: Das Dilemma des Konservatismus in Deutschland [zuerst 1971, unveränderte Neuausgabe], München

Grimm, Dieter (Hg.) 1997: Staatsaufgaben, Franfurt/M.

Habermas, Jürgen 1981: Die Moderne - ein unvollendetes Projekt [1980], in: ders.: Kleine Politische Schriften I-IV, Frankfurt/M., S. 444-464

ders. 1985: Die Kulturkritik der Neokonservativen in den USA und in der Bundesrepublik [Erstfass. 1982], in: ders.: Die neue Unübersichtlichkeit. Kleine Pol. Schriften V, Frankfurt/M, S. 30-56

Hedrich, Klaus-Jürgen u.a. 1996: Globalisierung und Politik (= Aktuelle Fragen der Politik H. 41, hg. v. der Konrad-Adenauer-Stiftung), St. Augustin

Herkommer, Sebastian 1988: Das Dilemma des Neokonservatismus - Eine Chance für die Linke? In: Sozialismus 5 (1988), S. 25-37

Hirsch, Joachim 1995: Der nationale Wettbewerbsstaat. Staat, Demokratie und Politik im globalen Kapitalismus, Berlin/Amsterdam

Höhler, Gertrud 1988: Offener Horizont. Junge Strategien verändern die Welt, Düsseldorf

Jäger, Margret/Jäger, Siegfried (Hg.) 1996: Baustellen. Beiträge zur Diskursgeschichte deutscher Gegenwart, Duisburg

Jaschke, Hans-Gerd 1991: Streitbare Demokratie und Innere Sicherheit. Grundlagen, Praxis und Kritik, Opladen

Jessop, Bob 1997: Veränderte Staatlichkeit, in: Grimm, Dieter (Hg.) 1997, S. 43-73

Kellershohn, Helmut 1994: Das Projekt *Junge Freiheit*. Eine Einführung, in: ders. (Hg.): Das Plagiat. Der Völkische Nationalismus der *Jungen Freiheit*, Duisburg, S. 17-50

ders. 1996: Öffnung nach rechts. Wolfgang Schäubles Beitrag zur Strukturierung des neokonservativen Diskurses, in: Jäger, M./Jäger, S. (Hg.) 1996, S. 91-106

ders. 1997: Verschiebungen im neokonservativen Diskurs. Anmerkungen zu Wolfgang Schäubles *Und der Zukunft zugewandt*, in: Cleve, G./Ruth, Ina/Schulte-Holtey, E./Wichert, F. (Hg.) 1997, S. 341-357

Klaiber, Klaus-Peter 1996: Neue Anforderungen an die Außenpolitik, in: Hedrich, Klaus-Jürgen u.a. 1996, S. 45-48

Kleger, Heinz 1985: Was ist Neokonservatismus, in: Das Argument 152 (1985), S. 511-520

Kofler, Leo 1984: Der Konservatismus, Hamburg

Kraushaar, Wolfgang 1994: Extremismus der Mitte. Zur Geschichte einer soziologischen und sozialgeschichtlichen Interpretationsfigur, in: Lohmann, Hans-Martin (Hg.) 1994, S. 23-50

Krysmanski, Hans-Jürgen 1984: Zukunfts-Mythen des Späth-Kapitalismus, in: Blätter für deutsche und internationale Politik 7 (1984), S. 806-820

Kuhr, Holger: Die Europadebatte und -politik der Bundesrepublik Deutschland seit 1989/90 [unveröffentl. Ms.], Hamburg

Kunz, Thomas 1994: Der aktuelle Diskurs über "Innere Sicherheit" in der BRD. Gesellschaftliche Ursachen und Funktion [Politologische Diplomarbeit], Frankfurt/M.

Lohmann, Hans-Martin (Hg.) 1994: Extremismus der Mitte. Vom rechten Verständnis der Nation, Frankfurt/M.

Maier, Hans 1995: Politische Religionen. Die totalitären Regime und das Christentum, Freiburg i.Br.

Marcuse, Herbert 1968: Der Kampf gegen den Liberalismus in der totalitären Staatsauffassung [1934], in: ders.: Kultur und Gesellschaft I, Frankfurt/M., S. 17-55

Mohler, Armin 1974: Brief an einen italienischen Freund, in: ders.: Von rechts gesehen, Stuttgart

Neumann, Franz [Hg.] 1995: Handbuch Politische Theorien und Ideologien, Opladen

Raschke, Joachim 1997: Die Mitte - das bin ich, in: taz 14.1.1997

Pätzold, Jürgen 1985: Stabilisierungspolitik, Bern/Stuttgart

Rahmann, Bernd 1985: Ist Angebotsökonomik eine instrumentelle Alternative zur keynesianischen Nachfrageökonomik, in: Buttler, Friedrich/Kühl, Jürgen/Rahmann, Bernd (Hg.) 1985, S. 65-100

Reitz, Ulrich 1996: Wolfgang Schäuble. Die Biographie, Bergisch Gladbach

Saage, Richard 1983: Neokonservatives Denken in der Bundesrepublik, in: ders.: Rückkehr zum starken Staat? Studien über Konservatismus, Faschismus und Demokratie, Frankfurt/M., S. 228-282

ders. 1987: Die neokonservative Herausforderung in der Bundesrepublik [Erstfassung 1985], in: ders.: Arbeiterbewegung, Faschismus, Neokonservatismus, Frankfurt/M., S. 199-231

ders. 1987: Zur Aktualität des Begriffs 'Technischer Staat' [zuerst 1986], in: ebd., S. 252-266

Schäuble, Wolfgang 1994: Und der Zukunft zugewandt, Berlin

ders. 1996: Weniger Demokratie wagen? Die Gefahr der Konstitutionalisierung der Tagespolitik, in: FAZ 13.9.1996

Schelsky, Helmut 1965: Der Mensch in der wissenschaftlichen Zivilisation, in: ders.: Auf der Suche nach der Wirklichkeit, Düsseldorf, S. 439ff.

ders. 1975: Die Arbeit tun die anderen. Klassenkampf und Priesterherrschaft der Intellektuellen, Opladen

Schmidt, Ute 1986: Die Christlich Demokratische Union Deutschlands, in: Stöss, Richard (Hg.) 1986, Bd. 1, S. 490-660

Schui, Herbert 1996: Neoliberalismus - Der Versuch, die Konzentration von Einkommen und Vermögen zu legitimieren, in: ders./Spoo, Eckart (Hg) 1996, S. 103-123

ders./Spoo, Eckart (Hg) 1996: Geld ist genug da. Reichtum in Deutschland, Heilbronn

Schulz, Frank: 'Neokonservatismus' - Begriffliche und dogmengeschichtliche Anmerkungen zum gegenwärtigen Kampf um die Staatsauffassung, in: Prokla 3 (1984), S. 127-143

Sozialistische Studiengruppen (SOST) 1986: Zwischen Neokonservatismus und Rechtsradikalismus. Politische und populistische Rechtstendenzen in der Bundesrepublik, Hamburg

Späth, Lothar 1985: Wende in die Zukunft. Die Bundesrepublik auf dem Weg in die Informationsgesellschaft, Reinbek bei Hamburg

Starzacher, Karl/Schacht, Konrad/Friedrich, Bernd/Leif, Thomas (Hg.) 1992: Protestwähler und Wahlverweigerer. Krise der Demokratie? Köln

Stegmann, Dirk 1983: Vom Neokonservatismus zum Proto-Faschismus: Konservative Partei, Vereine und Verbände 1893-1920, in: ders./Wendt, B.-J./Witt, P.-Ch. (Hg.) 1983, S. 199-230

ders./Wendt, Bernd-Jürgen/Witt, Peter-Christian (Hg.) 1983: Deutscher Konservatismus im 19. und 20. Jahrhundert. Festschrift für Fritz Fischer, Bonn

Stöss, Richard (Hg.) 1986: Parteien-Handbuch. Die Parteien der Bundesrepublik Deutschland 1945-1980 [zuerst 1983, Sonderausgabe], Opladen

Taenzer, Uwe 1985: Wirtschaftspolitik. Ein Lehr- und Arbeitsbuch (= Ökonomie 2), Stuttgart

Zukunftsperspektiven 1983: Bericht der Kommission "Zukunftsperspektiven gesellschaftlicher Entwicklungen", erstellt im Auftrag der Landesregierung von Baden-Württemberg, Stuttgart

Ursula Kreft / Hans Uske

Wieviele Arbeitslose verträgt der Standort Deutschland?

Noch Anfang der 90er Jahre sah es so aus, als sei Arbeitslosigkeit zu einem Thema von geringerer gesellschaftlicher Bedeutung geworden. Erst ab 1993 präsentierten die Medien hohe Arbeitslosenzahlen wieder häufiger als "gravierendes Problem", das kommentiert und interpretiert werden mußte. Im Rückblick erscheint jedoch vor allem das Ende des Jahres 1995 als Markierung: Massenarbeitslosigkeit beherrschte nun die Berichterstattung der Medien und wurde zum diskursiven Ereignis. Auch 1996 blieb Massenarbeitslosigkeit in öffentlichen Debatten das große gesellschaftliche Thema in Deutschland.

In den *sechs Thesen* unseres Beitrages werden wir einige Aspekte der aktuellen öffentlichen Behandlung des Themas Massenarbeitslosigkeit anreißen. Wir wollen versuchen, Verschiebungen und Veränderungen darzustellen, die sich abzeichnen und möglicherweise die zukünftigen Debatten beeinflussen oder prägen könnten.

1. These:
Arbeitslosigkeit ist heute weniger ein Legitimationsproblem als ein Faktor bei der Herstellung 'mentaler Standortfähigkeit'.

Im Januar 1996 erschien *Der Spiegel* (4/1996) mit dem Titel: "6 Millionen Arbeitslose - Gefahr für Standort Deutschland". *(Abbildung 1)* Dieser Titel ist sicherlich wert, ausführlich analysiert zu werden. Wir wollen an dieser Stelle jedoch lediglich auf einen Aspekt hinweisen: Die Zahl "6 Millionen Arbeitslose" erscheint im *Spiegel*-Titel nicht als Prognose, sondern als Faktum, als bewiesene Wahrheit über den gegenwärtigen Stand der Dinge. Nicht nur *Der Spiegel* berichtete von "6 Millionen Arbeitslosen". Auch die *Frankfurter All-*

gemeine sprach in einem ihrer Kommentare von "6 Millionen fehlenden Arbeitsplätzen" (*FAZ* 21.1.1996). Der Hauptgeschäftsführer von Gesamtmetall, Werner Stumpfe, kündigte sogar an, in drei Jahren werde es "unter Umständen 8 Millionen Arbeitslose" (*Der Spiegel* 3/1996, S. 28) geben.

Noch vor wenigen Jahren galten derart hohe Arbeitslosenzahlen als unvorstellbar. Zwar konnte damals durchaus über "6 Millionen Arbeitslose" öffentlich nachgedacht werden, jedoch lediglich als negative Vision des größtmöglichen Chaos. Noch Anfang der 90er Jahre waren bereits 4 Millionen Arbeitslose unvereinbar mit den Legitimationsgrundlagen von Staat und Gesellschaft.
In den 70er Jahren bedeuteten "1 Million Arbeitslose" die sogenannte "Schallgrenze" oder "kritische Obergrenze", vor der sich die Gesellschaft fürchtete. In den 80er Jahren lag sie bei 2 Millionen. Wer heute behauptet, man könne zu einer Zahl unterhalb dieser "Obergrenze" zurückkehren, wird als Märchenonkel belächelt. Wenn Kanzler Kohl von der Halbierung der Massenarbeitslosigkeit bis zum Jahr 2000 redet, also eine Reduktion auf 2 bis 3 Millionen ankündigt, dann gilt das gemeinhin als unglaubwürdiges Versprechen. Offenbar hat sich unsere Wahrnehmung den steigenden Arbeitslosenzahlen angepaßt: Das früher Anormale und Schreckenerregende wird als selbstverständlich, sogar als wünschenswert empfunden, und die 80er Jahre erscheinen als Goldenes Zeitalter sozialer Harmonie.

Abbildung 1: DER SPIEGEL, 4/1996

In der BRD gab es bisher zwei unterschiedliche Formen des Umgangs mit dem Phänomen Arbeitslosigkeit. Beide Umgangsweisen existieren parallel, seitdem von "Massenarbeitslosigkeit" gesprochen wird. Es handelt sich dabei nicht um unvereinbare Gegensätze, sondern eher um differente Verfahrensweisen, die häufig zeitgleich, aber mit unterschiedlicher Gewichtung praktiziert wurden.

In der *ersten* Umgangsweise gilt Arbeitslosigkeit als gravierendes *Legitimationsproblem*. Massenarbeitslosigkeit wird als Indiz für Instabilität und soziale Desintegration gewertet, so daß steigende Zahlen zum Problem für das gesamte politische System werden können. Da die Integration aller in den Arbeitsmarkt zum Kern des "Modells Deutschland" gehört, gerät jede Regierung durch Massenarbeitslosigkeit unter Legitimationsdruck. Solange die Regierung das Problem nicht beseitigen kann, muß sie daher versuchen, es der medialen Sichtbarkeit zu entziehen.
Sichtbare Massenarbeitslosigkeit war der entscheidende Faktor, als Anfang der 80er Jahre die sozialliberale Koalition scheiterte. Die Regierung Kohl dagegen bemühte sich jahrelang mit recht gutem Erfolg, nicht in einen allzu engen Zusammenhang mit steigenden Arbeitslosenzahlen gerückt zu werden (Uske 1995, S. 184ff.).

Wenn Arbeitslosigkeit vorrangig ein Legitimationsproblem darstellt, dann werden zur Lösung Praktiken benötigt, mit denen Handlungsfähigkeit demonstriert und die Zahl der sichtbaren Erwerbslosen gesenkt werden kann. Erfolgreich sind Kombinationen aus sozialtechnischen, statistischen und rhetorischen Verfahren, die den Problemdruck verringern. Dazu gehören bisher unter anderem:

Verfahren zur Produktion verborgener Arbeitsloser, zum Beispiel
- ABM
- Weiterbildungsmaßnahmen
- Frühverrentung,

verfeinerte Sozialtechniken zur Erfassung und Reintegration bestimmter Gruppen, die als "soziales Konfliktpotential" gelten (Kühl 1988, S. 14ff.), zum Beispiel
- Sonderprogramme für "Jugendliche" oder für "Langzeitarbeitslose"
- Programme vom Typus "Arbeit statt Sozialhilfe".

Der Problembestand kann außerdem drastisch verringert werden

- durch Mißbrauchsvorwürfe
- und durch die Konstruktion "unechter Arbeitslosigkeit" (Uske 1995, S. 41ff.)

In der *zweiten* Umgangsweise dagegen wird Massenarbeitslosigkeit als bereits fest etabliertes Merkmal der Sozialstruktur behandelt. Daß die Arbeitslosen-Zahlen hoch sind und ständig steigen, wird hier keineswegs geleugnet, sondern als Faktor in einem strategischen Kalkül benutzt. In dieser Umgangsweise muß die Existenz der Massenarbeitslosigkeit nicht legitimiert werden. Sie wird vielmehr selbst zur *Legitimationsbasis*: Sie legitimiert den Sozialabbau, den Abbau von Arbeitnehmer-Schutzrechten, sie dient als Argument und als Druckpotential in Tarifverhandlungen.
Ein solcher kalkulierter Einsatz der Massenarbeitslosigkeit ist möglich, weil hierzulande soziale Integration erstens durch Erwerbsarbeit hergestellt und zweitens vor allem als die Vermeidung sozialer Konflikte verstanden wird. In diesem Sinne wird soziale Integration als hoher Wert, sogar als gesellschaftliches Leitbild allgemein akzeptiert (Kronauer 1996). Massenarbeitslosigkeit stellt diesen integrativen Kern in Frage, sie erscheint als "sozialer Sprengstoff", der sogar Gegenmaßnahmen legitimieren kann, die als "extrem" gelten. Je höher die Massenarbeitslosigkeit, umso höher können die Forderungen an die Arbeitnehmer sein: Angesichts der Größe der Gefahr scheinen jedes Opfer und jede Not-Maßnahme gerechtfertigt. Daß Massenarbeitslosigkeit in den Medien und im Alltag möglichst häufig und deutlich sichtbar wird, ist daher in der zweiten Umgangsweise durchaus willkommen. Die Veröffentlichung hoher und steigender Zahlen ist erwünscht, und aus strategischer Sicht empfiehlt sich sogar eine Dramatisierung der Zahlen.

Beide Varianten des Umgangs existieren bereits seit Jahren als parallele Sichtweisen. Wie unterschiedlich Ereignisse je nach Umgangsweise interpretiert werden können, zeigt ein Beispiel aus der Zeit der Wiedervereinigung. Im Mai 1991 kommentierten die beiden führenden konservativen Tageszeitungen die Frühverrentung im Osten - und zwar recht kontrovers. Thomas Linke urteilte in der *Welt*, daß Bonn zu einer, wie er es nannte, "aktiven Arbeitsmarktpolitik keine andere Wahl" bleibe:

"Wer soll sich im Osten mit 55 Jahren noch aussichtsreich umschulen? Da macht die frühe Rentenzahlung Sinn. Denn wahrscheinlich würden diese Menschen ansonsten ebenfalls in der Arbeitslosenstatistik für den Osten landen." (*Die Welt* 8.5.1991)

Während Linke die Regierung lobt, weil sie durch Frühverrentung die Arbeitslosenstatistik senkt, argumentiert der Kommentator der *FAZ* am selben Tag dagegen:

"Durch allerlei mauschelnde Rechnereien - von Kurzarbeit Null bis zur Warteschleife - ist das wahre Maß der aktuellen und der zu erwartenden Arbeitslosigkeit aber mittlerweile auch bei denen in Vergessenheit geraten, die viel dazu beigetragen haben, sie statistisch unter den Teppich zu kehren. Es wäre gut, wenn alle - in erster Linie die Gewerkschaften bei ihren Lohnforderungen - nun aufhören, mit politisch verfälschten Zahlen zu operieren. Aber es wird weiter verbal gemogelt. Menschen mit 55 Jahren in den 'Vorruhestand' zu schicken, bedeutet im wirtschaftlichen Sinne keine Entlastung für den Arbeitsmarkt." (*FAZ* 8.5.1991)

Während *Die Welt* 1991 die Regierung vor hohen Arbeitslosenzahlen schützen möchte, will die *FAZ* hohe Arbeitslosenzahlen sichtbar machen, um die Gewerkschaften von Lohnforderungen abzuhalten. Die *FAZ* kritisiert hier nicht nur eine Verfälschung der Statistik. Sie wirft den Sozialpolitikern außerdem "allerlei mauschelnde Rechnereien" vor: Sozialpolitiker haben sich offenbar auf Kompromisse eingelassen, die als unehrlich beurteilt werden. Die Kritik der *FAZ* propagiert eine bestimmte Sichtweise als einzig gültige Wahrheit im Umgang mit der Arbeitslosigkeit. Das, was die *FAZ* hier das "wahre Maß" der Arbeitslosigkeit nennt, soll verkündet und etabliert werden, um die Mängel des "Standorts Deutschland" offenzulegen und zu beseitigen.

Die in der *FAZ* favorisierte Betrachtungsweise setzt sich offenbar immer mehr durch. Vor allem die konservative Presse formuliert seit einiger Zeit einen dringlichen, geradezu existentiellen Bedarf an ökonomischer Eindeutigkeit. Beim Thema Arbeitslosigkeit dominiert nun die zweite Umgangsweise: eine wiederholte Verkündigung der sogenannten schonungslosen Wahrheiten. Arbeitslosenzahlen werden von Regierungspolitikern und ihnen nahestehenden Medien in der Regel nicht mehr geschönt - im Gegenteil: sogar Arbeitslose, die von der Statistik bisher nicht erfaßt wurden, werden jetzt mitgezählt. Prophetische Hochrechnungen dramatisieren die Zukunft und sorgen für weiteren Handlungsdruck in der Gegenwart. Die Regierung, die noch in den 80er Jahren mit allerlei Verfahren Personengruppen aus der Statistik entfernte, bewirkt nun, auf einem neuen Höhepunkt der offiziellen Arbeitslosenzahl, einen statistischen Schub, indem sie die Frühverrentung kippt, die sie selbst noch vor wenigen Jahren als sozial gerechte Lösung propagiert hatte.
Der Abbau der Arbeitslosigkeit wird nun fest verkettet mit dem Abbau des Sozialstaates: je weniger Sozialstaat, desto weniger Arbeitslose und umgekehrt. Diese Gleichung ist nicht neu, neu ist aber der Alleinvertretungsan-

spruch, der jede denkbare Alternative zum Schweigen bringt. Neu ist auch die Rigorosität, mit der neoliberale Forderungen in praktisches Handeln umgesetzt werden sollen. Seitdem Arbeitslosigkeit wieder zum öffentlichen Thema Nr. 1 geworden ist, wird sie immer mehr zum drängenden Beweismittel, zum endlich sichtbaren Menetekel in der schon länger geführten Standortdebatte.

Diese Standortdebatte wird durch eine Diagnose beherrscht, die eine neue Dringlichkeit geradezu fordert. Den Deutschen fehle, sagt Bundespräsident Herzog, die "mentale Standortfähigkeit" (Herzog 1996, S. 317). Das Problem der Deutschen sei ihre "fest verankerte Sozialstaatsmentalität" (FAZ, 20.5.1996). Gebraucht werde eine Wende von der "Wohlfahrts- zur Risikomentalität" (*Die Welt* 16.1.1996). Es gehe darum, "die Zähigkeit, mit der die Deutschen an gewohnten - aber nicht mehr finanzierbaren - Besitzständen kleben, (...) aufzuweichen" (*Die Welt* 22.4.1996) und "der im Korsett des Sozialstaates sich dem Kreislaufkollaps nähernden Gesellschaft Luft zu verschaffen" (*FAZ* 29.6.1996).
Die Langzeitarbeitslose, die meint, sie hätte was zu leiden, wird in den Medien eines Besseren belehrt: Es ist die deutsche Gesellschaft, die symbolisch leidet. Sie leidet unter der "Mentalität" einer Bevölkerung, die an sozialen Risiken nach wie vor keine Freude hat. Als heilsame Medizin für die Gesellschaft wird gerade das gefordert, was den Betroffenen so bitter schmeckt: entschieden hohe Arbeitslosenzahlen und entschieden niedrigere Sozialleistungen. Die Drohung des sozialen Abstiegs und die Erfahrung der Massenarbeitslosigkeit werden so zu therapeutischen Maßnahmen für eine Bevölkerung, die offenbar eine Art Umerziehung zur "Standortfähigkeit" durchlaufen soll. Früher hieß es: "Not lehrt beten", jetzt lehrt Arbeitslosigkeit die korrekte "Risikomentalität" am Standort Deutschland. Maßnahmen, die den Betroffenen als Sozialabbau erscheinen, sind daher in Wirklichkeit, wie Minister Rexroth so treffend sagt, ein "Vitaminstoß für Deutschland"[1].
Obwohl diese Sichtweise der Arbeitslosigkeit zur Zeit in einigen Medien dominiert, ist die andere traditionelle Umgangsweise - die Behandlung der Arbeitslosigkeit als Legitimationsproblem - keineswegs völlig verschwunden. Daß Arbeitslose weiterhin Legitimationsdruck auslösen, zeigen unter anderem die Praktiken, auf die wir in der zweiten These eingehen.

---

1 Überschrift der *FAZ* vom 31.1.1996 zum 50-Punkte-Programm der Regierung in Anlehnung an ein Zitat von Wirtschaftsminister Rexroth

2. These:
Mit neuen Praktiken zur Produktion von "Sozialbetrügern" kann die versprochene Halbierung der Massenarbeitslosigkeit auch ohne Arbeitsmarkterfolge erreicht werden.

Mißbrauchsvorwürfe gegen Arbeitslose sind in der Regel mit Praktiken verknüpft, deren Effekt darin besteht, daß Arbeitslosigkeit weniger sichtbar ist und als ein eher harmloses Problem erscheint. Bemerkenswert ist, daß Mißbrauchsvorwürfe in großer Menge in den Medien auftauchen, wenn Arbeitslosigkeit vorrangig als Legitimationsproblem bewertet wird, wie es in den 70er und 80er Jahren der Fall war. Wir haben in der ersten These darauf hingewiesen, daß diese Umgangsweise in der aktuellen Debatte zurücktritt und daß die zweite Umgangsweise dominiert: Hohe Arbeitslosenzahlen werden nun sichtbar gemacht und begründen Forderungen nach einer Umgestaltung des gesamten Sozialbereichs.

Wenn man sich vor Augen führt, wie intensiv, zwingend und folgenreich die Mißbrauchsdebatte im Bereich Asylrecht war, dann wirkt die aktuelle Diskussion um den Mißbrauch des Sozialstaates durch Arbeitslose vergleichsweise milde und dezent. Dies könnte sich aber relativ schnell ändern. Sollte es der Regierung Kohl nicht gelingen, die Arbeitslosenzahlen wie versprochen zu halbieren, könnte die bewährte Kombination aus Statistikbereinigungen und Mißbrauchskampagne wieder die Medien beherrschen.
Daß Arbeitslose zur Zeit in den Medien seltener als "Drückeberger" stigmatisiert werden, ist überdies kein Indiz für einen verständnisvolleren Umgang mit dieser Gruppe. Tatsächlich haben die zuständigen Institutionen die Bekämpfung des sogenannten "Sozialmißbrauchs" in den vergangenen Jahren kontinuierlich betrieben und dabei das Instrumentarium erheblich effektiviert. In den Institutionen liegen statistische Daten bereit, die jederzeit als Argumentation in einer Ausgrenzungskampagne benutzt werden können. Wir wollen dies an einigen Beispielen verdeutlichen.

Die schwarzen Männchen in *Abbildung 2* (*ANBA* 4/1995, S. 504) zeigen die Erfolgskurve des Kampfes gegen "Sozialbetrüger" - hier immerhin noch in Anführungszeichen geschrieben.[2] Die Abbildung stammt aus den *Amtlichen*

---

[2] In den dazugehörigen getexteten Presse-Informationen der Bundesanstalt für Arbeit entfallen die Gänsefüßchen. Dort heißt es: "Die Arbeitsämter haben auch 1994 illegale Beschäftigung und Sozialbetrug in großem Umfang aufgedeckt." (*ANBA* 4/1995, S. 508)

Nachrichten der Bundesanstalt für Arbeit. Das Steigen der Erfolgskurve ist offenbar durch neue Praktiken erreicht worden, zum Beispiel durch Gesetzesänderungen, Datenabgleich und die Einführung des Sozialversicherungsausweises.

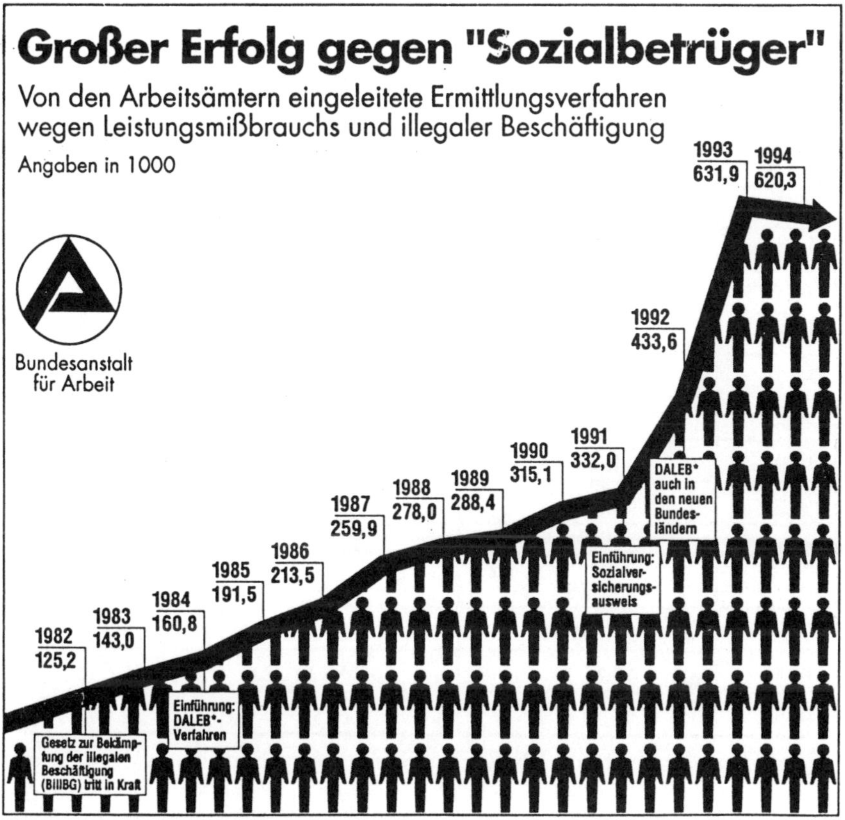

* Datenabgleich zwischen Leistungsempfängern und Beschäftigten

Abbildung 2: ANBA 4/1995, S.504

Diese statistischen Erfolge wurden vor allem im Kampf gegen Ausländer ohne gültige Arbeitserlaubnis erzielt. Von den Ämtern erfaßt wurden also weniger jene berüchtigten "arbeitsunwilligen Schmarotzer", sondern vielmehr höchst arbeitswillige Menschen, denen man das Arbeiten hierzulande verbieten möchte. Wenn man sich die gegen Arbeitslose ausgesprochenen Sperrzeiten anschaut, dann ergibt sich ein völlig anderes Bild. Leider gibt es für diese Zahlen keine hübsche Erfolgskurve mit schwarzen Männlein - vielleicht mit gutem Grund. *Tabelle 1* zeigt, daß die Sperrzeiten in NRW, verglichen mit 1982, sogar zurückgegangen sind, trotz steigender Arbeitslosenzahlen.

Tabelle 1: Sperrzeiten in NRW

	Sperrzeiten bei Arbeitslosengeld	Sperrzeiten bei Arbeitslosenhilfe	Sperrzeiten insgesamt
1982	75.786	5.345	81.131
1983	61.060	5.840	66.900
1984	52.369	7.702	60.071
1985	42.035	7.914	49.949
1986	41.553	8.821	50.374
1987	42.662	9.414	52.076
1988	45.442	8.771	54.213
1989	44.049	9.406	53.455
1990	48.008	10.327	58.335
1991	48.945	9.841	58.759
1992	50.228	9.638	59.866
1993	55.870	9.352	65.222
1994	47.803	8.832	56.635
1995	42.312	10.095	52.407

(Quelle: Landesarbeitsamt NRW 1995, S.161; eigene Berechnung)

Wenn die Erfolgskurve der Ämter auch hier steigen soll, dann muß offensichtlich die Menge der Sperrzeiten gesteigert werden. Auf welche Weise könnten die Arbeitsämter hier zu Erfolgen kommen? Anfang 1996 hat eine Koalitionsarbeitsgruppe Eckpunkte für die Reform des Arbeitsförderungsgesetzes vorgelegt. In Punkt 4 dieses Papiers heißt es:

"Die Bekämpfung des Leistungsmißbrauchs und der illegalen Ausländerbeschäftigung muß zu einer im Vergleich zur Leistungserbringung gleichrangigen Aufgabe der Bundesanstalt ausgestaltet werden. (...) Außerdem muß durch geeignete organisatorische Maßnahmen sichergestellt werden, daß alle Bedienstete und Arbeitsämter sich in gleicher Weise der Mißbrauchsbekämpfung widmen und nicht durch falsche 'Großzügigkeit' anderen diese Tätigkeit erschweren." (Kühl 1996, S. 75)

Wohin diese Forderungen zielen, verdeutlicht *Tabelle 2*. Wenn wir die Raten der Sperrzeiten für einzelne Arbeitsamtsbezirke miteinander vergleichen, ergeben sich deutliche Unterscheide.

Tabelle 2: Sperrzeiten 1995 nach ausgewählten Arbeitsamtsbezirken

Arbeitsamtsbezirk	registrierte Arbeitslose	Sperrzeiten
Duisburg	34.290	1.440
Dortmund	46.957	2.622
Mönchengladbach	29.304	2.356

(Quelle: Landesarbeitsamt NRW 1995, S.42ff, S.161; eigene Berechnung)

Obwohl z.B. der Arbeitsamtsbezirk Dortmund nur um ein Drittel größer ist als der Arbeitsamtsbezirk Duisburg, gab es 1995 dort fast doppelt so viele Sperrzeiten. Noch eindeutiger ist der Vergleich mit dem Arbeitsamtsbezirk Mönchengladbach, in dem zwar weniger Arbeitslose registriert sind als in Duisburg, in dem aber dennoch deutlich mehr Sperrzeiten ausgesprochen werden.
In Duisburg und in einigen anderen Städten waren demnach noch enorme Steigerungsraten zu erzielen, wenn die Verordnungen enger ausgelegt werden und sich Mitarbeiter der Arbeitsämter "der Mißbrauchsbekämpfung widmen" (Kühl 1996, S. 75) - also wie eine Mißbrauchspolizei tätig werden. Wenn man außerdem bedenkt, daß viele Arbeitslose tatsächlich auf gelegentliche Schwarzarbeit angewiesen sind, wird klar, welches Potential an Mißbrauchern auf diese Weise produziert werden kann.

Arbeitslose sollen nun von mehreren Seiten in die Zange genommen werden. Auf der einen Seite produziert man Schwarzarbeiter, indem man Arbeitslosengeld und -hilfe immer mehr reduziert. Auf der anderen Seite installiert man eine Mißbrauchspolizei, die jede Übertretung der Vorschriften entdecken und bestrafen soll. Auf diese Weise erzeugt man ein ganzes Heer von Sozialbetrügern, die als schwarze Männchen zu Erfolgskurven verarbeitet werden können.

3. These:
Die Mißbrauchsdebatten wandeln sich. Der Gebrauch des Sozialstaats wird zum Mißbrauch.

Frühere Mißbrauchsdebatten, zum Beispiel gegen Arbeitslose oder Sozialhilfe-Empfänger, waren durch folgende Merkmale geprägt:

1. Der Mißbrauchsvorwurf richtete sich in der Regel gegen spezifizierte Gruppen, die kollektivsymbolisch als "schwarze Schafe" aus der großen Herde der Anständigen isoliert wurden. Der Kampf gegen die "Unechten" war stets von der Versicherung begleitet, daß es auch "Echte" gebe.
2. In Berichten über "Mißbrauch" standen zumeist Verstöße gegen bestimmte Normen im Vordergrund. Diese Normen waren vorab juristisch definiert worden, zum Beispiel in Form von Erlassen oder Verordnungen. Sogenannte "clevere Abzocker" hatten regelmäßig die Normen verletzt. Die "Ehrlichen" dagegen erhielten ihre Sozialleistungen zu Recht; sie wurden sogar in Broschüren und Beratungen aufgefordert, ihr Recht in Anspruch zu nehmen.

Frühere Mißbrauchsdebatten konzentrierten sich demnach auf markierte, herausgehobene Gruppen und auf Normverstöße. Für große Gruppen der Bevölkerung, die weder Asyl noch Arbeitslosen- oder Sozialhilfe beantragen mußten, bestand daher kaum eine oder gar keine Möglichkeit, als Mißbraucher verortet zu werden. In den *aktuellen* Mißbrauchsdebatten treten nun folgende Merkmale stärker in den Vordergrund:

1. In den Medien zeigt sich aktuell eine Tendenz zur Verallgemeinerung der Mißbrauchsvorwürfe. Immer mehr Bereiche des Sozialen erscheinen als Orte eines dauerhaften und regelmäßigen Mißbrauchs. Während die Alten eine Form des Rentenmißbrauchs betreiben, weil sie immer älter werden und dadurch angeblich Geld verbrauchen, das den Jungen fehlt (vgl. z.B. *Der Stern* 19/1996; *Der Spiegel* 6/1997), werden in der *FAZ* (19.6.1996) die Kranken enttarnt: Ihr "Kur-Mißbrauch" habe zum Ruin des Krankenversicherungssystems beigetragen.
Häufiger werden nun verschiedene Mißbrauchsarten in den Medien gekoppelt oder systematisch verknüpft. In seiner Titelgeschichte "Das süße Leben der Sozialschmarotzer" präsentiert der *Focus* (43/1995) ganze Bündel von Mißbrauchern. *(Abbildung 3)*

Abbildung 3: Focus 43/1995

Neben Rentnern, Arbeitslosen, Kranken, Asylbewerbern und Sozialhilfe-Empfängern erwähnt der *Focus* Studierende und Familien mit Kindern. Auch BAFÖG- und Kindergeld-Bezieher stehen unter Verdacht. Zwar wurde die Höhe der Sozialausgaben auch in früheren Debatten häufig kritisiert. Aber der normgerechte Bezug von Sozialleistungen erschien in der Regel als legitim und akzeptabel. In der aktuellen Debatte wird der Mißbrauchsvorwurf ausgedehnt: Nun kann jeder *Gebrauch* des Sozialsystems als Mißbrauch verortet werden; der Sozialstaats-Gedanke selbst und alle seine Regelungen bis hin zum Generationenvertrag gelten als kritikabel. In bezug auf unser Thema Arbeitslosigkeit zeichnet sich ein Wandel ab. Die Frage "echter oder unechter Arbeitsloser?" wird weniger wichtig. Die Behandlung der Arbeitslosen wird vielmehr in umfassendere Mißbrauchsvorstellungen integriert, die jede Form des Gebrauchs von Sozialleistungen als Gefährdung des Standorts Deutschland bewerten.

2. In dieser aktuellen Kritik wird ein Fehlverhalten nicht mehr allein als Normverstoß definiert. Ob ein "Mißbrauch" vorliegt, wird nun vorzugsweise nachträglich festgestellt, häufig durch einen Vergleich zwischen Bevölkerungsgruppen. Exemplarisch ist ein Artikel in *Bild am Sonntag* (18.2.1996), der Sozialhilfe und Niedriglöhne vergleicht. *BamS* enttarnt dabei nicht die "schwarzen Schafe", die gegen Normen verstoßen. Durch den Vergleich mit Niedriglöhnen wird vielmehr jede legitim gezahlte Sozialhilfe nachträglich als anormal hoch gekennzeichnet. Diese Art der Mißbrauchsdefinition eröffnet

große Handlungsspielräume: Durch die Meßlatte irgendeines Niedriglohns kann jede staatliche Leistung nachträglich als verschwenderisch erscheinen.
Ähnlich verfahren einige der Darstellungen, die sich mit dem Thema "Renten" beschäftigen. Daß Rentner eine im Sinne juristischer Normen korrekt berechnete Rente beziehen, wird allgemein nicht bestritten. Trotzdem werden Rentner zum Beispiel im *Stern* (19/1996) zu Sozialschmarotzern, die sich auf Kosten anderer ein schönes Leben "an der Costa Blanca" machen. Die Rentner sind hier Mißbraucher im nachhinein, gemessen an jenen Opfern, die Erwerbstätige, kinderreiche Familien und andere Gruppen zu Sicherung des Standorts Deutschland zu erbringen haben.
Auf diese Weise entwickelt sich das Szenario einer Gesellschaft, in der jede Gruppe und jedes Individuum sehr gute Chancen hat, als Mißbraucher verortet zu werden: durch Krankheit, durch Rentenbezug, durch angeblich extrem lange und teure Ausbildung, durch den Bezug von Kindergeld und so weiter. Sein Leben lang muß sich das Subjekt im Grunde ständig fragen: Mißbrauche ich die Gesellschaft und schädige damit den Standort Deutschland? Dabei geraten die Individuen in eine paradoxe Lage: Wenn beinahe jeder Gebrauch sozialstaatlicher Leistungen Mißbrauch bedeutet, ist jedes Individuum zugleich Mißbraucher und Mißbrauchter. Während ich als Arbeitslose durch ABM den Sozialstaat ausbeute, werde ich gleichzeitig als Teil dieser Gesellschaft von Mallorca-Rentnern, Kurschatten, Kindergeld-Müttern und sonstigen Mißbrauchern ausgebeutet.

4. These:
Eine ungelöste Frage: Wo sind die Grenzen des Sozialstaatsabbaus? Könnten wir uns an Suppenküchen-Armut gewöhnen?

Könnte in der BRD der Abbau des gesamten Sozialsystems noch weiter getrieben werden, ohne daß der sogenannte demokratische Konsens gefährdet wäre? Gibt es im Diskurs Grenzen des Sozialabbaus? Könnten wir uns in Zukunft daran gewöhnen, daß - wie in den USA - große Bevölkerungsgruppen immer mehr verarmen? Könnten Suppenküchen-Armut und Slums zum normalen Alltag gehören? Oder gibt es hierzulande eine Grenze des sozial Erträglichen?
Es fällt uns schwer, diese Fragen zu beantworten. Einerseits scheint eine vollständige Ausgrenzung der Arbeitslosen und der Armen nach dem Muster der Kampagne gegen Asylbewerber gesellschaftlich zur Zeit nicht durchsetzbar. Eine solche Strategie setzt voraus, daß die betroffenen Subjekte stigmatisiert werden und daß eine räumliche und soziale Segregation bereits stattgefunden

hat. Solche Bedingungen sind offenbar in den USA gegeben: Arme werden als "Schwarze" und "Puertorikaner" definiert, von der weißen "middle class" strikt abgetrennt und in Armenvierteln der Sichtbarkeit weitgehend entzogen.
In der BRD dagegen werden einheimische Arbeitslose und Arme zwar am "unteren Rand" verortet, aber in der Regel nicht als ganze Gruppen aus dem sozialen Kontinuum ausgeschlossen - anders als zum Beispiel Asylbewerber. Zur Zeit thematisieren die Medien sogar auffallend häufig eine Verbindung von "Mittelstand" und "Armut". Als "normale Durchschnittsmenschen" gekennzeichnete Subjekte, insbesondere Familien mit Kindern, werden als "von Armut bedroht" oder als "verarmt" beschrieben. Damit wird durchaus die Bindung der Armen an die Gesellschaft reproduziert und bekräftigt. Staatliche Institutionen werden aufgefordert, für eine Reintegration der Verarmten zu sorgen und das sogenannte "Schrumpfen der Mitte" zu verhindern.
Solche Beobachtungen scheinen darauf hinzudeuten, daß in der BRD soziale Integration nach wie vor als kollektives Leitbild anerkannt wird. Da soziale Integration vor allem als Vermeidung sozialer Konflikte verstanden wird, werden Arbeitslosigkeit und Armut als Bedrohung des politischen Systems gedeutet. Soziale Desintegration und Spaltung werden mit politischem Extremismus in Verbindung gebracht. Diesen Integrationsmodus aktualisierten zum Beispiel die Gewerkschaften anläßlich der Demonstrationen gegen die Kürzung der Lohnfortzahlung: Mit mobilen "Volksküchen" und anderen Symbolen wurde an die Weimarer Republik erinnert. Der Topos "Weimarer Zustände" meint in erster Linie politische Instabilität und Radikalisierung, also den Verlust der berühmten "Ausgewogenheit" des Links-Mitte-Rechts-Schemas. Dem Sozialabbau scheinen demnach Grenzen gesetzt.

Andererseits gibt es Entwicklungen, die darauf hindeuten, daß die Mehrheit der Bevölkerung durchaus in der Lage wäre, ein sehr viel höheres Maß an Sozialabbau und Armut zu tolerieren, ohne daß der demokratische Konsens in Frage gestellt wird. So ist beispielsweise in der Mißbrauchsdebatte die Vorstellung enthalten, gewisse Gruppen hätten sich durch ihr Verhalten selbst aus der Gesellschaft ausgeschlossen. Die Position der "schwarzen Schafe im sozialen Netz" ist in diesem Sinne ambivalent: In Medienberichten bleibt unklar, ob sie eines Tages wieder zu den "normalen Arbeitswilligen" gehören können oder ob sie der Gesellschaft freiwillig und endgültig den Rücken kehren. Die Armen in den USA erhalten neuerdings das Fürsorge-Geld nur dann, wenn sie ihre individuelle Leistungsbereitschaft in Seminaren und Bewerbungen beweisen. Solche Praktiken zur Sortierung von Arbeitslosen und Sozialhilfe-Beziehern könnten auch in der BRD konsensfähig sein. Damit wäre dann sogar Suppenküchen-Armut akzeptabel: Wer Angebote wie "Arbeit statt Sozialhilfe" nicht annimmt, hätte bewiesen, daß er oder sie sich nicht integrieren will und damit freiwillig aus der Gesellschaft ausscheidet. Eine solche Konstruktion der "freiwilligen Armut" könnte eine Gruppe der "Anormalen" produzieren, die aus dem sozialen Kontinuum ausscheidet, ohne daß für die Mehrheit der Eindruck entstünde, in einer brutalen und unsozialen Gesellschaft zu leben.

5. These:
In den Konzepten für das neue Unternehmen Deutschland werden Tarifautonomie und Vollbeschäftigung zum Standort-Risiko.

Die radikale Kritik des Sozialstaats produziert ihr eigenes Dilemma. Einerseits entsteht durch die Rigorosität der Kritik ein immer stärkerer Handlungsdruck. Andererseits sind jedoch gerade solche radikalen Maßnahmen nicht ohne weiteres durchsetzbar. Die Versuche, den heftig propagierten Wandel einzuleiten, stoßen zur Zeit noch an gesellschaftliche und politische Grenzen. Es gibt trotz allem eine politische Opposition, die sich Wahlchancen ausrechnet, die Gewerkschaften sind nicht machtlos, und es gibt erhebliche Verunsicherung in der Bevölkerung und damit, aus Sicht der Regierung, die Gefahr unangenehmer Reaktionen.
Aus dieser Kombination von Handlungsdruck einerseits und Beschränkung andererseits entsteht eine Neigung zum sogenannten "Tabubruch". Bisher als "extrem" verortete Ideen werden als Lösungen propagiert, und in einigen Medien wird der bisher allgemein akzeptierte gesellschaftliche Konsens aufgekündigt. Auf einige dieser Ideen und Perspektiven wollen wir im folgenden eingehen.

In der BRD gibt es zwei denkbare Modelle, um den Bereich des Sozialen zu regulieren: das konsensuale und das konfliktäre Modell. Das *konsensuale* Modell wurde bisher als Garant des sozialen Friedens und des wirtschaftlichen Fortschritts eingeschätzt und allgemein bevorzugt. Das *konfliktäre* Modell, verbunden mit einem offenen Kampf gegen die Gewerkschaften, galt dagegen bei den meisten deutschen Politikern als wenig sinnvoll. Auch Konservative versuchten lange Zeit, das konfliktäre Modell zu vermeiden, obwohl die Thatcher-Regierung in Großbritannien eine Art Vorbild produziert hatte.
Zum konsensualen Modell gehört der Bündnisgedanke, 1995 eingefordert von den Gewerkschaften, eher widerwillig aufgegriffen von der Regierung. Hinter

dem "Bündnis für Arbeit" stand die Idee der Sozialpartnerschaft, faire Partner könnten am runden Tisch eine Sozialreform aushandeln. Diesen Prozeß des Aushandelns beschwor zum Beispiel die *WAZ* im Januar 1996, als das "Bündnis für Arbeit" noch diskutiert wurde. Dreiviertel aller Deutschen seien zum Verzicht bereit, meldete die *WAZ*, deshalb müsse eine "Koalition der Vernunft" das Problem der Arbeitslosigkeit angehen. (*WAZ* 13.1.1996) Zwei Tage später bezweifelte die *FAZ* (15.1.1996) den Nutzen einer solchen Koalition. Das "Deutsche Modell" zeige eine "korporatistische Überfrachtung", man sitze "in einer Art von korporatistischer Falle", und die Politik drohe "zur Gefangenen konfligierender Partikularinteressen zu werden". Dagegen helfe nur ein Befreiungsschlag. Die Politik solle nicht zögern, "das Gute ins Werk zu setzen". Die *FAZ* empfahl das konfliktäre Modell, ohne allerdings Hinweise zur Durchsetzung zu geben.

Wir wollen nun zwei Entwürfe vorstellen, die einen solchen "Befreiungsschlag" versprechen und sich als Zukunftsmodelle präsentieren. Das erste Zukunftsmodell stammt von zwei Wirtschaftswissenschaftlern, Lothar Funk und Eckhard Knappe aus Saarbrücken. In der Zeitschrift *Das Parlament* (4/1996) fordern Funk und Knappe eine "politische Ökonomie" und entwikkeln ein umfassendes Durchsetzungskonzept für neoliberale Politik. Möglichst viele Bereiche der Gesellschaft sollen nach den Prinzipien der neoliberalen Ökonomie umgestaltet werden. Funk und Knappe schlagen zum Beispiel vor:

- Vertreter der Arbeitslosen, vor allem der Langzeitarbeitslosen, sollen bei Tarifverhandlungen künftig ein Vetorecht haben.
- Das Recht, Tarifverträge frei auszuhandeln, soll den Tarifparteien entzogen werden, solange die Arbeitslosenquote "ein gesellschaftlich tolerierbares Niveau (zum Beispiel 4 %) übersteigt". (Funk/Knappe 1996, S. 24)

Bei diesen Vorschlägen zur Beschränkung der Tarifautonomie berufen sich Funk und Knappe auf Ideen, die bereits von anderen Autoren in der *FAZ* und im *Rheinischen Merkur* vorgetragen wurden.

Ökonomisches Denken soll allmählich die gesamte Gesellschaft umformen. Funk und Knappe (1996, S. 25) wollen zum Beispiel "den Druck auf die Richter verstärken". Durch eine ökonomische Ausbildung sollen die Arbeitsrichter beeinflußt werden, da sie mit ihren Urteilen allzuoft die Arbeitnehmer geschützt hätten. Relevante Richterkammern sollen durch Wirtschaftswissen-

schaftler ergänzt und wichtige Urteile durch den Sachverständigenrat überprüft werden. Auch im allgemeinen Bildungssystem soll die politische Ökonomie mehr Einfluß erhalten. Funk und Knappe wollen "systematisch wirtschaftswissenschaftliche Lehrinhalte" vermitteln - sie fordern also die Einführung einer Art Standortkunde an den Schulen.
Obwohl die Autoren offensichtlich bedauern, daß politisches Handeln in einer Demokratie gewisse Regeln einhalten muß, fordern sie nicht die Diktatur der Ökonomie. Funk und Knappe sind vielmehr überzeugt, daß sich ihre Vorschläge ohne Zwang durchsetzen, wenn nicht jetzt, dann eben in den zukünftigen Wirtschaftskrisen durch einen Prozeß, den die Autoren "learning by suffering"[3] nennen, ein Lernen durch Leiden also. Durch fortschreitende Verelendung wird die Bevölkerung lernen, daß man die Erkenntnisse politischer Ökonomen nicht ungestraft mißachtet.

Immerhin präsentieren Funk und Knappe Massenarbeitslosigkeit noch als Übel, das bekämpft werden muß. Diesen weit verbreiteten Konsens verläßt Meinhard Miegel, der Vorsitzende des Instituts für Wirtschaft und Gesellschaft in Bonn. Miegel war jahrelang Berater von Kurt Biedenkopf und gilt als sogenannter "Querdenker". Während der "normale" Politiker einem Tabu unterworfen ist - er hat die Pflicht, Massenarbeitslosigkeit öffentlich als Übel zu brandmarken - darf und muß der Querdenker dieses Tabu verletzen. In einem Aufsatz aus dem Jahr 1994 erklärt Miegel, "daß ein gewisses Maß an Arbeitslosigkeit für die Betroffenen zwar hart, für die Bevölkerung insgesamt jedoch eher förderlich" (Miegel 1994, S. 48f.) sei; Arbeitslosigkeit erzeuge "positive, produktive Spannungen, (...) die für jeden Fortschritt unerläßlich sind" (ebd., S. 48). Vollbeschäftigung dagegen, und hier verweist Miegel auf die ehemaligen sozialistischen Länder, führe zu einem Verlust dieser produktiven Spannungen, zu "wirtschaftlicher und gesellschaftlicher Stagnation" (ebd.).
Arbeitslosigkeit erscheint bei Miegel als positiver Standortfaktor, der die Bevölkerung zu Innovationen und sozio-kulturellen Höchstleistungen herausfor-

---

3 Ein solches "learning by suffering" prophezeit übrigens auch der Hauptgeschäftsführer von Gesamtmetall, Werner Stumpfe. Auf die Frage des *Spiegel*, was geschehe, wenn die Verhandlungen zum "Bündnis für Arbeit" scheiterten, sagt Stumpfe: "Dann werden wir garantiert spätestens in einem Jahr wieder zusammensitzen. Wir werden dann vielleicht fünf Millionen Arbeitslose haben. Reden wir dann noch immer nicht miteinander, werden wir eventuell in drei Jahren wieder verhandeln. Dann werden wir unter Umständen acht Millionen Arbeitslose haben. Irgendwann wird uns das Problem zwingen, das zu tun, was zu seiner Lösung erforderlich ist, denn Probleme suchen sich eine Lösung." (*Der Spiegel* 3/1996, S. 28)

dert. Allerdings darf, wie Miegel sagt, eine "kritische Obergrenze" der Arbeitslosigkeit nicht überschritten werden.

"Ob in den hochindustrialisierten Ländern diese Obergrenze bereits überschritten ist, ist ungewiß. Die Arbeitslosenstatistiken sprechen dafür, die soziale Ruhe und Gelassenheit der Bevölkerung einschließlich der Arbeitslosen eher dagegen" (ebd., S. 49).

Miegel schlägt hier vor, nicht nur die Statistik, sondern auch den Widerstand der Betroffenen zur Feststellung von Grenzwerten zu nutzen. Solange keine Massenproteste sichtbar sind, gilt für Miegel die Vermutung, daß die Bevölkerung noch sehr viel mehr Sozialabbau und Arbeitslosigkeit tolerieren kann.[4]

6. These:
Im Zuge post-tayloristischer Produktions- und Managementkonzepte wandelt sich die ökonomische Funktion der Massenarbeitslosigkeit.

Mit neuen Produktions- und Managementkonzepten wandeln sich die Ansprüche, die von Unternehmen an die industrielle Reservearmee gerichtet werden. Aus dieser Sicht erscheint Vollbeschäftigung tatsächlich als Standortrisiko.
Im bisher dominanten, tayloristisch geprägten Produktionskonzept wurden an den Arbeitsmarkt eher geringe Anforderungen gestellt. Auch wenig qualifizierte oder branchenfremde Arbeitskräfte konnten rasch und kostengünstig in die Produktion integriert werden. Vor allem für Industriebetriebe existierte auch unter den Bedingungen der Vollbeschäftigung eine ausreichend große industrielle Reservearmee. Bei Engpässen, wie zur Zeit des sogenannten "Wirtschaftswunders", bedienten sich die Unternehmen auf Arbeitsmärkten im Ausland.
Die neuen Produktions- und Managementkonzepte - etwa das Konzept der schlanken Produktion (Womack/Jones/Roos 1991) - sind nun wesentlich anspruchsvoller in bezug auf die Qualifikation der Beschäftigten. Wenn in der Management-Literatur behauptet wird, künftig stehe "der Mensch im Mittelpunkt", dann ist diese Aussage nicht nur Ideologie, sondern reflektiert zugleich

4 Miegel (1994, S. 49) will übrigens die Idee der Vollbeschäftigung keineswegs aus der Politik verbannen. Vollbeschäftigung ist laut Miegel eine "sozialromantische Utopie" und als solche "kostbar". Miegel rät, das Ziel der Vollbeschäftigung weiter aktiv zu verfolgen, aber nicht zu versuchen, es zu erreichen. Eine Regierung, die Miegels Denkanstöße umsetzen will, hat daher eine doppelte Aufgabe. Sie soll einerseits das Ideal der Vollbeschäftigung lebendig erhalten. Andererseits muß diese Regierung bestrebt sein, Arbeitslosigkeit und soziale Unsicherheit bis zu einem gewissen Grad zu fördern - als eine Art Stachel im Fleisch der Gesellschaft.

die neuen Ansprüche, die Unternehmen an ihre Mitarbeiter richten. Der Arbeitnehmer im schlanken Unternehmen soll im Team arbeiten und Reparaturen selbständig durchführen können, er soll den Arbeitsprozeß insgesamt überblikken, um ihn kontinuierlich verbessern zu können. Im Rahmen flacher Hierarchien soll der Beschäftigte bestimmte Managementfunktionen mitübernehmen, und er soll intern wie extern kundenorientiert agieren.

Abbildung 4: WirtschaftsWoche 13/1996

Das neue Arbeitnehmerideal ist der hochqualifizierte Allround-Facharbeiter, ein Spezialist und Generalist zugleich. Der Arbeitsmarkt ist bei diesem Arbeitnehmerideal verständlicherweise kleiner als beim tayloristischen Massenarbeiter. Vollbeschäftigung könnte deshalb solche modernen Produktionskonzepte behindern und bei Standortentscheidungen negativ bewertet werden. Tatsächlich liegen die Versuchsfabriken der schlanken Produktion in Gebieten mit hoher Arbeitslosigkeit. Das garantiert eine optimale Auswahl an Arbeitskräften. Das Durchschnittsalter dieser Beschäftigten liegt in der Regel bei 30 Jahren. Die Produktivität ist im Vergleich zu konventionellen Werken deutlich höher (Uske 1995a, S. 61f.).

Da die tayloristisch organisierte Produktion prinzipiell jede Arbeitskraft absorbieren konnte, existierte ein unbegrenzter, globaler Arbeitsmarkt. Für die globalisierten nachtaylorischen Konzepte dagegen ist der Spielraum bei der Suche nach Arbeitskräften eingeschränkt. Der Manager in der schlanken Produktion fürchtet daher einen aus seiner Sicht "leeren" Arbeitsmarkt, der eine zu geringe Auswahl an brauchbaren Arbeitskräften bietet. Anfang 1996, als *Der Spiegel* (4/1996) in der eingangs erwähnten Titelgeschichte vor "6 Millionen Arbeitslosen" warnte, erschien die *WirtschaftsWoche* (13/1996) mit einem Titel, der einen einsamen Unternehmer in einer menschenleeren Landschaft zeigt, kombiniert mit den Zeilen: "Raum ohne Volk - Warum Deutschland mehr Einwanderer braucht".[5] *(Abbildung 4)*

Literatur

Alfred Herrhausen Gesellschaft für internationalen Dialog (Hg.) 1994: Arbeit der Zukunft, Zukunft der Arbeit. 2. Jahreskolloquium am 17./18. Juni 1994 in Frankfurt am Main, Stuttgart

Funk, Lothar/Knappe, Eckhard 1996: Neue Wege aus der Arbeitslosigkeit, in: Aus Politik und Zeitgeschichte 4 (1996), S. 17-25

Herzog, Roman 1996: Veränderung als Zukunftschance begreifen. Rede des Bundespräsidenten anläßlich der Eröffnung der Hannover-Messe 1996 am 21.04.1996 in Hannover, in: Bulletin 32 (1996), S. 317-319

Kronauer, Martin 1996: "Soziale Ausgrenzung" und "Underclass": Über neue Formen der gesellschaftlichen Spaltung, in: SOFI-Mitteilungen 24 (1996), S. 53-69

Kühl, Jürgen 1988: 15 Jahre Massenarbeitslosigkeit - Aspekte einer Halbzeitbilanz, in: Aus Politik und Zeitgeschichte 38 (1988), S. 3-28

---

5 Eine sorgfältige Medienanalyse ist hier leider nicht möglich, daher nur eine kurze Anmerkung: Sowohl *Der Spiegel* als auch die *WirtschaftsWoche* verknüpfen in diesen Titelgeschichten das Thema "Arbeitsmarkt" symbolisch mit dem Ende der Weimarer Republik und mit der Nazi-Zeit, jedoch mit unterschiedlicher Akzentuierung. Beide Magazine stellen eine Verbindung zur sogenannten "Reform des Sozialsystems" her und bewerten den Abbau von Sozialleistungen als einzig mögliche Lösung. In beiden Magazinen werden bestimmte Ereignisse als existentielle Krise der Gesellschaft eingeordnet: "Chaos" und "Orkan" drohen im *Spiegel*; "die Säulen der deutschen Wohlfahrts- und Konsensdemokratie wackeln", schreibt die *WirtschaftsWoche* (13/1996, S. 30) und warnt vor "Haßbildung", gesellschaftlicher Spaltung und sogar vor einem Bürgerkrieg.
Während aber im *Spiegel* die Existenzkrise in erster Linie durch Massenarbeitslosigkeit entsteht, wird die Demokratie in der *WirtschaftsWoche* durch "Vergreisung" zerstört. Hier sind langlebige Rentner, kranke Alte und eine zu geringe Geburtenrate verantwortlich für eine Situation, die ähnlich existenzbedrohend sei "wie die beiden Weltkriege". Eine "grausige Vision" wird Realität: "Die Alten haben die Mehrheit und nutzen sie, um die Jungen auszubeuten" (ebd., S. 40). Was die Zukunft bringt, schildert der Sozialwissenschaftler Gronemeyer: Bald beginnt der "'Altersklassenkampf', der die Welt 'tiefer spalten könnte als Rassenhaß, Geschlechterkrieg oder Klassenkampf zwischen Kapital und Arbeit'" (ebd.).

Kühl, Jürgen 1996: Eckpunkte für die Reform des Arbeitsförderungsgesetzes, in: arbeit und beruf 3 (1996), S. 73-75

Landesarbeitsamt NRW 1995: Arbeitsstatistik - Statistische Jahresdaten - 1995, Düsseldorf

Miegel, Meinhard 1994: Vollbeschäftigung - eine sozialromantische Utopie?, in: Alfred Herrhausen Gesellschaft für internationalen Dialog (Hg.) 1994, S. 37-49

Uske, Hans 1995: Das Fest der Faulenzer. Die öffentliche Entsorgung der Arbeitslosigkeit, Duisburg

Uske, Hans 1995a: Zukunftsperspektiven für eine sozialwissenschaftlich orientierte Personalentwicklung, in: ders. (Hg.): Personalentwicklung & Sozialwissenschaften, Duisburg, S. 10-77

Womack, James P./Jones, Daniel T./Roos, Daniel 1991: Die zweite Revolution in der Autoindustrie. Konsequenzen aus der weltweiten Studie des Massachusetts Institute of Technology, Frankfurt am Main/New York

Alex Demirovic

Böse Welt - gute Nation

Wie Globalisierung als Bedrohung die Eliten stabilisiert

Die bürgerliche Klasse hat, so Marx, keine stabile Identität, sondern ändert aufgrund der fortgesetzten Umwälzung ihrer eigenen Lebensverhältnisse ständig ihre Form. Historisch sind immerzu einige ihrer Teile gezwungen, den eigenen Existenzbedingungen Kontinuität zu geben, sich also vor dem Absturz aus dem bürgerlichen Leben zu bewahren. Einen solchen Rettungsversuch stellt zumindest in einer Hinsicht auch die Rede über die Globalisierung dar. Vieles an den mit Globalisierung bezeichneten Phänomenen ist historisch lange bekannt, anderes läßt sich empirisch gar nicht feststellen, sondern ist Fake. Doch ist das vielleicht gar nicht so wichtig, denn neu ist das Verhältnis, daß das Bürgertum mit dem Schlagwort der Globalisierung weltwirtschaftlichen Zusammenhängen gegenüber einnimmt.

Globalisierung könnte als eine Selbsttechnik des postfordistischen Bourgeois in status nascendi verstanden werden. Es handelt sich um eine kognitive und moralische Selbstertüchtigung, ein Pfeifen im Walde, mit dem sich das bürgerliche Lager nicht nur in der Bundesrepublik Mut macht, der Tatsache ins Auge zu sehen, daß die gesellschaftlichen Verhältnisse, die es trägt, grundlegend globale Verhältnisse sind, in denen es eine Rolle spielen muß und soll. Bemerkenswert ist, daß trotz des gerade noch verkündeten Triumphes vom endgültigen Sieg der Marktwirtschaft und den Institutionen der repräsentativen Demokratie das bürgerliche Lager durchaus Angst vor der Globalisierung und einer Auflösung der Fähigkeit zur Regierung und der Demokratie hat. So kommt es zu einer Art untergründigen Räsonnierens, wie mit dieser Angst umzugehen ist. Yehezkel Dror, einer der Berichterstatter des Club of Rome, empfiehlt Anti-Traumatisierungspolitiken und die Erziehung der Eliten zur Globalisierung. In der bundesdeutschen Diskussion hingegen wird die Angst in der gesamten Bevölkerung geschürt, um einen nationalistischen Pakt herbeizuführen. Die Aktivierung der historisch überlieferten schaurigen Bilder von Arbeitern als einer Masse, die als panischer Mob auf Verelendung und Verunsicherung reagiert, wird zum gefährlichen Mittel der Selbstermutigung und Erneuerung der Führungs- und Regierungsfähigkeit. Ein gutes Beispiel für die von der Globalisierung ausgehenden Bedrohungsgefühle im bürgerlichen Lager gibt das nun schon etwas ältere Buch von Wolfgang Schäuble „Und der Zukunft zugewandt" (1994).[1]

Die Globalisierung der internationalen Märkte gilt Wolfgang Schäuble, aber ebenso vielen anderen Politikern des Regierungslagers wie auch großen Teilen der parlamentarischen Opposition, als eine Herausforderung, der sich die deutsche Wirtschaft stellen muß. Konkurrenzfähig könne Deutschland nur sein, wenn es sich auf die neuen Gegebenheiten einstelle. Dies setzt voraus, sich in die Europäische Union zu integrieren, weil die Europäer nur gemeinsam Chancen hätten, in der "weltweiten Konkurrenzsituation auf Dauer zu bestehen" (Schäuble 1994, S. 201). Auch wenn Europa zu einer nach innen und außen handlungsfähigen Einheit zusammengebracht wird, dürfe es keine "Gemeinschaft der Krämer" darstellen. Allerdings werde es zunächst keine europäische Identität geben, diese, als "Ersatzidentität" verworfen, sei eine "typisch deutsche Wunschvorstellung". Um die deutschen Interessen in den Prozeß der europäischen Einheit einzubringen, bedürfe Deutschland der nationalen Identität. Die Nation sei eine "Schutzgemeinschaft", deren Idee es angesichts eines aufgrund seiner europäischen Mittellage nach allen Seiten hin offenen Deutschlands wieder zu entdecken gelte: "Aber es zieht auch kräftig von allen Seiten herein in unser deutsches und in unser europäisches Haus. Also müssen wir es wetterfester machen" (Schäuble 1994, S. 189). In der Gefahr, so die impliziten Anspielungen auf Hölderlin und Heidegger, wächst das Rettende auch. Es handele sich um Gefährdungen, "an denen wir auch wachsen können". Deutschland, aufgrund einer schwachen Identität - gemeint sind wohl die wechselhaften territorialen Grenzen Deutschlands - ungeschützt den Stürmen der historischen Veränderungen ausgesetzt, muß zusammenrükken und sich auf seine lang vernachlässigte Identität besinnen.

"Vielleicht bieten die Risiken und Gefährdungen, denen wir heute wieder stärker ausgesetzt sind und die nicht warten werden, bis wir Deutschen innerlich dazu bereit sind, uns ihnen zu stellen, auch eine Chance: die Chance nämlich, den Menschen wieder bewußt zu machen, wozu wir unseren Staat brauchen, sie auch daran zu erinnern, was unsere nationale Gemeinschaft trägt, und

[1] erschienen im konservativen Siedler Verlag, Berlin

daß es auf das staatsbürgerliche Engagement jedes einzelnen ankommt, wenn wir unsere staatliche und nationale Gemeinschaft lebensfähig erhalten wollen“ (S. 219).

Die Weltwirtschaft wird wie ein bedrohliches Verhängnis beschworen, auf das sich das unterstellte Kollektiv der Deutschen endlich einstellen sollte, indem es sich selbst wiederfindet und eine nationale Gemeinschaft bildet. Nur als Schutz- und Schicksalsgemeinschaft könnten die Deutschen ihrem Staat Stabilität geben und den Herausforderungen der Zukunft, also der Globalisierung, gerecht werden.

Die Nation und die nationale Identität werden von Schäuble als etwas Tiefes, in den Deutschen als Substanz Vorfindbares unterstellt, dessen sie sich durch Reflexion vergewissern können, aber auch müssen. Denn wird es nicht kontrolliert und diszipliniert, dann wird das unterstellte Bedürfnis “nach nationaler Bindung“ vagabundieren und gefährlich werden, weil es sich irrationale Identifikationspunkte suchen wird. Allein ein positiv ausgefüllter Begriff von Nation könnte seine Denaturierung zum Nationalismus verhindern. Die linksliberale Option für den Verfassungspatriotismus, eine “Kopfgeburt“, wird als eine Form von Ideologieplanung interpretiert und kritisiert, die zwar zur Kenntnis nehme, daß eine nationale Identität unerläßlich sei, die aber rationalistisch an den Bedürfnissen nach Gemeinschaftlichkeit vorbeigehe. Denn allein ein Verfassungstext biete nicht genügend Identifikationsmöglichkeiten und könne in “den Herzen der Menschen“ keine Gemeinschaft stiften, die in schwierigen Zeiten notwendig sei.
Die Argumente von W. Schäuble geben einige wichtige Hinweise auf die Bedeutung des Nationalen für eine bürgerliche Politik, die die Globalisierung und die wirtschaftliche Konkurrenz, denen der Standort Deutschland ausgesetzt ist, nicht positiv versteht, sondern als einen heilsamen, weil Realitätstüchtigkeit erzwingenden Handlungszwang. Der Bedrohung durch die Globalisierung wird als Beruhigungsmittel die nationale Gemeinschaft beigegeben. Der Weltmarkt wird als Verhängnis dargestellt, dem sich die deutsche Wirtschaft und Deutschland als homogener wirtschaftlicher, politischer und kultureller Block nur anpaßt - obwohl doch die Globalisierung sehr unterschiedliche und gegenläufige Konsequenzen für Unternehmen, Branchen, Regionen und Kommunen hat. Die Formel vom “Standort Deutschland“, die aus solchen Argumenten abgeleitet wird, ist eine national orientierte Reduktion komplexer und widersprüchlicher ökonomischer, politischer und kultureller Prozesse, die vielfach überlagerte Fragmentierungen der Gesellschaft zur Folge haben. Was häufig als modernisierungstheoretisch inspirierte Erklärung für den Nationalismus herangezogen wird, daß nämlich die Menschen in einer

bedrohlichen und individualisierenden Situation auf regressive gemeinschaftsbildende Identifikationen zurückgreifen, wird von Schäuble direkt als politische Rezeptur angeboten: Gegen die Modernisierungsfolgen des Globalismus hilft nur politisch kontrollierter Nationalismus. Mit der Besinnung auf das den Deutschen Gemeinsame, die primordiale nationale Zugehörigkeit, können sich die Deutschen in ihrer Nation und ihrem Staat wiedererkennen und die Härte des Weltmarktes auffangen. So geben sie sich angesichts einer bedrohlichen Lage Schutz, Wärme, Solidarität, Pflicht- und Verantwortungsgefühl. Gerade weil das Nationale so emotional sei und Bindung herstelle, könne es irrationale Ausbrüche des Nationalen hin zum Nationalismus verhindern.

Doch neben dieser engen Verknüpfung von Globalisierung als ökonomischer Sachzwang mit Nationalismus ist vor allem die Geste der Argumentation wichtig. Der nationale Neokonservative erkennt sich Realitätstüchtigkeit zu, weil er die Bedrohungen und Härten des Weltmarkts als eine Unvermeidlichkeit bereit ist, zu ertragen und sich keinen Schwächen und Illusionen hingibt. Diejenigen im bürgerlichen Lager, die sich nicht umstellen und einfügen, werden untergehen. Der Neokonservative tritt also für ein bestimmtes Verhältnis zu sich ein, das sich das Jammern über die Bedrohungen der Globalisierung verbietet. Es soll der realitätstüchtige Anspruch auf Führung über die erhoben werden, die zittern und verzagen. Gerade dafür, nämlich für ihren Beitrag zur Verweichlichung, Verzagtheit und Unentschlossenheit, werden die bestehenden politischen Institutionen des Wohlfahrtsstaats und die Linken kritisiert. Der Wohlfahrtsstaat entfaltet eine destruktive Dynamik, insofern er von einem tradierten nationalen Gemeinschaftsgefühl zehrt, jedoch ähnlich wie beim industriellen Umgang mit knappen natürlichen Ressourcen - zu einer Erneuerung nicht beiträgt, sondern mit seinen materiellen Gleichheitsversprechungen nur egoistische und individualistische Selbstentfaltungsansprüche fördert, Bindungen und Familie zerstört und schließlich zu ihn überfordernden Absicherungsansprüchen in der Bevölkerung beiträgt, die nicht nur der ökonomischen Entwicklung nicht angemessen sind. Es wird den Menschen vorgegaukelt, die Gefahren der Globalisierung wären nicht da, denen sie sich selbstverantwortlich stellen müssen. Im Unterschied zu den Neokonservativen gelten die Linken als völlig realitätsuntüchtig, weil unfähig, mit sich hart zu sein und sich den Härten der Veränderung zu stellen.

Die eigene Angst wird von den Spitzen der Gesellschaft auf diese insgesamt übertragen; sie wird hysterisch gemacht und umorganisiert, damit sie drohen-

den Gefahren begegnen kann. Das Bild, das von der Globalisierung gezeichnet wird, läßt diese zu einem gewaltigen Naturverhängnis werden, das allem übrig läßt, sich anzupassen. Es ist eine panische Reaktion, die eine performative Dynamik annimmt. Selbst ängstlich, können die Ängstlichen noch mit der Angst Ideologieplanung betreiben und die Gesellschaft formieren, wenn alle an die Bedrohung und an das Führungsangebot der Machtrealisten glauben. Auch wenig betroffene einzelne Unternehmer müssen sich fragen, ob sie nicht hoffnungslose Fossile sind, weil sie noch nicht in Taiwan oder Hongkong aktiv sind. Die empirischen Zusammenhänge, u. a. die häufig hohen Kosten eines solchen Engagements werden nicht diskutiert.
In einem Teil der Linken, lange eingeübt in den Realismus der Härte und die Eigensinnigkeit des Systems, hat diese neue Metaphysik der Kapitallogik erneut Gehorsam gefunden, während triviale Dinge - wie so häufig in Situationen der Angst - vergessen werden. Waren einige seinerzeit schnell dabei, die wirtschaftliche Unterstützung der sandinistischen Regierung von Menschenrechtsfragen abhängig machen zu wollen, so macht sich heute ein verständnisvoller Pragmatismus breit, der die realen Gegebenheiten berücksichtigen möchte, Kinderarbeit hin, Sklaverei her. Auch das Konzept der „nachhaltigen Entwicklung" verliert seine kritischen Bedeutungen, die es in den Zusammenhang einer Veränderung der globalen Entwicklungslogik stellten, und wird ins Gegenteil verkehrt. Für die zukünftigen Generationen wird mit dem Stichwort der nachhaltigen Haushaltssanierung eisern gespart, während das gesellschaftliche Wachstumsmodell gar nicht mehr thematisiert wird. Allein jedoch schon das Geltendmachen dieser Maßstäbe, die immerhin sogar von den bundesdeutschen politischen Institutionen amtlich anerkannt sind, könnte der Angstrhetorik viel von ihrer Macht nehmen. Bei gleichen internationalen Rahmenbedingungen nach Maßgabe der Menschenrechte und der Agenda 21 der Rio-Konferenz 1992 wäre vieles nicht sagbar und machbar. Allerdings meinen es nicht einmal mehr linksliberale Normativisten mit ihren Normen immer sehr ernst. Vielmehr wird ganz in der obrigkeitsstaatlichen Tradition im Anschluß an Kant dafür argumentiert, daß man sich in seinen Ansprüchen nüchtern selbst begrenzen müsse, denn Normen sind nicht als wirkliche gemeint, sondern transzendental und hätten eine bloß regulative Bedeutung. Mit dem neokonservativ beherrschten Reden von der Globalisierung wird die bundesdeutsche Gesellschaft jedoch nicht globalisiert, sondern in der Fähigkeit erzogen, in langen Auseinandersetzungen zur Geltung gebrachte Prinzipien machtopportunistisch gering zu schätzen und mit Sozial- und Ökodumping zu leben, von Gesellschaftskritik gar nicht zu sprechen. Als Rettung

vor den heillosen Widersprüchen wird die getrennte Müllsammlung und die Spende für Greenpeace angeboten.

Adi Grewenig

Deutsche Jahrestage im Rahmen mediatisierter Politik

Das 'Unternehmen' Bundesrepublik

"Nicht nur die Erinnerung hat Konjunktur, sondern auch der Diskurs über sie." (Reck 1996)

"Gewiß, sie steht auf dem Papier. Der Kalender nennt einen Feiertag, der diese Einheit zu beschwören hat." (Grass 1997)

1. Fragestellung

Im Wiedervereinigungsdiskurs nehmen die Jahrestage nicht nur aufgrund des "kalendarischen Rituals" (Pross 1996, 108, 149) einen hohen Stellenwert ein, da am 'Tag der Deutschen Einheit' vor allem die RepräsentantInnen des Staates verpflichtet sind, den gesellschaftlichen Wandel vom jeweils erreichten Zeitpunkt aus erneut zu begründen und damit gleichzeitig ein 'gültiges' Bild der deutschen Wirklichkeit zu rekonstruieren, das der Lage der 'Nation' entsprechen soll.

Die spezifische Vermittlerfunktion der Massenmedien und ihr Verhältnis zu interessegeleiteter Öffentlichkeitsarbeit soll Gegenstand des Beitrags sein. Auf der Folie der sog. Kommunikationsgesellschaft (vgl. u.a. Ludes 1996) wird die Verankerung strategischer Kommunikationen in relevanten gesellschaftlichen

Kontexten immer wichtiger, so daß zur Diskussion steht, ob 'Öffentlichkeit allein als medialer Effekt und Politik als Moment ihrer medialen Vervielfältigung auftritt'.[1]

Der Frage, wie sich die diskursiven Ebenen der Politik und der Medien verschränken, und wie damit auch das alltägliche Wissen der 'gut informierten BürgerInnen' (vgl. Schütz 1972, 85ff) beeinflußt, wenn nicht bestimmt wird, soll hier an exemplarischem Material nachgegangen werden. Drei Fernsehsendungen der ARD zu den Jahrestagen 1991, 1995, 1996 sowie die entsprechenden Fernsehansprachen des Bundeskanzlers zum 'Nationalfeiertag' bilden die Materialgrundlage. Ich begreife diese exemplarischen audiovisuellen Texte der "Festakte zum Tag der Deutschen Einheit", in denen die Relation von staatlicher und medialer Öffentlichkeitsarbeit gleichsam inskribiert erscheint, als "Fragmente" (vgl. Jäger 1995, S. 9) des *Vereinigungsdiskurses*.[2]

Es geht mir generell um den Zusammenhang, wie mit den gesellschaftlich ausgearbeiteten, hier rituell begründeten, Formen des Erinnerns und Prognostizierens, die in den Ansprachen, aber auch in den ausgewählten Genres 'Magazin' (1991), 'Gala' (1995), 'Dokumentation' (1996) als 'Rückblick und Ausblick' realisiert werden, das Wissen um diesen gesellschaftspolitischen Prozeß verbindlich deklariert wird. Dies ist umso wichtiger, da diese Diskursfragmente als 'Reservoir' für Einschätzungen und Bewertungen, Appelle, Handlungsanweisungen und Kategorisierungsarbeit für 'soziale Einheiten' fungieren.

Im Zentrum des Diskussionsbeitrags soll das von der ARD ausgerichtete "Fernsehfest" zum fünften Jahrestag der Wiedervereinigung stehen - "Deutschland wird 5" : 'Corporate Communications' für die Bundesrepublik.

---

1 vgl. Grewenig 1993, 8ff; vgl. auch Tagung: "Das Medium ist die Bühne. Dokumentarischer Film und inszenierte Öffentlichkeit." Haus des Dokumentarfilms, Stuttgart, Juni 1996

2 Eine Untersuchung der in den Bulletins (1991ff) vorliegenden Reden, Fernsehansprachen und entsprechenden Fernsehsendungen unterschiedlicher Genres ist geplant: "Deutsche Jahrestage"; vgl. auch Grewenig 1997; vgl. zu "Diskursfragment" auch Jäger 1993, S. 187ff;

2. Symbolische Bewußtseinsbildung

2.1 "Was ist aus uns geworden? Ein Jahr deutsche Einheit" (ARD/SFB: 3.10.1991)[3]

Von der 30 Sequenzen umfassenden Live-Sendung aus Berlin behandle ich zuerst die Anmoderation, die primär der Rahmung dieses *Informationsmagazins* dient, um dann auf das Gespräch zwischen Kohl und Gorbatschow einzugehen. Diese Sequenz stellt gleichsam eine 'Miniatur' strategischer, ja "parapolitischer Interaktion" dar. (Grewenig 1996, S. 283)[4]

Das Thema der Sendung -"Ein Jahr deutsche Einheit"- wird in der Anmoderation als gesellschaftspolitische Aufgabenstellung gewichtet, wobei die Ankündigung der 'Gäste' zum einen die Aufmerksamkeit auf die zu erwartenden Präsentationsformen lenkt und zum anderen den medialen wie politischen *Vereinigungsdiskurs* genregemäß akzentuiert. Moderatoren sind die damaligen politischen Chefredakteure des WDR und SFB, Fritz Pleitgen und Jürgen Engert, die als Ankerpersonen ihrer Sender 'das Ereignis als Medienereignis' gleichsam von seinen Anfängen her kennen und professionell begleitet haben. Sie gelten als Experten für dieses Thema, da ihre 'personal identity' zumindest vom Anspruch her journalistischen Sachverstand impliziert.

"Geteilte Ansichten über das vereinte Deutschland": Mit dieser kommentierenden Kategorisierung, die sich auf eine Reihe von aus Interviews zusammengestellten Kürzestwertungen bezieht, begrüßt Pleitgen das Präsenz- wie Medienpublikum am historischen Ort, "am Brandenburger Tor". Akzentuiert wird diese bewußte Wahl, die die Medien-Repräsentanten, die sich Berlin verpflichtet fühlen, getroffen haben: -"Offiziell wird in Hamburg gefeiert, aber wir sind dahin zurückgekehrt, wo die deutsche Einheit im vorigen Jahr vom Stapel gelaufen ist". Das explizite Hervorheben dieser Entscheidung signalisiert gleichsam eine (Mit)-Verantwortung, die die Chefredakteure in ihrer Moderatorfunktion, um im Bild zu bleiben, als öffentlich-rechtliche "Lotsen" (Geissner 1993, 58) für die veröffentlichte Meinung zu diesem Ereignis

3 vgl. Grewenig 1997, S. 168ff: Liste der einzelnen Sequenzen; aus Platzgründen entfällt hier die segmentierte Transkription der Anmoderation.

4 Ich habe den Begriff für die Rezeption sog. Dokudramen entwickelt; auch in Sequenz 17, der Demonstration von Legitimation, wird den RezipientInnen Dabeisein im Prozeß des Entstehens politischen Handelns suggeriert.

beanspruchen. Mit dem Verweis auf die "Sendung damals" wird diese Verantwortung auch indexikalisch begründet postuliert, indem die damalige schlußfolgernde 'Kernaussage' zitiert wird: "In unserer Sendung damals haben wir an dieser Stelle erklärt, nun haben wir das vereinte Deutschland, aber ein Volk sind wir deshalb noch lange nicht". Angespielt wird mit dieser Wertung auf die der Vereinigung vorausgehenden Forderungen und deren Umsetzungen, u.a. auf die Relation der Demonstrationsforderungen 'Wir sind das Volk' - 'Wir sind ein Volk'. Aus der generellen Schlußfolgerung, daß Anspruch und Wirklichkeit auseinanderklaffen, leitet Pleitgen als ARD-Kommunikator die Verpflichtung ab, nach einem Jahr, den 'Stand der Dinge' zu eruieren und Bilanz zu ziehen: "Was ist aus uns seitdem geworden?"

Engert ergänzt die Anmoderation, indem er diese generelle Frage Pleitgens, die alle BundesbürgerInnen, zumindest RezipientInnen, einbezieht, zum 'Groß-Thema' erklärt, das er seinerseits in der Rolle als 'skeptischer Wirtschaftsbürger' um eine These fragend erweitert. Als mögliche Erklärung des Ist-Zustandes, für den alle als Verantwortliche angesprochen werden, nennt er mangelnden Einsatz am Einheitswerk und fordert gleichzeitig Anstrengung und Frustrationstoleranz: "Ob die von Fritz Pleitgen zitierte These bestätigt wurde, das ist das Thema der nächsten Stunde. Und wir setzen gleich noch eine These drauf: Rührt der Frust, rührt die Enttäuschung nicht auch daher, daß wir meinten, die deutsche Einheit sei gleichsam ein Spaziergang, zum Nulltarif zu haben?"

Danach stellt Engert gleichsam die Aufgabe für die kommende Stunde, indem er mit einer Selbstdeklaration des Themas die Konzeption skizziert: "Heute bei uns: Keine Feierstunde, aber auch keine Trauerfeier! Stattdessen: Rückblick und Ausblick".

S17 *"Es ist beinah' wie in einem Traum, aber er'st Wirklichkeit geworden".*

Von besonderer Bedeutung in der Reihe der Sequenzen ist für den Zusammenhang medialer und staatlicher Öffentlichkeitsarbeit das Telefongespräch zwischen Kohl und Gorbatschow (S17: 5'18"), das Pleitgen - mit dem Hinweis auf Zeugenschaft und Exklusivität - wie folgt einleitet:

"Ja, (...), zwei Männer haben ganz entscheidend zur deutschen Einheit beigetragen: Michail Gorbatschow und Helmut Kohl. Beide sind sich darüber sehr nahe gekommen, ob sie sich nun tatsächlich duzen, wie allgemein kolportiert wird, das werden wir gleich erfahren, denn wir waren dabei, als sie miteinander zur Feier des Tages telefonierten."

In diesem Gespräch, dessen funktionale strategische Qualität auf dreifacher Inszenierung beruht, bestätigen sich 'die Architekten der Einheit'[5] quasi symbolisch: Zur Präsentation der 'Legitimation' nutzen sie, lediglich analytisch trennbar, die Inszenierungsebene des persönlichen Gesprächs, die des Medienereignisses und die des *politischen Testimonials zum Jahrestag 1991.*

Der Bundeskanzler ergreift mit dieser Form der Selbstdarstellung ein weiteres Mal die Gelegenheit, neben der offiziellen Fernsehansprache zum Jahrestag, hier im Dialog realisiert, die "säkuläre Veränderung der Welt" zu postulieren; gleichzeitig kategorisiert er sich abermals als jemand, dem 'die Geschichte' das Geschenk der Einheit anvertraut hat. (vgl. Bulletin 1991)

Auf der Folie des Erinnerns, des Dankens und Wertens beschwören Kohl (K) und Gorbatschow (G) wechselseitig bei ihrem bilanzierenden Rück- und Ausblick 'die Wirklichkeit' der deutschen Einheit; dieses gegenseitige Versichern sei durch folgende Passagen verdeutlicht:

K "(...) Wir haben im Deutschen, Michael, einen Spruch, der heißt 'Dankbarkeit ist die Erinnerung des Herzens.' Und zur Dankbarkeit gehört, daß wir und ich mich vor allem daran erinner(e)n, daß wir auch mit deiner Unterstützung und der Unterstützung deiner Mitarbeiter und deines ganzen Volkes die deutsche Einheit gewonnen haben. Und das nach all dem, was in diesem Jahrhundert geschehen ist, ist das doch eine wunderbare Sache, daß wir den Weg gemeinsam in die Zukunft, in eine friedliche und freiheitliche Zukunft, gehen".

G "(...) Die deutsche Einheit hat dazu geführt, daß auch unsere Beziehungen ein völlig anderes Niveau erreicht haben. Es ist wirklich eine ganz neue politische Zeitrechnung angebrochen".

K "(...) das ist wirklich eine säkulare Veränderung der Welt".

G "Ja, ich stimme dir uneingeschränkt zu. Hinter uns liegt wirklich ein besonderes Jahr, ein Jahr stürmischer Ereignisse. Aber woran wir gedacht und womit wir letzten Endes gerechnet haben, das ist nun Wirklichkeit".

K "Es ist beinah' wie in einem Traum, aber er'st Wirklichkeit geworden".

2.2 "Deutschland wird 5" (ARD/WDR: 2.10.1995)

Die von der ARD (WDR) ausgerichtete "Gala zur Deutschen Einheit als buntes Programm" präsentiert sich generell als Unternehmenswerbung, die quasi nach dem "Revue-Prinzip" (Haubl 1992, 21) organisiert wird. Unter-

[5] vgl. dazu auch Korngiebel/Link 1992, S. 43f

schiedlichste Stücke/Sequenzen folgen in lockerer Reihe[6], thematisch eint sie jedoch der Anlaß - der fünfte 'Geburtstag' der Einheit - und der Kommunikationsmodus, der durchweg emotiv/appellativ auf die Akzeptanz des 'Unternehmens' Bundesrepublik abhebt.(vgl. Grewenig 1997, S. 173ff)

Diese spezifische Konzeption von Öffentlichkeitsarbeit wird von Friedrich Küppersbusch (K), dem damaligen Imagefaktor von ZAK wie folgt anmoderiert:

K (1) "Ja, schön, daß Sie alle da sind, das is der Düsseldorfer Einheitskurs - am Ausgang kriegen Sie alle 'ne Urkunde nä, ne ähm. (2) Wir freuen uns, heute hier am Vorabend des Tages zur deutschen Einheit miteinander feiern zu können (3) Ja, sagen die Kollegen 'Gala zur deutschen Einheit, das is ja, wie 'nen Pudding an die Wand nageln', aber seit fünf Jahren is die Wand weg, das is ja auch schon ma(l) schön ne, (4) und bei dieser Gelegenheit fragen wir uns dann - Moment e mal, wo wird Einheit eigentlich im Alltag erfahrbar? (5) Dieses Publikum weiß es! Meine sehr verehrten Damen und Herren, natürlich, wenn der Stadionsprecher beim deutschen Meister in Dortmund ruft mit der Nummer vier unser Libero Matthias
P (6) Sammer
K (7) is das en geiles Publikum - klasse
P (8) Klatschen
K (9) Ihr seid echt gut (Räuspern) Kritiker könnten jetzt einwenden, das war eine Pointe mit dem Holz
P (10) Hammer
K (9f) aber das lassen wir einfach nicht gelten, (11) also ein(e) buntes Programm, wie man in dieser Branche gern sagt, mit Schalten in die ganze Welt und zurück, (mit) prominenten Gästen, die sitzen alle hier vorne und en/einem ganz promin(a)nten Gast, der nicht hier vorne sitzt (12) muß ich anders rum einfädeln, es is ja so, daß sich in den letzten fünf Jahren ne Menge verändert hat, nur eines hat sich nicht verändert, nämlich, daß die Russen endlich die Wahl ihrer Präsidenten als Auftragsarbeit ins Ausland vergeben (13) Wenn nämlich, wenn wir den Auftrag bekommen würden, dann wär wohl klar, wer's würde". (Direkteinspielung)

Gorbatschow (Simultanübersetzung)

"Liebe Freunde, ich freue mich sehr, Sie an diesem Abend herzlich begrüßen zu dürfen und zu diesem großen Tag, dem fünften Jahrestag des vereinigten Deutschlands zu beglückwünschen".

Dem ersten, gleichsam ironisch verworfenen Versuch der Publikumsbegrüßung als Kurs mit dem Thema *Einheit* und einer in Aussicht gestellten

---

6 vgl. Anhang: Abfolge der einzelnen Sequenzen (S1- S47); Die Transkription der Anmoderation wurde segmentiert: (1) ff; P=Publikum

Urkunde der Teilnahmebestätigung (1), folgt ein zweiter, dadurch besonders akzentuierter Anlauf dem zu erwartenden Festtag angemessen zu entsprechen, indem K als Medien-Repräsentant spricht (2), nicht ohne, im Rekurs auf Kollegenäußerungen, zu versäumen, auf die Schwierigkeit bis Unmöglichkeit dieses Vorhabens ‘Gala zur deutschen Einheit’ zu verweisen, was mit einem Vergleich realisiert wird, der geradezu zum Widerspruch auffordert, formuliert als einfache Tatsachenfeststellung, die Bilanzierung und Wertung umfaßt: "aber seit fünf Jahren is die Wand weg, das is ja auch schon ma(l) schön ne" (3). Nach diesem, vor allem den Gastgeber und Moderator charakterisierenden Einstieg, stellt K - das Publikum einbeziehend - die Konzeption vorbereitende Frage (4) - "Moment e mal, wo wird Einheit eigentlich im Alltag erfahrbar?" Nach dem Motto: weg von der Feiertagserhabenheit zu einem Beispiel, das große Publika interessiert und möglichst viele im Saal und an den Schirmen anspricht, gleichzeitig im angesprochenen Kontext die RezipientInnen einschließt und vergemeinschaftet; neben Kontakt- und Beteiligungsmöglichkeit, gestützt durch Lob und gegenseitige Akzeptanz, bietet dieser dialogische Einschub mit dem Galapublikum dem Moderator außerdem die Gelegenheit, sich für die ‘Eingeweihten’ ein weiteres Mal als Borussia-Dortmund-Fan kenntlich zu machen. Den Einsatz dieses kontaktschaffenden Einschubs durchaus reflektierend - (9) - folgt mit (11) die Ankündigung des Genres : -"also ein(e) buntes Programm, wie man in dieser Branche gern sagt", wobei die Faktoren Internationalität und Prominenz besonders betont werden u.a. auch, um durch ein explizit gemachtes Umformulieren -"muß ich anders rum einfädeln" - ,den Stargast des Abends mit einer Tatsachenbehauptung - "es is ja so ..." - ,unter Angabe der besonderen Bedingungen und damit Einverständnis voraussetzend, anzusagen. Es folgt als prompte Antwort auf die konditionale ‘Einsatzprobe’ - "dann wär wohl klar, wer's würde" - direkt zugeschaltet Gorbatschow mit seinen simultan übersetzten Glückwünschen:

Mit dieser Rahmung wird auf den zeitgeschichtlichen Kontext hin orientiert, symbolisiert durch die Person Gorbatschows ‘gelingt’ die Interaktion ein weiteres Mal, gleichsam auf internationaler Ebene, die sich in Grüßen und Glückwünschen konkretisiert. Zwar nicht unmittelbar anwesend, aber durch die technischen Möglichkeiten in Echtzeit dabei, erhält Gorbatschow als einer der ‘Architekten’ der Einheit zumindest hier am Jahrestag ideell die Funktion des ‘gewählten’ Schutzherren der Sendung um so mehr, als auch seine Abschiedsworte im Sinne einer Gestaltschließung das Ende der Gala-Sendung markieren.[7]

Insgesamt stellt diese Revue - immer mit Rückgriff auf das Alltagswissen aller 'ideell' Mitwirkenden/ BundesbürgerInnen - frei nach Haug 1971- die *Inszenierung eines akzeptanzfördernden Gebrauchswertversprechens* dar. Aber gleichzeitig soll auch gezeigt werden, daß das 'Produkt', hier das 'Unternehmen' Deutschland, durchaus Gebrauchswerteigenschaften besitzt.

Mit dieser Inszenierung einer bundesrepublikanischen Wirklichkeit ist das stragische Konzept von 1989 zumindest für diesen 'Abend' als erfüllt anzusehen, so daß der "Mythos", wie Pross schreibt, zur Tatsachenbehauptung gerät: "Keinesfalls durfte der Mythos geschwächt werden, die konsumfreudigen Bundesbürger könnten so weiterleben wie bisher und die 16 Millionen aus den 'neuen Bundesländern' würden binnen fünf Jahren auf den Händen in eine blühende Landschaft getragen". (Pross 1996, S. 149)

Für die Umsetzung des Gebrauchswertversprechens sorgen ganz professionell fünf Werbeagenturen, deren eigens für diesen Anlaß kreierten Spots die Sendung strukturieren und thematische 'Akzente' setzen: "Zum Tag der deutschen Einheit haben sich vier west- und eine ostdeutsche Agentur bereit gefunden, ein neues Produkt zu verkaufen - Deutschland nämlich: Es kommt darauf an, was man daraus macht".(Küppersbusch, S21)

Die gewählten audiovisuellen Mittel lassen - mit dem immer präsenten Selbstdarstellungsgestus der Agenturen - eine spezifische persuasive Bandbreite erkennen, wie mit Imagekonstituierung 'Produkt-Akzeptanz' vermittelt wird; um zumindest das Themenspektrum der Spots zu verdeutlichen, zitiere ich die Slogans in der Reihenfolge ihres Einsatzes in der Sendung:

1 S 8 Deutsche Vereinigung. Machen Sie mit! (Agentur Lintas, Hamburg)

2 S 16 Zur Einheit gehören zwei. Ein Film für die Einheit und gegen die Miesmacher. (Agentur Grey, Düsseldorf)

3 S 20 Change it! (Agentur Alberti und Partner, Weimar)

4 S 26 Sechs Jahre nach dem Fall der Mauer: Auch der Jägerzaun muß weg! (Agentur Scholz & Friends, Hamburg)

5 S 40 Patrick 5 Jahre, Laura 5 Jahre, Nick 5 Jahre.

---

7 vgl. S47: "Zum Schluß möchte ich Ihnen noch einmal ganz herzlich gratulieren zu diesem Ereignis in Ihrer, unserer gemeinsamen Geschichte. Viel Erfolg auf deutschem Boden, Glück und Wohlergehen jeder deutschen Familie. Okay (=O-Ton)"; vgl. Anmerkung 5

Die deutsche Einheit 5 Jahre. Wer in diesem Alter ist schon perfekt.

(Agentur BBDO, Düsseldorf)

Den produktspezifischen Les- und Sichtweisen, wie sie von den Agenturen quasi als 'Direktmarketing'[8] in der Sendung vertreten werden, folgt auch die Konzeption bei der Inszenierung ausgewählter *Gebrauchswerteigenschaften* des *'Modells Deutschland'*, wenn der Moderator mit 'Westblick', jedoch mit ironischer Anspielung, z.B. eine Erfolgsgeschichte folgendermaßen bedenkt: (S36)

"(...) Er [Klaus Juch] saniert nämlich marode Unternehmen im Westen und so kommt, knappe fünf Jahre zu spät, aber die haben's ja immer gesagt, die Situation zustande, daß wir vom Osten lernen, was Weltniveau ist";

der anschließende Filmbericht führt diese Kategorisierung weiter (S 37)

"(...) Ein Mann auf dem Weg nach oben: Klaus Juch, ein erfolgreicher Ostunternehmer setzt auf Expansion. Nach der Wende führte er eine Zehn-Mann-Klitsche im Bereich Isoliertechnik, sein heutiges Imperium: über zweihundert Mitarbeiter, vier Niederlassungen in Ost und West, dreißig Millionen Mark Umsatz im Jahr, Tendenz steigend.

Ein Leben im Luxus wie ein Wessi. Er hat's geschafft, sagen seine Mitarbeiter. Mit eiserner Disziplin zum Erfolg. Das ABC der freien Marktwirtschaft hat er schnell kapiert. Immer unterwegs von Kunde zu Kunde, das Geschäft kennt keine Pause, wer zu spät kommt, den bestraft das Leben."

Die Auswahl aller Geschichten erfolgt unter dem generellen Gesichtspunkt der 'Erlebnisorientierung', des quasi Spektakulären in den ansonsten eher 'normalen' Einheits-Biographien, so daß diese 'Kurzerzählungen' wie z.B. "Innerdeutsches Experiment" (S11ff), "Innerdeutsche Grenze" (S17f) den Adressaten als Orientierungsstücke dienen können, die Gebrauchswerteigenschaften auszuprobieren, da hier 'Verständigung' bzw. 'Glückliches Ende' vorgeführt wird, nach dem Slogan - "Deutsche Vereinigung. Machen Sie mit!"-

Die eher plakative Präsentation hebt mit dieser medialen Öffentlichkeitsarbeit durchaus auch auf das "Menschliche Miteinander" ab, das der Kanzler in seiner Fernsehansprache einfordert (vgl. Bulletin 1995), was besonders die Schlußsequenz veranschaulicht - die Erinnerung an die Leipziger Montagsdemonstrationen: An acht Beispielen wird hier die lebensgeschichtliche Relevanz der Demonstrationen verdeutlicht, so daß der Reporter vor Ort den

---

[8] Die Agentur Scholz & Friends (z.Z. Berlin) zeichnet z.B. auch verantwortlich für die 'Gruner+Jahr'- Kampagne "Zusammen wachsen".

Schluß zieht, daß "Geschichte im wesentlichen das Zusammensein von Geschichten [ist]" (S 44)

Auf diesem Hintergrund hat das Gespräch mit Rau und Seite (S 29) zwar nach dem Repräsentationsprinzip durchaus einen Stellenwert, vom Gehalt her bleibt es aber eher eine symbolische Aktion neben anderen, die in dieser 'Revue der Akzeptanzappelle' Kontinuität im Wandel präsentieren soll.

2.3 "Tag der deutschen Einheit - 3.10.1996" (ARD/BR)

In der Sendung des BR, einer Zusammenfassung aus München und Berlin werden "die Feierlichkeiten" im Liebfrauendom und in der Residenz dokumentiert, den Abschluß bildet der Festzug der Länder in Berlin, der unter dem Motto steht: "Das Land sind wir alle."

Diese Dokumentation hat eine "fundamentale normalistische Funktion" (Link 1995, S.29f), die sich hier zum einen aus der Vermittlung der staatlichen Öffentlichkeitsarbeit ergibt, da gleichsam das sich selbst bestätigende institutionelle Ritual präsentiert wird; zum anderen wird mit den Statements von fünf Politikern, die ich zum besseren Nachvollzug unten zitiere, formal ein Minimalspektrum von Einschätzungen wiedergegeben, das bekannte Lesweisen skizziert (vgl. u.a. Bulletins) und somit eine Miniatur politischer Meinungsäußerungen der großen 'Volksparteien' darstellt. Wesentlich zur Stützung der 'normalistischen Funktion' tragen exemplarische positive Vox-populi-Statements bei (vgl. Berlin) und insgesamt der 'devote Kommentar-Ton' der Sprecherin, der Assoziationen zur Hofberichterstattung aufkommen läßt: "Ganz bürgernah auch Bayerns Regierungschef Edmund Stoiber und Gattin Karin. Sie gingen auf die Leute zu, suchten Kontakt zu den Menschen, um das Fest zu einem richtigen Bürgerfest zu machen."

Die einzelnen Dokumentar-Szenen werden auf der Folie eines historischen Abrisses - "jener dramatischen Ereignisse von 1989 (...), die zur Wiedervereinigung Deutschlands führten" - in der Tages-Abfolge der einzelnen Stationen des Jahrestages begleitet und erklärt. Die ausschnittweis präsentierten Predigten und Reden (O-Töne) von Edmund Stoiber, Rita Süssmuth und Gyula Horn werden im Off kommentiert:

(...)S "Die offiziellen Feiern begannen mit einem ökumenischen Gottesdienst im Münchener Liebfrauendom. Der Landesbischof der evangelisch-lutherischen Kirche in Bayern, Hermann von Löwenich und Friedrich Kardinal Wetter, der Erzbischof von

München und Freising, wiesen übereinstimmend darauf hin, daß die zehn Gebote auch die Fundamente des freiheitlichen Rechtstaates seien und es bleiben müßten." (...)

S "Kurz nach elf Uhr, die Ehrengäste auf dem Weg in die Residenz. Für die Zuschauer in der Münchener Altstadt Gelegenheit, die Repräsentanten aus Politik und Wirtschaft aus der Nähe zu sehen, aber auch Zeit für Gedanken zum Jahrestag:"

Bernhard Vogel (Ministerpräsident Thüringen)
"So viel - haben Deutsche in sechs Jahren wohl noch nie - geschafft, wie in den letzten sechs Jahren, aber auch sehr bewußt, was noch alles geschehen muß. - Wir sind noch nicht am Ziel, sondern mitten auf dem Weg."

Theo Waigel (Bundesfinanzminister)
Die Leute äh sind natür/haben ihre Sorgen und jeder hat seine eigenen Sorgen und es gibt kein nationales Pathos in Deutschland, aber wenn man die Menschen fragen würde: Wollen Sie noch ein Mal die Zeit zurück vor zehn oder vor fünfzehn Jahren, ich glaube, dann würde sich 'ne Mehrheit von achtzig oder neunzig Prozent für unsere für unsere heutige Zeit entscheiden.

Hans-Jochen Vogel
"Ich bin auch ein bißchen darüber bedrückt, daß wir uns in den letzten Jahren, (im) Prozeß des Zusammenwachsens, eher wieder ein bißchen voneinander distanziert haben".

S "An was liegt das denn bei den Menschen? Sind sie unzufriedener geworden an sich"?

V "Ich fürchte, - wir müssen uns da in erster Linie im Westen fragen, ob wir nicht mit der Selbstachtung und dem Selbstwertgefühl der Menschen in den neuen Bundesländern ein bißchen arg robust umgegangen sind da und dort".

Berndt Seite (Ministerpräsident Mecklenburg-Vorpommern)
"Natürlich ist die Euphorie vorbei, wir sind im Alltag drin. Das Leben hat uns, das ganz normale Leben hat uns wieder, alle Menschen sind dabei, ihr Leben neu auszurichten. Aber nach wie vor ist die Dankbarkeit groß, daß wir überhaupt diesen Tag erleben durften, und äh es ist nichts von Resignation zu spüren. Natürlich sind ein Drittel der Menschen noch nicht angekommen im neuen System, in der sozialen Marktwirtschaft. Das ist die nächste große Aufgabe für die nächste Zeit".

Norbert Blüm (Bundesminister für Arbeit und Soziales) (...)
"Der größte Tag war für mich im Dezember 'neunundachtzig, da war ich mit Kohl an der Frauenkirche. Das war - war ganz dünnes Eis. (Lachen) Das war 'n großer Tag, und wie glücklich die Menschen da waren, und ich hoffe, daß s'es Glück nicht ganz vergessen haben, auch es haben ja nicht nur die Ostdeutschen gewonnen, es haben die Westdeutschen auch gewonnen, denn solang die Mauer stand, war ja Kriegsgefahr. Das haben die Leute vergessen, daß wir auf'm - Pulverfaß gewohnt haben".

S "Eine halbe Stunde später: Ankunft in der Residenz. (...)

Nach fünfundvierzig Jahren ist die Teilung Deutschlands überwunden.

Sechs Jahre später in München, Herkulessaal der Residenz. Persönlichkeiten aus dem öffentlichen Leben, der Kirche und der Politik versammeln sich zum Höhepunkt des Festaktes."

3. Resümee - 'Fit für das 21. Jahrhundert'[9]: Fernsehansprachen des Bundeskanzlers

Am Beispiel der Fernsehansprachen 1991, 1995 und 1996 möchte ich zusammenfassend, im Rekurs auf die ausgewählten Fernsehgenres, die prägnanten Veränderungen skizzieren, die 'die Vereinigung der beiden deutschen Staaten' als Kategorie des gesellschaftlichen Wandels in diesen Diskursfragmenten der staatlichen Öffentlichkeitsarbeit erfahren hat. Hier gilt in spezifischer Weise, daß "Erinnerung (...) Teil gesellschaftpolitischer oder sozialer Prozesse [ist], deren jeweilige Protagonisten historische Ereignisse und deren interpretierende Präsentation zu instrumentalisieren wissen". (Hemken 1996, S. 11)

Generell werden in diesen zweckstrategischen Medientexten[10] nach der jeweiligen politischen Verortung - Anlaß des Jahrestages - folgende Fragen abgehandelt:

(1) Was ist bisher erreicht? (Rückblick)

(2) Wie ist die jetzige Lage zu beschreiben? (Bedingungskonstrukt und Orientierung: Kategorisierung)

(3) Was ist zu tun? (Ausblick, Handlungsperspektiven: Deklaration des Konsenses)

Wesentlich ist, daß bei dieser 'Fragestrukturierung' Bedingungskonstrukt und Handlungsperspektive(n) sehr direkt aufeinander zu beziehen sind, und die jeweilige 'Kategorisierung Deutschlands' mit der Konsensarbeit zu verbinden ist, die sich in diesen legitimatorischen Medientexten durch die intensive Verwendung des Personalpronomens 'wir' auszeichnet, das sich zwar generell auf

---

[9] Arbeitsschwerpunkte dieser Legislaturperiode "Es muß gelingen, verkrustete Strukturen aufzubrechen, überholte Besitzstände in Frage zu stellen und Deutschland "fit" zu machen für das 21. Jahrhundert." (Die Bundesregierung informiert z. B. via Internet, Februar '97)

[10] Die Fernsehansprachen werden hier als Antworten auf die Fragen (1/2/3) in Ausrissen zitiert; zur Analyse vgl. Arbeitsvorhaben Anm. 1

'alle' BürgerInnen bezieht, aber hier eher nationales Pathos transportiert: 'wir Deutsche'.

1991 ergeben die Antworten folgendes 'Bild' der deutschen Wirklichkeit " - im Zeichen von Freiheit, Demokratie und sozialer Marktwirtschaft" wird ein "epochaler Wandel" konstatiert (vgl. Bulletin Nr.108 1991, S. 854):

(1) In den zurückliegenden zwölf Monaten hat es in Deutschland und bei unseren östlichen Nachbarn viele ermutigende Entwicklungen gegeben. Wir erleben einen epochalen Wandel im Zeichen von Freiheit, Demokratie und Sozialer Marktwirtschaft. (...)

Wir Deutsche haben seit der Wiedervereinigung gemeinsam größte Anstrengungen unternommen, um den Aufbau in den neuen Bundesländern voranzubringen. Auf diesem Weg haben wir schon gute Fortschritte erzielt. (...)

(2) Die Zeichen einer wirtschaftlichen Gesundung in den neuen Bundesländern werden Tag für Tag deutlicher erkennbar. Mehr als zwei Millionen Menschen haben eine neue Beschäftigung gefunden. (...)

Jeder weiß: Es bleibt noch viel zu tun. Aber wir haben allen Grund zur Zuversicht. Gemeinsam werden wir es schaffen. (...)

Deutschland ist ein ausländerfreundliches Land - und wird es auch bleiben. Das heißt jedoch nicht, daß wir dem Mißbrauch des Asylrechts tatenlos zusehen dürfen.

Ich weiß, daß viele Menschen bei uns sich deswegen große Sorgen machen. Energisches Handeln unseres Rechtsstaates ist dringend geboten, und ich werde alles in meiner Macht Stehende tun, damit dem Mißbrauch des Asylrechts so schnell wie möglich ein Ende gesetzt wird. Dabei ist für mich selbstverständlich, daß auch künftig bei uns jeder Aufnahme findet, der aus rassischen, politischen oder religiösen Gründen in seiner Heimat verfolgt wird. (...)

(3) Wir müssen aufeinander zugehen: Die Menschen im Westen ohne Überheblichkeit, denn sie hatten das Glück, jahrzehntelang in Freiheit zu leben. Die Menschen in den neuen Bundesländern in der Gewißheit, daß sie jetzt ihre Chance wahrnehmen und ihre Zukunft selbst gestalten können. (...)

Die deutsche Wirtschaft nimmt heute im internationalen Vergleich eine Spitzenstellung ein, und ich bin sicher, wir werden unseren Platz behaupten. (...)

Deutschland ist unser Vaterland, Europa unsere Zukunft. Es liegt im Interesse des gesamten Westens, daß Freiheit, Demokratie und Soziale Marktwirtschaft in ganz Europa zu Hause sind. Wir Deutschen tun sehr viel dafür. Aber wir können diese Last nicht allein tragen. Nur gemeinsame Anstrengungen aller westlichen Industrienationen versprechen auf Dauer Erfolg. (...)

Am fünften Jahrestag lassen sich folgende Aussagen zu den einzelnen Fragekomplexen verzeichnen, die vor allem den 'Aufbau Ost' in den Mittelpunkt stellen (vgl. Bulletin Nr. 77 1995, S. 758):

(1) In den vergangenen fünf Jahren haben wir gemeinsam schon viel erreicht. Der Aufbau Ost findet weltweit Anerkennung. Andere Länder in Mittel- und Osteuropa müssen mit weitaus größeren Schwierigkeiten kämpfen. Nirgendwo sonst in Europa ist das wirtschaftliche Wachstum so stark wie bei uns in den neuen Bundesländern. Die Zahl der Arbeitsplätze nimmt dort spürbar zu. (...)

(2) Der Aufbau Ost bleibt unsere wichtigste innenpolitische Aufgabe.

(3) Mit Tatkraft und Selbstvertrauen werden wir in überschaubarer Zeit die wirtschaftlichen und sozialen, das heißt die materiellen Probleme meistern. Auf lange Sicht ist die größere Aufgabe für uns alle das menschliche Miteinander in Deutschland. (...)

Die innere Einheit, nach der wir streben, ist Einheit in Vielfalt. Wir Deutsche begegnen einander als Sachsen und Bayern, als Mecklenburger und Rheinländer. Jeder von uns ist seiner Heimat besonders verbunden. Deutschland ist unser Vaterland.

Die Verlautbarungen am "Nationalfeiertag" 1996 arbeiten folgende Zukunftsperspektive für "eine der führenden Exportnationen" heraus (vgl. Bulletin Nr. 78 1996, S. 837):

(1) Seit 1990 haben wir mit vereinten Kräften schon vieles erreichen können. Unsere gemeinsamen Leistungen beim Aufbau in den neuen Bundesländern werden überall auf der Welt anerkannt und bewundert. (...)

(2) Jeder weiß, daß im vereinten Deutschland noch sehr viel zu tun bleibt. Der Aufbau in den neuen Bundesländern wird noch Jahre dauern und große Anstrengungen erfordern. (...)

Als eine führende Exportnation müssen auch wir Deutschen alles tun, um unser Land fiir die Herausforderungen der Zukunft fit zu machen. Nur so schaffen wir die Grundlage für neue und sichere Arbeitsplätze. Nur so festigen wir die Fundamente unseres Sozialstaates für kommende Zeiten und kommende Generationen.

(3) Vor uns liegt kein bequemer Weg. Die dramatischen Veränderungen in der Welt, in Europa und bei uns in Deutschland stellen uns vor große Aufgaben - und sie bieten uns viele neue Chancen. (...)

Deutschland ist trotz aller Probleme ein wohlhabendes Land. Wenn wir alle uns anstrengen, wird es so bleiben. Denn der wahre Reichtum unseres Landes sind die Menschen - ihr Fleiß und ihre Ideen, ihr Können und ihre Hilfsbereitschaft.

Uns verbindet eine jahrhundertealte Geschichte, unsere Muttersprache und unsere Kultur. Aus den Erfahrungen der Vergangenheit lernen wir, aus der Erinnerung an das Gute schöpfen wir Kraft.

Auffällig ist bei diesen Diskursfragmenten, daß die Anrede - "Liebe Mitbürgerinnen und Mitbürger" - nicht an die *StaatsbürgerInnen* einer Nation gerichtet ist, sondern, wie besonders die 96er Ansprache nahelegt, eher "*vorpolitische*

Gegebenheiten" wie Habermas 1990, S. 208f schreibt, den Begründungszusammenhang für den geforderten Konsens ausmachen - "(...) sei es [der] des Volkes als historischer Schicksalsgemeinschaft, der Nation als Sprach- und Kulturgemeinschaft oder eben des Sozial- und Wirtschaftssystems als einer Leistungsgesellschaft (...)".

Mit dem integrativen Appell der Ansprache - "Uns verbindet eine jahrhundertealte Geschichte, unsere Muttersprache und unsere Kultur. Aus den Erfahrungen der Vergangenheit lernen wir, aus der Erinnerung an das Gute schöpfen wir Kraft" - wird verdeckt , daß dieser Gestus der Gewißheit keine Problemwahrnehmung bei den "(nicht)normalen Fahrten" der deutschen Wiedervereinigung zuläßt.[11]

"Um aus der Geschichte zu lernen, dürfen wir ungelöste Probleme nicht wegschieben und verdrängen; wir müssen uns für kritische Erfahrungen offenhalten; sonst werden wir historische Begebenheiten gar nicht erst als Dementis - als Belege für gescheiterte Erwartungen - wahrnehmen." (Habermas 1995, S. 17)

Literatur

Ahlzweig, Claus 1997: Muttersprache Deutsch - Deutsches Vaterland? in: Hentschel, Gerd (Hg.) Über Muttersprachen und Vaterländer. Zur Entwicklung von Standardsprachen und Nationen in Europa, Frankfurt/M., Berlin u.a., S. 21-34

Faber, Richard 1996: Religion, Volk und Nation. Historische Erinnerungen - aktueller denn je, in: Jäger, Margret/Siegfried Jäger (Hg.): Baustellen. Beiträge zur Diskursgeschichte deutscher Gegenwart, Duisburg, S. 107-116

Geissner, Helmut 1993: Moderate Rhetoren. Typen des Moderierens, in: Pawlowski, Klaus (Hg.) Sprechen, Hören, Sehen. Rundfunk und Fernsehen in Wissenschaft und Praxis, München, Basel, S. 55-63

Grass, Günter 1997: Der vereinsamte Kapitalist und prominente Steuerhinterzieher. Aus der Dresdner "Rede über den Standort", in: FR, 24.2.97, S.14

[11] vgl Link 1997, S. 361-367: Notwendig wäre es, "zuerst einmal bekanntzumachen, daß die *Fahrt* seit geraumer Zeit aus dem Ruder der Normalität gelaufen sei und daß die *Piloten* selber nicht weiterwüßten, daß hiermit alle Fahrgäste zum gemeinsamen Brainstorming eingeladen seien". S. 367; vgl. z.B. 'Spitzengespräche zwischen Koalition und SPD über Steuerreform'. Vgl. zum Verhältnis von Muttersprachauffassung und Nationalismus: Ahlzweig 1997

Grewenig, Adi 1989: 25 Jahre 'Deutsch-Französische Freundschaft - ein Medienereignis' Fernsehnachrichten als kulturelle Formen des Wissens, in: Reiter, Norbert (Hg.): Sprechen und Hören, Tübingen, S. 547-556

dies. (Hg.) 1993: Inszenierte Information. Politik und strategische Kommunikation in den Medien, Opladen

dies. 1996: Politikvermittlung und -aneignung durch Dokudramen? Gesellschaftliche Wirklichkeit im Deutungsprozeß des politischen Fernsehspiels, in: Jarren, Otfried/Schatz,Heribert/Weßler, Hartmut (Hg.) Medien und politischer Prozeß. Politische Öffentlichkeit und massenmediale Politikvermittlung im Wandel, Opladen, S. 271-286

dies. 1997: Politischer Diskurs als Infotainment? Zur medialen Inszenierung 'deutscher Jahrestage', in: Cleve, Gabriele/Ruth, Ina/Schulte-Holtey, Ernst/Wichert, Frank (Hg.) Wissenschaft, Macht, Politik: Interventionen in aktuelle gesellschaftliche Diskurse, Münster, S. 166-182

Greffrath, Matthias 1996: Modell Deutschland, in: Le monde diplomatique, Beilage der taz v. 13. 12. 96, S. 1u.11

Habermas, Jürgen 1990: Nochmals: Zur Identität der Deutschen. Ein einig Volk von aufgebrachten Wirtschaftsbürgern? In: Die nachholende Revolution, Kleine Politische Schriften VII, Frankfurt/M, S. 205-214

ders. 1995: Aus der Geschichte lernen? In: Die Normalität einer Berliner Republik, Kleine Politische Schriften VIII, Frankfurt/M, S. 9-18

Haubl, Rolf 1992: "Früher oder später kriegen wir euch" in: Hartmann, Hans A./Haubl, Rolf (Hg.) Bilderflut und Sprachmagie. Fallstudien zur Kultur der Werbung, Opladen, S. 9-32

Haug, Wolfgang F. 1971: Kritik der Warenästhetik, Frankfurt/M

Hemken, Kai-Uwe (Hg.) Gedächtnisbilder. Vergessen und Erinnern in der Gegenwartskunst, Leipzig

Jäger, Siegfried 1993: Kritische Diskursanalyse. Eine Einführung, Duisburg

ders. 1995: Diskurstheorie und Diskursanalyse. Ein Überblick, in: DISS Forschungsbericht 1995. Studien zu rechtsextremen und (neo-)konservativen Diskursen. Duisburg, S. 3–16.

Korngiebel, Wilfried/Link, Jürgen 1992: Von einstürzenden Mauern, europäischen Zügen und deutschen Autos. Die Wiedervereinigung in Bildern und Sprachbildern der Medien, in: Bohn, Rainer/Hickethier, Knut/Müller, Eggo (Hg.) Mauer-Show: das Ende der DDR, die deutsche Einheit und die Medien, Berlin, S. 31-53

Link, Jürgen 1995: Grenzen des flexiblen Normalismus? In: Grenzmarkierungen. Normalisierung und diskursive Ausgrenzung. in: Schulte-Holtey, Ernst (Hg.) Duisburg, S. 24–39.

ders. 1997: Versuch über den Normalismus. Wie Normalität produziert wird, Opladen

Ludes, Peter 1996 Wissensordnungen für Multimedia- und Multikommunikationsgesellschaften, in: ders. (Hg.) Informationskontexte für Massenmedien, Opladen, S. 9-21

Presse- und Informationsamt der Bundesregierung. Tag der deutschen Einheit 1991. Bulletin Nr. 108. Bonn, den 9. Oktober 1991, S. 853–860

dass. Tag der deutschen Einheit 1995. Bulletin Nr. 77. Bonn, den 5. Oktober 1995, S. 753–760

dass. Tag der deutschen Einheit 1996. Bulletin Nr. 78. Bonn, den 8. Oktober 1996, S. 829-843

Pross, Harry 1996: Der Mensch im Mediennetz. Orientierung in der Vielfalt, Düsseldorf u. Zürich

Reck, Hans Ulrich 1996: Transitorische Turbulenzen I. Konstruktionen des Erinnerns, in: Hemken, Kai-Uwe (Hg.) 1996, S. 65-89

Schütz, Alfred 1972: Der gut informierte Bürger. Ein Versuch über die soziale Verteilung des Wissens, in: Gesammelte Aufsätze II, Studien zur soziologischen Theorie, Hg. von Arvid Brodersen, Den Haag, S. 85-101

Anhang: "Deutschland wird 5" (ARD: 2.10.95)

Sequenztitel und Zeiten	h	min	sec
Titel	0	0	10
1 Vorspann	0	0	17
2 Begrüßung		0	52
3 Schaltung Gorbatschow		2	13
4 Anmoderation Feldmann		2	49
5 Beitrag Wieben / Feldmann		3	36
6 Gespräch Wieben / Feldmann		5	30
7 Anmod. Werbe-spot Vereinigung		10	14
8 Werbespot 1: Agentur Lintas		10	58
9 Anmod. Leipziger Demos		11	44
10 Schaltung Leipzig		12	13
11 Anmod. 'Innerdeutsches Experiment'		14	57

12	Beitrag Familien Lehmann / Unger		15	49
13	Gespräch Lehmann / Unger		20	46
14	Anmod. Gruppe Pur		27	31
15	Musik Pur		28	00
16	Werbespot 2: Agentur Grey		32	41
17	Anmod. 'Innerdeutsche Grenze'		33	56
18	Schaltung Helmstedt Grenzübergang		34	47
19	Moderation		41	32
20	Werbespot 3: Agentur Alberti & P.		41	39
21	Anmod. 'Werbung für Deutschland'		42	35
22	Beitrag über Werbeagenturen		43	10
23	Gespräch mit Vertretern der Agenturen		45	31
24	Aufforderung an Bernd Michael zurMod.		49	50
25	Anmerkung von B. Michael		50	18
26	Werbespot 4: Scholz & Friends		50	52
27	Anmod. 'Festredner'		51	26
28	Festrede		51	58
29	Gespräch mit Seite und Rau		57	23
30	Anmod. 'Die Prinzen'	1	04	07
31	Musikbeitrag	1	04	36
32	Anmod. 'Jugend und Einheit'	1	08	06
33	Schaltung zur Vereinigungsfeier	1	08	35
34	Anmod. 'Creme 21'	1	15	13
35	Musikbeitrag	1	15	39
36	Anmod. Klaus Juch	1	19	28
38	Gespräch mit Späth und Juch	1	22	40
39	Überleitung zu Werbung	1	27	23
40	Werbespot 5: Agentur BBDO	1	27	35
41	Anmod. Gaby Decker	1	28	29
42	Kabarett - Beitrag	1	28	54
43	Anmod. Leipzig	1	34	10
44	Schaltung Leipzig 'Erinnerung'	1	34	43
45	Gespräch mit 'Die Prinzen'	1	42	21
46	Musikbeitrag	1	43	51
47	Schaltung Gorbatschow	1	46	48

Andreas Musolff

Modell Deutschland: Vorbild oder Alptraum?

Zur Diskussion um die Rolle der BRD als neue europäische 'Supermacht' in der britischen Öffentlichkeit

Alte Ängste

Im Mai 1992 schien die Europapolitik Englands auf gutem Weg zu sein: Nachdem das Gesetz zur Ratifizierung des Maastricht-Vertrages die zweite Lesung im Unterhaus überstanden hatte, obwohl sich eine 92 Stimmen starke parteienübergreifende Gruppe von "Euroskeptikern" unter der Führung der ehemaligen Premierministerin Thatcher dagegen gestemmt hatte, sah Jürgen Krönig in *Die Zeit* (22.5.1992) eine rosige Zukunft vorsichtigen, doch steten Fortschritts der Regierung John Majors auf dem Weg zur europäischen Einigung voraus: "gelassen und selbstbewußt" steige Großbritannien "in die nächste Runde europäischer Politik". Selbst dem letzten "flammenden antieuropäischen Ausbruch Margaret Thatchers" gewann Krönig noch Positives ab: Ihre Ausfälle "gegen Föderalismus, Superstaat und deutsche Dominanz" seien "wie ein reinigendes Gewitter über die politische Landschaft" gegangen - nach ihrem Abstimmungsdebakel führe sie "das arg zusammengeschrumpfte Häuflein ihrer Getreuen" nur noch "ins letzte Gefecht". Vergeben, wenn auch noch nicht völlig vergessen, waren die antieuropäischen und vor allem auch antideutschen Ausfälle aus der Spätzeit der Thatcher-Regierung zwei Jahre zuvor, als der Handelsminister Nicholas Ridley die Abtretung von Souveränitätsrechten an die Brüsseler Kommission mit einer Kapitulation vor Hitler verglichen und als Betrug der Deutschen abqualifiziert hatte, die nur dem Ziel diene, Europa zu beherrschen.[1] Obwohl Ridley nach dem Interview zum Rücktritt

---

1 Vgl. Interview in *The Spectator* 14.7.1990: "This is all a German racket designed to take over the whole of Europe. (...) This rushed take-over by the Germans on the worst possible basis,

gezwungen worden war, blieb zunächst ein bitterer Nachgeschmack. In britischen und deutschen Medien wurde der Hitler-Kohl-Vergleich Ridleys im Zusammenhang mit einem Seminar über Deutschlands neue Rolle gesehen, das Thatcher im März des gleichen Jahres einberufen hatte und bei dem Historiker und Journalisten angebliche 'nationale Charaktereigenschaften' der Deutschen zusammengefaßt hatten, u.a., in alphabetischer Reihenfolge: "angst, aggressiveness, assertiveness, bullying, egotism, inferiority complex, sentimentality".[2] Einer der Teilnehmer, der Oxforder Historiker Norman Stone, hatte nach dem Bekanntwerden des zunächst vertraulichen Protokolls der Diskussion die Notwendigkeit verteidigt, zur besseren Einschätzung der neuen Machtposition Deutschlands sich die Lehren der Geschichte in Erinnerung zu rufen:

"Germany is clearly set to be the dominant element in the new Europe, and some kind of peaceful version of the abortive Brest-Litovsk treaty - which would have set up German satellites in parts of the then Russian empire - is indeed on the cards (...)." (*The Times* 16.7.1990)

Wie Stone versuchten auch andere britische Kommentatoren, vor allem konservativer Prägung, die weitere Entwicklung der neu vereinigten Bundesrepublik aus dem früheren Verhalten der Deutschen abzuleiten. So bezog sich z.B. der *Times*-Leitartikler Conor Cruise O'Brien auf den im Chequers-Seminar erwähnten Topos, daß die 'deutsche Psyche' zu Extremen neige: Während die alte BRD sich in Unterwürfigkeitsrhetorik geübt habe, sei nun aufgrund der notwendig zu erwartenden 'Explosion' deutschen Nationalstolzes eine Rückkehr zum machtpolitisch selbstbewußten, wenn nicht sogar aggressiven Auftreten der Deutschen zu erwarten:

"In the explosion of national pride that must accompany reunification, the old deferential posture will be felt to be unworthy of the newly risen Fatherland. And from abandoning a deferential posture to assuming a domineering one is a short step." (*The Times* 20.7.1990)

---

with the French behaving like poodles to the Germans, is absolutely intolerable. (...) When I look at the institutions to which it is proposed that sovereignty is to be handed over, I'm aghast. Seventeen unelected reject politicians (....) with no accountability to anybody (...) - the idea that one says, 'OK, we'll give this lot our sovereignty', is unacceptable to me. I'm not against giving up sovereignty in principle, but not to this lot. You might as well give it to Adolf Hitler, frankly."

2 Vgl. den Abdruck des Seminarprotokolls in *The Independent on Sunday* 15.7.1990; zur Analyse der Stereotypen des Seminarprotokolls und ihrer Vorgeschichte vgl. Gruner 1991, S. 51-57; Kettenacker 1991, S. 205-208

Deutsche Reaktionen auf solche Befürchtungen waren von Empörung gekennzeichnet: Der Kanzleramtsminister Stavenhagen bezeichnete die Ridley-Polemik als "beispiellose" Diskreditierung der EG, Rolf Hochhuth nannte den Kohl-Hitler-Vergleich "ekelhaft" (*Die Welt* 13.7.1990). Man tat sie aber im wesentlichen als letzte Schnaufer der thatcheristischen Dinosaurier ab, die nicht repräsentativ für die aktuelle öffentliche Meinung in Großbritannien seien. So schrieb z.B. Ralf Dahrendorf in der *Zeit*:

"(...) [Margaret Thatchers] Bild der Welt stammt aus einer anderen Zeit. Es hat glücklicherweise (...) mit dem Bild der meisten Briten nicht sehr viel zu tun. Das bedeutet leider, daß England kein sehr hilfreicher Akteur in europäischen Dingen sein kann, solange Frau Thatcher in No. 10 Downing Street sitzt." (*Die Zeit* 20.7.1990)

Neue Hoffnungen auf Europa

Mit dem Sturz Thatchers und der Regierungsübernahme des als 'europafreundlich' eingeschätzten John Major schienen die Gespenster der Vergangenheit gebannt. Wie Dahrendorfs Hinweis und die anfangs zitierte Charakterisierung der britischen Rolle in Europa als "gelassen und selbstbewußt" zeigten, galt die neue Regierung als verläßlicher, wenn auch kritischer Partner der anderen EU-Regierungen. Major und sein Außenminister Hurd legten großen Wert darauf, als positive Europäer zu erscheinen, deren Skepsis gegen eine zu schnelle Integration nicht auf altem Mißtrauen oder gar Feindschaft, sondern auf common sense beruhe. Bei einem Deutschlandbesuch im März 1991 stellte Major seine Regierung als "working at the very heart of Europe" (*The Guardian* 12.3.1991) dar. Zwar erwies sich die britische Regierung während der Vorbereitungen zum Maastricht-Vertrag als schwieriger Verhandlungspartner, der für sich Ausnahmebedingungen in Hinsicht auf die EU-Währungsunion und -Sozialcharta aushandelte sowie die Vermeidung des in Großbritannien als Synonym von 'Zentralismus' verstandenen Föderalismus-Begriffs im Vertragstext durchsetzte[3], doch machte diese Verhandlungstaktik sie aus deutscher Sicht allenfalls zum "Europastörenfried" (*Die Zeit* 13.12.1991), nicht aber etwa zum Feind. Kritik an der britischen Europapolitik artikulierte sich vor allem in Tempometaphern, wie der vom 'Europa der zwei

3 Zum Streit um die Föderalismus/federalism-Terminologie vgl. Musolff 1996, S. 16-19

Geschwindigkeiten', in dem Großbritannien hinter dem Rest der Europäer hinterherhinke.[4]

Das Deutschlandbild britischer Medien sah zu Beginn der Post-Maastricht-Ära ebenfalls nicht allzu schlecht aus. Zwar hoben aufmerksame Beobachter, wie Hella Pick darauf hervor, daß immer noch zwei logisch zwar imkompatible, aber nichtsdestotrotz gleich stark wirksame Deutschland-Stereotypen den Mediendiskurs beherrschten: das Image des politischen Zwergs, des "political pygmy", und das Bild vom übermächtigen Riesen, der als "bully of Europe" seine Nachbarn herumkommandiere (The Guardian 10.1.1992). Zur gleichen Zeit waren aber auch dezidiert positive Bezugnahmen auf das moderne Deutschland als Modellstaat vernehmbar. So sprach sich z.B. David Marquand für eine "Germanisation" der britischen Wirtschaftspolitik aus: Nach den gescheiterten 'Radikalkuren' der letzten fünfzig Jahre könne der nüchtern-realistische Politikstil der BRD Großbritannien zum Vorbild dienen (*The Guardian* 29.2.1992). Schon 1991 hatte Majors erster Finanzminister Norman Lamont Bewunderung für das Konzept der 'sozialen Marktwirtschaft' geäußert:

"My views are essentially 'social market' which involves sound money, limited but effective government, and leaving markets free to operate elsewhere in the economy. But as Erhard (...) said, we ought to emphasise the 'social' as well as the 'market'." (*Financial Times* 2.1.1991)[5]

Wo so die Vorbildfunktion Nachkriegsdeutschlands im ökonomischen Bereich von wichtigen Regierungsmitgliedern anerkannt wurde, ließ sich erwarten, daß auch der wirtschaftspolitische Kurs der BRD im Rahmen der EU, d.h. die Förderung einer 'föderalen' Union, auf wohlwollende Kritik, wenn nicht Zustimmung stoßen würde.

Wiederbelebte Kriegserinnerungen

Jedoch reichte schon die nächste Krise im Ratifikationsprozeß zum Maastricht-Vertrag aus, um in England nationalistische Aufregung zu stiften. Als in der dänischen Volksabstimmung sich eine knappe Mehrheit gegen die

---

4 Zur Entwicklung der zwei-Geschwindigkeiten-Metapher in britischen und deutschen Europadebatten vgl. Musolff 1996, S. 20-24

5 Zu der von Lamont nicht problematisierten Diskrepanz zwischen dem Modell einer ungehindert operierenden market economy und dem im Rahmen der katholischen Soziallehre entwickelten, makroökonomische Steuerung nicht ausschließenden Konzept der "sozialen Marktwirtschaft", vgl. Good 1996, S. 117f.

Ratifizierung aussprach, nahmen die Euroskeptiker das Ergebnis zum Anlaß, den Mut des dänischen Davids gegen die von den Deutschen kommandierte Goliath-EG zu preisen (*The Guardian* 3.6.1992). Der *Guardian*-Kommentator Edward Pearce analysierte die Hinter- und Untergründe dieser plötzlichen Dänemark-Begeisterung britischer EU-Gegner: Mit ihrer Parallelisierung des dänischen Maastricht-Vetos und des Widerstands gegen die deutsche Besatzung im Zweiten Weltkrieg reaktivierten sie zugleich das Stereotyp von Europa, bestehend aus "collaborationist France, fascist Italy and of course Nazi Germany", als Feind des auf sich selbst gestellten England (*The Guardian* 10.6.1992).

Im September 1992 kam es aufgrund starker Wechselkursschwankungen im Europäischen Währungssystem zur Abwertung des Pfunds und der Lira unter den festgelegten Rahmenwert, so daß beide Währungen aus dem System herausgenommen wurden. Britischerseits wurde der deutschen Bundesbank an dieser Entwicklung zumindest Mitschuld gegeben[6], wobei wieder auf den Zweiten Weltkrieg, speziell auf die Kämpfe der Battle of Britain, Bezug genommen wurde, wie *Die Zeit* registrierte:

"Das Gespann Major / Lamont nahm die "Schlacht um das Pfund" auf. Als solche wurden die raschen Bewegungen der Ziffern auf den bunten Schirmen der Devisenhändler empfunden. Der Karikaturist im Independent zeigt den Blick aus einer deutschen Flugzeugkanzel auf zwei mit Rauchfahnen trudelnde Flugzeuge mit der Aufschrift Lira und Pound und läßt den deutschen Kopiloten auf deutsch sagen: 'Wunderbar, mein Kapitän'. Die BBC sendete einen Währungsbeitrag im abendlichen Nachrichtenprogramm aus dem Bunker, von wo Churchill den Krieg gegen Deutschland führte." (*Die Zeit* 25.9.1992)

Trotz früherer Versicherungen, "at the heart of Europe" zu arbeiten, erlag auch der britische Premier der Versuchung, die EU-Probleme zum Anlaß für eine Demonstration kämpferischer Durchhaltekraft auszunutzen, indem er sich auf dem Tory-Parteitag nach dem Pfundsturz als Patriot präsentierte, der - in Erinnerung an die heroische Verteidigung gegen Nazi-Deutschland - seinem Land keine Bedingungen vorschreiben lassen wollte:

"(...) when I hear assertions from others in Europe that we or the Danes should sign up on their terms, I'll tell you what I think. I think they should keep their advice to themselves. Sign up on their terms? Before I was born, if this country hadn't fought on our terms, there'd be no free Europe to sign up to." (*The Guardian* 10.10.1992)

Die Siegesgeschichte des zweiten Weltkriegs dient britischen Politikern noch heute dazu, sich als Sachwalter nationaler Interessen darzustellen. Deutsche

---

6 Vgl. *The Guardian* 26.9., 1.10.1992; *Die Welt* 18.9., 21.9., 26.9.1992

Beobachter sahen darin einerseits ein "Deutschland-Syndrom im britischen Gemüt" (*FAZ* 17.10.1992); zum andern wurde auf Stilunterschiede im öffentlichen Sprachgebrauch hingewiesen. So bewertete etwa der *Welt*-Korrespondent Gatermann die britische "Schlacht der Worte" als Beispiel für den "leichteren, bildreichen" Stil des politischen Diskurses in Großbritannien, der zu "leichtfertigen" oder auch "von Nationalismus triefenden" Stellungnahmen führen könne (*Die Welt* 26.10.1992). Nationalistische Rhetorik mit kriegerischen Obertönen ist im britischen politischen Diskurs 'gesellschaftsfähiger' als im bundesdeutschen. Offiziell hat Deutschland aus der Katastrophe des Zweiten Weltkriegs seine 'Friedenslektion' gelernt, wie z.B. Helmut Kohl in einem Brief an die *Financial Times* zur Umwandlung der EG in die EU versicherte:

"We Germans have particular reason to be thankful for European integration. Our experience provides us with a powerful incentive for the future. After the ending of the cold war and the reunification of Germany, we remain resolutely committed to continuing the process of European unification." (*Financial Times* 4.1.1993)

Allerdings äußerte Kohl zugleich die Befürchtung, daß nationale Feindschaften wieder aufbrechen könnten, falls die Integration der EU nicht schnell voranschreite:

"No one should be under the illusion that the spectre of European nationalism has been finally laid to rest. (...) I feel myself carried back to an ill-fated past when I hear some people stirring up public sentiment with the argument that Germany has become too large and too powerful (...). It is a cruel irony that this kind of talk plays into the hands of precisely those forces, not least in Germany, which propagate old-style nationalism. (...) I am against the idea of a two-or-three-speed Europe. But I would add just as clearly that, in view of the importance of European Union or us Germans, we cannot accept that the speed of European integration will be dictated by the slowest ship in the convoy." (ebd.)

Wenn Kohl mit seiner Konvoi-Metapher anderen 'Schiffen' hatte Mut machen wollen 'aufzuholen', kam sein Signal verkehrt an: In der gleichen Ausgabe der *Financial Times* wurde der Brief als "thinly veiled warning" an die Regierungen von Großbritannien und Dänemark interpretiert, sich bei der Fahrt zum europäischen Integrationsziel stärker zu beeilen, wenn sie nicht zurückgelassen werden wollten (ebd.). Der Verdacht, Deutschland plane mit einigen wenigen Verbündeten die Bildung einer Spitzengruppe innerhalb der EU, schien sich zu bestätigen, als im August / September 1994 zunächst der französische Ministerpräsident Balladur und dann eine Arbeitsgruppe der CDU/CSU-Fraktion im deutschen Bundestag das Konzept eines 'inneren Kreises' bzw. 'Kerns' und darum liegender 'äußerer Kreise' als Entwicklungsmodell der EU publizierten.[7] Ähnlich wie Kohls *Financial Times*-Artikel berief sich auch der CDU/CSU-Vorschlag zur 'Festigung des festen Kerns' der EU auf die 'historische Lektion' der Kriegserfahrung:

"Deutschland hat aufgrund seiner geographischen Lage, seiner Größe und seiner Geschichte ein besonderes Interesse, ein Auseinanderdriften Europas zu verhindern, durch das es in seine alte Mittellage zurückversetzt würde. (...) Die Versuche, diese Lage im Zentrum aller europäischen Konflikte durch die Errichtung einer Hegemonie zu überwinden, scheiterten. Die militärische, politische und moralische Katastrophe 1945 als Folge des letzten dieser Versuche ließ Deutschland nicht nur erkennen, daß seine Kräfte hierzu nicht ausreichten, sie führte vor allem zu der Überzeugung, daß Sicherheit nur durch eine grundlegende Änderung des europäischen Staatensystems gewonnen werden kann, in dem Hegemonie weder möglich noch erstrebenswert erscheint." (CDU/CSU-Fraktion 1994, S. 2f.)

Die Erinnerung an die Gefahren eines Rückfalls in geopolitische Strukturen, die zur "Katastrophe 1945" führten, mochte verantwortungsbewußt gemeint sein - sie ließ sich aber auch als deutsche Drohung an die Nachbarn lesen: Wenn es nicht bald ein stark integriertes Kerneuropa gibt, könnte Deutschland wieder in seine alte Rolle 'gezwungen' werden, einen Hegemonialstatus in Europa anzustreben. Aus einer Perspektive, wie sie von manchen Teilnehmern des Chequers-Seminars artikuliert worden war, lag eine solche 'unfreundliche' Interpretation nicht fern. Tatsächlich provozierten die CDU/CSU-Überlegungen in Großbritannien sofort die Furcht vor einer Abschiebung in die äußeren Kreise eines Zwei- oder Drei-Klassen-Systems der EU. Am 7.9.1994 hielt Major im niederländischen Leiden eine Rede, die als Antwort auf den CDU/CSU-Vorschlag gewertet wurde, auch wenn er diesen nicht beim Namen nannte. Ein Europa, in dem einige Mitglieder - frei nach dem Motto aus George Orwells' *Animal Farm* - 'gleicher seien als die anderen', dürfe es, meinte der britische Premier, nicht geben:

"I see a real danger, in talk of a 'hard core', inner and outer circles, a two-tier Europe. I recoil from ideas for a union in which some would be more equal than others. There is not, and should never be, an exclusive hard core either of countries or of policies." (zit. nach: *The Daily Telegraph* 8.9.1994)

Die britischen Medien lasen den Leiden-Appell einerseits als eine an Kohls Adresse gerichtete Attacke gegen die Vision eines Europas, in dem Deutschland den Ton angeben würde, betonten aber auch die innerparteiliche Funktion der Rede Majors als goodwill-Geste gegenüber den konservativen Europskep-

---

[7] Vgl. *The Times* 31.8. und 8.9.1994 und CDU/CSU-Fraktion 1994, S. 7ff.

tikern, von denen aufgrund knapper Mehrheitsverhältnisse im Unterhaus das Überleben seiner Regierung abhing.[8]

Doch beschränkt sich antieuropäische und antideutsche Polemik nicht auf parteitaktische Debatten. Als im Februar 1996 Kohl in einer Rede im belgischen Löwen erneut die Gefahr eines Krieges als mögliche Konsequenz eines Mißlingens der europäischen Integration beschwor, kritisierte z.B. auch die *Times* eine solche deutsche 'Warnung' als geschichtsvergessene Zumutung:

"For a German Chancellor even to hint, in Belgium of all countries, that where German jackboots twice marched this century they could march again unless Europe follows Germany's federal route-map is worse than infelicitous: it is contrary to Germany's own interests. (...) If Herr Kohl believes that fear will force the rest of Europe into line, he is in serious error." (*The Times* 5.2.1996)

Das Hochspielen wirtschaftlicher Integrationsprobleme zur Frage von Krieg und Frieden durch den deutschen Bundeskanzler war - um im militärischen Jargon zu bleiben - ein Rohrkrepierer. Zum einen schien die Ermahnung an die anderen Europäer das Stereotyp von den besserwisserischen Deutschen zu bestätigen, die die eigene Perspektive für die einzig relevante halten (siehe Chequers-Protokoll), zum andern klang die Warnung vor einem neuen Krieg aus dem Munde des Regierungschefs des in diesem Jahrhundert aggressivsten und soeben wiedervereinigten und -erstarkten europäischen Staates unglaubwürdig. Wen wollte Kohl denn ermahnen: etwa sich selbst? In den scheinbar selbstkritischen Hinweisen von deutscher Seite auf die historischen Lernerfahrungen wurde auch die Aufforderung an die anderen Nationen mitgehört, diesen 'Fortschritt' gebührend zu würdigen, d.h. den Vorgaben des schon wieder zum Lehrmeister avancierten Problemkinds Europas zu folgen. Was als Friedens- und Freundschaftsbeteuerung intendiert gewesen sein mochte, wirkte aufgrund des Ermahnungsgestus und der Kriegserinnerung so mehrdeutig, daß es leicht als Einschüchterungsversuch mißzuverstehen war.

Die Europadebatte: eine neue Battle of Britain?

Schon bald sollte sich der nächste Anlaß zu Mißverständnissen einstellen: Im März 1996 verkündete der britische Gesundheitsminister Dorrell im Unterhaus, der Regierung lägen Informationen über einen möglichen Zusammenhang zwischen der Rinderkrankheit BSE und einem Dutzend neuer Fälle der Creutzfeldt-Jacob-Krankheit vor. Umgehend profilierte sich der deutsche

---

[8] Vgl. The Guardian, The Times, The Daily Telegraph, The Independent vom 8.9.1994

Gesundheitsminister Seehofer als Befürworter eines rigorosen Rindfleisch-Exportverbots der EU gegenüber London (*Die Zeit* 29.3.1996). Zwar tat noch am 1.4.1996 Miles Kington in einer Glosse im *Independent* die "beef scare" als makabren Aprilscherz einer verrückt gewordenen konservativen Regierung ab, doch in der gleichen Ausgabe zeichnete ein Karikaturist das Plakat eines neuen Horrorfilms unter dem Titel "Maastricht II": Ein aus dem Nichts aufgetauchter Monster-Beefburger jagt EU-Politiker in die Luft, ausgerechnet - wie der Begleittext erklärte - in dem Moment, "Just when you thought it was safe to get back to the conference table".

Der Karikaturist sollte recht behalten. Das von der EU-Kommission verhängte Ausfuhrverbot für britische Rinder und Rinderprodukte stellte aus der Sicht der britischen Regierung eine solche Bedrohung dar, daß sie einen pauschalen Boykott gegen alle der Einstimmigkeit bedürfenden EU-Beschlüsse bis zur Aufhebung des Exportverbots ankündigte. Was sich im Mai/Juni 1996 abspielte, ging in die britische Mediengeschichte als "beef war" ein. In Majors Boykottankündigung fielen der britischen Presse sofort die Anklänge an die Kriegserklärung 1939 auf:

"Major goes to war with Europe *(Überschrift)*

The Prime Minister rounded on his European partners, especially Spain, Germany and Austria, saying: 'A balanced proposal on the best scientific advice had been ignored by a number of member states, in some cases despite prior assurances of support. I must tell the House that I regard such action as a wilful disregard of Britain's interest and in some cases a breach of faith. (...) I have to tell the House that without progress towards lifting the ban, we cannot be expected to continue to co-operate normally on other community business.'" (*The Guardian* 22.5.1996)

"The tone of John Major's statement invoked echoes of an earlier declaration of hostilities with the Continent. One could hear the grave intonations of a silver-haired prime minister: 'I have to tell you now that no such undertaking has been received and that consequently this country is now at war with Germany.' It was not, of course, quite so momentous. And yet ... there was a catch in Mr. Major's voice which suggested that a Rubicon had been crossed. A grim-faced Prime Minister came to the despatch-box to tell MPs that diplomatic channels had not succeeded; presumed allies had welshed on promises of support; the alliance had collapsed; the axis ruled; plucky Britain looked out towards a hostile continent." (Kommentar von Robert Shrimsley in: *The Daily Telegraph* 22.5.1996)

Wo seriöse Tageszeitungen noch eine leicht ironische Distanz zur 'Kriegserklärung' Majors erkennen ließen, war diese in den Boulevardzeitungen und

Meinungsumfragen kaum anzutreffen.[9] Auch der 'Feind' zeigte Wirkung: EU-Kommissionspräsident Jacques Santer beklagte sich über die "war atmosphere", die in der ganzen EU um sich greife (*The Observer* 9.6.1996). Selbst der europafreundliche *Guardian* titelte: "Europe gangs up on Major" und stellte Deutschland als Hauptaggressor dar: "Germany last night dramatically raised the stakes in the beef war when it unilaterally declared it would continue the ban on beef derivatives (...)." (*The Guardian* 11.6.1996)

Bald aber geriet Majors Regierung an der 'Heimatfront' in eine Lage, die ihr eine Weiterführung des "beef war" wenig attraktiv erschienen ließ: Im Unterhaus entging sie knapp einem Debakel bei der Abstimmung über ein Referendum, das eine komplette Neuverhandlung des Maastricht-Vertrags forderte und jede weitere Kooperation mit der EU ausgeschlossen hätte (*The Independent* 11.6.1996). Die antieuropäischen Geister, die sie gerufen hatte, wurde die Regierung kaum wieder los. Nun galt es, an der Europafront so schnell wie möglich Frieden zu schließen, was mit dem Kompromiß von Florenz am 21.6. erreicht wurde, als die britische Regierung gegen die vage Zusage einer im Einzelfall durch Brüssel zu überprüfenden Erlaubnis des Exports von Rinderprodukten in Nicht-EU-Länder die Non-Kooperationsstrategie aufgab. Die positivste Einschätzung des Abkommens in den britischen Medien lautete noch, es sei ein 'Feigenblatt' (fig leaf) für Major (*The Independent* 22.6.1996); die konservative *Sunday Times* (23.6.) sprach vom 'Rückzug' (retreat) der Regierung, der *Observer* (23.6.) vom 'verlorenen Krieg' (Schlagzeile: "How the beef war was lost"). Boulevardblätter, wie die *Sun* oder der *Daily Mirror* hatten nur Verachtung übrig für das 'Klein-Beigeben' (cave-in) bzw. 'Winseln' (whimper) der Regierung (zit. nach: *The Observer* 23.6.1996). Die Konservativen waren Opfer der eigenen Rhetorik geworden: Nachdem sie den BSE-Disput zum "beef war" hochgeredet hatten, mußten sie sich nun die Bewertung des Kompromisses als Niederlage gefallen lassen.

Warum verwendeten Major und die englischen Medien in diesem Maße das Kriegsschema als Konfliktmodell der Auseinandersetzung mit der EU und Deutschland? Ohne Zweifel ist das Stereotyp vom aggressiven Deutschland in der britischen Öffentlichkeit latent präsent. Doch ist damit allenfalls das Vor-

[9] Laut einer Umfrage unterstützten 54% der Gesamtwählerschaft (und 77% der Tory-Anhänger) die Boykottmaßnahmen der Regierung und 62% der Tory-Wähler sowie 47% der Gesamtwählerschaft sogar ein generelles Verbot deutscher Importe nach Großbritannien als 'Vergeltung' für das Rindfleisch-Exportverbot (*The Independent* 28.5.1996). Zur antideutschen Polemik der Massenpresse und euroskeptischer Tories vgl. Martin Kettle: "Als wäre der Krieg ausgebrochen", in: *Die Zeit* 31.5.1996

kommen von Kriegserinnerungen und -metaphorik in der Europadiskussion erklärt, nicht aber ihre Handlungsfunktion in der politischen Debatte und Berichterstattung. Metaphern gehören zum Standardrepertoire veranschaulichender Sprachverwendung in öffentlich verbreiteten Texten.[10] Ihre kommunikative Signifikanz erweist sich erst in einer Analyse der pragmatisch relevanten Faktoren ihre Gebrauchs. Zwei solche Faktoren in der britischen Europadebatte stellen die unterschwellig drohenden Stellungnahmen deutscher Politiker dar sowie spezielle Textanlässe, wie z.B. Majors Leidener Rede und seine Regierungserklärung am 21.5.1996. Im Rahmen der außenpolitischen Konfrontation mit einer anscheinend von Deutschland angeführten EU ließen sich aus der Kriegsmetaphorik für alle am öffentlichen Diskurs Beteiligten genügend rhetorische Funken schlagen, um sie zum Bezugsrahmen für politische Stellungnahmen und Kommentare auszubauen. So stimmten traditionell Tory-freundliche Zeitungen, wie *Times* oder *Daily Telegraph*, in die stilistischen Kriegsanspielungen von Majors Regierungserklärung im Mai 1996 ein, um die Solidarisierungswirkung im konservativen Lager (Partei und Wähler) zu unterstützen. Regierungskritische Medien wie *Guardian* und *Observer* griffen die Kriegsrhetorik mit dem Kalkül auf, daß die politische Strategie der Regierung zum Scheitern verurteilt war und die martialischen Töne der 'Kriegserklärung' an die EU ihr in kurzer Zeit zum Spott gereichen würden. Dieser von den Kommentaren zum retreat der Regierung beim Gipfeltreffen in Florenz bestätigte Wirkungsaspekt läßt sich als eine Art von Weiterleben der Metapher über den Tag ihres Verfallsdatums hinaus auffassen. Zugleich verweist die in diesem Metapherngebrauch konnotierte, oftmals auch explizit auf den Zweiten Weltkrieg bezogene Gegnerschaft gegenüber Deutschland auf grundlegendere Vorbehalte der britischen Öffentlichkeit gegenüber einem besserwisserischen bundesdeutschen 'Modell'-Staat.

---

[10] Vgl. Sandig (1986, S. 230f.) zur Funktion von Metaphern als "Attraktivmacher" für journalistische Texte. Zu einem Überblick über die Metaphernvielfalt der Europadiskussion vgl. Schäffner 1996, S. 36-56.

Literatur

CDU/CSU-Fraktion des Deutschen Bundestages 1994: Überlegungen zur europäischen Politik, 1.9.1994, Bonn

Good, Colin 1996: Political Communication and Political Culture in Germany and Great Britain: Some Differences and Similarities, in: Musolff, Andreas/Schäffner, Christina/Townson, Michael (Hg.) 1996, S. 109-120

Gruner, Wolf D. 1991: L'Image de L'Autre: Das Deutschlandbild als zentrales Element der europäischen Dimension der deutschen Frage in Geschichte und Gegenwart, in: Trautmann, Günter (Hg.) 1991, S. 29-59

Kettenacker, Lothar 1991: Englische Spekulationen über die Deutschen, in: Trautmann, Günter (Hg.) 1991, S. 194-208

Musolff, Andreas 1996: False Friends borrowing the Right Words? Common Terms and Metaphors in European Communication, in: Musolff, Andreas/Schäffner, Christina/Townson, Michael (Hg.) 1996, S. 15-30

Musolff, Andreas/Schäffner, Christina/Townson, Michael (Hg.) 1996: Conceiving of Europe - Unity in Diversity, Aldershot

Sandig, Barbara 1986: Stilistik der deutschen Sprache, Berlin

Schäffner, Christina 1996: Building a European House? Or at Two Speeds into a Dead End? Metaphors in the Debate on the United Europe, in: Musolff, Andreas/Schäffner, Christina/Townson, Michael (Hg.) 1996, S. 31-59

Trautmann, Günter (Hg.) 1991: Die häßlichen Deutschen. Deutschland im Spiegel der westlichen und östlichen Nachbarn, Darmstadt

Mark Galliker / Kurt Imminger / Daniel Weimer / Herbert Bock

Intensivierung des Diskurses durch Verneinung:

Quantitative und qualitative Analyse der Co-Occurrences von 'Soldaten' und 'Mörder' in der FAZ im Vergleich mit der NZZ[1]

In der vorliegenden Studie wird abgeklärt, ob die vorwiegend negative Reaktion auf das Urteil des Bundesverfassungsgerichts (BVerfG) vom 25.8.1994, die Aussage "Soldaten sind Mörder" sei eine zulässige Meinungsäußerung, die Verbindung von 'Soldaten' und 'Mörder' abgeschwächt oder eher verstärkt hat. In die Untersuchung werden die diesbezüglichen Artikel (1993-95) der FRANKFURTER ALLGEMEINEN ZEITUNG (FAZ) und zum Vergleich der NEUEN ZÜRCHER ZEITUNG (NZZ) einbezogen. Die Abfolge dieser Texte wird als Ausschnitt eines *Diskurses* verstanden (vgl. u.a. Foucault 1972/1994; Jäger 1993; Luutz 1994; van Dijk, 1994).

Im Unterschied zu den meisten vorliegenden Diskursanalysen werden quantitative sowie qualitative Aspekte der Texte berücksichtigt. Auf die Relevanz der quantitativen Aspekte haben Diskursanalytiker immer wieder hingewiesen (u.a. auch Foucault (1972/1994) mit seinen Bemerkungen über die Bedeutung von Anhäufungen, Serien und Regelhaftigkeiten für die mit dem Diskurs durchgesetzte Dominanzstruktur), es liegen jedoch nur wenige abgeschlossene Recherchen, in denen die quantitativen Aspekten als mindestens ebenso relevant erachtet werden wie die qualitativen Aspekte und die Standards

[1] Die vorliegende Untersuchung wurde im Rahmen der Projektgruppe "Sprachliche Diskriminierung" an den Universitäten Bern und Heidelberg/Mannheim durchgeführt. Wir danken dem Schweizerischen Nationalfonds sowie der Deutschen Forschungsgemeinschaft für die Unterstützung unserer Arbeit.

empirischer Sozialforschung (Vergleichsgruppen, Gewichtung, statistische Tests usw.) beachtet werden.

Historische Vorbemerkungen

Am 4.8.1931 erscheint in der WELTBÜHNE unter dem Pseudonym *Wrobel* eine Glosse von *Tucholsky* mit dem Titel "Der bewachte Kriegsschauplatz", der folgenden Absatz enthält:

"Da gab es 4 Jahre lang ganze Quadratmeter Landes, auf denen war der Mord obligatorisch, während er eine halbe Stunde davon entfernt streng verboten war. Sagte ich Mord: Natürlich Mord. Soldaten sind Mörder."[2]

Von der Reaktion wird v.a. der Satz "Soldaten sind Mörder" beachtet. Die unmittelbar vorangehenden Aussagen (u.a. mit der Feststellung, daß der Mord obligatorisch gewesen sei), werden von den meisten Kommentatoren nicht oder nur am Rande berücksichtigt. Auch der weitere verbale Kontext des Artikels wird nicht zur Kenntnis genommen. So geht bereits aus dem zweiten Absatz desselben hervor, daß Tucholskys Anklage nicht in erster Linie Soldaten gilt:

"Hinter dem Gewirr der Ackergräben, in denen die Arbeiter und Angestellten sich abschossen, während ihre Chefs daran gut verdienten, stand und ritt ununterbrochen, auf allen Kriegsschauplätzen, eine Kette von Feldgendarmen. Sehr beliebt sind die Herren nicht gewesen; vorn waren sie nicht zu sehen, und hinten taten sie sich dicke. Der Soldat mochte sie nicht; sie erinnerten ihn an jenen bürgerlichen Drill, den er in falscher Hoffnung gegen den militärischen eingetauscht hatte."

Tucholsky verweist von Anfang an auf größere gesellschaftliche Zusammenhänge. Hierbei werden u.a. auch Personengruppen kritisiert, aber nicht primär Soldaten, sondern vielmehr deren Herren sowie die Chefs, die es verstehen, aus dem gegenseitigen Töten der Soldaten ein Geschäft zu machen. Der letzte Absatz des Artikels lautet:

"Die Gendarmen aller Länder hätten und haben Deserteure niedergeschossen. Sie mordeten also, weil einer sich weigerte, weiterhin zu morden. Und sperrten den Kriegsschauplatz ab, denn Ordnung muß sein, Ruhe, Ordnung und die Zivilisation des christlichen Staates."

---

[2] Alle in dieser Arbeit angeführten Zitate findet man in der Dokumentation von Hepp / Otto 1996

Soldaten werden ermordet, wenn sie sich weigern, weiterhin zu morden. Tucholsky bezeichnet zwar Soldaten als Mörder, doch er betrachtet Soldaten offenbar als solche Mörder, die morden müssen, um nicht selbst ermordet zu werden (mitunter von den eigenen Leuten). Das heißt: Soldaten werden zwar nicht von aller persönlichen Schuld entlastet, doch die eigentliche Ursache des Tötens im Krieg wird nicht bei ihnen verortet.

Der verantwortliche Herausgeber der WELTBÜHNE, der spätere Friedensnobelpreisträger *von Ossietzky*, wird von Reichswehrminister *Groener* verklagt. Die Klage endet mit Freispruch. Begründung: Der Satz "Soldaten sind Mörder" ist in seiner Abstraktheit für keinen bestimmten Personenkreis beleidigend (vgl. DIE WELTBÜHNE vom 22.11.1932).

Nach dem 2. Weltkrieg gibt es in der Bundesrepublik einige Jahre keinen Diskurs mehr bezüglich des Tucholsky-Zitats. Vielen ist noch folgender Satz von *Strauß* in Erinnerung:

"Wer noch einmal ein Gewehr anfaßt, dem soll die Hand abfallen."

Strauß stellt jedoch 1959 in seiner Funktion als Verteidigungsminister Strafantrag gegen *Niemöller* wegen dessen Aussage:

"Mütter und Väter sollen wissen, was sie tun, wenn sie ihren Sohn Soldat werden lassen; sie lassen ihn zum Verbrecher ausbilden."

Niemöller wird wegen dieser Aussage, in der 'Soldaten' und 'Mörder' zwar nicht einfach gleichgesetzt werden, in der aber die militärische Ausbildung zum 'Verbrecher' thematisiert wird, *nicht* verurteilt.

Im Jahre 1983 schreibt ein Leser in der Zeitschrift ERZIEHUNG UND WISSENSCHAFT u.a. folgendes:

"Alle Soldaten sind mögliche Mörder, alle Feldwebel sind mögliche Massenmörder!"

Dieser Satz verweist ausdrücklich auf "*alle* Soldaten" und "*alle* Feldwebel", identifiziert diese Personengruppen aber mit "*möglichen* Mördern" bzw. "*möglichen* Massenmördern", was auch als Negation der negativen Bewertung (i.S.d. aktuellen Fehlens entsprechender Merkmale) interpretiert werden kann. Der Strafantrag des Verteidigungsministers *Wörner* ist ebenfalls *nicht* erfolgreich.

Im Jahre 1984 behauptet *Augst* in einer Podiumdiskussion an einer Frankfurter Schule zum Thema "Frieden erhalten - Frieden sichern" folgendes:

"Jeder Soldat ist ein potentieller Mörder, auch Sie, Herr Witt."

Der Hauptsatz gleicht jenem im Leserbrief der Zeitschrift ERZIEHUNG UND WISSENSCHAFT. Im Unterschied zum Originalzitat wird wiederum "*jeder* Soldat" negativ bewertet, doch nicht mit 'Mörder', sondern mit "*potentieller* Mörder" verbunden. Die Wahrheitsfrage des Satzes wird an die Kategorie der Möglichkeit gebunden. Wenn ein Soldat mordet, realisiert und bestätigt er diese Möglichkeit; wenn er nicht (oder auch: wenn er nie) mordet, widerlegt er diese *Möglichkeit* gleichwohl nicht. Insofern handelt es sich eher um einen (immer) wahren Satz als um die Negation einer Devaluation. "Der Informationswert der umstrittenen Aussage ist eigentlich gleich Null; wir alle sind zum Beispiel *potentielle* Patienten, *potentielle* Unfallverursacher oder aber auch *potentielle* Mörder." (Heinrichs, 1996, S. 72; Hervorhebung von Heinrichs).

Der direkt angesprochene und identifizierte "potentielle Mörder" ist ein Jugendoffizier. Er verklagt Augst. Es folgt ein Rechtsstreit durch mehrere Instanzen, bis das Verfahren 1992 wegen geringer Schuld eingestellt wird.

Im Zusammenhang mit dem Fall Augst kommt es zu weiteren Klagen (vgl. Hepp / Otto, 1996). An dieser Stelle sei nur auf das Darmstädter Signal verwiesen. In der im November 1989 von 21 Berufs- und Zeitsoldaten der Bundeswehr unterschriebenen Erklärung wird zunächst die Einstellung des Verfahrens im Fall Augst begrüßt. Weiter beinhaltet die Erklärung u.a. folgende Sätze:

> "Zum einen ist der Kampf der Meinungen das Lebenselement unserer Gesellschaft, zum anderen halten wir die Aussage, alle Soldaten sind potentielle Mörder, inhaltlich für richtig. Gerade die immer noch gültige Strategie der atomaren Abschreckung bringt uns in Gewissensnot, weil sie bei ihrem Versagen zum massenhaften unterschiedslosen Töten zwingt."

Im ersten Satz wird die Aussage "Alle Soldaten sind potentielle Mörder" metasprachlich behandelt und ausdrücklich als inhaltlich zutreffend bezeichnet, im zweiten Satz wird auf die Gefahr eines Zwangs zum "massenhaften unterschiedslosen Töten" hingewiesen. Ferner wird in einem Schreiben an die Bundestagsabgeordneten festgestellt:

> "Die potentielle Bereitschaft von Soldaten zur aktiven Teilnahme am Völkermord kann dauerhaft nicht gefordert werden!"

Die mit diesem Satz implizit bezeichneten Verantwortungsträger (d.h. jene, welche die aktive Teilnahme am Völkermord fordern) bzw. deren Interessenvertreter reagieren mit Disziplinarmaßnahmen, Verfahren vor dem Truppendienstgericht und Degradierungen. Der Sprecher des Darmstädter Signals, der zum Hauptmann degradierte Major *Prieß*, zieht das Verfahren bis zur höchsten

Instanz. 1992 wird das Urteil - abgesehen von einer Geldbuße von 500 DM - aufgehoben, wobei die *Beweggründe* (s.u.) des Sprechers als "ehrenhaft und von hohen ethischen Maßstäben getragen" qualifiziert werden (Hepp / Otto, 1996, S. 97).

Im Februar 1991, also zur Zeit des Golfkrieges, befestigt *Hiller* an seinem Auto drei Kleber, die folgende Aussagen enthalten:

1. "Schwerter zu Pflugscharen" [ikonische Darstellung]
2. "Soldaten sind Mörder" [durch faksimilierte Unterschrift als Zitat gekennzeichnet]
3. "Why?" [mit dem Bild eines sterbenden Soldaten]

Im Kontext des Tucholsky-Zitats "Soldaten sind Mörder" erscheint die von der Opposition in der ehemaligen DDR und später von der Friedensbewegung verwendete religiös geprägte Aussage "Schwerter zu Pflugscharen" sowie die Frage "Why?" auf dem Bild eines sterbenden Soldaten. Der dritte Kleber könnte darauf hinweisen, daß Hiller Soldaten nicht nur als Mörder, sondern auch als *Opfer* betrachtet.

Hiller wird angezeigt und verurteilt. Es folgt eine Prozeßserie durch alle Instanzen. Amtsgericht, Landgericht und Oberlandesgericht beziehen sich nur auf die Aussage "Soldaten sind Mörder" und beachten den Kontext der andern Kleber nicht. Der dem Text von Tucholsky entnommene Satz wird als 'Volksverhetzung' und 'Beleidigung' bezeichnet (vgl. Jürgmeier, 1995, S. 144).

Am 25.8.1994 prüft das BVerfG in Karlsruhe, ob die früheren Instanzen verfassungsmäßig gehandelt haben. Dies wird verneint, weil der inkriminierten Aussage ein klarer Referentenbezug fehle und der Begriff 'Mörder' in alltagssprachlicher Verwendung nicht unbedingt eine Gleichstellung mit einem Straftäter impliziere. Der Zitatcharakter des Satzes wird in der Urteilsbegründung nur am Rande berücksichtigt (näheres hierzu in Burkhardt 1996).

Das BVerfG-Urteil löst in der bundesdeutschen Presse heftige Proteste aus. Das Urteil wird u.a. auch im Bundestag verurteilt. Es werden verschiedene Maßnahmen erwogen (z.B. Ehrenschutz für Soldaten). Gemäß einer Notiz in der Zeitung DIE WELT vom 13.10. 1994 produziert die *Junge Union* einen Kleber mit der Aufschrift:

"Unsere Soldaten sind keine Mörder."

Wie im ursprünglichen Satz erscheinen 'Soldaten' und 'Mörder' im gleichen Satz. Hierbei wird die Verbindung zwischen eben diesen Begriffen negiert.

Die Negation erfolgt allerdings nur für "*unsere* Soldaten", keineswegs für alle Soldaten in allen Ländern der Welt.

Bis Ende 1994 vermindert sich der Diskurs um das Tucholsky-Zitat auf einige Leserbriefspalten. In der Mediengesellschaft dauert eine Debatte in der Regel nicht lange an, "weil sich das öffentliche Interesse für ein und dasselbe Thema bald erschöpft." (Burkhardt 1996). Im Fall des 'Soldaten-Diskurses' scheint dies jedoch anders zu sein. Schwächt sich der Diskurs vorübergehend ab, erhält er bald wiederum neue Nahrung. So bezeichnet zu Beginn des Jahres 1995 Generalmajor Schultze-Rhonhof das BVerfG-Urteil vom 25.8.1994 als 'Fehlurteil' und fügt u.a. hinzu:

"Der Vergleich von Soldaten und Mördern ist so absurd und zutiefst ehrabschneidend, wie es ein Vergleich des Bundesverfassungsgerichts mit dem Volksgerichtshof der NS-Zeit sein würde."

In dieser Äußerung erscheinen 'Soldaten' sowie 'Mörder', wobei die Identifikation als zutiefst ehrabschneidend zurückgewiesen wird. Der Diskurs rund um das Tucholsky-Zitat wird von Schultze-Rhonhof und in der Folge von den meisten Medien wiederaufgenommen. Der wichtigste Grund hierfür liegt in der Verwendung des Wortes 'Volksgerichtshof'. Das Bundesverfassungsgericht wird allerdings nicht - wie vielfach unterstellt - direkt mit dem Volksgerichtshof verglichen (der zweite Teilsatz ist ein Konjunktivsatz), doch werden der mögliche Vergleich und der inkriminierte Vergleich als äquivalent behandelt, was unter der Voraussetzung, daß der erste Vergleich als rechtens erklärt wird, impliziert, daß auch der zweite Vergleich rechtens ist. In beiden Fällen werden Inhalte verbunden, die nach dem Empfinden vieler Bürger/innen nicht zusammengehören. Demnach läßt sich die heftige Reaktion auf die Äußerung von Schultze-Rhonhof mit der *gemeinsamen Nennung* von 'Bundesverfassungsgericht' und 'Volksgerichtshof' im gleichen (Teil-)Satz erklären. Wie diese Verbindung grammatisch (bzw. vordergründig 'logisch') behandelt wird, ist anscheinend für die meisten Bürger/innen von sekundärer Bedeutung.

Anfang November 1995 wird im BVerfG in Karlsruhe über weitere Verfahren im Rahmen der Vorjahresentscheidung der 3. Kammer zum Tucholsky-Zitat beraten. Folgende Sätze liegen zur Beurteilung vor:

"A soldier is a murder." [sic!]
"Soldaten werden zu Mördern ausgebildet."
"(Alle) Soldaten sind potentielle Mörder."

Der erste Senat bestätigt das Urteil des Vorjahres. In der von den meisten Medien nur ungenau zur Kenntnis genommenen Verlautbarung der Pressestelle des BVerfG vom 2.11.1995 wird u.a. festgehalten:

1. Das Bundesverfassungsgericht hat mit den Strafgerichten in der wertenden Gleichstellung eines Soldaten mit einem Mörder eine tiefe Kränkung gesehen. Die Gerichte haben sich aber nicht hinreichend vergewissert, daß die umstrittenen Äußerungen diesen Sinn auch wirklich hatten (...).

2. (...) Die herabsetzenden Äußerungen müssen (...) einzelne Personen betreffen. Daran konnten hier Zweifel bestehen, weil es in sämtlichen Äußerungen ihrem Text nach um Soldaten schlechthin, nicht um einzelne Soldaten oder um Soldaten eines bestimmten Staates ging.

Die Entrüstung in der bundesdeutschen Öffentlichkeit ist groß. Es wird nun eingehend ein Ehrenschutz für Soldaten gefordert, damit die Verwendung des Zitates effektiv bestraft werden könne. *Breuer*, der verteidigungspolitische Sprecher der CDU/CSU-Fraktion im Bundestag, bezeichnet am 8.1.1995 in einem Interview mit der MITTELDEUTSCHEN ZEITUNG das Urteil als weltfremd,

"weil man einen Soldaten, der sich im früheren Jugoslawien als Mörder schuldig gemacht hat, doch nicht mit einem Bundeswehr-Soldaten vergleichen kann. Bundeswehr-Soldaten verteidigen den freiheitlichsten Staat, den es je gegeben hat."

Damit bringt Breuer 'Soldaten' und 'Mörder' in einen engen Zusammenhang, wobei er das Beispiel der Soldaten Ex-Jugoslawiens nennt, die Bundeswehr-Soldaten ausdrücklich ausschließt und deren Tätigkeit im Dienste des freiheitlichsten Staates, den es je gegeben habe, als positiv charakterisiert.

Fragestellung

Die Mehrheit der Bundesbürger/innen empfindet den Satz "Soldaten sind Mörder" als diffamierend (vgl. Hepp / Otto, 1996). In der Tat handelt es sich bei dem (aus dem Zusammenhang gerissenen) Zitat um eine diskriminierende Aussage.

Eine verbale Diskriminierung setzt sich aus einer von jeweils besonderen Verhaltensweisen und Eigenschaften abstrahierenden *Kategorisierung* (z.B. 'Soldaten' schlechthin) sowie aus einer *Abwertung* (z.B. 'Mörder') zusammen (näheres in Galliker / Wagner 1995; Galliker 1996). Der isolierte Satz "Soldaten sind Mörder" hat die gleiche Struktur wie zum Beispiel der Satz "Ausländer sind Verbrecher". Im Sinne der bestehenden Rechtsordnung sind solche abstrakten Personalisierungen gesellschaftlicher Probleme nicht justitiabel, gerade weil unzulässig generalisiert, kategorial behandelt und 'nur' die Kategorie als solche negativ bewertet wird, jedoch nicht einzelne Personen oder bestimmbare Personengruppen devaluiert werden.

Personalisierungen tragen nichts zur Aufdeckung gesellschaftlicher Widersprüche sowie zur Verbesserung des menschlichen Zusammenlebens bei. Im Gegenteil: Sie vergiften das soziale Klima und wirken sich es in letzter Konsequenz destruktiv auf die Gesellschaft aus. Im Nationalsozialismus wurde die Analyse des Kapitals auf jene des Finanzkapitals reduziert und schließlich mit der Schaffung von 'Sündenböcken' substitutiert (so findet man im STÜRMER Beispiele für die Verbindung der Kategorisierung 'Juden' mit der Devaluation 'Spekulantenbande').

Es stellt sich die Frage, wie sprachliche Diskriminierungen verhindert werden können. Oft wird lediglich eine Einschränkung vorgenommen ("Unsere Soldaten sind keine Mörder"; "Nicht alle Juden sind Spekulanten"). Hierdurch bleibt jedoch der diskriminierende Modus des Satzes bestehen. So werden beim ersten Satz die *anderen* Soldaten (bzw. die Soldaten *anderer* Länder) implizit gleichwohl als 'Mörder' betrachtet. Im Grunde genommen wird die Personenkategorie 'Soldaten' als solche nach wie vor diskriminiert und nur für die im Satz aktuell thematisierte Teilmenge (*unsere* Soldaten = Soldaten der Bundeswehr) eine Ausnahme gemacht. Desgleichen gilt für den zweiten Satz: Die (oft in toleranter Absicht vorgetragene) Moderation bekräftigt letztlich nur das zugrundeliegende Vorurteil.

Bei einer Negation der Gleichsetzung von 'Soldaten' und 'Mörder' ("Soldaten sind nicht/keine Mörder") wird zwar die Gleichsetzung zurückgewiesen (wenngleich nur für eine Teilmenge aller Soldaten in aller Welt), doch die syntaktische Verbindung der Personenkategorie mit der kategorialen Devaluation bleibt bestehen, und die semantischen Inhalte beider Begriffe werden dennoch miteinander aktiviert (vgl. Bock 1990). So werden bei Affirmation und Negation gleiche Vorstellungen und Erinnerungsmöglichkeiten nahegelegt (vgl. Galliker 1990). Eine negierte Devaluation bewegt sich thematisch quasi auf der gleichen Schiene wie eine nicht negierte Devaluation. Wird die Beziehung von Kategorisierung und Devaluation zurückgewiesen, verändert sich die Aussage im rechtlichen, moralischen sowie im logischen Sinne. Aus psychoanalytischer Sicht ist es allerdings nur von sekundärer Bedeutung, wenn der primäre Prozesses nachträglich umgepolt wird (vgl. Freud 1925).

Die Gegner der Auffassung, daß 'Soldaten' mit 'Mördern' identifizierbar sind, tragen ebenfalls zu deren kategorialen Verbindung bei, sofern sie die gleiche Personenkategorie ('Soldaten') sowie die gleiche Devaluation ('Mörder') wie die Befürworter dieser Verbindung verwenden. Demnach trägt der direkte Versuch, die Verbindung von 'Soldaten' und 'Mörder' zu verhindern und gerichtlich zu verbieten, zur weitergehenden Festigung der Verbindung von 'Soldaten' und 'Mörder' bei.

Nach dem für die Befürworter des Tucholsky-Zitats positiven BVerfG-Urteil vom 25.8.1994 sehen sich die Gegner/innen des Zitats vermehrt gezwungen, die Gleichsetzung von 'Soldaten' und 'Mörder' zu bekämpfen. Möglicherweise haben sie jedoch ihr Ziel nicht erreicht: "Der Tucholsky-Satz wird häufiger verwendet als je zuvor, die Diskussion über Sinn und Aufgabe der Bundeswehr wird lauter, und auch die Forderung nach Abschaffung der Bundeswehr taucht verstärkt auf" (Hepp / Otto, S. 9).

Wir nehmen an, daß ab dem BVerfG-Urteil Ende August 1994 'Soldaten' und 'Mörder' signifikant häufiger miteinander verbunden werden als vor diesem Urteil.

Diese Hypothese bezieht sich insbesondere auf die Repräsentation von 'Soldaten' und 'Mörder' in der für den politischen Diskurs in der BRD relevanten FRANKFURTER ALLGEMEINEN ZEITUNG (FAZ) im Verhältnis zur NEUEN ZÜRCHER ZEITUNG (NZZ), einer politisch vergleichbaren schweizerischen Zeitung.

Die NZZ wird in der vorliegenden Untersuchung primär als Vergleichsmaßstab für die Entwicklung des fraglichen Diskurses in der FAZ verwendet. Ferner wird anhand der NZZ nach Hinweisen gesucht, ob (und wenn ja: wann und wie lange) dieser Diskurs von der BRD auf die Schweiz übergreift. Hierbei stellt sich auch die Frage, wie spezifisch der Transfer ist. Verändert sich die Häufigkeit der Sätze, die 'Soldaten' und 'Mörder' enthalten, und/oder die Häufigkeit von Artikeln, in denen diese Wörter vorkommen bzw. in denen diesbezügliche Themenbereiche behandelt werden?

Methode

Untersucht werden die auf CD-ROMs gespeicherten Jahrgänge 1993-95 der FAZ sowie der NZZ. Der dem Jahrgang 1994 (BVerfG-Urteil) vorangehende (halbe) Jahrgang 1993 und der folgende Jahrgang 1995 werden bei der Untersuchung des Diskurses mitberücksichtigt. Auf diese Weise kann Ausgangsbasis und Konsequenz des Urteils eruiert werden. Auf der Basis der vorliegenden CD-ROMs wird eine Volltextrecherche durchgeführt. Es werden sämtliche Rubriken behandelt (d.h. neben 'Politik' auch 'Kultur', 'Wirtschaft', 'Sport' usw.), soweit sie auf allen CD-ROMs der FAZ und der NZZ gespeichert sind (die Rubrik 'Fernsehprogramm' wird nicht berücksichtigt).

Auf den CD-ROMs beider Zeitungen werden Suchprogramme mit ähnlicher Funktionalität mitgeliefert, so daß vergleichbare Resultate über die Zeitungen hinweg erzielt werden können. Nach Eingabe von mit einem Stern (*) markierten Wortstämmen (z.B. soldat*) werden jene Artikel ausfindig gemacht, in denen Wörter dieser Wortstämme erscheinen. Mit der UND-Operation (Schreibweise: &) findet man den Zugang zu Artikeln, die verschiedene Suchwörter enthalten (soldat* & mörder*). Mit der ODER-Operation (Schreibweise: Leertaste) erhält man alle Artikel, die mindestens ein Wort der eingegebenen Wortstämme enthalten (soldat* mörder*).

Das Erscheinen eines Wortstammes pro textueller Zähleinheit (Artikel, Satz usw.) wird *Occurrence* genannt; das gemeinsame Erscheinen von zwei oder mehr Wortstämmen pro Einheit *Co-Occurrence* (näheres u.a. in Galliker 1997). Die Zahl der Artikel, in denen mindestens eine Co-Occurrence auftaucht, wird direkt über das Suchprogramm ausgegeben. Um die Co-Occurrences pro Satzeinheit auszuzählen, müssen die Artikel im einzelnen betrachtet werden.

Sätze, in denen 'Soldaten' als 'Mörder' bezeichnet oder in anderer Weise ausdrücklich miteinander verbunden werden, sind *explizit* devaluativ. Dies gilt auch dann, wenn die Verbindung - aus welchen Gründen auch immer - nachträglich eingeschränkt oder negiert wird (s.o.). Erscheinen die fraglichen Wörter nicht im gleichen Satz, kann eine explizite Devaluation meistens ausgeschlossen werden (Ausnahmen sind bei pronominalen Bezügen möglich). Gleichwohl können 'Mörder' im verbalen Umfeld von 'Soldaten' eben 'Soldaten' in ein unvorteilhaftes Licht rücken. Bei aus dem Kontext hervorgehenden Devaluationen von Personenkategorien handelt es sich um *implizite* Diskriminierungen (näheres zum Verhältnis expliziten und impliziten Diskriminierungen in Galliker / Wagner 1995; Weimer / Galliker 1996; Galliker 1996).

Die absoluten Häufigkeiten der Co-Occurrences werden an den absoluten Häufigkeiten der Occurrences für 'Soldaten' auf Satzebene sowie auf Artikelebene gemessen. Auf diese Weise erhält man die *relativen* Häufigkeiten der

Co-Occurrences als Quotient der beiden Größen.[3] Im weiteren werden die relativen Häufigkeiten der FAZ und der NZZ bezüglich beider Ebenen einander gegenübergestellt. Es wird statistisch abgeklärt, ob im Anschluß an das BVerfG-Urteil vom 25.8.1994 die fraglichen Co-Occurrences signifikant häufiger auftreten. Dazu werden die Häufigkeiten jeweils für die ersten drei Halbjahre (1993/1 bis 1994/1) und die letzten drei Halbjahre (1994/2 bis 1995/2) gepoolt. Es erfolgt eine χ^2-Analyse mit den Grundgesamtheiten (soldat* mörder*) und den Häufigkeiten der Co-Occurrences (soldat* & mörder*).

Ergebnisse

Tabelle 1: Absolute Häufigkeiten der Occurrences und Co-Occurrences und relative Häufigkeiten der Co-Occurrences in der FAZ auf Artikel- und Satzebene.

	93 / 1	**93 / 2**	**94 / 1**	**94 / 2**	**95 / 1**	**95 / 2**
soldat* (Artikel)	1169	1301	1274	1467	1451	1463
mörder* (Artikel)	250	229	290	345	334	419
soldat* & mörder* (Artikel)	29	32	51	89	81	132
soldat* & mörder* (Sätze)	3	1	5	66	55	146
auf Artikelebene	0,025	0,025	0,040	0,061	0,056	0,090
auf Satzebene	0,003	0,001	0,004	0,045	0,038	0,100

In der Tabelle 1 findet man die absoluten Häufigkeiten der Occurrences von 'Soldaten' und 'Mörder' sowie die absoluten und relativen Häufigkeiten der Co-Occurrences pro Artikel und pro Satz der FAZ 1993-95. In der Tabelle 2 sind zum Vergleich die entsprechenden Werte für die NZZ 1993-95 angeführt. Auffällig ist, daß die relative Häufigkeit der Co-Occurrences pro Satz zu Beginn der Untersuchungsperiode in der FAZ minimal geringer ist als in der

---

3 Als alternatives relatives Vergleichsmaß könnte der standardisierte K-KAPAUN-Index verwendet werden, wie er von Bock et al. 1992 entwickelt wurde.

NZZ, aber im 2. Halbjahr 1994, also im Zeitabschnitt, in den das erste BVerfG-Urteil fällt, in der FAZ deutlich gegenüber der NZZ ansteigt.

Tabelle 2: Absolute Häufigkeiten der Occurrences und Co-Occurrences und relative Häufigkeiten der Co-occurrences in der NZZ auf Artikel- und Satzebene.

	93 / 1	**93 / 2**	**94 / 1**	**94 / 2**	**95 / 1**	**95 / 2**
soldat* (Artikel)	760	837	713	728	705	701
mörder*(Artikel)	124	311	246	241	301	339
soldat* & mörder* (Artikel)	18	12	22	20	29	35
soldat* & mörder* (Sätze)	3	0	0	11	42	12
auf Artikelebene	0,024	0,014	0,031	0,028	0,041	0,050
auf Satzebene	0,004	0,000	0,000	0,015	0,060	0,017

Abbildung 1:Relative Häufigkeiten von Co-occurrences pro Artikel bezogen auf die absolute Häufigkeiten von Occurrences in der FAZ und der NZZ

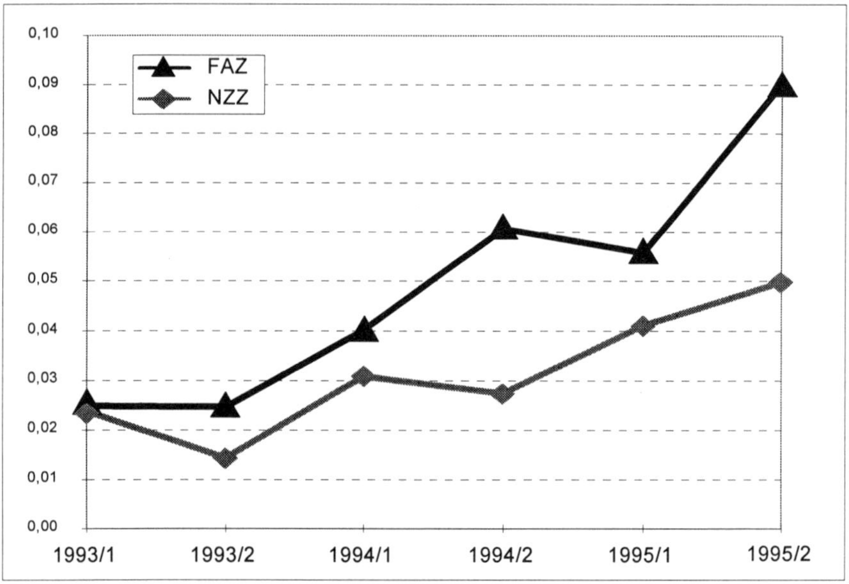

Aus Abbildung 1 ist ersichtlich, daß die relativen Häufigkeiten der Co-Occurrences *pro Artikel* in der FAZ und der NZZ ungefähr die gleiche Ausgangsbasis haben. Danach lassen beide Verlaufskurven einen Anstieg erkennen, der aber für die FAZ deutlicher ausfällt. Während bei der NZZ ein leichter Rückgang folgt, steigt die relative Häufigkeit der Co-Occurrences bei der FAZ etwa in gleichem Maße weiter an und erreicht im zweiten Halbjahr 1994, in welches das BVerfG-Urteil fällt, ein vorläufiges Maximum. Nach leichtem Rückgang der Kurve für die FAZ steigt die relative Häufigkeit der Co-Occurrences in der zweiten Hälfte des Jahres 1995 noch einmal stark an. Der Anstieg bei der NZZ ist weniger steil, aber ebenfalls deutlich.

Ein für FAZ und NZZ getrennt durchgeführter χ^2-Test, in dem die ersten drei Halbjahre den zweiten drei gegenübergestellt und an den absoluten Häufigkeiten der Occurrences von 'Soldaten' und 'Mörder' gemessen werden, ergibt in beiden Fällen sehr signifikante Ergebnisse ($p < .001$ für den Anstieg der Co-Occurrences in der FAZ; $p <.01$ für den Anstieg der Co-Occurrences in der NZZ).

Aus Abbildung 2 ist die Entwicklung der relativen Co-Occurrences von 'Soldaten' und 'Mörder' *pro Satz* in der FAZ im Vergleich zur NZZ ersichtlich. Bis in die erste Jahreshälfte 1994 sind die relativen Co-Occurrences in beiden Zeitungen sehr selten. Das Bild ändert sich in der zweiten Hälfte des Jahres 1994. Sowohl in der FAZ als auch in der NZZ steigen die relativen Co-Occurrences an, doch in der FAZ stärker als in der NZZ. Allerdings zieht die NZZ nach und übertrifft im 1. Halbjahr 1995 die FAZ. Im letzten Halbjahr der Untersuchungsperiode steigen die Co-Occurrences der FAZ wiederum massiv an, während jene der NZZ fast auf das Ausgangsniveau zurückgehen.

Wie aus der qualitativen Analyse bzw. der thematischen Aufgliederung in den Tabellen 3 und 4 hervorgeht, erfolgt der nachgewiesene Zuwachs der relativen Co-Occurrences pro Satz effektiv aufgrund der Zitatanspielungen nach dem BVerfG-Urteil vom 25.8.1994. Diese Zitatanspielungen erscheinen fast immer in einem kritischen Kontext. Die Kritik am Urteil wird in der FAZ stärker repräsentiert und/oder reproduziert als in der NZZ, was sich in der größeren Häufigkeit der Co-Occurrences ausdrückt.

Abbildung 2: Relative Häufigkeiten von Co-occurrences pro Satz bezogen auf die absolute Häufigkeiten von Occurrences in der FAZ und der NZZ

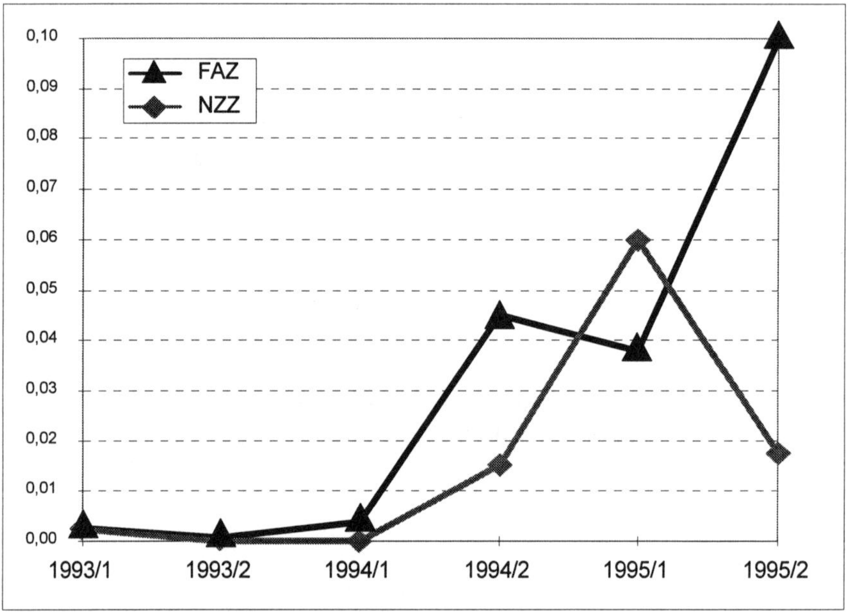

Aus Tabelle 3 geht hervor, daß bei der FAZ der erste Anstieg vom 2. Halbjahr 1993 zum 1. Halbjahr 1994 vor allem auf ein Massaker in Hebron und auf die Geschehnisse im Bürgerkrieg in Ruanda zurückzuführen ist. Hingegen verweisen im 2. Halbjahr 1994 über zwei Drittel der Co-Occurrences auf das BVerfG-Urteil. Die relative Häufigkeit der Co-Occurrences und auch ihre qualitative Zusammensetzung verändern sich im 1. Halbjahr 1995 kaum. Im zweiten Halbjahr 1995 ist wiederum ein starker Anstieg zu verzeichnen. Dieser Anstieg ist zwar nach wie vor auf die durch das BVerfG-Urteil gefestigte Verbindung von 'Soldaten' und 'Mörder' zurückzuführen, doch werden in den betreffenden Artikeln hauptsächlich andere Themen behandelt, in deren Kontext u.a. auch auf das Zitat angespielt wird. Zusammenfassend ist festzuhalten, daß in der FAZ der Anstieg der relativen Co-Occurrences vor allem auf die Berichterstattung infolge des BVerfG-Urteil zurückzuführen ist. 'Soldaten'

Tabelle 3: Absolute Häufigkeiten von Co-occurrences in Artikeln der FAZ, die auf die Verwendung des Tucholsky-Zitates zurückzuführen sind, und Hauptthemen anderer Artikel

FAZ	**93 / 1**	**93 / 2**	**94 / 1**	**94 / 2**	**95 / 1**	**95 / 2**
Zitat-anspie-lungen	**0**	**1**	**3**	**38**	**37**	**76**
	Kultur Reise	Kultur Reise	Kultur 9 Reise 3	Kultur Reise	Kultur 9 Reise 3	Kultur 16 Reise 1
Sonstige Themen	NAZI/Krieg	Asylbegriff Militäreinsätze	NAZI/Krieg 2 Antipers.minen 1 Fußball 1	Zeitgeschehen NAZI/Krieg 1	NAZI/Krieg 11	NAZI/Krieg 4 Zeitgeschehen 2 DDR-Grenze Militäreinsätze RAF
	Angola Kambodscha Türkei Somalia Israel/Nahost	Rußland 4 Israel/Nahost 3 Chile 2 Bosnien 2	Israel/Hebron 10 Israel/Nahost 2 Ruanda 5 Kambodscha 2 Mexiko 2 Bosnien 2 Kurden 2	Ruanda 17 Israel/Nahost 4 Bosnien 2	Ruanda 4 Bosnien 3 USA 3 Israel/Nahost 2 Tschetschen. 2 Spanien 2	Bosnien 6 Israel (Rabin) 5 Israel/Nahost 3 USA 4 Ruanda 3 Großbritannien 2 Frankreich 2
	Sonstiges	Sonstiges 7	Sonstiges	Sonstiges 7	Sonstiges 5	Sonstiges 5

und 'Mörder' werden im Verlaufe der Untersuchungperiode immer häufiger in einen engen Zusammenhang gebracht.

Wie aus Tabelle 4 hervorgeht, ist in der NZZ die Auseinandersetzung mit dem BVerfG-Urteil weniger relevant. Die absoluten Häufigkeiten der fraglichen Co-Occurrences nehmen zwar zu, an der absoluten Häufigkeit von 'Soldaten' relativiert, ergibt sich jedoch erst im 1. Halbjahr 1995 ein leichter Anstieg, der effektiv auf die Berichterstattung über das BVerfG-Urteil zurückführbar ist. Der weitere leichte Anstieg der relativen Häufigkeit der Co-Occurrences im darauffolgenden Halbjahr hat eher mit dem Attentat auf den israelischen Ministerpräsidenten Rabin zu tun als mit Meldungen im Zusammenhang mit dem Tucholsky-Zitat (11 Artikel befassen sich mit dem Rabin-Attentat; nur in 5 Artikeln wird auf das Tucholsky-Zitat angespielt). Insgesamt gesehen ist zwar auch in der NZZ ein Anstieg der relativen Häufigkeit der Co-Occurrences festzustellen, die Auszählung der Co-Occurrences pro Satz läßt jedoch den Schluß zu, daß nach einer intensiveren Berichterstattung zum BVerfG-Urteil im 1. Halbjahr 1995 die relativ starke Verbindung von 'Soldaten' und 'Mörder' im darauffolgenden Halbjahr wieder aufgelöst wird (bzw. dieses Thema eines Diskurses des Nachbarlandes weniger interessiert). Das Urteil hat in der NZZ im Vergleich zur FAZ nur in geringem Maße - und dies auch nur vorübergehend - zu einer engeren Verbindung von 'Soldaten' und 'Mörder' geführt. Festzuhalten ist, daß der behandelte Diskurs nur kurzfristig in einem spezifischen Sinne von der BRD auf die Schweiz übergreift.

In beiden Zeitungen breitet sich der 'Soldaten-Diskurs' im Verlaufe der Untersuchungsperiode in einem unspezifischen Sinne aus. Der Unterschied zwischen FAZ und NZZ besteht darin, daß es bei der FAZ auch zu einer längerfristigen Festigung der *spezifischen* Verbindung von 'Soldaten' und 'Mörder' auf Satzebene kommt. Das heißt: Die FAZ trägt in signifikanter Weise zur Verbreitung des Tucholsky-Zitats bei. In der BRD erhält die Frage, ob Soldaten Mörder sind oder nicht, immer wieder neue Nahrung (besonders deutlich durch das zweite BVerfG-Urteil im November 1995). Dies führt bis zum Ende der Untersuchungsperiode zu immer wieder neuen unmittelbaren Zitat-Bezügen. Hingegen fallen in der NZZ diese Bezüge ab Mitte 1995 weg.

Wenn aufgrund eines bestimmten politischen Ereignisses (wie zum Beispiel einer thematisch signifikanten Rede) die diskursive Bewegung wiederbelebt und/oder verstärkt wird, sind die Zitat-Bezüge besonders häufig. In den entsprechenden FAZ-Artikeln wird meistens *mehrmals* auf das Tucholsky-Zitat in der einen oder anderen Form hingewiesen, so daß die Co-Occurrences pro

Tabelle 4: Absolute Häufigkeiten von Co-Occurrences in Artikeln der NZZ, die auf die Verwendung des Tucholsky-Zitates zurückzuführen sind, und Hauptthema der sonstigen Artikel

NZZ	93 / 1	93 / 2	94 / 1	94 / 2	95 / 1	95 / 2
Zitat-anspie-lungen	0	0	0	4	10	5
Sonstige Themen	Kultur NAZI/Krieg Nicaragua Somalia Sonstiges	Kultur Unterhaltung Israel/Nahost Sonstiges 4	Kultur 4 NAZI/Krieg 3 Zeitgeschehen 1 Geschichte 1 Ruanda 5 Israel/Nahost 3 Sonstiges 4	Kultur 6 NAZI/Krieg 1 Ruanda 2 Sonstiges 6	Kultur 4 NAZI/Krieg 1 Tschetschen. 3 Israel/Nahost 3 Ruanda 2 Sonstiges	Kultur NAZI/Krieg 1 Bundeswehr 1 Israel (Rabin) 11 Kolumbien 2 Ruanda 2 Bosnien 2 Sonstiges 4

Satz steiler ansteigen als jene pro Artikel. Dies soll abschließend anhand der Wirkung der umstrittenen Rede von Schultze-Rhonhof Anfang 1995 (s.o.) detailgenau illustriert werden.

Abbildung 3: Absolute Häufigkeiten von Co-occurrences auf Artikel- und Satzebene in der FAZ nach einer das Bundesverfassungsgericht kritisierenden Äußerung eines Generalmajors, veröffentlicht am 16.1.1995.

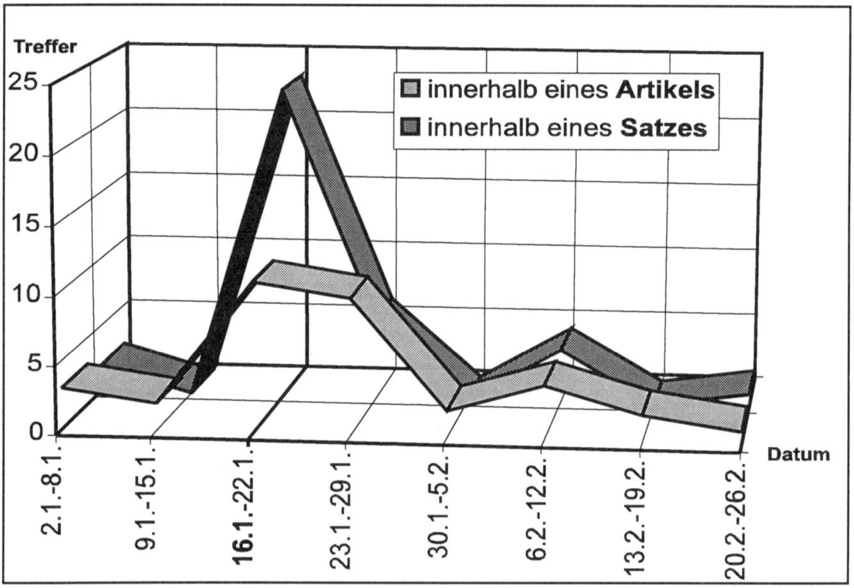

Diskussion

Die eingangs formulierte Hypothese läßt sich anhand der vorliegenden Daten bestätigen. Gerade durch die in der FAZ fast ausschließlich negative Reaktion auf das BVerfG-Urteil vom 25.8.1995 (u.a. weitgehend zustimmende Repräsentation der 'Urteilsschelte' von Regierungs- und Parlamentsmitgliedern) wird die Verbindung von 'Soldaten' und 'Mörder' verstärkt. In der politisch vergleichbaren, aber in dieser Frage weniger engagierten NZZ wird die Verbindung von 'Soldaten' und 'Mörder' durch die aktuelle Berichterstattung - leicht zeitversetzt - ebenfalls erhöht, aber nur vorübergehend. Hingegen ist im unspezifischen Sinne des gemeinsamen Thematisierens von 'Soldaten' und 'Mördern' pro Artikel in der NZZ ein fast ebenso starker Zuwachs zu verzeichnen wie in der FAZ.

In der Rechtsprechung der Weimarer Republik wird der Begriff 'Mord' als die "mit Überlegung ausgeführte Tötung" von dem "nicht mit Überlegung ausgeführten Totschlag" unterschieden (vgl. Heinrichs 1996, S. 44ff.; Hervorhebungen von uns). Hierbei ist allein der Tatbestand maßgebend und nicht eine bestimmte Motivation des Täters. Ab 1941 wird nicht mehr auf den oft nur mühsam ermittelbaren Tatbestand, sondern auf 'niedrige Beweggründe' rekurriert. Im Zentrum des Untersuchung steht der Täter bzw. dessen (i.S.d. gesellschaftlichen Formation bewerteten) Persönlichkeit. Anstelle der Handlungs- bzw. Bewußtseinstheorie wird - mehr oder weniger explizit - eine Tätertyp- oder Charakterheorie angenommen. Hierbei wird die Bestimmung 'Mörder' zur Gesinnungsfrage. Wer seine soldatische Ehre reklamiert, indem er sich bestätigen läßt, kein 'Mörder' zu sein, und nicht indem er auf den (noch) nicht eingetretenen Tatbestand verweist, abstrahiert von der Möglichkeit des Soldaten, sich im Ernstfall für oder gegen das Töten zu entscheiden. Er bestätigt gerade in der Negation der Mörder-Definition einen Diskurs, in dem gesellschaftliche Widersprüche personalisiert werden und auf eine sozioökonomische Analyse des Krieges verzichtet wird. Ob Soldaten mit Mördern gleichgesetzt werden oder ob gerade dies bestritten wird: in beiden Fällen wird die fragwürdige Theorie stillschweigend unterstellt und so weiterhin im Sinne einer Ideologie reproduziert.

Wer niedrige Beweggründe von sich weist, kann sie nicht länger vernachlässigen. Wer sagt "Unsere Soldaten sind keine Mörder" spaltet das Böse ab und projiziert es auf die Soldaten anderer Länder. Implizit betreibt er bereits Propaganda im Sinne des (im Dienste der eigenen Sache immer) 'gerechten' Krieges. Fällt in einem Feld von Soldaten sowie Zivilpersonen der Schutzschild soldatischer Ehre, besteht die Gefahr unmittelbarer destruktiver Impulse. Soldaten, die sie als solche (noch) 'wahr-nehmen' können und sich ihnen entziehen wollen, bleibt in der Regel nur die Flucht. Wenn sie andernorts Zuflucht suchen, werden sie oft zurückgewiesen.

"Die über hunderttausend jungen Männer, die sich einer (...) Enthemmung und Aufhebung der Tötungsschranke im balkanischen Bandenkrieg 1991-95 verweigerten und die in unser Land flohen, die hat unser Staat nicht begrüßt als einen Beitrag zur Trockenlegung dieses Krieges. Sondern in der Sorge, sie könnten als 'Deserteure' die Bundeswehr infizieren, versuchte man sie abzuschieben, und ist weiter dabei." (Heinrichs, 1996)

Das BVerfG-Urteil, das den Tucholsky-Satz im Sinne des Rechts auf freie Meinungsäußerung grundsätzlich schützt und somit den Urteilen unterer Instanzen widerspricht, sowie die vorwiegend negative Reaktion auf diese Korrektur, führt zu einer stärkeren gemeinsamen Repräsentation von 'Soldaten' und 'Mörder' im öffentlichen Diskurs. Dies scheint im Interesse der pazifistischen Kräfte zu sein. Jedenfalls sehen vor allem armeefreundliche Kreise weiteren Regelungsbedarf. So wird ein besonderer Ehrenschutz für Soldaten gefordert. Ein solches Gesetz würde einen Befürworter des Tucholsky-Satzes behindern, sich weiterhin auf die Meinungsfreiheit zu beziehen.

Allerdings wäre eine Integration einer 'Lex Bundeswehr' in den Paragraphen zur Landesverteidigung nicht unproblematisch. Bei 'Out-of-area'-Einsätzen fallen Straftaten nicht unbedingt unter Schutzbestimmungen im Dienste der Landesverteidigung. So werden in einem militärstrategischen Papier vom 20.1.1992 die Aufgaben der Streitkräfte u.a. wie folgt bestimmt:

"Förderung und Absicherung weltweiter politischer, wirtschaftlicher und ökologischer Stabilität, (...) Aufrechterhaltung des freien Welthandels und des Zugangs zu strategischen Rohstoffen" (vgl. Hepp / Otto, 1996, S. 273).

Würde diese Aufgabenstellung realisiert, könnte die Identifikation von Soldaten mit (Un-)Taten früher oder später (wiederum) 'notwendig' werden. Die als unsinnig zurückgewiesene Option erwiese sich als selbstverständlich vorausgesetzte Anforderung. Demnach könnte das fragliche Urteil auch als Anpassung der Rechtsprechung des BVerfG an die von eben diesem hohen Gericht schon sanktionierten 'neuen' Verhältnisse interpretiert werden.

Literatur

Bock, Herbert 1990: Semantische Relativität, Göttingen

ders. / Zafirov, B./ Priehäußer, B. / Gigler, B. / Stelzer, M. / Wallner, C. / Nowak, W./ Lindersdorfer, U. 1992: AIDS in der Presse, Regensburg

Burkhardt, Armin 1996: Das Zitat vor Gericht. Linguistische Anmerkungen zur Rezeption eines denk-würdigen Satzes von Kurt Tucholsky, in: Böke, K. / Jung, M. / Wengeler, M. (Hg.), Öffentlicher Sprachgebrauch. Praktische, theoretische und historische Perspektiven, S. 138-173, Opladen van Dijk, Teun A. 1994: Principles of critical discourse analysis, in: Discourse & Society, 4 (1994), S. 249-83

Foucault, Michel 1994: Die Ordnung des Diskurses, Frankfurt a.M.

Freud, Sigmund 1925: Die Verneinung, in: Gesammelte Werke, Bd. 14,. Leipzig, S. 11-15

Galliker, Mark 1990: Sprechen und Erinnern, Göttingen

ders. 1996: Delegitimierung von Migranten im Mediendiskurs. Eine Co-Occurrence-Analyse von drei Jahrgängen einer Tageszeitung mit CD-ROMs als Datenquelle, in: Kölner Zeitschrift für Soziologie und Sozialpsychologie, 48 (1996), S. 704-728

ders. / Wagner, Franc 1995: Ein Kategoriensystem zur Wahrnehmung und Kodierung sprachlicher Diskriminierung, in: Journal für Psychologie, 3 (1995), S. 33-43

Heinrichs, Dirk 1996:. Den Krieg entehren. Sind Soldaten *potentielle* Mörder? Stuttgart

Hepp, Michael / Otto, Viktor (Hg.) 1996: "Soldaten sind Mörder". Dokumentation einer Debatte 1931-1996, Berlin

Jäger, Margret / Jäger, Siegfried (Hg.) 1996: Baustellen: Beiträge zur Diskursgeschichte deutscher Gegenwart, Duisburg

Jäger, Siegfried 1993: Kritische Diskursanalyse: Eine Einführung, Duisburg

Jürgmeier (ohne Angabe des Vornamens) 1995: Männer sind Soldaten sind Mörder. Notizen zu einer aktuellen Debatte, in: Widerspruch, 30, S. 143-153

Luutz, Wolfgang 1994: "Das soziale Band ist zerrissen": Sprachpraktiken sozialer Desintegration, Leipzig

Weimer, Daniel / Galliker, Mark 1996: Explizite und implizite Bedeutung: Zur Kategorisierung und Bewertung im öffentlichen Diskurs, in: Jäger, M. / Jäger, S. (Hg.), S. 54—72

II Geschlechterkonstitution

Hannelore Bublitz

Gen-und Reproduktionstechnologien als Killer der Geschlechter-Kategorie?

Einleitung

"Indem Vernunft sich als Maß des Menschen setzt, bestimmt sie die Unvernunft als das Anormale. Ist sie das Medium der Gesundheit, so jene das der Krankheit, ist sie das Bild männlicher Beherrschtheit, so jene die Figur des weiblichen Chaos, bildet sie sich als Kultur, verfällt jene der Natur, sichert sie sich im Wissen, schwärmt jene im Wahn. Immer wirkt in solchen Dichotomien Macht" (Böhme/ Böhme 1985, S. 17), die sich in historischen Dimensionen und je nach historischen Kämpfen von einem dieser Pole zum anderen bewegt und zwischen den Polen verschiebt. Zentrale Machtstrukturen moderner Gesellschaften sind durch binäre Differenzen und Trennungen gekennzeichnet. Ab Mitte des 19. Jahrhunderts werden Geschlechterdifferenzen auf der Grundlage biologisch-medizinischer und um die Wende des 19./20. Jahrhunderts auf der Grundlage biologisch-genetischer Diskurse als Naturdifferenz begründet und gegenwärtig aufgrund biotechnologischer Diskurse umstrukturiert (Treusch-Dieter 1991).
Biologisch-genetische Begründungen erscheinen dort, wo gesellschaftliche Antagonismen und Konflikte zu verorten sind. Das bedeutet, daß gesellschaftliche Widersprüche in biologisch begründete Differenzen transformiert werden. Damit werden historische Kämpfe unsichtbar (Laclau 1981, S. 181f.). Darin zeigt sich die produktive und formative Funktion der Macht, daß sie "ihren Gegenstand in eine für selbstverständlich gehaltene Ontologie" (Butler 1995, S. 332) verwandelt. Die Materialität der biologisch begründeten Geschlechterdifferenz ist unkenntlich gewordene Wirkung von Macht.
Die Hierarchie der Geschlechter transformiert sich in eine naturwissenschaftlich begründete Differenz der Geschlechter, die die Hierarchie der Geschlech-

ter als biologisch-genetischen Unterschied begründet und - aufgrund empirischer Begründungen - unveränderbar macht[1].
Es wird im folgenden darum gehen, diese Annahme für die Konstitution der Geschlechterdifferenz so darzulegen, daß Geschlecht als ein zentrales Machtdispositiv, das seit dem 19. Jh. zwischen heterogenen Elementen des Sexualitäts-und Geschlechterdiskurses aufgespannt wird, sichtbar wird. Ich spitze meine Annahme schließlich auf die These zu, daß die Moderne in diesem Konstitutionsprozeß zu Beginn des 20. Jh. ein Geschlecht erhält und daß diese Vergeschlechtlichung am Vorabend des 21. Jh. durch die "biologische Revolution", - die sich diskursiv vor politisch-kulturelle gesellschaftliche Veränderungen schiebt, diese überlagert und als eigenständiger diskursiver Raum organisiert - zur Disposition steht.

Gen- und reproduktionstechnologisches Wissen mit der Denkmöglichkeit der Bevölkerungsregulierung durch künstliche Befruchtung, Fortpflanzung und Genveränderung kann als historisch neuartige Konkretisierung einer "Biomacht" (Foucault) aufgefaßt werden, die seit dem 19. Jahrhundert das Organische im Politischen reflektiert. Gerburg Treusch Dieter faßt sowohl die Erfindung der Atomenergie als auch die Möglichkeit der Mutation menschlicher Gene als "Vernichtungsstrategien" zusammen. Sie weist darauf hin, daß in die molekularbiologische Forschung, ohne die es die Gentechnologie nicht gäbe, investiert wurde, nachdem die durch den Abwurf der Atombombe auf Hiroshima freigesetzte Radioaktivität Mutationen menschlicher Gene auslöste[2].

---

1 Der Unterschied zu metaphysisch-ontologischen Begründungen der Geschlechterordnung liegt darin, daß die Geschlechterdifferenzen hier nicht dem unabänderlichen Willen eines höheren, transzendentalen Wesens zugeordnet werden, sondern in der *Tiefe* empirischer Erfahrung begründet liegen. Die moderne Wissenschaft bringt *die Wahrheit* ans Licht, indem sie die Sichtrbarkeit der Dinge zerstört; vgl. auch Hannelore Bublitz, 1996a und 1997b; Angelika Magiros, 1995.

2 Vgl. Gerburg Treusch-Dieter, a. a. O., S. 190; vgl. auch Hannelore Bublitz, 1993, S. 62-79, hier bes. S. 76, wo am Beispiel atomarer Tests auf die Verkehrung von Geburt und Tod (bringender Atomenergie) hingewiesen wird; der Atomtest 'trinity' (von Gott, Vater, Sohn) wurde als "Schrei einer neuen Welt" gefeiert. Man könnte dies auch als historisches apriori der Transformation einer Wissenskonfiguration sehen, in der 'der Mensch' sich, nachdem er in der Moderne die Grenzen der Repräsentation (in der Klassik) durch Selbstreflexion gesprengt hat, nicht länger selbst reflektiert, sondern so konstituiert, daß er sich aus dem Feld der Episteme entfernt, sich selbst als Erkenntnissubjekt und -objekt aufhebt; wobei hier 'der Mensch' wieder das allgemein-männlich-menschliche repräsentiert.

Ich will zunächst näher eingehen auf die historischen Bedingungen, das historische Archiv der Geschlechterverhältnisse seit dem 19. Jh., und im Zusammenhang damit Begrifflichkeiten und methodische Gesichtspunkte und sodann einige Überlegungen vorstellen, die für eine Vergeschlechtlichung der Moderne zu Beginn des 20. Jahrhunderts und damit für ein Geschlecht der Moderne (vgl. Bublitz 1996c; 1997) sprechen, um abschließend einige Thesen zur Auflösung der Geschlechterdifferenz sowohl als Machtdispositiv wie auch als widerständiger Gegendiskurs zu formulieren, die plausibel machen, daß das Geschlecht, so, wie es bisher biologisch im Hegemonialmodell der Zweigeschlechtlichkeit begründet wurde, unter dem Aspekt des Reproduktionswissens zukünftig möglicherweise keine machtpolitische Bedeutung mehr hat (vgl. Bublitz 1996c).

Das Archiv der Geschlechterdifferenz

Für jede Gesellschaft und jede Kultur gibt es ein Archiv der Geschlechterdifferenz. Dieses Archiv beinhaltet "das Gesetz dessen, was [über die Geschlechterverhältnisse] gesagt werden kann" (Foucault 1973, S. 187). Es reguliert Aussagen und Diskurse. Dieses Archiv bezeichnet das historische "Apriori", d.h., es bildet eine historische "Realitätsbedingung für Aussagen." (Foucault 1973, S. 184)

Es gibt also, folgt man der archäologisch-genealogischen, historischen Methode, keine biologisch oder anthropologisch begründete(n) Differenz(en) der Geschlechter, sondern nur solche, die historisch unter spezifischen Bedingungen konstituiert wird (werden). Die Codierung von Geschlechterverhältnissen erfolgt demnach aus geschichtlichen Ereignissen, aus Machtververhältnissen und Machtkämpfen .

Es geht also zum einen darum, die Herkunft der Geschlechterverhältnisse und -differenzen aus geschichtlichen Ereignissen zu erklären und damit das Wissen über Geschlechterverhältnisse als diskursiv hervorgebrachte Wahrheiten im Rahmen von Machtverhältnissen aufzufassen. Und es geht auch darum,

"diskontinuierliche, disqualifizierte Wissensarten ins Spiel zu bringen, die nicht legitimiert sind gegenüber der einheitlichen theoretischen Wissensinstanz, die den Anspruch erhebt, sie im Namen eines wahren Wissens und der Rechte einer Wissenschaft, die sich im Besitz von irgendjemand befände, zu filtern, zu hierarchisieren und zu klassifizieren (...)" (Foucault 1973, S. 62), also Wissens (arten) zum Recht zu verhelfen, das (die) historisch verschüttet, sich nicht hegemonial durchgesetzt haben, sondern marginal geblieben sind. Die Genealogie ist nämlich bei Foucault mehr als eine Methode; sie ist zugleich eine Strategie, einzelne Wissensarten aus dem Hegemonialanspruch und der Hierarchie der der Wissenschaft eigenen Machtwirkungen freizulegen.

'Geschlecht' unterliegt historischen Codierungen der Geschlechterordnung. Weibliche und männliche Geschlechtsidentität werden. Ende des 19.Jh. bis in die 20er/30er Jahre zunächst über Abweichungen codiert, einen gesellschaftlichen Normalisierungsdiskurs, der mithilfe des Geschlechterdispositivs auf die Konstruktion von Zweigeschlechtlichkeit und damit auf das, was unter Weiblichkeit und Männlichkeit, unter einem Mann und einer Frau verstanden wird, einwirkt. Geschlecht und Geschlechtsidentität sind soziale und historische Konstrukte, die sich gesellschaftlichen Machtspielen (zwischen den Geschlechtern) verdanken.
Damit ist auch klar, daß die binär-dichotomisch und hierarchisch konstituierte Zweigeschlechtlichkeit, biologisch begründet, genealogisch als ein Hegemonialmodell verstanden werden muß, das sich in historischen Auseinandersetzungen durchgesetzt hat, und daß es andere Formen der Geschlechtlichkeit, der Homosexualität, Transsexualität, der Androgynie gegeben hat, die historisch eingeebnet wurden in ein Modell der heterosexuellen Zweigeschlechtlichkeit.
Epistemische Verschiebungen dessen, was als und wie die Geschlechterdifferenz gedacht wird, zeigen, daß die Geschlechterverhältnisse und mit ihnen die Hierarchie der Geschlechter Ende des 19.Jh. zunehmend in einem Konzept der Zweigeschlechtlichkeit gedacht werden. Die Codierung der Geschlechter erfolgt über eine zunehmende Naturalisierung der Geschlechterdifferenz. Frauen werden mithilfe der im 19.Jh. sich konstituierenden Natur-und Humanwissenschaften auf ihre organische Ausstattung festgelegt. Die mithilfe der vergleichenden Anatomie auf die konstituierende Struktur des Leibes gegründete Logik des Geschlechts gewinnt bis ins 20.Jh. zunehmend an Terrain. In der Kulturkrise des 19. und 20.Jh. bekommt die Moderne ein Geschlecht. Diese Vergeschlechtlichung konstituiert die Dekonstruktion einer Männlichkeit, die bis dahin das Allgemein-Menschliche repräsentiert. 'Der Mensch' der Moderne fällt auseinander, er zerfällt in ein -männliches und weibliches Geschlechtswesen; auf der Ebene der Geschlechterhierarchie wiederholt sich der Allgemeinheitsanspruch des Männlichen: Männer sind das EINE Geschlecht in dem historischen Moment, in dem Frauen aufgehört haben, DAS Geschlecht zu sein (Runte 1996, S. 699). Ende des 20. Jh. scheint die biopolitische Auflö-

sung dieser Geschlechterdifferenz möglich, die genbiologisch begründete Geschlechterdifferenz ebenso wie das androgyne 'Mono-Geschlecht' oder die Vielfalt der Geschlechter in Sicht. Die Frage ist nun, welche Folgen die durch genbiologische Fokussierung der Geschlechterdifferenz und neue Reproduktionstechnologien konstituierten Transformationen für das Konzept der Zweigeschlechtlichkeit haben.

Gesellschaftliche Teilungspraktiken im Wissens- und Machtarchiv moderner Gesellschaften

Binäre Codierungen sind in die Entstehungsbedingungen und Mechanismen moderner Gesellschaften und des modernen Staates, der sich im 19. Jh. als "Nationalstaat" konstituiert und etabliert, eingeschrieben: Nationalstaatliche Gebilde grenzen sich durch ökonomische, sprachliche und kulturelle Grenzziehungen nach außen ab.

Der zunächst aufklärerisch-universalistische Gedanke verengt sich ab Mitte des 19. Jh. ; "Rasse" und "Nation" werden gleichgesetzt, obrigkeitsstaatliches Denken ersetzt das kosmopolitische. Nationale Identitäten konstituieren sich in Form von territorialen und geistigen Grenzziehungen gegenüber Minderheiten. "Dabei geraten solche Grenzziehungen zur ideologischen Demarkationslinie zwischen Fortschritt (= "Wir") und Rückständigkeit (= "Die Anderen")" (Runte 1996, S. 699). Die Überlieferung einer nationalen Kultur wird seitdem analog der Vererbung der Genstruktur, biologischer Merkmale also, verstanden. Sie ist eingebettet in die Bio-Macht moderner Gesellschaften (vgl. Foucault 1973, S. 184).

Dem entsprechen innergesellschaftliche Formen der Grenzziehung, die das moderne Subjekt konstitutiv bestimmen: die Abgrenzung von normal und verrückt, von gesund und krank, von Eigenem und Fremdem, von homo- und heterosexuell, von männlich und weiblich, von wahr und falsch, letzteres vertreten durch Wissenschaft und Recht, durch gesellschaftliche Institutionen, Kirche und Religion einbezogen.
Zu den gesellschaftlichen Teilungspraktiken gehört wesentlich auch das System der Zweigeschlechtlichkeit. Foucault geht davon aus, daß es in modernen Gesellschaften verschiedene Verfahren gibt, "durch die in unserer Kultur Menschen zu Subjekten gemacht werden" (Dreyfus/ Rabinow 1987, S. 243):

Er analysiert drei Arten und "Weisen der Objektivierung, die den Menschen in Subjekte verwandeln", nämlich die Objektivierung des sprechenden Subjekts (in den Sprachwissenschaften), des produktiven Subjekts, das arbeitet (in der Ökonomie), und die Objektivierung des Lebens in der Biologie. In einem zweiten Schritt untersucht er "die Objektivierung des Subjekts durch das, was er gesellschaftliche "Teilungspraktiken" nennt, nämlich die Unterscheidung in Normale/Verrückte, Kranke/Gesunde, Kriminelle/Anständige.
Schließlich die Art und Weise, "in der ein Mensch sich selber in ein Subjekt verwandelt" (Dreyfus/ Rabinow 1987, S. 243), dadurch, daß die Sexualität zum Gegenstand des Wissens wird.
Die beiden Elemente moderner Macht, Disziplinierung des Einzelnen und Regulierung der Bevölkerung, treffen sich in der Norm. Diese Norm konstituiert sich sowohl historisch als auch innergesellschaftlich über die Abweichung und über die Fragmentierung der Bevölkerung und des Einzelnen durch die Macht zum Leben. Sie konstituiert sich im Wissens-Archiv normativ-kategorial als Repertoire von Denkkonfigurationen (Denkordnung) und im Macht-Archiv technologisch als gesellschaftlich-kulturelles und historisches Arsenal von Machtpraktiken (Machtordnung). Die Konstituierung von Subjekten geschieht, so Foucault, durch Operationen der Macht; d. h. es gibt eine enge praktische diskursiv-institutionelle Einheit von Wissens- und Macht-Archiv.
Die Operationen der Macht erzeugen die Subjekte, die sie unterwirft; d. h. sie unterwirft sie in und durch die zwangsweisen Machtbeziehungen. Macht ist aber keine äußerliche Beziehung, wonach Macht auf Körper einwirkt; sondern "Macht ist für Foucault schon bei der *Konstituierung* der Materialität des Subjekts in dem Prinzip wirksam, das das 'Subjekt' der Subjektivierung gleichzeitig bildet und reguliert" (Butler 1995, S. 58f.). Biologie und Medizin werden in diesem Zusammenhang zum Kernwissen moderner Subjektkonstituierungsweisen und Machttechnologien.

Biologisch-medizinische Kategorien werden zu Kategorien der Gesellschaft und des Politischen. An die Stelle von Naturgeschichte tritt im 19. Jh. die biologischer (und medizinischer) Wissenschaft; damit wird das Biologische, das Leben überhaupt Teil der Geschichte und der Kriegsführung, des Kampfes von Lebenswertem gegen "Lebensunwertes" (das in diesem Zusammenhang als solches erst definiert wird)[3]. Das betrifft auch die Codierung der Ge-

---

3 Vgl. die Foucaultsche Analyse des Wahnsinns; vgl. G. Kneer, Rationalisierung, Disziplinierung und Differenzierung. Sozialtheorie und Zeitdiagnose bei Habermas, Foucault und Luhmann. Opladen 1995, S.179; "Der Wahnsinn wird ins Reich der Medizin eingegliedert, aus

schlechterdifferenz seit dem 19. Jh. Hier kreuzt sich die Norm des Lebens im Sexualitäts- und Geschlechterdispositiv mit dem Rassismusdiskurs.
Foucault geht davon aus, daß der moderne Staat, der das Leben der ganzen Gesellschaft durch Normenvorgaben reguliert und als Bio-Macht funktioniert, diese Normen nur aufrechterhalten kann durch die Norm der Heterosexualität und durch die Norm der "Rasse", der einzig legitimen Form, große Bevölkerungsteile auszugrenzen aus der gesellschaftlichen Ordnung und aus sozial- und wohlfahrtsstaatlichen Leistungen, ohne Krieg zu führen. Er löst auf diese Weise letztlich seine Legitimationsproblematik.

‘Feminisierung der Kultur’ als Metapher der Vergeschlechtlichung, der Utopie und des Verfalls der Moderne: Auflösung der Geschlechterdifferenz (1)

Um die Jahrhundertwende vom 19. zum 20. Jh. gibt es ein diskursives Phantasma der ‘Feminisierung der Kultur’ (vgl. le Rider 1991; Runte 1996)[4]. Dieses Phantasma erhebt im Zusammenhang der Krise der Moderne die Rede über den Geschlechterkonflikt und die damit verbundene erhoffte bzw. befürchtete Veränderung der Geschlechterordnung in den Status eines Leitmotivs. Einerseits erscheint Weiblichkeit als sittlicher Gegenpol zur männlichen Kultur und als mögliche Verkörperung einer positiven Utopie, widerständiges und subversives Element. Andererseits gilt das Weibliche als Alptraum und als Gespenst des Verfalls, das die Stützen einer männlichen Kultur zu untergraben droht.
Frauen wurden ja im neuzeitlichen (National-) Staat durch die "Ideologisierung der weiblichen Gebärmutter" (Schultz 1985, S. 14) aus dem Bereich des gesellschaftlichen Allgemeinen ausgegrenzt, die die ideologische und rechtliche Basis für die weitere Entwicklung der Bevölkerungspolitik bis zur Eugenik und Gentechnologie des 20./21. Jh. bildet. Frauen konstituieren sich als Gattungs- und Geschlechtswesen, die über die staatliche Sicherung der "Menschenproduktion als Familienproduktion" (Schultz 1985, S. 13) staatlicher Kontrolle unterliegen. Die "neuzeitlich-staatliche Dreieinigkeit von Staat, Familienpolitik und Ökonomie" macht die Familie zur "Keimzelle" des Staates und konstituiert die Naturalisierung der Frau als Gattungswesen (vgl. Bublitz/Kuhn 1992).

---

dem Wahnsinn ist, anders gewendet, eine Geisteskrankheit geworden (...)“ (Foucault, Psychologie und Geisteskrankheit 1968, S.99).

4 Nike Wagner arbeitet in diesem Kontext u.a. die Motive vom "Kampf der Geschlechter" und der "sexuellen Frage" heraus. (Wagner 1987)

Irmgard Schultz kommt daher zu der Auffassung, daß der "freie Wille" der Frauen in der Moderne /im neuzeitlichen Staat auf die Befolgung oder Ablehnung der männlicherseits auf Frauen projizierten weiblichen Natur beschränkt ist, als "'Freiheit' der Wahl zwischen dem Befolgen ihrer angeblich 'weiblichen Natur' oder dem lüsternen Sich-Widersetzen in die Welt kam" (Schultz 1985, S. 15). Mütterlichkeit erscheint folgerichtig als höchster ethischer Wert, ja, als "bioethische Notwendigkeit" (Honegger 1991, S. 145), die entsprechend idealisiert und ideologisch überhöht wird.
Der autonomen Konzeption des - autonomen und zugleich männlichen - Subjekts entspricht also auf der anderen Seite die Position eines weiblichen "Anderen", das ganz vom Geschlecht durchdrungen erscheint.
Dieser Aspekt - durchdrungen zu sein vom Geschlecht (lichen) - äußert sich Ende des 19. Jh. als Verweiblichung und Vergeschlechtlichung des Mannes, ja, schließlich als 'Feminisierung der Kultur' und als Vergeschlechtlichung der Moderne. D.h. das Subjekt, das vorher geschlechtslos ist, wird jetzt vergeschlechtlicht und das bedeutet: weiblich. Die Kultur und die Moderne bekommen ein Geschlecht. Die "Zukunft einer Illusion" (Freud) erweist sich als das "Ende der Illusion" (le Rider)[5] einer männlichen Kultur, die das männliche "Unbehagen an der Kultur" (Freud) überdeutlich macht. Dieses erscheint in der kulturkritischen Diskussion als "europäische Kulturkrise", in der "der Kampf von Männlichem und Weiblichem den Rang eines Leitmotivs" (le Rider 1990, S. 165) einzunehmen scheint, der aber ganz aus der Perspektive des Männlichen und dessen Identitätskrise gesehen reduziert wird auf eine "Depersonalisierung des männlichen Ich" (le Rider 1990, S. 165).

Die Konstituierung einer männlichen Identität, die sich historisch um und nach der Jahrhundertwende vollzieht, geschieht zunächst über die Hysterisierung des männlichen Geschlechts: die Hineinnahme dessen, was das eigene Scheitern an vollkommener Naturbeherrschung äußerer und innerer Natur, zu der auch die weibliche Natur und die Festlegung des Weiblichen auf Natur (mithin die Beherrschung von Natur als weiblichem, der Kultur entgegengesetzten Prinzip) gehört, konstituiert sodann als Vervollkommnung der Beherrschung des eigenen Geschlechts, das nun die weiblichen Anteile in sich aufnimmt und auf dieser Ebene einen neuen Universalismus herstellt: um die Frau /das Weibliche endgültig aus dem Weg zu räumen, um Raum zu schaffen für ein

[5] so der Titel einer kulturkritischen Arbeit des französischen Germanisten Jacques le Rider mit dem Untertitel ' Zur Kritik der Moderne'und 'Die Wiener Moderne und die Krisen der Identität'.

eigenes, besseres Frau-Sein (von Braun 1989, S. 51-80) bzw. für eine bessere allgemein-menschliche Identität, nämlich die geschlechtlich-männliche, die das Weibliche mit-verkörpert.[6] Das bedeutet: die Verweiblichung der Männer -oder auch der männlichen, modernen Kultur- schließt nicht deren Versinnlichung, Naturalisierung oder Erotisierung ein, sondern im Gegenteil deren Asketisierung und "Asexualisierung".
Annette Runte geht davon aus, daß sich um die Jahrhundertwende ein Diskurs über Transsexuelle mit einer "kulturellen Verweiblichungstendenz", einem, wie sie annimmt, dekadenten Trend der Geschlechter(ver)mischung trifft. Die moderne Kultur bekommt mit dieser Verweiblichungstendenz ein Geschlecht, nämlich ein weibliches Geschlecht und / oder ein weibliches als allgemeines. Beim Umbruch der Geschlechterverhältnisse kommt also als die Geschlechterordnung überschreitendes zunächst und vor allem ein "Verweiblichungsbegehren" zur Sprache, was auf die in der Dekadenz-Literatur manifestierte und in den 20er Jahren auch politisch konterkarierte Tendenz einer 'kulturellen Feminisierung' verweist. Die Verweiblichung der Kultur erscheint daher um die Jahrhundertwende als Verweiblichung des Mannes und des Männlichen. Daher stehen Männer, so Annette Runte, um die Jahrhundertwende am Scheideweg zwischen 'perverser Feminisierung' oder 'männerbündischer Virilisierung' (vgl. Runte 1989, S. 699). "Zivilisationskritik beklagt ihre progressive 'Verweib(lich)ung', der man medizinisch und sexualreformerisch indes Vorschub leistet" (vgl. Runte 1989, S. 386ff). Als "pathologischer Hintergrund" dieser geschlechtlichen 'Bastardisierung' (Runte) erscheint in den Diskursen der Jahrhundertwende vor allem die soziale und politische 'Vermännlichung der Weiber' (Runte). Es kommt in diesem Zusammenhang durch den Verlust der 'weiblichen Geschlechts-Natur', zu einer Störung der imaginären Positionierung der Geschlechterrollen im Geschlechterverhältnis. Das bedeutet aber, folgt man dieser Auffassung, daß Geschlechtszuschreibungen und Geschlechtsrollen-Verinnerlichungen einschließlich der Ausbildung einer geschlechtlichen Identität auf ein - wie auch immer geartetes - Geschlechterverhältnis angewiesen sind, daß, wenn die Reduktion von Frauen auf ein /DAS Geschlechtswesen hinfällig wird, das männliche Geschlecht kein Gegenüber hat, folglich dieses in sich imaginieren muß. Das männliche Geschlecht muß sozusagen das weibliche mit-verkörpern.

---

6 Annette Runte stellt die Frage, ob der „Weibling 1900“ nicht ein symbolischer Rettungsversuch des symbolischen Vaters darstellt, „weil er dazu tendiert, sich an die Stelle der Kokotte zu setzen“, dieser 'phallischen Frau' ohne reale Mutterfunktion (vgl. Runte 1986, S. 387f.).

Die Kultur der Moderne bekommt also auf zweifache Weise ein -weibliches- Geschlecht: Zum einen als 'kulturelle Verweiblichung' durch gesellschaftliche und politische Emanzipationsbestrebungen und -tendenzen der Frauen (die zunehmend in Beruf, Industrie, Wissenschaft und Politik ihren Ort finden), die damit die 'Ideologisierung der Gebärmutter' (Schultz) konterkarieren, und deren Diskursivierung in Geschlechter-Normalisierungs-Dispositiven. Zum zweiten die Verkörperung des Weiblichen in männlichen Geschlechts-Konstrukten und deren individuelle Applikation in Geschlechts-Identitäten, was sich um die Jahrhundertwende in Erscheinungsformen des nervösen und des hysterischen Mannes (vgl. Radtkau 1989), des "Weibmannes"- und "Mannweibes"[7] -als Erscheinungsform von Transsexualität äußert.

'Feminisierung der Kultur' am Ende des 20. /Anfang des 21. Jahrhunderts: Aufhebung der Geschlechterdifferenz (2) als Machtdispositiv oder widerständiger Gegendiskurs?

Feminisierung scheint, das zeigt die diskursive Praxis der Geschlechterdifferenz Ende des 19./Anfang des 20. Jh., für eine Auflösung der Geschlechterdifferenz zu stehen.

Ende des 20. Jh./Anfang des 21. Jh. erscheinen das Geschlecht und die Geschlechterdifferenz als Konstrukt; dekonstruktivistische Wissenschaft beherrscht die Szene. Der Körper erscheint nun vollends als Ereignis einer gesellschaftlichen 'Bezeichnungspraxis', die binäre Anatomie erscheint als historisch erzeugtes "diskursives Ereignis". Zugleich wird der Effekt (mit)erzeugt, daß der Körper als biologischer der diskursiven Praxis voranzugehen scheint. Dafür gibt es historische Gründe und Voraussetzungen. Das historische apriori, das, was das 20. Jahrhundert denken kann, hat sich von der biologischen Grundlage, von der Natur abgelöst. Natur erscheint nicht nur -fast vollständig beherrschbar, sondern darüber hinaus synthetisch-technisch herstellbar. Es entsteht eine 'Kunstnatur', ein 'Kunstkörper'; das schlägt sich auch in den Vorstellungen über die Natur - der Geschlechterverhältnisse - nieder; Frauen erscheinen nicht länger als Gegenpol zu Vernunft und zu rationalisiert-

7 Annette Runte erklärt die historische Verspätung der "Weibmänner" und ihr Primat aus einer historisch-kulturellen Reduktion des symbolischen Vaters (Mannes?) auf den imaginären, dessen Kehrseite ein "generalisiertes 'Phallus-Sein-Wollen'" gewesen sei und sie verweist auf Julia Kristeva, die als Männertypen, die um 1900 gefeiert wurden, den Priester, Junggesellen u.a. angibt; vgl. Runte, 1996, S. 386ff.

technologischer Naturbeherrschung, wie dies einleitend in der Auseinandersetzung mit Kants Rationalitätsbegriff deutlich gemacht wurde.

Die diskursive und technologische Materialisierung des Körpers im Geschlechterverhältnis bewirkt durch die denkmögliche Praxis der Reproduktionstechnologien eine erneute Verschiebung der Dichotomien im Geschlechterverhältnis. Die Macht hat sich auf produktive und formative Weise mit dem Wissen derart zu einem Macht-Wissens-Komplex verbunden, daß die Vielfalt ebenso wie die völlige Auflösung binär strukturierter Geschlechterdifferenzen bis hin zur völligen Abschaffung der Kategorie Geschlecht denkbar erscheint. Subversive und widerständige Gegendiskurse werden -mithilfe von Gen- und Reproduktionstechnologie- transformiert in Machtdispositive; wobei jene durch diese erst konstituiert gedacht werden müssen.

Frauen könnten nun anders als über ihre biologisch-organische Ausstattung als Geschlechtswesen definiert werden, nämlich als - menschliches - Subjekt, aber aufgrund der biologisch-technologischen Revolution im Bereich von Fortpflanzung und Reproduktion der Gesellschaft ist nicht unbedingt der Subjektstatus von Frauen in Sicht, sondern ihre völlige Abschaffung als Geschlechtswesen und als Subjekt.
Die Frage ist, ob die technische Ersetzung der Frau - als Reproduktionsagentin und Mutter - die Auflösung der biologisch begründeten und binär konstituierten Geschlechterdifferenz bewirkt. Aber die Auflösung binär-dichotomischer Strukturen ist nicht unbedingt identisch mit der Auflösung der Geschlechterhierarchie, sondern sie verändert zunächst nur die Machtverhältnisse.
Die Frage ist aber andererseits, ob das, was einerseits tendenziell die Auflösung der Geschlechterdifferenz - und damit der Geschlechterbeziehungen und der entsprechenden Lebensformen der Geschlechter - hervorbringt, nicht zugleich sogar eine noch stärkere gentechnologische Verankerung der Geschlechterdifferenz hervorbringt.

Nun, da Frauen von den primär über die Mutterrolle codierten Determinierungen entbunden sind, da Fortpflanzung/Reproduktion und Sexualität zunehmend getrennt (möglich) sind, also das Sexualitätsdispositiv verändert wird, unterliegt auch das Geschlechterdispositiv epistemologischen Transformationsprozessen. Die Art der Transformation ist nicht ausgemacht; möglicherweise kommt es wieder zur Restituierung der eindeutig binär codierten Geschlechterdifferenz auf neuer, gen- und reproduktionstechnologischer Ebene, nachdem zunächst die Differenzen tendenziell aufgehoben zu sein scheinen.

Interessant scheint mir die Frage, inwieweit das historische apriori - das historisch Denkmögliche - die Auflösung oder Aufhebung der binär-dichotomisch konstituierten Geschlechterdifferenz, konstituiert wird durch jenen Macht-Wissens-Komplex, der zugleich, indem er auf historisch überholte Herrschafts-und Machtverhältnisse zwischen den Geschlechtern trifft, jene widerständigen
Bewegungen initiiert, aufsaugt und institutionell-organisatorisch zur Machtsteigerung nutzt, die, wie die queer-Bewegung und andere alternative Lebensformen der Geschlechter, mit dem Anspruch auftreten, der *einen* Identitäts-Logik eine Logik der Unterscheidung entgegenzusetzen, die sich nicht kategorial in das hegemoniale Modell von Zweigeschlechtlichkeit einordnen läßt.

Diese Frage verweist in doppelter Weise auf die Problematik von politisch subversiver Praxis angesichts hochkomplexer Machtstrategien, die sowohl mittels semantischer als auch (reproduktions-) technologischer, materialisierter Praxen organisiert werden. Die Frage, die sich dann stellt, ist auch, ob sie im Bereich der Selbststilisierung des Körpergeschlechts und der entsprechenden Praxen und Lebensformen einen Angriff auf die diskursive Produktion der materiellen Wirklichkeit und damit auf das, was als legitim erachtet wird, ermöglicht. Und ob dieses Subversionsmodell von Subjektkonstitution die vom Machtdispositiv ohnhehin schon machttechnologisch unterlaufene Subjektkonfiguration noch einmal außer Kraft zu setzen vermag. Es ist die Frage nach einer möglichen Selbstregulierung der Subjekte in einer "Ästhetik der Existenz" im Foucaultschen Sinne, die die Heterogenität von Geschlechterdiskursen Machtspielen zugänglich macht, die jederzeit und an jedem Ort veränderbar sind. Denn nur so kann die Stilisierung von Lebensformen als Modus kultureller Veränderung, als möglicher Ansatz der Transformation der Geschlechterdifferenz begriffen werden.
Es ist aber auch der Hinweis auf eine kritische Selbstreflexion subversiver Praxen als Teil von Machtpraxen und damit als Element des historisch (Denk-) Möglichen.

Literatur

Böhme, Hartmut/Böhme, Gernot 1985: Das Andere der Vernunft, Frankfurt a.M.

Braun, Christina von 1989: Männliche Hysterie- weibliche Askese. Zum Paradigmenwechsel der Geschlechterrollen. In: dies., Die schamlose Schönheit des Vergangenen. Zum Verhältnis von Geschlecht und Geschichte, Frankfurt a.M. 1989, S.51-80

Bublitz, Hannelore 1993:Der verdrängte Tod im Diskurs der Moderne. In: Jürgen Nautz / Richard Vahrenkamp (Hg.), Die Wiener Jahrhundertwende, Wien / Köln / Graz, S. 62-79

Dies. 1996a: Geschlecht und Moderne. Zur Diskursivierung der Geschlechterdifferenz in Modernisierungsprozessen. Arbeitspapier des Lukács-Instituts für Sozialwissenschaften, Paderborn

Dies. 1996b: Das Geschlecht der Moderne. Zur Genealogie und Archäologie der Geschlechterdifferenz. Arbeitspapier des Lukács Instituts für Sozialwissenschaften der Universität-GH Paderborn, Paderborn

Dies. 1996c: Epistemological Transformations of Gender Difference: Gender Order and Reproductive Technologies. Vortrag auf der EASST Conference: Signatures of Knowledge Societies in Bielefeld, Sektion Epistemological Transformations of Gender Difference'

Dies. 1997: Wissens- und Macht-Archive moderner Gesellschaften. Foucaults Gesellschaftstheorie, Opladen

Dies. 1989: Das Geschlecht der Moderne. In: dies.(Hg.): Das Geschlecht der Moderne, Frankfurt a.M.

Bublitz, Hannelore/Kuhn, Annette 1992: Aneignungen, Enteignungen und Widerständigkeiten. Die Beziehung von Frauen zur Nation. In: metis. Zeitschrift für historische Frauenforschung und feministische Praxis 1 (1992), S. 10-27

Butler, Judith 1995: Körper von Gewicht. Die diskursiven Grenzen des Geschlechts, Berlin

Dreyfus, Hubert L./Rabinow, Paul 1987: Jenseits von Strukturalismus und Hermeneutik, Frankfurt a.M.

Foucault, Michel 1973: Archäologie des Wissens, Frankfurt a.M.

Ders. 1977: Der Wille zum Wissen. Sexualität und Wahrheit, Bd.I, Frankfurt a.M.

Kneer, Georg 1995: Rationalisierung, Disziplinierung und Differenzierung. Sozialtheorie und Zeitdiagnose bei Habermas, Foucault und Luhmann, Opladen

Laclau, Ernesto 1981: Populistischer Bruch und Diskurs. In: ders., Politik und Ideologie im Marxismus. Ideologie-Faschismus-Populismus, Berlin, 176-185

Le Rider, Jacques 1990: Das Ende der Illusion. Wien

Magiros, Angelika 1995: Die Konstruktion des Fremden. Foucaults Beitrag zur Rassismustheorie, Hamburg

Radkau, Joachim 1995: Die Männer als schwaches Geschlecht. Die wilhelminische Nervosität, die Politisierung der Therapie und der mißglückte Geschlechtsrollentausch. In: T. Kornbichler/ W.Maaz (Hg.): Variationen der Liebe. Historische Psychologie der Geschlechterbeziehung, Tübingen, S. 249-293

Runte, Annette 1996: Biographische Operationen. Diskurse der Transsexualität, München

Treusch-Dieter, Gerburg 1991: Von der sexuellen Rebellion zur Gen- und Reproduktionstechnologie. Tübingen

Wagner, Nike 1981: Geist und Geschlecht. Karl Kraus und die Erotik der Wiener Moderne, Frankfurt a.M.

Andrea Dorothea Bührmann

Geschlecht als Dispositiv

Die Frage, wie die Kategorie Geschlecht erkenntnistheoretisch verstanden und forschungspraktisch operationalisiert werden kann, hat mich auf dem Hintergrund der höchst kontroversen Debatte um die Thesen Butlers beschäftigt. Mir scheint, daß die bisher in der deutschsprachigen Forschung formulierten Vorschläge zur Konzeptionierung der Kategorie Geschlecht und zum System der Zweigeschlechtlichkeit die bedenkenswerten Kritikpunkte an Butler nicht ausräumen konnten: Denn entweder erweist sich die Vorgehensweise als ahistorisch bzw. die Materialität der Körper bleibt ausgeblendet, oder aber die Materialität der Körper und ihre diskursive Produktion bleiben begrifflich seltsam unverbunden.

Ich schlage deshalb vor, die Kategorie Geschlecht als Ergebnis eines Geschlechterdispositivs zu betrachten. Dabei verstehe ich die Kategorie Geschlecht als ein innerhalb und über das Geschlechterdispositiv kulturell hervorgebrachtes gesellschaftliches Phänomen, das die Grundlage für das symbolische System von Geschlecht in einem jeweils historisch zu situierenden und spezifizierenden Geschlechterdispositiv darstellt.

Da ich dieses Konzept Geschlecht als Dispositiv im Anschluß an den Dispositivbegriff Foucaults entwickelt habe, werde zunächst die Position dieses Begriffs im Foucault'schen Theoriegebäude (re-)konstruieren und das Konzept selbst und die damit verbundenen Forschungsperspektiven erläutern. Doch zuvor möchte ich kurz auf die erkenntnistheoretische Problemstellung innerhalb der deutschsprachigen Frauen- bzw. Geschlechterforschung und die Kritik an Butlers Konstruktionshypothese eingehen.

Die erkenntnistheoretische Problemstellung in der Frauen- bzw. Geschlechterforschung

Seit den 80er Jahren führte eine inzwischen elaborierte Frauenforschung in "einem breiten und nahezu selbstverständlichen Konsens" (Gerhard 1991, S. 418) die Kategorie Geschlecht als fundamentales, historisches und kulturelles Strukturierungsverhältnis in Gesellschaften ein. So begreift beispielsweise Regina Becker-Schmidt (Becker-Schmidt 1991, S. 392) das Geschlechterverhältnis als

"das Insgesamt der institutionalisierten Gegebenheiten und normativen Regulative, die in einer bestimmten historischen Epoche und Kultur darüber entscheiden, welche Privilegien das eine Geschlecht auf Kosten des anderen hat (...). 'Männer' und 'Frauen' werden dabei als soziale Gruppen gedacht, die gerade die Geschlechterdifferenz in Relation zueinander setzt".

Im Vordergrund dieses Verständnisses der Geschlechterverhältnisse stand die Frage nach dem gesellschaftstheoretischen Stellenwert der Kategorie Geschlecht. Gleichzeitig machten mikrosoziologische und anthropologische Forschungsergebnisse deutlich, daß die umstandslose Klassifizierung der Menschen in Frauen oder Männer keineswegs unproblematisch ist. Carol Hagemann-White (Hagemann-White 1988, S. 228) führt zu diesem Problem in ihrem Aufsatz: "Wir werden nicht zweigeschlechtlich geboren (...)" aus:

"Ohne jede bewußte Überlegung wird davon ausgegangen, daß jeder Mensch entweder weiblich oder männlich sein müsse, was im Umgang erkennbar zu sein hat (Eindeutigkeit); daß die Geschlechtszugehörigkeit körperlich begründet sein müsse (Naturhaftigkeit); und daß sie angeboren ist und sich nicht ändern könne (Unveränderbarkeit). Nicht alle Gesellschaften teilen diese Auffassung. Eine Theorie, die unreflektiert die Alltagsannahmen der sie umgebenden Gesellschaft übernimmt, bleibt den Macht- und Herrschaftsverhältnissen dieser Gesellschaft verhaftet. Die Unterschiedlichkeit der Geschlechter wird im Alltag als deren Ungleichheit und als die konkrete Unterdrückung der Frauen konstruiert. Auch deshalb können wir uns die Naivität nicht leisten, die Existenz von zwei und nur zwei Geschlechtern vorauszusetzen, als wäre dies ein außergesellschaftliches, naturgegebenes und unveränderbares Faktum".

Deutlich wird in diesem Zitat die erkennistheoretische Problemstellung, daß viele theoretische Ansätze und empirischen Untersuchungen auf einem vorreflexiven Niveau bleiben, insofern sie alltagstheoretische Annahmen zur Basis ihrer Analysen machen, ohne über ihre erkenntnistheoretischen Prämissen

Rechenschaft abzulegen und deren theoretische und praktische Konsequenzen zu bedenken.[1]

Auf dem Hintergrund dieser Erkenntnis stellt sich nun die Frage danach, wie diese Alltagstheorie der Zweigeschlechtlichkeit hervorgebracht wurde und offensichtlich immer wieder reproduziert wird. Zur Beantwortung dieser Frage greift die Frauen- bzw. Geschlechterforschung u.a. ethnomethodologische und mikrosoziologische Forschungsergebnisse auf, die deutlich machen, daß die Kategorien Frau und Mann als "Symbole in einem sozialen Sinnsystem" (Hagemann-White 1984, S. 79) zu begreifen sind.

Es stellt sich aber auch die Frage nach der Bedeutung der Kategorie Geschlecht selbst, wenn das biologische Geschlecht und die geschlechtliche Klassifizierung eben nicht als naturhaft, eindeutig und unveränderbar begriffen wird. Die Zahl der Versuche, zu einem adäquaten Verständnis der Kategorie Geschlecht zu gelangen, sind mittlerweile Legion. Vorherrschend scheint mir in der aktuellen Debatte die sogenannte "Konstruktionshypothese" (Rödig 1994, S. 91). Dieser Forschungsansatz geht in der bundesdeutschen Debatte nicht zuletzt auf Judith Butlers Buch "Gender trouble" (Butler 1991) und seine kritische Rezeption zurück. Die zentrale These Butlers, die sie im Rückgriff auf Michel Foucault entwickelt, und die sich inzwischen breiter Zustimmung erfreut, lautet: Die Klassifizierungen von und die Differenzierung zwischen biologischem und sozialem Geschlecht stellen keine Beschreibungen der Realität dar. Vielmehr sind biologisches und soziales Geschlecht als Effekte bestimmter Machtverhältnisse und bestimmter Diskurspraktiken zu verstehen. Zur Diskussion steht jetzt die biologische und soziale Kategorie Geschlecht als Effekt sozialer Prozesse in ihren kulturellen und politischen Dimensionen unter besonderer Berücksichtigung macht- bzw. herrschaftsspezifischer Fragen.

Kritik an der Butler'schen Konstruktionshypothese

Im Rahmen der Rezeption ihres Buches wurden Butlers Thesen meines Erachtens mit zwei bedenkenswerten Kritikpunkten konfrontiert.[2]

Erstens wird Butlers Vorgehensweise kritisiert, insofern sie die historisch-gesellschaftlichen Bedingungen der Bezeichnungspraxen nicht untersucht und

---

1 vgl. dazu auch Gildemeister 1992, S. 227.

2 Zu den eher politisch-strategischen Kritikpunkten an Butler und dem dekonstruktivistischen Ansatz vgl. auch Angerer 1994; Sgier 1994, S. 38ff; Bührmann 1995b; Köpl 1995.

die makrosozialen Aspekte dieser Praxen vernachlässigt habe. Vielmehr ontologisiere sie Macht, Diskurs und Kultur zu ahistorischen Instanzen.[3]
Eng mit der Kritik an ihrer Vorgehensweise hängt ein weiterer Kritikpunkt zusammen, den vor allem Vertreterinnen einer phänomenologisch orientierten konstruktivistischen Soziologie formuliert haben.
Sie werfen Butler vor, daß sie im Zuge einer De-Essentialisierung des biologischen Geschlechtes den Körper generell als diskursiv produziert begreift und so die Existenz der Körper selbst, ihre Materialität und die leiblich-affektive Erfahrung negiere. Dabei beziehen sie sich auf die Feststellung Butlers (Butler 1991, S. 26):

> "Doch der ''Leib'' ist selbst eine Konstruktion - wie die unzähligen ''Leiber'', die das Feld der geschlechtlich bestimmten Subjekte bilden.
> Man kann nämlich den Körpern keine Existenz zusprechen, die der Markierung ihres Geschlechtes vorherginge. So stellt sich die Frage, inwiefern der Körper erst in und durch die Markierung(en) der Geschlechtsidentität *ins Leben gerufen* wird".

Eine der schärfsten Kritikerinnen Butlers ist die Körperhistorikerin Barbara Duden. Sie macht Butler den Vorwurf der Entkörperung und führt in diesem Kontext aus: Zwar sei auch sie wie Butler durch Foucaults Fragestellung über die körperprägende Macht des Diskurses beeindruckt worden. "Aber mich hat er darauf gebracht, in den im Text enthaltenen Diskursen auf die Stimmen vergangener Epochen zu lauschen" (Duden 1993, S. 26). Duden fährt fort: Jedoch suche sie im Gegensatz zu Butler "nicht in den Texten stimmloser Gespenster" (Duden 1993, S. 26). Butler spreche nicht von historischen Begebenheiten und blende die "Mitschwingungen des Fleisches" (Duden 1993, S. 33) aus.
Geht man davon aus, daß soziales und biologisches Geschlecht sozial konstruiert sind, dann stellt sich die Frage, mit welchem Konzept der Kategorie Geschlecht die genannten Kritikpunkte entkräftet werden können, ohne hinter die erkenntnistheoretischen Fortschritte, die der Dekonstruktivismus zweifellos herbeigeführt hat, zurückzugehen.

In diesem Kontext schlage ich vor, die Vorstellung vom biologischen Geschlecht und vom sozialen Geschlecht als Ergebnis eines Dispositivs sowie das gesellschaftliche System der Zweigeschlechtlich als Konkretion eines Geschlechterdispositivs zu betrachten. Das bedeutet, daß ich die Kategorie Geschlecht als ein im und über das Geschlechterdispositiv kulturell hervorge-

[3] vgl. dazu auch Hagemann-White 1993; Hirschauer 1993; Landweer 1994; Hauser 1996; Annuß 1996.

brachtes Phänomen, das die Basis des symbolischen Systems der Zweigeschlechtlichkeit darstellt, (vgl. Hagemann-White 1993) verstehe.
Das Dispositiv-Konzept hat Michel Foucault in seinen entfalteten Machtanalysen zur Geschichte der Sexualität und zur Geschichte des Gefängnisses entwickelt. Es dient ihm quasi als ein 'Erkenntnisraster' (vgl. Dreyfus/ Rabinow 1987, S. 150f.), um kulturelle Praktiken analytisch zu erfassen, modernitätstheoretisch zu deuten und machttheoretisch einzuordnen.
In seinen Machtanalysen versteht Foucault unter einem Dispositiv das Zusammenspiel diskursiver und nicht-diskursiver Machtpraktiken, das sich aus höchst heterogenen Elementen - wie beispielsweise "Diskursen, Institutionen, architekturalen Einrichtungen, reglementierenden Entscheidungen, Gesetzen, administrativen Maßnahmen, wissenschaftlichen Aussagen, philosophischen, moralischen oder philantropischen Lehrsätzen, kurz: Gesagtem ebensowohl, wie Ungesagtem (...)" (Foucault 1978a, S. 119) zusammensetzt.[4] Diese Elemente verknüpfen sich zu "Strategien von Kräfteverhältnissen, die Typen von Wissen stützen und von diesen gestützt werden" (Foucault 1978a, S. 123). Foucault führt den Begriff des Dispositivs ein, um "die Natur der Verbindung deutlich zu machen, die zwischen diesen heterogenen Elementen sich herstellen kann".

Das Dispositiv im Foucault'schen Theoriegebäude - ein (Re-)Konstruktionsversuch

An dieser Stelle erscheint es mir sinnvoll, einige Bemerkungen zum Stellenwert des Dispositivs im Foucaultschen Theoriegebäude zu machen. Es sind verschiedentlich Versuche unternommen worden, entweder ein konsistentes Theoriegebäude im Werk Foucaults zu rekonstruieren oder aber seine theoretische Entwicklung in unterschiedliche Phasen einzuteilen, um so zumindest bestimmte Werkphasen als konsistent betrachten zu können.[5]
Foucault äußert sich gegenüber solchen Rekonstruktionsprojekten eher ablehnend. Zwar konstatiert er in bezug auf seine wissenschaftliche Tätigkeit selbst, daß seine Texte eine bestimmte Frage- bzw. Problemstellungstellung durchziehe. So stellt Foucault (1978b, S. 188f.) in einer retrospektiven Betrachtung seiner Forschungsaktivitäten fest:

---

4 "Der Begriff Dispositiv beschreibt insofern ein *bestimmtes* Verhältnis zwischen Diskursivem und Nichtdiskursivem im Macht-Wissen-Komplex." (Bührmann 1996a, S. 5).

5 vgl. z.B. Kammler 1986; Honneth 1985.

"Wenn ich mich in Pose setzen und in eine etwas fiktive Kohärenz hüllen wollte, würde ich Ihnen sagen, daß das immer schon mein Problem war: Machtwirkungen und Produktion von 'Wahrheit'. (...) Mein Problem ist die Politik des Wahren. Ich habe lange gebraucht, um mir darüber klar zu werden".

Jedoch wendet Foucault sich im Rahmen seiner theoretischen Arbeiten gegen solche Rekonstruktionsvorhaben. So zum Beispiel, wenn er seinem kritischen Publikum in der Einleitung zur "Archäologie des Wissens" (Foucault 1994, S. 30) mitteilt:

"Man frage mich nicht, wer ich bin, und man sage mir nicht, ich solle der gleiche bleiben: das ist eine Moral des Personenstandes; sie beherrscht unsere Papiere. Sie soll uns frei lassen, wenn es sich darum handelt, zu schreiben".

Gleichzeitig stellt Foucault (Foucault 1979; 1994) fest, daß es sich bei den Begriffen Autor und Werk um problematische, hoch voraussetzungsvolle Einheiten handelt.[6]

Heißt das Gesagte nun, daß alle Versuche, Foucaults Theorieansätze methodologisch zu systematisieren bzw. seine Begriffssysteme zu harmonisieren, von vornherein müßig sind? Ich denke nein. Allerdings kann es meines Erachtens bei einem solchem Versuch nur darum gehen, Foucaults Texte als Werkzeugkiste für die eigene Forschungsfrage zu betrachten. Das bedeutet, daß sein Publikum aufgefordert ist, für die jeweilige Fragestellung ein Gebäude zu 're-konstruieren'.[7] D. h. es geht nicht mehr um einen Rekonstruktionsprozess, sondern um die (Re-)Konstruktion. Diese Aufforderung formuliert

---

6 "Was gibt es jedoch dem Anschein nach einfacheres? Eine Summe von Texten, die durch das Zeichen eines Eigennamens denotiert werden können. Nun ist diese Denotation (selbst wenn man die Probleme der Attribution beiseite läßt) keine homogene Funktion: denotiert der Name eines Autors einen Text, den er selbst unter seinem Namen veröffentlicht hat, einen Text, den er unter einem Pseudonym vorgestellt hat, einen anderen, den man nach seinem Tode im Stadium des Entwurfs entdeckt hat, und einen weiteren noch, der lediglich ein Gekritzel, ein Notizbuch, ein "Papier" darstellt, auf die gleiche Weise? Die Konstitution eines Gesamtwerks oder eines *opus* setzt eine bestimmte Anzahl von Wahlmöglichkeiten voraus, die nicht einfach zu rechtfertigen, ja nicht einmal einfach zu formulieren ist: genügt es, den vom Autor veröffentlichten Texten diejenigen hinzuzufügen, die er in Druck zu geben vorhatte und die nur unvollendet geblieben sind, weil er gestorben ist? Muß man außerdem jeden Schmierzettel, jeden ersten Entwurf, Korrekturen und Durchstreichungen der Bücher hinzuzählen? (...) Wenn man so gern und ohne sich weiter zu fragen vom Werk eines Autors spricht dann setzt man es in der Tat durch eine bestimmte Ausdrucksfunktion definiert voraus. (...) Das Werk kann weder als unmittelbare Einheit noch als homogene Einheit btrachtet werden" (Foucault 1994, S. 38).

7 Denn der " - gemäß seinen eigenen Vorstellungen - ideale Leser Foucaults ist 'Bastler', nicht Hermeneut" (Kammler 1986, S. 14).

Foucault (Foucault 1976a, S. 53) selbst, insofern er dazu seinem Publikum rät, seine Bücher als Werkzeugkiste zu benutzen:
Die nachfolgenden Überlegungen zum theoretischen Stellenwert der Diskursanalyse im 'Theoriegebäude' Foucaults begnügen sich nun nicht mit dem eklektizistischen Gebrauch der von Foucault entwickelten Kategorien und Begrifflichkeiten. Vielmehr möchte ich dem Vorschlag Kammlers (Kammler 1986, S. 15) folgen, der davon ausgeht, "daß der Griff in die 'Werkzeugkiste' der Foucaultschen Theorie nur unter der Voraussetzung sinnvoll ist, daß die Benutzer die Funktionsmöglichkeiten der Werkzeuge reflektiert haben". Denn andernfalls bliebe die Adaption und - wie zu ergänzen wäre - die kritische Rezeption "der Foucaultschen Begrifflichkeit - und zumeist sind ja Begriffe wie 'Macht-' oder 'Diskurstheorie', deren man sich unter Berufung auf diesen Autor bedient - jargonhaft und behindert die Arbeit der Humanwissenschaften eher, als daß sie ihr dient" (Kammler 1986, S. 15).

Ausgehend vom Macht-Wissen-Komplex möchte ich nun meinen Vorschlag für eine (Re-) Konstruktion des Foucaultschen Theoriegebäudes vorstellen. Foucault konstatiert für die Moderne einen engen Zusammenhang zwischen Macht und Wissen. Für ihn ist die Macht immer mit dem Wissen und das Wissen mit der Macht verbunden: Denn Wissen ensteht für Foucault über Kommunikationssysteme und Machtpraktiken, während Macht seiner Meinung nach über die kontrollierte Verteilung von Wissen und dessen Aneignung ausgeübt werden kann. Er stellt in der Mikrophysik der Macht fest, "daß sich Macht immer an Wissen und Wissen immer an Macht anschließt" (Foucault 1976c, S. 45). Deshalb genüge es seiner Meinung nach eben nicht zu konstatieren, daß die Macht einer bestimmten Wissensform bedürfe, wie dies im übrigen zumeist ideologiekritisch-orientierte Arbeiten tun.
"Vielmehr", so meint Foucault (Foucault 1976c, S. 45), "bringt die Ausübung von Macht Wissensgegenstände hervor; sie sammelt und verwertet Informationen".
Das bedeutet auch, daß die Machtverhältnisse 'diskursive Ereignisse' und 'nicht-diskursive Ereignisse' zueinander in Beziehung setzen. In dieser Perspektive verstehen Althoff/ Leppelt (Althoff/ Leppelt 1995, S. 45)

"Machtverhältnisse als Teil des Formationssystems, das den Gegenstand bildet und dem Diskurs erlaubt zu existieren. Macht und Wissen stehen in der Weise zueinander, daß sie Teile eines fundamentalen Willensprinzips bilden. Macht und diskursives Wissen sind gleichbedeutend, denn *der Wille zum Wissen ist der Wille zur Macht*".

Dem Willen zum Wissen sind also Machtstrategien inhärent. Dabei handelt es sich um wissenserzeugende, diskursvermehrende bzw. -verknappende, wahrheitskonstruierende und damit machtproduzierende Mechanismen. Will man nun dem Diskurs die Machtfrage stellen, so heißt das zu analysieren, auf welche Weise und insbesondere über welche Diskurse Wahrheiten erzeugt werden (vgl. Foucault 1989, S. 83).
Das bedeutet auch: Der Macht-Wissen-Komplex besteht aus und entsteht über diskursive und nicht-diskursive Beziehungen.

Dieser hier nur skizierte Zusammenhang zwischen Macht und Wissen, der Macht-Wissen-Komplex, bildet im Theoriegebäude von Foucault den theoretischen Bezugsrahmen für eine Analyse von diskursiven Praxen. Foucault versteht die Archäologie und die Genealogie als methodische Perspektiven, um die Beziehungen von diskursiven Praxen zu untersuchen. Dreyfus / Rabinow (1987), Fink-Eitel (1989) und Waldenfels (1991) interpretieren die Archäologie als eine Analyse von Wissensformation, während sie die Genealogie primär als eine Analyse der Machtverhältnisse verstehen. Meines Erachtens machen Althoff / Leppelt (Althoff/ Leppelt 1995, S. 56) zu Recht darauf aufmerksam, daß diese Differenzierung nur sinnvoll erscheint, "wenn damit der unterschiedliche Ausgangspunkt der Analyse bestimmt werden soll. Denn beide beschäftigen sich mit den diskursiven und nicht-diskursiven Praktiken".
Die Archäologie zeigt, ausgehend von den Aussagen eines Diskurses, ihren sozialhistorischen Kontext auf.[8] Dabei geht es Foucault darum, die Postulate der Ideengeschichte systematisch zu unterminieren. Die Archäologie stellt einen Versuch dar, "eine ganz andere Geschichte dessen zu schreiben, was die Menschen gesagt haben" (Foucault 1994, S. 197). Die Genealogie beschreibt von den nicht-diskursiven Ereignissen her die Wahrheitswirkungen eines Diskurses.[9] Foucault geht es mit seiner genealogischen Perspektivierung darum, Konfrontationen und Kräfteverhältnisse, Machtäußerungen usw. zu thematisieren.

Die methodischen Perspektivierungen bei Foucault, also Genealogie und Archäologie, stützen sich demnach auf spezifische Analysemethoden: die Machtanalyse, um insbesondere die Sphäre des Nicht-Diskursiven zu analysieren, und die Diskursanalyse, um insbesondere die Sphäre des Diskursiven zu untersuchen. Meiner Meinung nach führt Foucault die methodischen Perspektivie-

8 vgl. hier auch insb. Foucault 1994.
9 vgl. hier auch insb. Foucault 1987, S. 69 - 90.

rungen mit ihren spezifischen Analysemethoden in seinen Untersuchungen zu spezifisch historischen Dispositiven zusammen. Das Dispositiv und seine Analyse dienen Foucault also dazu, die jeweils historisch spezifische Natur der Verbindungslinien zwischen diesen heterogenen Elementen zu untersuchen.

Geschlecht als Dispositiv

Der Begriff Dispositiv akzentuiert also das Zusammenspiel historisch spezifischer diskursiver und nicht-diskursiver Praktiken im Macht-Wissen-Komplex. Die zentrale strategische Funktion eines Dispositivs besteht für Foucault (Foucault 1978a, S. 119) darin, "zu einem gegebenen historischen Zeitpunkt (...) auf einen Notstand zu antworten". Die Funktionsweise des Dispositivs selbst beschreibt Foucault nicht als wesentlich repressiv. Vielmehr werden in dem Dispositiv und durch das Dispositiv gemäß entsprechender Erfordernisse bestimmte Gegenstände hervorgebracht.
Versteht man nun das System der Zweigeschlechtlichkeit und die Kategorie Geschlecht als Phänomene, die in und über das Geschlechterdispositiv hervorgebracht worden sind bzw. werden, dann ist Geschlecht und damit auch die in okzidentalen Gesellschaften aktuell vorherrschende Vorstellung einer biologischen Zweigeschlechtlichkeit nicht mehr als naturgegeben, unveränderbar und eindeutig zu verstehen. Vielmehr erscheint Geschlecht nun als etwas historisch Hervorgebrachtes, kulturell Konstruiertes und damit potentiell Veränderbares. Geschlecht ist demnach als Produkt sozialer Praktiken zu verstehen, das über diskursive und nicht-diskursive Machtpraktiken immer wieder erst reproduziert wird.
In diesem Kontext verstehe ich unter nicht-diskursiven Praktiken u.a. körperliche Verhaltensweisen, die der alltagsweltlichen Inszenierung der Individuen als Männer oder Frauen dienen, das sogenannte doing-gender, die leiblich-affektiven geschlechtsspezifischen Körpererfahrungen, die 'sinnlichen' Identifizierungs- und Klassifizierungsmethoden von Personen als männlich oder weiblich, die Hartmann Tyrell (1986) den 'zweigeschlechtlichen Erkennungsdienst' nennt, die räumlichen Arrangements zwischen Privatheit und Öffentlichkeit, die geschlechtsspezifische Sozialisationspraktiken und die geschlechtsspezifischen Arbeitsteilung. Mit den diskursiven Praktiken meine ich dagegen insbesondere die kulturell hervorgebrachten Bilder, Normen und Identitätskonzepte, aber auch das Wissen der Wissenschaften: Also zum Beispiel die religiösen, juristischen, politischen, naturwissenschaftlichen und sozialwissenschaftlichen Diskurse über die Geschlechterdifferenzen und die

deskriptiven und normativen Aussagen über die Eigenschaften der Geschlechter und die davon abgeleiteten historischen Vergesellschaftungsformen. Die hier vorgenommene Differenzierung zwischen diskursiven und nicht-diskursiven Praktiken ist nicht strikt zu verstehen. Vielmehr stehen diskursive und nicht-diskursive Praktiken in einem Wechselverhältnis. Denn einerseits dienen die diskursiven Praktiken der alltagspraktischen Orientierung der Individuen. Und andererseits können bestimmte nicht-diskursive Praktiken im Sinne von Effekten bestimmte diskursive Praktiken forcieren. So wird zum Beispiel der Umstand, daß die meisten Menschen meinen, ein unveränderbares, eindeutiges und natürlich gegebenes Geschlecht zu haben, dazu führen, daß sie sich jeweils an den geschlechtsspezifischen Identitätskonzepten orientieren, die von den Humanwissenschaften als normal propagiert werden. In diesem Sinne äußert sich auch Judith Butler in ihrem Buch 'Körper von Gewicht' (Butler 1995, S. 21) im Hinblick auf die diskursiven und nicht-diskursiven Praktiken zur Produktion des Körpergeschlechtes:

"Die Kategorie des ''*sex*'' ist von Anfang an normativ; sie ist, was Foucault ein ''regulierendes Ideal'' genannt hat. In diesem Sinne fungiert das ''biologische Geschlecht'' demnach nicht nur als eine Norm , sondern ist Teil einer regulierenden Praxis, die die Körper herstellt, die sie beherrscht, das heißt, deren regulierende Kraft sich als eine Art produktive Macht erweist, als Macht, die von ihr kontrollierten Körper zu produzieren - sie abzugrenzen, zirkulieren zu lassen und zu differenzieren."

Das Geschlecht als Dispositiv zu begreifen, bedeutet auf dem Hintergrund dieser Überlegungen, die diskursive Produktion der Kategorie Geschlecht selbst, die Art und Weise ihrer Diskursivierung und ihre Materialisierung als nichtdiskursives und regulierendes Ideal im System der Zweigeschlechtlichkeit okzidentaler Gesellschaften als eine komplexe Verbindung zu verstehen, die über unterschiedliche wissenschaftliche und alltagspraktische Wissensformen, gesellschaftliche Institutionen und soziale Praktiken, spezifische individuelle bzw. kollektive Körperpraxen, aber auch über Denk-, Gefühls- und Handlungsweisen historisch produziert wurde. Gleichzeitig bedeutet dies auch, Geschlecht als existierende "gesellschaftlich-kulturelle Materialität" (Maihofer 1995, S. 84) zu begreifen.

Dabei gilt es analytisch zwischen dem Prozess der diskursiven Konstruktion der biologischen Zweigeschlechtlichtkeit und dem Prozess seiner Materialisierung, in dem die Menschen zu biologischen Männern und biologischen Frauen und so als regulierendes Ideal fungieren, zu differenzieren. Allerdings muß jeweils historisch spezifisch geklärt werden, wie sich diese komplexe Verbindung zwischen der diskursiven Hervorbringung der Kategorie Geschlecht und ihrer Materialisierung als etwas scheinbar Natürlichem sowie ihrer Instrumentalisierung als regulierendes Ideal gestaltet.

Forschungsperspektiven

Aus dem hier nur angedeuteten Konzept, Geschlecht als Dispositiv zu begreifen, ergeben sich spezifische Forschungsperspektiven. Diese Perspektiven können m.E. die Forschungsergebnisse in der aktuellen Diskussion über die soziale Konstruktion der Zweigeschlechtlichkeit integrieren und damit die bisherigen Forschungshorizonte überschreiten und auch die in bezug auf Butlers Vorgehensweise formulierten Kritikpunkte entkräften.
Zum einen wird der Vorwurf, dem Körper werde keine Existenz und keine Materialität zugesprochen, entkräftet. Denn Körper-Materialität, das biologische Geschlecht der Körper selbst und seine leiblich-affektive Erfahrung werden als Effekte von diskursiven und nicht-diskursiven Praktiken verstanden. Das heißt: Geschlecht als Dispositiv zu betrachten, bedeutet dann gerade nicht, der Kategorie Geschlecht und dem System der Zweigeschlechtlichkeit jegliche Realität abzusprechen. Vielmehr wird Geschlecht nicht mehr als eindeutig, unveränderbar und naturhaft begriffen, sondern als veränderbares, historisch bedingtes und kulturell hervorgebrachtes Phänomen verstanden. Die Überzeugung, daß das Geschlecht naturgegeben, eindeutig und unveränderbar sei, wird als eine diskursiv hervorgebrachte Wahrheit der Humanwissenschaften verstehbar. Für eine solche Forschungsperspektive plädiert auch Foucault: Er fragt, wie die Dinge, die sind, geworden sind, und warum sie überhaupt geworden sind. Damit eröffnet sich der Blick auf die historische und kontingente Dimension gegenwärtiger Evidenzen. Foucault trennt den Körper also nicht von der Geschichte, sondern betont gerade dessen Geschichtlichkeit und die kulturell bedingte Erfahrbarkeit von Körperlichkeit. Darüber hinaus wendet er sich explizit gegen theoretische Ansätze, die den Körper hinter den Diskursen verschwinden lassen.

Isabelle Lorey (Lorey 1993) macht zu Recht darauf aufmerksam, daß das Ziel seiner Überlegungen zur Genealogie der Sexualität darin bestehe, zu zeigen wie sich Machtdispositive direkt an den Körper schalten - an Körper, Funktionen, physiologische Prozesse, Empfindungen, Lüste. "Weit entfernt von jeder Ausradierung des Körpers", geht es laut Foucault darum, den Körper "in einer Analyse sichtbar zu machen, in der das Biologische und das Historische nicht wie im Evolutionismus der alten Soziologien aufeinander folgen, sondern sich in einer Komplexität verschränken (...)" (Foucault 1989, S. 180/181). Foucault historisiert also den Begriff des Körpers und begreift so die kulturellen Vorstellungen über den Körper als Effekte mächtiger Macht- und Diskursstrategien. Auch er ist von der Existenz von Körpern ausgegangen. So stellt Foucault fest, daß etwa Essen, Trinken, Sexualität, Geburt, Alter, Tod und eben auch der Körper selbst einem sozialen Wandel unterworfen sind. Im Theoriegebäude von Foucault und damit auch in seinem Konzept des Dispositivs haben Menschen einen geschlechtlich markierten Körper, den sie spüren und erleben. Gleichwohl ist sowohl die Art und Weise seiner Erfahrung kulturell konstruiert als auch die Markierung von etwas als Körper historisch diskursiv konstituiert. In diesem Sinne äußert sich auch Gesa Lindemann (Lindemann 1992, S. 330). Sie konstatiert: "Die konkrete Gestaltung leiblich-affektiver Erfahrungen ist sozial konstruiert, eine 'natürliche' Erfahrung des Leibes gibt es nicht". Dennoch, so führt Lorey (Lorey 1993, S. 21) aus, "selbst entschleierte Konstruktionen" sitzen "im Fleisch, weil sie sich materialisiert haben".[10]

Zum anderen wird es mit diesem Dispositiv-Konzept möglich, die Kritik an ahistorischem Vorgehen zu entkräften. Denn mit diesem Konzept geht es gerade darum, die historischen Konstruktionen von Körpern als Geschlechtskörper, von Körpererfahrungen und dem Wissen über die Körper und die Geschlechter zu erforschen. Aus der Bestimmung der Kategorie Geschlecht als Element und Produkt eines Dispositivs ergibt sich also eine spezifische Forschungsperspektive.
Untersucht werden sollen nämlich die polymorphen historischen mikrosozialen und makrosozialen Techniken der Macht, die die Produktion von Geschlecht anregen und erzwingen oder aber verhindern und einschränken.
Mit dem Konzept des Dispositivs wird die Konstruiertheit der Realität von Geschlecht, von Geschlechtlichkeit und von Systemen der Geschlechtlichkeit betont. Dabei soll aber gerade nicht unterschlagen werden, daß die gesellschaftlich - insbesondere durch die Humanwissenschaften - hergestellten Realitäten auf wirkungsmächtigen Konstruktionen basieren. Geschlecht, Geschlechtlichkeit und die Systeme des Geschlechtlichen als Dispositiv zu betrachten ist eine Konzeption, die innerhalb eines gegebenen, zumeist hierarchisch strukturierten Begriffsapparates daran arbeitet, 'klassische' Begriffe bzw. Kategorien und traditionelle Differenzierungen - wie zum Beispiel

[10] Mit dem Problem der Materialität setzt sich insbesondere Butler (1993; 1995) auseinander.

männliche und weibliche Körper - zu dekonstruieren und gleichzeitig den Horizont für mögliche Transformationen zu öffnen.[11]
Mit der Rekonstruktion bzw. Dekonstruktion werden die Verfahren und Regeln der Konstruktion mit dem Ziel untersucht, zu klären, mit welcher Absicht spezifische 'Quasievidenzen'[12] historisch produziert worden sind und wie sie zu verändern sind. Für einen solchen Forschungsansatz bieten sich die bereits erwähnten methodischen Perspektiven der Archäologie und der Genealogie an.
Konkret bedeutete dies für eine genealogisch und archäologisch orientierte Forschung über das Geschlecht und seine historischen Konkretisierungen, daß insbesondere die folgenden Fragestellungen zu verfolgen wären.

Die archäologische Ebene betreffen beispielsweise die folgenden Fragenkomplexe:

- Wann und in welchen Diskursen wurde der Gegenstand Geschlecht hervorgebracht?
- Welche Nosographien und Ätiologien wurden in Bezug auf Abweichungen von bestimmten geschlechtlich markierten Vorstellungen von welchen wissenschaftlichen Disziplinen formuliert?
- Wer ist wann berechtigt, über den Gegenstand Geschlecht und das System der Geschlechtlichkeit zu reden?
- Mit welchen Konnotationen wurde die Figur des Mannes bzw. der Frau sowie der Gegenstand Geschlechtlichkeit assoziiert?
- In welchem inneren Zusammenhang steht die Diskursivierung eines männlichen und eines weiblichen Geschlechtes? Welche diskursiven Begründungen der Geschlechterdifferenz werden entwickelt? Welche Differenzen

---

[11] Gilles Deleuze (Deleuze 1991, S. 157f.) betont, daß Foucault mit seiner 'Philosophie der Dispositive' zwei zentrale Konsequenzen verbindet: Erstens dekonstruiert sie die unterstellten Universalien. Sie untersuche vielmehr das Geworden-Sein von Evidenzen. Zweitens wende sich Foucault vom Ewigen ab, um das Aktuelle aufzunehmen. Dabei sei, so erläutert Deleuze (Deleuze 1991, S. 160), das Aktuelle "nicht das, was wir sind, sondern eher das, was wir werden, das, was wir im Begriff sind zu werden, das heißt das Andere, unser Anders-Werden. In jedem Dispositiv muß man unterscheiden zwischen dem, was wir sind (was wir schon nicht mehr sind), und dem, was wir im Begriff sind zu werden: *der Anteil der Geschichte und der Anteil des Aktuellen*. Die Geschichte ist das Archiv, der Plan dessen, was wir sind und nicht länger sein werden, während das Aktuelle der Aufriß dessen ist, was wir werden".

[12] In Anlehnung an Foucault, der in der 'Archäologie des Wissens' (Foucault 1994) Diskurse wissenschaftlicher Disziplinen zunächst als Quasievidenzen charakterisiert, möchte ich an dieser Stelle das biologische und soziale Geschlecht sowie das System der Zweigeschlechtlichkeit als Quasievidenzen bezeichnen.

entdecken die Wissenschaften? Inwiefern orientieren sich die Individuen an den Erkenntnissen der Humanwissenschaften und inwiefern wirken die Körper(-erfahrungen) der Individuen auf das Wissen der Humanwissenschaften zurück?

Für eine genealogische Ebene ergeben sich u.a. die folgenden Fragestellungen:

- Welchen gesellschaftlichen Notwendigkeiten gehorchte und gehorcht die Hervorbringung des Geschlechtes? Welche gesellschaftlichen Möglichkeiten ergeben sich aus der Existenz eines gesellschaftlich konstruierten Systems der Zweigeschlechtlichkeit?
- Welche Rolle spielt die Frauen- bzw. Geschlechterforschung im Zusammenhang mit den gesamtgesellschaftlichen Machtverhältnissen? Ist sie an Transformationen im Hinblick auf die Ordnung der Geschlechter beteiligt? Ist ihre wissenschaftspolitische Relevanz eine andere als die der Sexualwissenschaften und / oder der Pädagogik und Psychoanalyse?

Für eine solche Perspektivierung der Forschung ergeben sich zwei grundlegende Konsequenzen: Erstens müßte sie die Wahrheiten und Gewißheiten der Diskurse über das Geschlecht als diskursive Konstruktionen dekonstruieren. Zweitens ginge es aber auch darum, die eigenen Positionen kritisch zu reflektieren.[13]

Fazit

Mit einer Konzeption der Kategorie Geschlecht als Dispositiv kann also die Produktion und die Konstruktion des Phänomens Geschlecht im Kontext der gesellschaftlichen Machtverhältnisse betrachtet werden. Die Kategorie Geschlecht wird so als Effekt historischer sozialer Prozesse erklärbar. Damit können auch die Forschungsergebnisse 'mikro'- und 'makrosozial' orientierter Forschungsarbeiten aufeinander bezogen und so Synergieeffekte erzielt werden. Denn die Fragen nach den Konstruktionsregeln und -praxen, nach den

[13] Es ginge also zum Beispiel gerade auch darum zu fragen, warum denn gerade Frauen in den Diskursen der Frauen- bzw. Lesbenbewegung als die widerständige Figur im Kampf gegen das Patriarchat galten. In dieser Perspektive erweist sich im übrigen die Entdeckung der Widerständigkeit der Frau als ein Fall, bei dem Teile der Frauenbewegung und eben auch die Frauen- bzw. Geschlechterforschung selbst sich an der Konstruktion diskursiver Figuren und deren Ontologisierung beteiligt haben (vgl Bührmann1995a).

Sinngebungsprozessen, der kulturellen Bedeutung und der kulturellen Realität des biologischen wie sozialen Geschlechtes können bearbeitet werden. Gleichzeitig aber können nicht nur die repressiven, sondern insbesondere auch die wesentlich produktiven Wirkungsweisen und die strategischen Konsequenzen der Kategorie Geschlecht und des Systems der Zweigeschlechtlichkeit untersucht werden. Sie können untersucht werden, da der Blick dafür geöffnet wird, daß im Dispositiv des Geschlechts nicht nur die Kategorie Geschlecht selbst hervorgebracht wird, sondern auch bestimmte individuelle bzw. kollektiv geteilte Vorstellungen über die Anzahl der Geschlechter, über ihre körperliche bzw. psychische Verfaßtheit und ihr Wesen.

Damit ist aber auch die Frage nach den strategischen Effekten des Dispositivs gestellt. Das strategische Ziel dieses Dispositivs besteht meiner Ansicht nach in der Normalisierung[14] der Körper, des Denkens und des Fühlens von Menschen und dient so letztendlich auch zur Kontrolle der Bevölkerung.

Literatur

Althoff, Martina / Leppelt, Monika 1995: "Kriminalität" - eine diskursive Praxis. Foucaults Anstösse für eine Kritische Kriminologie, Münster / Hamburg

Angerer, Marie-Luise 1994: It's so queer! Verschiebungen in der Differenz-Debatte im Rahmen einer feministisch-postmodernen Liaison, in: Östereichische Zeitschrift für Politikwissenschaften 23. (1994), S. 195-203

Annuß, Evelyn 1996: Umbruch und Krise der Geschlechterforschung: Judith Butler als Symptom, in: Das Argument 216 (1996), S. 505-524

Becker-Schmidt, Regina 1991: Individuum, Klasse und Geschlecht aus der Perspektive der Kritischen Theorie, in: Zapf, Wolfgang (Hg.) 1991: Die Modernisierung moderner Gesellschaften. Verhandlungen des 25. Deutschen Soziologentages in Frankfurt a.M., Frankfurt a.M./ New York, S. 383-394

Bührmann, Andrea D. 1995a: Das authentische Geschlecht, Die Sexualitätsdebatte der westdeutschen Frauenbewegung und die Foucault'sche Machtanalyse, Münster

Dies.1995b: Zwischen Skylla und Charybdis? Anmerkungen zur Diskussion über die soziale Konstruiertheit von Zweigeschlechtlichkeit, in: Kneer, Georg / Kraemer, Klaus / Nassehi, Armin (Hg.) 1995: Soziologie. Zugänge zur Gesellschaft Bd. 2, S.31-48

---

[14] Zum Begriff der Normalisierung vgl. auch: Bührmann 1995c; Bührmann 1996; Link 1996.

Dies. 1995c: Die empirischen Sexualwissenschaften als Normalisierungsinstanz, in: Kriminologisches Journal 5 (1995), S. 161-175

Dies. 1996a: Die Normalisierung der Geschlechter - Transformationen des Geschlechterdispositivs, Paderborn (Arbeitspapier 1996 - 12 des Lukács Institut für Sozialwissenschaften)

Dies. 1996b: Das authentische Geschlecht. Der Diskurs der Frauenbewegung und die Foucault'sche Machttheorie, in: Jäger, Margret / Jäger, Siegfried (Hg.) 1996: Baustellen. Beiträge zur Diskursgeschichte deutscher Gegenwart, Duisburg, S. 278 - 295

Butler, Judith 1991: Das Unbehagen der Geschlechter. Frankfurt a.M.

Dies. 1995: Körper von Gewicht. Die diskursiven Grenzen des Geschlechts. Berlin

Deleuze, Gilles 1991: Was ist ein Dispositiv?, in: Ewald, Francois / Waldenfels, Bernhard (Hg.) 1991: Spiele der Wahrheit. Michel Foucaults Denken, Frankfurt a.M., S. 153-162

Dreyfus, Hubert L. / Rabinow, Paul 1987: Jenseits von Strukturalismus und Hermeneutik, Frankfurt a.M.

Duden, Barbara 1993: Die Frau ohne Unterleib. Zu Judith Butlers Entkörperung - ein Zeitdokument, in: Feministische Studien 2 (1993), S. 24-34

Fink-Eitel, Hinrich 1989: Foucault zur Einführung, Hamburg

Foucault, Michel 1969: Wahnsinn und Gesellschaft. Eine Geschichte des Wahns im Zeitalter der Vernunft, Frankfurt a.M.

Ders. 1973: Die Geburt der Klinik. Eine Archäologie des ärztlichen Blicks, München

Ders. 1971: Die Ordnung der Dinge. Eine Archäologie der Humanwissenschaften,Frankfurt a.M.

Ders. 1976a: Von den Martern zu den Zellen. Ein Gespräch mit Roger-Pol Droit, in: Foucault 1976: Mikrophysik der Macht. Michel Foucault über Strafjustiz, Psychiatrie und Medizin, Berlin, S. 48-53

Ders. 1976b: Die Macht und die Norm, in: Foucault, Michel 1976: Mikrophysik der Macht. Michel Foucault über Strafjustiz, Psychiatrie und Medizin, Berlin S. 114-132

Ders. 1976c: Räderwerke des Überwachens und Strafens. Ein Gespräch mit J.- J. Brochier, in: Foucault, Michel 1976: Mikrophysik der Macht. Michel Foucault über Strafjustiz, Psychiatrie und Medizin, Berlin, S. 31-47

Ders. 1978a: Ein Spiel um die Psychoanalyse. Gespräch mit den Angehörigen des Dèpartement de Psychoanalyse der Universität Paris VIII in Vincennes, in: Foucault, Michel 1978: Die Dispositive der Macht. Michel Foucault über Sexualität, Wissen und Wahrheit, Berlin, S. 118-175

Ders. 1978b: Nein zum König Sex. Ein Gespräch mit Bernard-Henri Lévy, in: Foucault, Michel 1978: Die Dispositive der Macht. Michel Foucault über Sexualität, Wissen und Wahrheit, Berlin, S. 176-198

Ders. 1979: Was ist ein Autor?, in: Foucault, Michel 1979: Schriften zur Literatur, Frankfurt a.M. / Berlin / Wien, S. 7-31

Ders. 1989: Der Wille zum Wissen. Sexualität und Wahrheit Band 1, Frankfurt a.M.

Ders. 1987: Nietzsche, die Genealogie, die Historie, in: Foucault, Michel 1987: Von der Subversion des Wissens, Frankfurt a.M., S. 69-90

Ders. 1994: Archäologie des Wissens, Frankfurt a.M.

Gerhard, Ute 1991: 'Bewegung' im Verhältnis der Geschlechter und Klassen und der Patriarchalismus der Moderne, in: Zapf, Wolfgang (Hg.) 1991: Die Modernisierung moderner Gesellschaften. Verhandlungen des 25. Deutschen Soziologentages in Frankfurt a.M., Frankfurt a.M./ New York, S. 418-432

Gildemeister, Regine 1992: Die soziale Konstruktion von Geschlechtlichkeit, in: Ostner, Ilona / Lichtblau, Klaus (Hg.) 1992: Feministische Vernunftkritik. Ansätze und Traditionen, Frankfurt a.M. / New York, S. 220-239

Hagemann-White, Carol 1984: Sozialisation: weiblich-männlich? Alltag und Biografie von Mädchen, Opladen

Dies. 1988: Wir werden nicht zweigeschlechtlich geboren (...), in: Hagemann-White, Carol/ Rerrich, Maria S. (Hg.) 1988: FrauenMännerBilder. Männer und Männlichkeit in der feministischen Diskussion, Bielefeld, S. 224-235

Dies. 1993: Die Konstrukteure des Geschlechts auf frischer Tat ertappen? Methodische Konsequenzen einer theoretischen Einsicht, in: Feministische Studien 11 (1993), S. 68-78

Hauser, Cornelia 1996: Die Kategorie Gender in soziologischer Perspektive, in: Das Argument 216 (1996), S. 491-504

Hirschauer, Stefan 1993: Dekonstruktion und Rekonstruktion. Plädoyer für die Erforschung des Bekannten, in: Feministische Studien 11 (1993), S. 55-67

Honneth, Axel 1985: Kritik der Macht: Reflexionsstufen einer kritischen Gesellschaftstheorie, Frankfurt a.M.

Kammler, Clemens 1986: Michel Foucault. Eine kritische Analyse seines Werkes. Bonn

Köpl, Regina 1994: Das Subjekt ist tot - es lebe das Subjekt! Zum Ende des Universalismus in der feministisch-postmodernen Diskussion, in: Österreichische Zeitschrift für Politikwissenschaften 24, Heft 24 (1994),S. 169-181

Landweer, Hilge 1994: Generativität und Geschlecht. Ein blinder Fleck in der sex/gender-Debatte, in: Wobbe, Theresa / Lindemann, Gesa (Hg.) 1994: Denkachsen. Zur theoretischen und institutionellen Rede vom Geschlecht, Frankfurt a.M., S. 147-176

Lindemann, Gesa 1992: Die leiblich-affektive Konstruktion des Geschlechts. Für eine Mikrosoziologie des Geschlechts unter der Haut, in: Zeitschrift für Soziologie 5 (1992), S. 330-346

Link, Jürgen 1996: Der (un)verkrampfte Kampf des neuen Herzogs mit den Mühlen der Normalität, in: Jäger, Margret / Jäger, Siegfried (Hg.) 1996: Baustellen. Beiträge zur Diskursgeschichte deutscher Gegenwart, Duisburg, S. 20-34

Lorey, Isabelle 1993: Der Körper als Text und das aktuelle Selbst: Butler und Foucault, in Feministische Studien 2 (1993), S. 10-24

Maihofer, Andrea 1995: Geschlecht als Existenzweise. Macht, Moral, Recht und Geschlechterdifferenz, Frankfurt a.M.

Marti, Urs 1988: Michel Foucault, München

Rödig, Andrea 1994: Ding an sich und Erscheinung. Einige Bemerkungen zur theoretischen Dekonstruktion von Geschlecht, in: Feministische Studien 12 /2 (1994), S. 91-99

Sgier, Irena 1994: Aus eins mach zehn und zwei lass' gehn. Zweigeschlechtlichkeit als kulturelle Konstruktion, Bern / Zürich / Dortmund

Tyrell, Hartman 1986: Geschlechtliche Differenzierung und Geschlechterklassifikation, in: Kölner Zeitschrift für Soziologie und Sozialpsychologie 38 (1986), S. 450-489

Waldenfels, Bernhard 1991: Ordnung in Diskursen, in: Ewald, Francois / Waldenfels, Bernhard (Hg.) 1991: Spiele der Wahrheit. Michel Foucaults Denken, Frankfurt a.M., S. 277-297

Antke Engel

Geschlechterkonstituierung jenseits der Zweigeschlechtlichkeit

Etwas dreist und ohne Fragezeichen behauptet der Titel dieses Beitrages ein "jenseits" der Zweigeschlechtlichkeit und wagt es damit, die binäre Logik westlichen Denkens herauszufordern, von der Andrea Maihofer wahrscheinlich zu recht bemerkt, daß wir uns ihr gegenwärtig und bis auf weiteres wohl kaum entziehen können (vgl. Maihofer 1995, S.17f.). Wohl aber läßt sich ihr Absolutheitsanspruch in Frage stellen - und sei es nur dadurch, daß ihre Funktionsweise und die damit verbundenen Effekte in ihrer Dienlichkeit für konkrete sozio-historische Machtverhältnisse offengelegt werden. Ich stimme Maihofers Sichtweise zu, daß eine hierarchisch-binäre Geschlechterordnung nicht voluntaristisch zu verabschieden ist, insofern diese zum einen in der sprachlich-logischen Struktur westlichen Denkens verankert sei und außerdem von den Individuen im Sinne einer "Existenzweise" gelebt werde. Entgegenhalten möchte ich jedoch, daß die Anerkennung der aktuellen sozialen und individuellen Relevanz der Zweigeschlechtlichkeit (den Versuch) nicht ausschließt, gleichzeitig widersprechende Geschlechterdiskurse und -praktiken zu entwickeln, die nicht der hegemonialen, binären Vorgabe folgen. Es geht mir darum, ein Spannungsfeld heterogener Geschlechterkonzeptionen aufzumachen, in dem die Forderung nach einer positiven, nicht-hierarchisierenden Geschlechterdifferenz (vgl. Maihofer 1995, S. 168-73) zwar als situative politisch-strategische Intervention in sexistische Machtverhältnisse ihre Berechtigung findet, die darin vollzogene Universalisierung einer binären Differenz aber zurückgewiesen wird.

Einleitend möchte ich ganz kurz darauf eingehen, wie es zur Infragestellung einer natürlichen und notwendigen Zweigeschlechtlichkeit kam und welche Kritik an bestehenden - auch feministischen - Geschlechterkonzeptionen geleistet worden ist. Anschließend möchte ich auf dem Hintergrund eines Verständnisses von *Geschlecht als permanentem sozio-diskursiven Konstituierungsgeschehen*[1] über Möglichkeiten der Veränderung bestehender Geschlechterverhältnisse, über die Denkbarkeit und Lebbarkeit eines "jenseits der Zweigeschlechtlichkeit" nachdenken. Zu diesem Zwecke werde ich einen Blick auf ein Phänomen legen, daß sich seit einigen Jahren in den westlichen Metropolen unter dem Namen *Queer* breit macht. Queer scheint mir im Hinblick auf Formen von Geschlechterkonstituierung, die sich nicht in binären Rastern verfangen, durchaus von Interesse. Denn queer ist etwas anderes als nur ein theoretisches Konzept. Es beinhaltet Formen politischer Praxis, kultureller Produktion und alltäglicher Lebens- und Liebensformen, kurz es zeitigt durchaus praktische und materielle Effekte.

Hierarchisierende und normative Geschlechterkonzeptionen

Nicht erst seit Judith Butlers "Gender Trouble" (Butler, 1990) verfolgen verschiedene, u.a. konstruktivistische, ethnomethodologische oder psychoanalytische, Ansätze das Anliegen, die Mechanismen herauszuarbeiten, mittels derer eine rigide binäre Geschlechterordnung immer wieder hergestellt wird, und eben diese Ordnung damit in ihrer sozio-kulturellen oder historischen Konstituiertheit sichtbar zu machen.[2] Das besondere an "Gender Trouble" ist jedoch,

---

1 Dieser Begriff ist die Fortentwicklung eines Konzeptes von *Geschlecht als sozio-diskursiver Konstruktion und andauerndem Prozeß*, das ich in meiner Magistra (Engel 1994) anhand der Ansätze von Judith Butler und Teresa de Lauretis herausgearbeitet habe. *Konstituierungsgeschehen* versucht den statischen, substantivistischen, auf das *Ergebnis* ausgerichteten Begriff Konstruktion (oder auch Konstitution) durch einen prozessualeren Begriff zu ersetzen, der den *Vorgang* der Hervorbringung, Einrichtung, Gründung hervorhebt. Konstituierungsgeschehen erscheint mir durchaus kompatibel mit Maihofers Konzept von "Geschlecht als Existenzweise"; ich versuche jedoch eine Heterogenität von Diskursen, nicht nur den hegemonialen modernen, bürgerlichen, in den Geschlechterbegriff hineinzuziehen.

2 Vgl. Treibel (1993) für einen Überblick über interaktionistische/ethnomethodologische Studien i.d. Soziologie, die schon i.d. 60er Jahren der Begriff des "Doing Gender" prägten, oder Hagemann-White (1984), die aus sozialisationstheoretischer Perspektive die Konstruktion zweier hierarchischer Geschlechter untersucht. Bezüglich der Debatte der frühen 90er vgl. u.a. Laqueur (1990); Kaplan/Rogers (1990); Gildemeister/Wetterer (1992), die aus historischer, biologischer und sozialwissenschaftlicher Perspektive für eine Denaturalisierung der Zweigeschlechtlichkeit argumentieren, und v.a. im Hinblick auf die durch Butler ausgelöste Debatte um den Geschlechtskörper: Feministische Studien (2/1993); Inst. f. Sozialforschung Frankfurt (Hg.) (1994).

daß die Denaturalisierung der Zweigeschlechtlichkeit als Antwort auf Konflikte und Machtdifferenzen im Feld feministischer Theorie und Politik erfolgt. Vor allem von Seiten Schwarzer und lesbischer Feministinnen ist kritisiert worden, daß feministische Geschlechterkonzeptionen dazu beigetragen haben, historische und sozio-kulturelle Differenzen sowie Machtrelationen *unter Frauen* zu ignorieren bzw. einem vorgeblich universellen Geschlechtersystem zu subsummieren. Die Kategorie Geschlecht ermögliche es zwar, das hierarchische Moment dominanter Geschlechterordnungen ins Blickfeld zu rücken, trage jedoch ihrerseits dazu bei, eine normativ zweigeschlechtliche, rassistische und heterosexistische Ordnung festzuschreiben. Als problematisch wurde hierbei vor allem die interne Homogenisierung der beiden exklusiven Geschlechtskategorien "Mann" und "Frau" herausgearbeitet sowie deren systematische Kopplung entlang einer heterosexuellen Matrix, die jedes Geschlecht nur in - hierarchischer - Relation zum anderen repräsentierbar macht.

Die Abkehr vom Konzept einer universellen Geschlechterbinarität, wie sie von Butler argumentiert worden ist, beruht auf einer Kritik an Identitätslogik und Identitätspolitik[3]: Jedes Sprechen "im Namen von" zieht Grenzen und produziert Ausschlüsse. Es gesteht einer (selbst-) ermächtigten Gruppe die Definitionsgewalt über eine vorgebliche Gemeinsamkeit zu, entlang derer Zugehörigkeiten reguliert und gerechtfertigt werden. Diese Gemeinsamkeit als Effekt eben solcher Definitionen und identitätspolitischer Strategien anzusehen heißt, die Kategorie "Frau" wie jede andere Identitätskategorie ihrer prädiskursiven Essenz und Notwendigkeit zu berauben. Statt als Grundlage politischen Handelns (und Voraussetzung politischer Handlungsfähigkeit) gilt es Identitäten als Effekte performativer Wiederholungen zu verstehen sowie als ein umkämpftes Terrain der Repräsentationen im Feld komplexer Machtverhältnisse. Entsprechend rechtfertigt sich Poltik nicht mehr im Rückgriff auf gemeinsame Erfahrungen oder substantielle Eigenheiten einer mehr oder minder klar definierten Gruppe, sondern über die Formulierung politischer Ziele und Interessen, die es im Rahmen veränderlicher Koalitionen stets neu zu auszuhandeln und in Praxis umzusetzen gilt. Dies ermöglicht es, Differenzen und Interessengegensätze innerhalb der FrauenLesbenbewegungen anzuerkennen und als Machtdifferenzen zu behandeln.

Die Neuformulierung von Geschlecht als permanentem sozio-diskursiven Konstituierungsgeschehen versucht der Anforderung gerecht zu werden,

---

3 Hinsichtlich der folgenden Argumentation vgl. Butler (1990)

gleichzeitig der Hierarchisierung entlang der Kategorie Geschlecht entgegenzutreten wie auch die Normativität einer universalistischen Kategorie und die damit verbundenen Ein- und Ausschlußmechanismen zu unterlaufen. Statt Geschlecht in einer Weise zu reduzieren, daß sich ein kleinster gemeinsamer Nenner jenseits aller historischen, kulturellen und individuellen Differenzen findet oder eine Einheitlichkeit definitorisch zu setzen, der Differenzen als Sekundäreffekte hinzuzufügen sind, geht es darum, Heterogenität und Veränderbarkeit in die Kategorie selbst einzuschreiben.[4] Ich gehe davon aus, daß die Kategorie Geschlecht in feministischen Diskursen unterschiedliche Funktionen erfüllt, die miteinander verflochten sind, ohne sich notwendig zu ergänzen. Somit ist es möglich, an einem binären Geschlechterbegriff, bzw. dem Konzept der Geschlechterdifferenz, zur Analyse und Kritik sozio-kultureller Hierarchisierungs- und Unterdrückungsverhältnisse festzuhalten und zugleich eine antizipative Funktion von Geschlecht in feministischen Diskursen stark zu machen. Genau um diese antizipative Funktion, die aus dem Anliegen feministischer Theorie nach gesellschaftspolitischer Veränderung erwächst, dreht sich die Frage nach Geschlechterkonstituierungen jenseits der Zweigeschlechtlichkeit. Es geht nicht mehr allein darum zu analysieren, mittels welcher Diskurse, Praktiken und Technologien eine exklusiv binäre und normativ heterosexuelle Geschlechterordnung immer wieder hervorgebracht wird, sondern die Möglichkeiten, Bedingungen und Perspektiven von Veränderung zu untersuchen.[5]

Queer: jenseits rigider Zweigeschlechtlichkeit und normativer Heterosexualität

Die Anschuldigung, jenseits der Binarität sei Geschlecht nicht lebbar und Ansätze, die eine Auflösung der binären Ordnung verfolgen, verrieten "die Körper" wie auch politische Handlungspotentiale zugunsten einer Fiktion oder einer intellektuellen Spielerei[6], provoziert eine Gegenrede: sprachlich-diskursive Veränderungen, und das heißt auch fiktionale oder utopische Darstel-

---

4 Trettin (1994) argumentiert hingegen, daß Feministinnen auf die Kategorie Geschlecht verzichten sollten, da Kategorien per definitionen universell und fundamental seien, so daß es unmöglich sei, Heterogenität und Differenz in die Kategorie einzuschreiben.

5 Zwei aktuelle, feministische Ansätze, die explizit durch dieses Veränderungsanliegen motiviert sind und nach Alternativen zu (geschlechtlichen /sexuellen) Identitätskonstruktionen und -politiken fragen, sind Hark (1996) und Lorey (1996).

6 Vgl. Feministische Studien (2/1993), darin insbes. Barbara Duden und Hilge Landweer

lungsweisen, erfüllen antizipatorische und produktive Funktionen. Sie bringen veränderte Bedingungen und Möglichkeiten für Körperbilder und -sensationen, physische und psychische Erfahrungen, Gewohnheiten und Praktiken, Selbstrepräsentationen und Identitäten hervor. Diese Fokussierung zielt nicht darauf ab, sprachliche Praktiken zu privilegieren oder gar als Veränderungspotentiale exklusiv zu setzen, sondern versucht lediglich dem Argument, es gäbe definitive, ahistorische materielle Bedingungen, die die Grenzen und Möglichkeiten von Veränderung determinieren, etwas entgegenzuhalten und praktische bzw. praxisrelevante Dimensionen konzeptioneller Veränderungen zu betonen.[7]

Ich will damit eben gerade nicht nahelegen, daß wir eine rigide Zweigeschlechtlichkeit voluntaristisch verabschieden können, sondern daß Veränderungen ihren Weg über die Materialisierungen, Institutionalisierungen und Einkörperungen von Geschlecht gehen. Genau in diesem Sinne halte ich jedoch ein Denken, das sich der binären Zwangslogik widersetzt, längst nicht mehr für ein utopisches Projekt, sondern behaupte, daß es sich bereits in Praktiken und Selbstverständnissen niederschlägt. Zwar widerstrebt es mir, ein Feld abzustecken und Namen einzuführen, weil dies erneut Kategorisierungen nahelegt, doch wäre es unangemessen - auch hinsichtlich der Kontextualisierung meines eigenen Ansatzes - , einen ganzen Strang aktueller Theoriebildung zu ignorieren. *Queer Theory* [8] ist sicherlich nicht die finale Antwort auf

---

7 Eine Denkerin, die ein reflexives Verhältnis zwischen Diskurs/Repräsentation und Materialität (Praktiken, Institutionen, Körper) konsequent zur Anwendung bringt und die praktische Relevanz symbolisch-diskursiver Veränderungen stark macht, ist die Filmtheoretikerin Teresa de Lauretis. Sie geht davon aus, daß Geschlechter mittels *Gendertechnologien* hergestellt werden und *Effekt wie Prozeß kultureller Repräsentationen und subjektiver Selbstrepräsentationen* sind. Ihre Forderung, feministische *Repräsentationspolitiken* zu entwickeln, beruht auf der Idee, daß es möglich ist, sich zwischen den Vorgaben des hegemonialen Geschlechterdiskurses und dem "Space-Off", dem Unsagbaren, den Blinden Flecken, den Zwischenräumen dieses Diskurses zu bewegen - und daß die Bewegungen in diesem Spannungsfeld nicht ohne praktische Auswirkungen auf feministische Praktiken, Lebensformen, Öffentlichkeiten und kulturelle Produktionen sind, aus denen sie zugleich hervorgehen. (vgl. de Lauretis 1987, insb. Kap.I) In ihrem neuesten Buch "The Practice of Love" (1994) nutzt sie die Vorgaben des hegemonialen, psychoanalytischen Diskurses, um, dessen "Verbot" zum Trotze, eine Theorie aktiven weiblichen Begehrens ohne Bezug auf den Phallus zu entwickeln. Diese Theorie beruht auf den Praktiken und Lebensformen lesbischer Subkulturen und schafft doch erst die Voraussetzungen, diese aus der Einbindung in den heterosexistischen, binären Geschlechterdiskurs herauszuziehen.

8 Queer Theory bezeichnet einen akademischen Sexualitätsdiskurs, der sich im angloamerikanischen Raum seit Anfang der 90er etabliert/institutionalisiert, inzwischen eine große

die Frage nach einem weder hierarchischen noch normativen Geschlechterverständnis. Zum einen verbergen sich hinter dem Label Queer Theory ausgesprochen heterogene und teilweise widersprüchliche Konzepte. Zum anderen erlaubt die Idee einer prinzipiellen Unabgeschlossenheit der Kategorie Geschlecht sowieso keine finale Antwort. Sehr wohl aber bringt queer eine Auffassung von Geschlecht - und das meint auch die Geschlechtskörper - als andauerndem sozio-diskursiven Konstituierungsgeschehen im Netz komplexer Machtverhältnisse konsequent zur Anwendung.

Queer bestreitet ein notwendiges, kausales oder mimetische Verhältnis zwischen Sex, Gender, Geschlechtsidentität und Sexualität, wie es noch im feministischen Konzept des Sex-Gender-Systems aufrechterhalten worden ist.[9] Geschlecht und Sexualität werden nicht länger als vorkulturelle Phänomene, als Ausdruck eines inneren Wesens oder biologischer Gegebenheiten angesehen, sondern als Effekte sozialer und diskursiver Mechanismen und Praktiken, deren Wiederholung die Körper als kohärent und stabil hervorbringt. Hierbei gilt die normative Heterosexualität als entscheidende Technologie, die dafür sorgt, daß zugleich rigide binäre Geschlechternormen wie auch die Hierarchie der Geschlechter festgeschrieben und verkörpert werden. Geschlecht und Sexualität, Zweigeschlechtlichkeit und normative Heterosexualität, sind demnach alles andere als Oberflächenphänomene. Sie haben sich nicht etwa in vorgängige Körper eingeschrieben, sondern stellen die Mechanismen dar, entlang denen sich Geschlechtskörper in Form bestimmter Stile, Gesten, Gewohnheiten, Empfindungen, Wahrnehmungsweisen konstituieren. Und sie fungieren, so ein zentrales Argument von Butler, als sozio-diskursive Regeln, gemäß denen Geschlechtsidentitäten und Körper kulturell intelligibel werden, das heißt, darauf hoffen dürfen, als soziale Subjekte anerkannt zu werden (vgl. Butler, 1990; Butler, 1993).

Wenn rigide Zweigeschlechtlichkeit ebenso wie normative Heterosexualität nicht länger als Naturgegebenheit oder Notwendigkeit, sondern als Effekte

---

Zahl an Veröffentlichungen hervorgebracht hat, die auch im dt.-sprachigen Raum rezipiert, diskutiert und in kulturelle/politische Praktiken umgesetzt werden. Sexualität, bzw. insbesondere die Dichotomie von Hetero- und Homosexualität, wird als konstitutives Moment moderner westlicher Kultur, Wissenschaft, Gesellschaft und Subjektivität verstanden, jedoch zugleich als Effekt spezifischer Bezeichnungs-, Regulierungs- und Normalisierungsverfahren analysiert. Vgl. u.a. Hark (1993); Warner (1993); Butler (1993); differences (1994).

9 Vgl. Gildemeister/Wetterer (1992), die einen "latenten Biologismus der Gesamtkonstruktion" Sex-Gender diagnostizieren (206/207).

"moderner Bezeichnungs-, Regulierungs- und Normalisierungsverfahren" (Hark 1993, 104) interpretiert werden, heißt das, sie in ein Feld individueller und politischer Veränderbarkeit hineinzuziehen. Geschlechtliche und sexuelle Identitäten und Lebensformen erweisen sich als kontingent, wenn auch nicht zufällig. Somit wird es möglich, sowohl was die Wahrnehmung und Darstellung meiner selbst wie auch die Wahrnehmung anderer betrifft, den Blick auf die Mechanismen zu lenken, die eine geschlechtliche Eindeutigkeit immer wieder herstellen und diese Mechanismen zu relativieren, zugunsten einer Aufmerksamkeit für und Stärkung von Momenten der Vieldeutigkeit, Verwirrung und Veränderlichkeit. Gleiches gilt für die Rezeption wie auch die Produktion kultureller oder politischer Repräsentationen. In diesem Sinne ist Queer Theory nicht nur ein theoretisches Konzept, sondern zeigt praktische Konsequenzen in Form von politischen Aktionen, kulturellen Produktionen und alltäglichen Lebens- und Liebensformen.

Queer im Feld komplexer gesellschaftlicher Machtverhältnisse[10]

Nichtsdestotrotz stehen queere Praktiken und Politiken damit nicht außerhalb hegemonialer gesellschaftlicher Verhältnisse. Auch innerhalb subkultureller Kontexte formieren sich Hierarchien, Konflikte und Machtverhältnisse, und zwar nicht unabhängig von, sondern vielfach im Einklang mit dominanten kulturellen Normen und Selbstverständlichkeiten. So wird eine hierarchische Geschlechterordnung, die auf vielfältige Weise institutionalisiert und verkörpert ist, nicht allein deshalb unwirksam, weil Queer Theory die Eindeutigkeit der Zweigeschlechtlichkeit bezweifelt und den Fokus von der Geschlechterdifferenz auf die Unterscheidung von Hetero- und Homosexualität verschiebt. Des weiteren bedingen gesellschaftlich verankerte rassistische Diskurse und Praktiken unterschiedliche Möglichkeiten, wie Sexualitäten queer gelebt und repräsentiert werden können. Einerseits sind also subkulturelle Kontexte durchzogen von vorherrschenden sozio-diskursiven Mustern, andererseits schwappen subkulturelle Codes durchaus in die hegemoniale Normalität hinein und werden dort aufgegriffen. Auch im Rahmen kulturell dominanter Ver-

[10] Die folgende kritische Auseinandersetzung mit queer als einem, in gewissen kulturellen und wissenschaftlichen Kreisen, ausgesprochen populären Phänomen und insbesondere mit den Formen und Funktionen der diskursiven Aneignung im deutsch-sprachigen Raum, findet sich in ausführlicher Version in: Engel (1996).

hältnisse boomt die Suche nach vielfältigen sexuellen Abweichungen und Raffinessen, die den Einzelnen Individualität versprechen und kollektiv der Selbstbestätigung einer toleranten, pluralistischen Gesellschaft dienen. Die hegemoniale Ordnung ist weder rigide noch einheitlich und sie hat eine hohe Integrationskraft.

Queer ist eine konkrete Intervention in die theoretischen und politischen Problematiken eines substantiellen und universalistischen Geschlechtverständnisses. Queer Theory hebt nicht nur die Konstituiertheit sozialer und individueller Identitäten im Feld komplexer, teilweise institutionalisierter, Machtverhältnisse hervor, sondern versteht sich als Kritik an den definitorischen Festschreibungen von Identitätskonstruktionen, den damit verbundenen Grenzziehungen und Ausschlußmechanismen. In diesem Sinne kann *queer* nicht selbst als Identitätskategorie oder Geschlechtsbezeichnung fungieren. Eine Herausforderung lautet demnach: Wie ist ein queeres Selbstverständnis zu denken, wenn nicht als Identität? Wie lassen sich Praktiken und Technologien der Subjektivität und der gemeinschaftlichen Kommunikation und Interaktion entwickeln, die sich nicht in der normativen Forderung nach stabilen, eindeutigen und kohärenten Geschlechtsidentitäten verfangen, aber auch nicht die effektive Wirksamkeit einer rigiden binären Geschlechterordnung und die Gewalt heterosexistischer Normativität in relativistischer Weise verwischen?

Es stellt sich die entscheidende Frage, wie im Feld queerer Theorien und Politiken mit Machtdifferenzen, Hierarchien und Privilegien umgegangen wird, die sich unweigerlich auch dort entlang von Rasse, Klasse und Geschlecht ausprägen. Trotz aller Kritik an Identitätspolitiken produziert auch der Name Queer eine Gemeinsamkeit und suggeriert Koalitionen, die Interessenkonflikte oder Desinteressen, z.B. zwischen Lesben und Schwulen, unsichtbar bzw. unbenennbar machen. Aus lesbisch-feministischer Perspektive bleibt es jedoch ein Anliegen, die ungleiche Verteilung sozialer, kultureller und ökonomischer Ressourcen zu bekämpfen sowie öffentliche Sichtbarkeit und gesellschaftliche Anerkennung einzufordern, die entlang sozialer Differenzierungen verweigert wird. Allein ein queeres Selbstbekenntnis und die Proklamation der Konstruiertheit aller Identitäten und sozialen Kategorien löst die Wirksamkeit von Machtdifferenzen und soziale Ungleichheiten keineswegs auf. Konsequent queer immer nur die Unabschließbarkeit, Beweglichkeit und Heterogenität jeglicher Identitätskategorie zu betonen, kann es durchaus schwierig machen, sich über Dominanzstrukturen auseinanderzusetzen, und ignoriert außerdem die Risiken, die es birgt, uneindeutige Geschlechtsidentitäten und veränderliche Sexualitäten zu leben.

Ist es also aus strategischen Gründen in bestimmten Kontexten sinnvoll, Differenzen zu postulieren, Anspruch auf definitive Subjektpositionen, sei es "als Frau", sei es "als Lesbe", zu erheben, probeweise und provokativ deren Definition zu setzen? Läßt sich dann aber nicht eine Begrifflichkeit finden, die eine Pluralisierung, Vorläufigkeit und Beweglichkeit signifiziert, die auf ein umkämpftes Terrain innerhalb komplexer Machtverhältnisse verweist und trotzdem klare politische Interventionen ermöglicht? Ausgehend von einem Verständnis von Sprache als (politischer) Praxis, erhebt sich die Forderung, "Frau" oder "Lesbe" als ein dynamisches, unabgeschlossenes sozio-diskursives Konstrukt zu konzipieren, das es ermöglicht, eine Differenz einzufordern und zu verhandeln, ohne damit rigide Grenzziehungen und normative Subjektpositionen zu befestigen. Es geht darum, Unterschiede zu benennen, aber sie nicht festzuschreiben, sondern offen und in Bewegung zu halten: "(...) ich will eine Methode zur Unterscheidung, die eine Logik der Kategorisierung zurückweist" (Probyn 1995, 66, Übers. leicht geändert).

Ein Aufbrechen der Binarität und eine geschlechtliche Vieldimensionalität, wie sie unter dem Namen Queer versucht wird, ist also gerade nicht als neue Geschlechternorm zu verstehen, sondern als eine historisch-kulturelle *Möglichkeit* im Feld komplexer, teilweise institutionalisierter Machtverhältnisse. Problematisch wird es dann, wenn queer wiederum als Identitätskategorie, als eine homogenisierende Klammer funktioniert, die ein avantgardistisches "Wir" hervorbringt und meint, klare Grenzen gegenüber binären Geschlechterkonstruktionen oder heterosexistischen Normalisierungen ziehen zu können. In diesem Falle wird erneut die Definitionsmacht der Identitätslogik aufgerufen und ein dynamisches und heterogenes Verständnis von Geschlecht und Sexualität durch eine Kategorisierung fixiert. Der Wert und die Lebbarkeit von Geschlechterkonzeptionen "jenseits der Zweigeschlechtlichkeit" begründen sich also nicht überhistorisch und universal (im Verweis auf eine geschlechtliche "Wahrheit"), sondern im Aufbegehren gegen die Ausschlüsse, Entwertungen, Verwerfungen und Hierarchisierungen einer rigiden binären Geschlechterordnung. Dies widerspricht der Befürchtung, die Infragestellung der binären Geschlechterkonzeption bedeute das Ende des Feminismus oder mindestens seiner gesellschaftspolitischen Dimension. Denn verstanden als eine historisch und kulturell spezifizierte Möglichkeit, gewinnt die Rekonzeptualisierung von Geschlecht eine Berechtigung, wenn es gelingt zu zeigen, daß eine Infragestellung der Zweigeschlechtlichkeit eine Delegitimation normativer Ein- und Ausschlußmechanismen bewirkt, (Macht-)Differenzen in die Geschlechterkategorie einführt und geschlechtliche Subjektpositionen eröffnet, die innerhalb eines binären Systems nicht repräsentierbar sind.

Literatur

Butler, Judith 1990: Gender Trouble. Feminism and the Subversion of Identity, New York/London

Dies. 1991: Das Unbehagen der Geschlechter, Frankfurt/M.

Dies. 1993: Bodies that Matter. On the discursive Limits of "Sex", London/New York

Dies. 1993: Körper von Gewicht. Die diskursiven Grenzen des Geschlechts, Berlin

De Lauretis, Teresa 1987: Technologies of Gender. Essays in Theory, Film, and Fiction. Bloomington/Indiana.

Dies.1994: The Practice of Love. Lesbian Sexuality and Perverse Desire, Bloomigton/Indiana.

Dies. 1996: Die andere Szene. Psychoanalyse und lesbische Sexualität, Berlin

differences. A Journal of Feminist Cultural Studies: More Gender Trouble: Feminism meets Queer Theory 2+3 (1994)

Engel, Antke 1994: Abschied von der Binarität? Die Kategorie Geschlecht im feministisch-philosophischen Diskurs seit Mitte der 80er Jahre, Hamburg (unveröffentlichte Magistra).

Dies. 1996: Verqueeres Begehren, in: Hark, Sabine (Hg.) 1996: Grenzen lesbischer Identitäten, Berlin, S. 73-95

Feministische Studien 2 (1993): Kritik der Kategorie Geschlecht

Gildemeister, Regine / Wetterer, Angelika 1992: Wie Geschlechter gemacht werden. Die soziale Konstruktion der Zweigeschlechtlichkeit und ihre Reifizierung in der Frauenforschung, in: Knapp, Gudrun-Axeli / Wetterer, Angelika (Hg.) 1992: Traditionen Brüche. Entwicklungen feministischer Theorie, Freiburg

Hagemann-White, Carol 1994: Sozialisation weiblich - männlich, Opladen

Hark, Sabine 1993: Queer Interventionen, in: Feministische Studien 2 (1993), S. 103-109.

Dies. 1996: deviante Subjekte. Die paradoxe Politik der Identität, Opladen

Institut für Sozialforschung Frankfurt (Hg.) 1994: Geschlechterverhältnisse und Politik, Frankfurt/M.

Kaplan, Gisela T. / Rogers, Lesley J. 1992: The Definition of Male and Female: Biological Reductionism and the Sanctions of Normality, in: Gunew, Sneja (Hg.) 1990: Feminist Knowledge: Critique and Construct, London

Laqueur, Thomas 1990: Making Sex. Body and Gender from the Greeks to Freud, Harvard.

Ders. 1992: Auf den Leib geschrieben. Die Inszenierung der Geschlechter von der Antike bis Freud, Frankfurt/M.

Lorey, Isabell 1996: Immer Ärger mit dem Subjekt. Theoretische und politische Konsequenzen eines juridischen Machtmodells: Judith Butler, Tübingen

Maihofer, Andrea 1995: Geschlecht als Existenzweise, Frankfurt/M.

Probyn, Elspeth (1995): Queer Belongings, in: Angerer, Marie-Luise (Hg.) 1995: The Body of Gender: Körper, Geschlechter, Identitäten, Wien, S. 53-68

Treibel, Anette 1993: Einführung in soziologische Theorien der Gegenwart, Opladen

Trettin, Käthe 1994: Braucht die feministische Wissenschaft eine Kategorie?, In: Wobbe, Theresa / Lindemann, Gesa (Hg.) 1994: Denkachsen: Zur theoretischen und institutionellen Rede von Geschlecht, Frankfurt/M., S. 208-235

Warner, Michael (Hg.) 1993: Fear of a Queer Planet, Minneapolis/London

Birgit Dahlke

Leerstelle oder Lehrstelle? Nebenbemerkung einer Ostdeutschen

Aktuellere theoretische Debatten westdeutscher Feministinnen um die Kritik der Kategorie "Geschlecht" werden von vielen Ostdeutschen wahrgenommen als solche, die mit ihnen nichts zu tun haben. Zu abstrakt, akademisch, unverständlich. Auch ich konnte mich eines ähnlichen Eindrucks nicht erwehren: Wo bin ich in all diesen Debatten? Was geht mich an daran?
In der gesamtdeutschen Publizistik im Jahr Sieben der deutschen Einheit werden in der DDR sozialisierte Frauen und ihre Erfahrungen entweder aus den dominanten Diskursen ausgegrenzt oder aber definiert als "Muttis", "ostdeutsche Superweiber", "Rabenmütter", "Verliererinnen der deutschen Einheit". Über die Definitionsmacht verfügen andere; ostdeutsche Frauen aus den verschiedenen sozialen Schichten, Berufen, politischen Gruppierungen mischen in ihrer Mehrzahl nicht mit in den entscheidenden Diskursen.

Daher habe ich meine Wortmeldung als "Nebenbemerkung" deklariert, nebenher gesprochen, vom Rand, nicht aus der Mitte.
Gründe dafür liegen in Erfahrungen mit westdeutschen Medien einerseits und mit Westfeministinnen (vorrangig im akademischen Bereich) andererseits:
Ein Text der 1964 geborenen Autorin Annett Gröschner über ihre Erfahrungen mit einer DDR-Kinderkrippe für die Zeitschrift *Emma* wurde 1991 ohne Absprache mit einer vollkommen sinnentstellenden Überschrift versehen, womit sich der Artikel in sein Gegenteil zu verkehren schien. Natürlich - ein Einzelfall. Und doch bestätigte er ein Vorurteil.
Ihr Städte-Porträt über Leipzig nach der Wende, entstanden als Auftragstext des *Spiegel* 1996, findet die 1961 geborene Autorin Kerstin Hensel von ursprünglich acht auf drei Seiten gekürzt wieder, reduziert auf die harten kritischen Töne. Erwartungsgemäß, werden Sie sagen. Erfahrungsbildend, sage ich.

Als ich 1990/91 in einen feministischen Ost-West-Arbeitskreis von Germanistinnen gerate, schlägt die gegenseitige Neugier schnell in beiderseitige Irritation um: die sich da gegenübersitzen, haben weniger miteinander zu tun, als sie dachten. Für die meisten sind es die ersten Ost-West-Kontakte mit Kolleginnen. Die wenigen Ausnahmen auf der Ostseite erleben einen Wandel in der Art und Weise der Begegnung: statt Exotik nackte Konkurrenz. Es sind ganz unterschiedliche Frauentypen, die sich im Osten und im Westen für den Beruf der Wissenschaftlerin entschieden haben. Sie entstammen unterschiedlichen sozialen Schichten, unter den Ostdeutschen gibt es auffällig wenig Töchter mit bürgerlich-akademischem Familienhintergrund und dem damit verbundenen kulturellen Kapital. Die Binsenweisheit von der Etablierung einer neuen, anderen Schicht der Intelligenz in der DDR, angefangen von den Arbeiter- und Bauernfakultäten bis hin zum gewaltsamen Eingriff ins kleinbürgerliche Milieu etwa des Bildungsbürgertums - nach zwei Generationen hat sie zu Ergebnissen geführt, die ich am eigenen Leibe zu spüren bekomme. Mir gegenüber sitzt eine andere Art Intellektueller. Auch unser Lebensstil als Frau und Wissenschaftlerin ein und der selben Generation unterscheidet sich: die fünfzehn Ostfrauen in dem Arbeitskreis haben so gut wie alle ein bis zwei Kinder, sind verheiratet oder bereits geschieden. "Wenn es '68 nicht gegeben hätte, so wäre ich jetzt auch verheiratet und Mutter (...)", kommentiert eine westdeutsche Kollegin unsere Vorstellungsrunde, keinesfalls bedauernd. (Die so unterschiedliche Lebenssituation schlägt sich übrigens nieder in ganz praktischen Kämpfen um die Anfangszeit unserer Treffen: die Westkolleginnen wollen direkt aus der Uni kommen, die ostdeutschen müssen erst ihre Kinder ins Bett bringen... Beide Seiten reagieren empfindlich.)

Eine ausgesprochen hohe Verständigungshürde bildet die fast gegensätzliche Selbstwahrnehmung als Frau in der Gesellschaft. Um 1991 sprechen wir Ostdeutschen in der Mehrzahl noch von der Erfahrung der Gleichberechtigung im Beruf. Zwar haben wir alle riesige Probleme, unseren Anspruch auf Beruf und Familie zu vereinbaren, zwar bemerken wir gerade erst, daß dies eben nicht ein privates Problem sein kann, aber ehe wir dazu kommen, unsere tastenden Schritte in Richtung Patriarchatsanalyse zu wagen, stoßen wir auf die gerümpften Nasen unserer Gegenüber. Solidarität unter Frauen? Nach Ansicht der Westkolleginnen kommen wir Jahrzehnte zu spät mit unseren Erkenntnissen. Sozialismus als Patriarchat - Kalter Kaffee! Feministisch-kritische Literatur von Autorinnen - alles schon dagewesen. Dabei wäre die eingeschränkte Rezeption solcher Literatur innerhalb der DDR ein Thema für sich: Irmtraud Morgners "Trobadora Beatriz" wurde von uns nie so radikal "feministisch"

gelesen wie in Italien, Frankreich, den USA oder der BRD. Die aus der DDR stammenden LeserInnenbriefe an Maxie Wander zeigen dagegen ein gemeinsames Nachdenken über die Verhältnisse und über das Verhalten von Frauen und Männern, sie sind keinerlei Patriarchatsdebatten."Dir fehlt eine fast zwanzigjährige Diskussion", bekomme ich zu hören, als ich mich, neugierig und sensibel für die geschlechtsspezifische Dimension des Lesens, Schreibens und Wissenschaftens geworden, in die feministischen literaturtheoretischen Debatten einmischen will.
Kann also nur mitreden, wer den Weg West im Kurzdurchlauf absolviert, immer einige Schritte hinterherhechelnd? Meint "Annäherung" auch auf diesem Gebiet eine Einbahnstraße?
Nicht wenige meiner Freundinnen und Kolleginnen aus der DDR fanden nach 1989 in der Selbstwahrnehmung als "Vor-allem-Frau" einen Ausweg aus den politischen, sozialen und kulturellen Verunsicherungen. Da das Erlebnis, in der Berliner Volksbühne - für viele erstmals - ganz unter Frauen zu sein, die alle der Anspruch einte, in dieser "Wende" ein Wort mitzureden, noch ungewohnt und frisch war (die Gründungsversammlung des Unabhängigen Frauenverbandes vom November 1989 blieb in der Erinnerung vor allem ein euphorisches Happening), bot sich in der Flucht nach vorn auch ein Ausweg an. Zugegeben, wir wichen damit zunächst auch aus: den innerparteilichen Selbstkasteiungen in der SED, den Stasi-Debatten, der Entwertung der bislang so gefragten Arbeitskraft, den berstenden Ehe- und Familienstrukturen. Ich zumindest suchte mir eine Wahlheimat in der Identitätsbestimmung vorrangig "als Frau", da mir die politische Heimat unter den Füßen versank. Ich suchte etwas Integratives in all den Zerfallsprozessen. Ich fand es, weniger auf Seiten der Westkolleginnen, die mich wohl vor allem als zukünftige Konkurrentin auf dem ohnehin engen Feld der "Frauenforschung" wahrnahmen, um so mehr auf Seiten ganz fremder Frauen aus dem "Osten". Ein Phänomen - um so stärker im Wachsen begriffen, je mehr wir gemeinsam darüber nachdachten, inwiefern unsere frühere Selbstwahrnehmung als "emanzipiert" den männlichdominierten Machtstrukturen zur Durchsetzung verholfen hatte. Im Nachwendedeutschland fand ich mich in der äußerst ambivalenten Situation wieder, mir zugleich "nach hinten" der in der DDR vorherrschenden Verdrängung von Diskriminierungspraxen bewußtwerden und "nach vorn" die Reduzierung meiner Person auf das Geschlecht abwehren zu müssen. (Nur Frauen wurden und werden übrigens im Vereinigungsjournalismus als Geschlechtswesen wahrgenommen, die ostdeutschen Männer erscheinen als Arbeitnehmer, Rentner, PDS-Wähler, Kunden.)

Aufgrund dieser widersprüchlichen Situation entspricht etwa die von Judith Butler ausgelöste Debatte um Sex/Gender und deren Unterscheidung als soziale Konstruktionen meinen Bedürfnissen nur unzureichend. Die Konjunktur von Konstruktionstheorien gegen Ende der 80er Jahre hat in der BRD eine Tabuisierung von Forschungsfragen mit sich gebracht, welche sich auf die Rekonstruktion des "Frau-Seins", der "Existenzweise" Frau beziehen, wie auch Andrea Maihofer feststellt (Maihofer 1994, S. 236). Gerade auf dieser Ebene aber sind viele für Ostforscherinnen interessante Fragen angesiedelt, wie z.B. die seit 1992 laufende Tagungsreihe OSTFEM an der Berliner Humboldtuniversität zeigt.[1] Damit stehen die ostdeutschen Forscherinnen stets mehr oder weniger *neben* den dominanten westfeministischen Diskursen.

Parallel dazu ist in den literarischen Texten vor allem jüngerer ostdeutscher Autorinnen seit 1989 eine Hinwendung zum Thema Geschlechterverhältnisse zu beobachten, obwohl noch immer die Kategorisierung als "Feministin" oder "Frauenschriftstellerin" mehrheitlich als Vereinnahmung zurückgewiesen wird. "Ich habe eine Abneigung gegenüber Ismen", sagt Kerstin Hensel. "In der DDR war nicht die Frage Mann oder Frau die entscheidende, sondern: Was ist das für eine Herrschaft, was ist los mit dem Gemeinwesen?", bilanziert die 1938 geborene Elke Erb (Erb 1995, S. 268-296). Andererseits kann die Auseinandersetzung mit der Sondersituation des weiblichen Ich in der Sprache bei einer Lyrikerin wie der 1959 geborenen Barbara Köhler sogar poetikbildend werden, in der Arbeit an einer "Syntax der Geschlechter", wie sie das nennt. Alles schon mal dagewesen?

"*Sophies Freund*
Ich sagt man nicht sagte er es
geht hier beileibe nicht um mich
oder dich sagte er redete über
Monaden Strukturen Posthistoire
über Signifikanten Du bist nicht
Nietzsche bist du etwa verrückt
wie willst du mitreden willst du
wir sagen du bist NichtIch bist
meine Frau" (Köhler 1995, S. 39)

[1] Vgl. Bulletin des Zentrums für interdisziplinäre Frauenforschung (ZiF) 10/1994 mit dem Schwerpunkt Ostfrauen.

Wenn Identität ein Effekt diskursiver Praktiken ist (Butler 1991, S. 39), was ich annehme, so ist es nicht nebensächlich, ob wir die Bestimmung unserer Identitäten anderen überlassen oder daran mitarbeiten, uns in den Deutungskampf einzuschalten. Namen von ostdeutschen Kulturwissenschaftlerinnen wie Irene Dölling, Hildegard-Maria Nickel, Ina Merkel (Dölling 1991, Merkel 1994, S. 359-382, Nickel 1990, S. 73-89, Gerhard 1994. S. 383-403) [2] oder der Psychotherapeutin Annette Simon (Simon 1995, S. 85-110)[3] stehen für ein selbstbewußtes Mit- und Einsprechen. (Sie werden allerdings nach meinem Eindruck nur von wenigen westlichen WissenschaftlerInnen wahrgenommen, während Forschungsergebnisse zu Frauen(leit)bildern in DDR-Medien, geschlechtsspezifisch determinierten Strukturen des Arbeitsmarktes und krankmachenden Alltagsstrukturen unter feministisch interessierten Kolleginnen Ost auf reges Interesse stoßen, über Disziplingrenzen hinweg.) Im trotzigen Beharren auf gelebter Realität von Geschlechtlichkeit (in all ihrer Ambivalenz) zeigt sich die strikte Weigerung, das Deutungsmonopol abzugeben. Nicht die bundesrepublikanische Verdrängung der Frauen vom Arbeitsmarkt an Heim und Herd ist die Norm, nicht die Privatisierung sämtlicher mit Kindern verbundener Alltagsprobleme einerseits und die Vergesellschaftung des Fötus andererseits ist normal. Gerade die real erlebte Möglichkeit von Alternativen bildete eine Selbstverständlichkeit im Anspruch auf gleichberechtigte gesellschaftliche Existenz aus, die im vereinigten Deutschland noch lange als Stachel wirken kann. Umfragen und soziologische Analysen zeigen jedenfalls bislang die so nicht erwartete "ungebrochene Erwerbsneigung" ostdeutscher Frauen (bereits der westdeutsche Begriff erfaßt das Phänomen nicht, es geht weder um eine Neigung, noch ausschließlich um Erwerb, also Geld), ihre "ungebrochene Vereinbarkeitsneigung" von Berufstätigkeit und Mutterschaft und eine "gebrochene Haltung zum Patriarchat".[4] Noch immer unterscheiden

---

2 Ein Zeugnis früher Wahrnehmung solcher Probleme ist der Aufsatz von Irene Dölling: Zur kulturtheoretischen Analyse von Geschlechterbeziehungen, in: Weimarer Beiträge 1/1980, S. 59-88, in dem nicht zufällig literarische Texte von Maxie Wander, Sarah Kirsch, Christa Wolf und Irmtraud Morgner zur Bekräftigung herangezogen werden.

3 Ihre Beobachtungen der Versuche von DDR-Frauen, "sich im Konkurrenzkampf als der bessere Mann zu erweisen", sich als Frau männlich zu identifizieren (darauf verweist übrigens m.E. auch die beharrliche Verwendung männlicher Berufsbezeichnungen durch die Frauen selbst), stoßen gerade unter ostdeutschen Frauen auf lebhaftes Interesse.

4 Die ostdeutsche Soziologin Ursula Schröter zitiert den Begriff aus einer Fachtagung zur Situation von Frauen in den neuen Ländern 1991, dies 1996, S. 22-28. Auch Untersuchungen des Jugendforschungsinstituts Leipzig zeigen größte Unterschiede zwischen Jugendlichen Ost und West in bezug auf den Diskurs über Sexualität und Geschlechterverhältnisse: "Die Jugendlichen im Osten reflektieren sich weniger als im Westen als Mann oder Frau und erleben

sich die weiblichen Erfahrungen mit dem Männer-Sozialismus der DDR deutlich von denen mit dem Männer-Kapitalismus der Bundesrepublik. Während nicht wenigen Männern die Assimilation zu gelingen scheint, können sich viele Frauen gerade aufgrund der "akkumulierten" Erfahrungen nur schwer mit den bestehenden Verhältnissen anfreunden. Gerade darin aber sehe ich die Chance eines Zusammengehens ganz verschiedener FeministInnen. Bei aller Produktivität der Infragestellung überkommener Kategorien, seien es nun Sex, Gender, deren Unterscheidung oder das duale Einteilungsmodell in "weiblich" und "männlich", bleibt die Debatte doch akademisch, wenn nicht zugleich die real gelebte Geschlechtlichkeit einen angemessenen Platz findet. Um Verhältnisse zu ändern, braucht es politische Subjekte. Je klarer sie sich untereinander über ihre Verschiedenartigkeit sind, auch über vielleicht unterschiedliche Interessenlagen, um so klarer können sie bestimmen, welche Interessen sie einen. Wir sollten Erfahrungssperren überwinden und die Herausforderung gegenseitiger Irritation annehmen.

Literatur

Bulletin des Zentrums für interdisziplinäre Frauenforschung (ZiF), 10/1994, Berlin

Butler, Judith 1991: Das Unbehagen der Geschlechter, Frankfurt a.M.

Dölling, Irene 1991: Der Mensch und sein Weib. Frauen- und Männerbilder. Geschichtliche Ursprünge und Perspektiven, Berlin

Elke Erb im Gespräch mit Birgit Dahlke (Oktober 1993), in: Erb, Elke 1995: Der wilde Forst, der tiefe Wald. Auskünfte in Prosa, Göttingen

Gerhard, Ute 1994: Die staatlich institutionalisierte "Lösung" der Frauenfrage. Zur Geschichte der Geschlechterverhältnisse in der DDR, in: Kaelble, Hartmut / Jürgen Kocka / Hartmut Zwahr (Hg.) 1994: Sozialgeschichte der DDR, Stuttgart, S. 383-403

Grubitzsch, Helga / Eva Kaufmann / Hannelore Scholz (Hg.) 1994: "Ich will meine Trauer nicht leugnen und nicht meine Hoffnung". Veränderungen kultureller Selbstwahrnehmungen von ostdeutschen und osteuropäischen Frauen nach 1989, Bochum

Barbara Köhler 1995: Blue Box. Gedichte, Frankfurt a.M.

---

die Geschlechterverhältnisse weniger konflikthaft. (...) Ereignisse ihres Lebens, Erfolge und Mißerfolge, beziehen sie weniger auf die Zugehörigkeit zu einer der beiden Geschlechtergruppen und mehr auf ihre Gesamtperson." Vgl. Starke 1993, S. 14.

Merkel, Ina 1994: Leitbilder und Lebensweisen von Frauen in der DDR, in: Kaelble, Hartmut / Jürgen Kocka / Hartmut Zwahr (Hg.) 1994: Sozialgeschichte der DDR, Stuttgart, S. 389-382

Maihofer, Andrea 1994: Geschlecht als hegemonialer Diskurs. Ansätze zu einer kritischen Theorie des "Geschlechts", in: Theresa Wobbe, Gesa Lindemann (Hg.) 1994: Denkachsen. Zur theoretischen und institutionellen Rede vom Geschlecht, Frankfurt a.M.

Nickel, Hildegard-Maria 1990: Ein perfektes Drehbuch. Geschlechtertrennung durch Arbeit und Sozialisation. In: Schwarz, Gislinde / Christine Zenner (Hg.) 1990: Wir wollen mehr als ein "Vaterland". DDR-Frauen im Aufbruch, Reinbek bei Hamburg, S. 73-89

Schröter, Ursula 1996: Ostdeutsche Frauen im "verflixten" siebenten Jahr, in: Die Frau in unserer Zeit 4/1996, S. 22-28

Simon, Annette 1995: Was Frauen verrückt macht. Die Begegnung mit psychotischen Frauen, in: Dies.: Versuch, mir und anderen die ostdeutsche Moral zu erklären, Gießen, S. 85-110

Starke, Kurt 1993: Die große Überraschung: Liebe. Partner- und Sozialverhalten Jugendlicher im Ost-West-Vergleich, in: Freitag 22/1993, S. 14

III Rassismus

Mark Terkessidis

Woven into the texture of things[1]

Rassismus als praktische Einheit von Wissen und Institution

1. Rassistisches Wissen

Die populären wissenschaftlichen Ansätze zur Erklärung von Rassismus gehen mehrheitlich davon aus, daß es sich bei Rassismus um ein Ausnahmephänomen im gesellschaftlichen Funktionieren handelt. Rassismus, das ist ein Aggregat individueller Irrtümer, so etwa die Vorurteils- und Stereotypenforschung; Rassismus, das ist ein Aggregat pathologischer Zustände, so etwa die Psychoanalyse. Der Forscher selbst glaubt sich im Einklang mit einer vorurteilslos-demokratischen Mehrheit, wenn er quasi bereits mit seinen Analysen darangeht, die verzerrte Wahrnehmung der Individuen zu korrigieren oder sie als Therapeut von der "Vorurteilskrankheit", wie Alexander Mitscherlich das Phänomen in den sechziger Jahren einmal genannt hat, zu kurieren. Warum Rassismus allerdings trotz aller demokratischen Bemühungen hartnäckig nicht verschwinden will, warum er so verbreitet ist, warum Rassismus nur ganz bestimmte gesellschaftliche Gruppen trifft und warum er Konjunkturen erlebt, das können diese Theorien nicht einmal ansatzweise erklären.
Es ist daher wenig sinnvoll, rassistische "Einstellungen" weiter als abweichende Einzelphänomene zu betrachten. Befragungen, aber auch diskursanalytisch orientierte Untersuchungen haben gezeigt, daß solche "Einstellungen" keine Ausnahmen, sondern durchaus "normal" sind[2]. Man befindet sich also im Einklang mit der Empirie, wenn man folgendem Diktum von Lutz Hoffmann und Herbert Even zustimmt: "Die Ausländerfeindlichkeit (*es soll hier*

---

[1] Richard Wrigt in "Black Boy" über den weißen Haß auf Schwarze.
[2] Siehe etwa Van Dijk 1987, Jäger 1992, Silbermann/Hüsers 1995, Jäger 1996.

nicht um den Begriff gehen, sondern um den Gegenstand, MT) beruht nicht auf irgendwelchen Vorstellungen, Einstellungen oder Vorurteilen gegenüber Ausländern, sondern auf der fraglos geltenden und von einem zunächst unangezweifelten Konsens aller Gesellschaftsmitglieder getragenen Vorstellung über unsere Gesellschaft" (1984, S. 36). Es handelt sich also um einen gesellschaftlich verfügbaren, durchaus normativen Wissensbestand, den ich als "rassistisches Wissen" bezeichnen möchte.
Woher kommt nun dieses Wissen? Warum "funktioniert" es so hartnäckig? Es ist oft betont worden, Rassismus sei ein Phänomen, das in "der Mitte der Gesellschaft" entstehe. Was aber befindet sich eigentlich in der "Mitte der Gesellschaft", das zur Entstehung und Aufrechterhaltung von "rassistischem Wissen" beiträgt? Um diese Frage zu beantworten, möchte ich einen Gedanken aus der Ideologietheorie Louis Althussers wiederaufnehmen, allerdings ohne mich weiter auf den Begriff Ideologie zu beziehen. Althusser schrieb, daß wir "in bezug auf ein Subjekt (ein beliebiges Individuuum)" sagen werden, "daß die Existenz der Ideen seines Glaubens materiell ist" (1976, S. 139). In bezug auf rassistisches Wissen läßt sich also mit Althusser festhalten, daß dieses Wissen irgendwo "gelebt" und dadurch erst selbstverständlich gemacht wird. Althusser verwies in diesem Zusammenhang auf Pascal, der behauptete, daß die Rituale des Glaubens - das Weihwasser, die Messen, das Niederknieen und mit den Lippen beten, also die "Gewohnheiten" - den "Geist" mit sich ziehen würden, "ohne daß er es merkt" (1956, S. 125). So stellt sich also im Hinblick auf das rassistische Wissen die Frage: Was ist in diesem Fall die Praxis, die den "Geist" nach sich zieht, was ist das Niederknieen und Beten des rassistischen Wissens? Welche Praxis lebt man, die es erlaubt, ein funktionierendes Wissen zu haben, welches offenbar nicht direkt auf persönlicher Anschauung beruht?

2. Wie Rassismus "gelebt" wird

In einem kleinen Aufsatz mit dem Titel "The Prejudiced Society" machen Earl Raab und Seymour Martin Lipset die "pattern of community practise" als Quelle des Vorurteils aus (1962, S. 53). Sie schildern eindrucksvoll die Situation eines kleinen Kindes im US-Süden der sechziger Jahre. Das Kind kommt lediglich mit Schwarzen in Kontakt, die sich in untergeordneten Positionen befinden. Diese Schwarzen sind weder so gut gebildet noch so gut angezogen wie die Weißen. Auch ihre Wohnsituation ist schlechter. Schwarze sitzen nicht mit dem weißen Kind an einem Tisch oder zusammen mit ihm in einem Restaurant. Während Weiße sich gegenseitig mit "Sie" ansprechen, wenden sie

sich an die Schwarzen mit "Du". Schwarze und weiße Kinder gehen nicht gemeinsam zur Schule. Im Bus sitzen sie in getrennten Abteilen. Usw. Nach der Beschreibung der sozialen Situationen bzw. der "overt sets of relationships", von denen das Kind umgeben ist, kommen die beiden Autoren zu dem Ergebnis: "He does not have to be told that Negroes are 'inferior', or what his relationships to them are supposed to be. These are apparent. (...) It isn't necessary to inculcate him specific attitudes about the social inferiority of NegroeS. More likely, it is necessary for him to develop attitudes that do not conflict with his behaviour" (1962, S. 49).
Wie steht es nun mit den "community practices" der heutigen autochthonen Individuen etwa in Deutschland? Selbstverständlich gibt es in der Bundesrepublik keine Segregation, dennoch unterscheidet sich die Situation eines heutigen Kindes in manchen Punkten gar nicht so sehr von jener, die Raab und Lipset beschreiben. Das Kind sieht Migranten gewöhnlich in untergeordneten Dienstleistungspositionen. Sie holen beispielsweise den Müll ab, putzen in Restaurants oder verkaufen Hamburger, während man ihnen in verantwortungsvollen Positionen - in Behörden, in Kindergärten, in Schulen - nie begegnet. Sie kommen ebenfalls nie als Papas oder Mamas Chef oder Chefin zum Essen. Manchmal trifft man sie als Gastgeber in Restaurants, aber dann sind diese Restaurants speziell nach ihrer jeweiligen Andersheit benannt: Italiener, Griechen, etc. Daß sie nicht ebenso gut gebildet sind wie die Autochthonen, läßt sich allein daran erkennen, daß sie nicht ebenso gut Deutsch sprechen. Darüber hinaus sind sie oft schlecht bzw. "fremd" (Kopftücher etc.) gekleidet. Sie leben zumeist in weniger angesehenen Stadtvierteln in weniger guten Häusern. Da Asylbewerber zumeist genauso als "Ausländer" gelten wie ansässige Migranten, könnte das Kind feststellen, daß sie oft sogar in Containern wohnen. Zudem kennt jedes Kind die Situation, daß Autochthone "Ausländer" wie selbstverständlich mit "Du" ansprechen. Und wie oft wird das Kind etwa im Restaurant auf Migranten treffen, die dort ebenfalls speisen? Überhaupt sieht es die Migranten immer nur unter sich, fast nie zusammen mit Autochthonen.
Das Kind wächst in eine symbolische Welt hinein, von der Migranten per se ausgeschlossen sind. In der Schule lernt es die Sprache Deutsch, die die einzig legitime Sprache ist, die in Deutschland gesprochen wird. Man lehrt es "seine" Geschichte, und identifikatorisch beginnt es, die Erzählungen der kanonisierten Literatur zu durchleben. Tagtäglich nimmt es Münzen in die Hand, auf denen die Symbole der Bundesrepublik Deutschland eingeprägt sind. Tagtäglich geht es durch Straßen, die durch ihre Namen die "eigene" Vergangenheit institutionalisieren. Die Feste und Feiertage sind Ausdruck der "eigenen" nationalen oder religiösen Tradition. Und tatsächlich ist es ja bei "ihnen" deutlich

anders, wie das Kind feststellen wird, wenn es die Eltern in den Urlaub im Süden begleitet. Ritualisierte Grenzkontrollen indizieren bereits diese Andersheit. Hinter der Grenze sprechen die Menschen anders und sehen oft anders aus. Die Umgebung ist schmuddeliger als bei "uns". Die Sonne scheint, die Zeit geht etwas langsamer, und auch hier, in "ihrem" Land, sind die "anderen" dazu da, "uns" zu bedienen.
Wird unser fraglos legitimes Kind also empört aufschreien, wenn es zum ersten Mal von einem Erwachsenen schlecht über "sie" reden hört? Wird es sich wundern, wenn Erwachsene und später die Medien von "ihnen" als Problem sprechen? Im Gegenteil, es wird die "Vorurteile" bereitwillig aufnehmen, weil sie einleuchten, weil sie mit dem übereinstimmen, was in der Textur der Alltagsdinge objektiviert ist. "Ich brauche nichts zu tun", schreibt Jean-Paul Sartre in seinen "Überlegungen zur Judenfrage", "um meine Höherwertigkeit zu verdienen, und ich kann sie auch nicht verlieren. Sie ist mir ein für allemal gegeben: sie ist ein Ding" (1954, S. 20).

3. Die Institutionen der "prejudiced society"

Es ist davon auszugehen, daß die Anzahl der rein willkürlichen Handlungen eines Individuums an einem Tag ziemlich bescheiden ist. Der größe Teil des menschlichen Handelns ist durch bestimmte institutionelle Kontexte vorherbestimmt. Althusser sprach davon, daß die Existenz der Ideen eines beliebigen Individuums materiell ist, "insofern seine Ideen seine materiellen Handlungen sind, die in materielle Praxen eingegliedert sind und durch materielle Rituale geregelt sind, die ihrerseits durch den materiellen ideologischen Apparat definiert werden, dem die Ideen dieses Subjekts entstammen" (1976, S. 139). Was also ist der "materielle Apparat", der die Handlungen, Praxen und Rituale bestimmt, die mit dem rassistischen Wissen zusammenhängen?
Im Falle des Rassismus ist es notwendig, mehrere "Apparate" zu benennen. Ich möchte drei institutionelle Komplexe vorschlagen, die spezifische soziale Schließungen organisieren, die für das rassistische Wissen bestimmend sind: 1. der Arbeitsmarkt, 2. die Staatsbürgerschaft und 3. die kulturelle Hegemonie einer bestimmten ethnischen Gruppe in einer Nation.

Zu 1.: Der Arbeitsmarkt ist keineswegs "farbenblind" oder der "Ort ethnisch indifferenter Vergesellschaftung" (Leggewie 1990, S. 31), wie in letzter Zeit des öfteren von marktvergötzenden Multikulturalisten behauptet wurde. Mit Reinhard Kreckel muß man festhalten: "Marktverhältnisse sind Machtverhält-

nisse" (1983, S. 141). Der Arbeitsmarkt der hochindustrialisierten Länder ist nach ethnischen Kriterien geschichtet und schließt Migranten zum überwiegenden Teil aus bestimmten Segmenten aus.
Allgemein unterscheidet Piore (1983) zwischen einem primären und einem sekundären Sektor des Arbeitsmarktes. Diesen Sektoren entsprechen bestimmte Produktionstechnologien. Im primären Bereich werden kapitalintensive Technologien eingesetzt, die relativ wenig Arbeit benötigen; im sekundären arbeitsintensive Technologien mit relativ wenig Kapital. Diese Technologien entsprechen ihrerseits wiederum bestimmten Nachfrageschwankungen. Die Nachfrage setzt sich gewöhnlich zusammen aus einer stabilen Grundnachfrage und einer hohen saisonalen Komponente. Die kapitalintensive Technik dient hauptsächlich der Befriedigung der Grundnachfrage, während die arbeitsintensive Technik für den saisonalen Anteil verwendet wird. Man muß zwischen den beiden Sektoren eine Hierarchie annehmen: "Die unsicheren Arbeitsplätze des sekundären Sektors liegen nämlich im allgemeinen (...) am unteren Ende der Arbeitshierarchie" (Piore 1983, S. 354).
Migranten finden sich nun strukturell weitaus häufiger im "sekundären" Sektor, dem "Jedermannsarbeitsmarkt" (Sengenberger 1979). Das liegt zunächst daran, daß die Arbeitskräfteknappheit, die überhaupt erst zur Anwerbung von "Gastarbeitern" führte, sich selbstverständlich besonders "auf schlechtbezahlte Arbeitsplätze mit niedrigem Sozialstatus" bezog (ebd., S. 347). Außerdem sorgte der gerade zu Beginn der Migration angenommene vorübergehende Aufenthalt der Einwanderer auf dem nationalen Arbeitsmarkt für ihre Anpassung an den sekundären Bereich. Daher konzentrieren sich Migranten etwa in Deutschland in Industriezweigen mit erheblich schwankender Nachfrage: Automobilindustrie, Baugewerbe oder Landwirtschaft. Dazu kommen mittlerweile immer mehr schlechtbezahlte Jobs im niederen Dienstleistungsgewerbe.
Daraus ergibt sich, daß die Migranten der Konjunktur nützliche Dienste leisten: In der Hausse dienen sie als "Hebel" der Konjunktur, während sie in einer Rezession durch ihre Beschäftigung im "sekundären" Bereich überdurchschnittlich von Arbeitsplatzverlust betroffen sind und zum Teil sogar zurückwandern. Damit "puffern" sie die einheimische Bevölkerung gegen Beschäftigungsrisiken ab[3]. Die "Ausgrenzungspraxis" (Miles 1989, S. 103) ist permanent, aber in ihrer "Quantität" Konjunkturen unterworfen. In Zeiten lang anhaltender Rezession wie heute kann die erwähnte überdurchschnittliche Betroffenheit von Arbeitsplatzverlust schließlich zu faktisch sogar tradierbarer Ausgrenzung aus dem Arbeitsmarkt führen.

---

3 Siehe dazu Heckmann 1983, S.379 und 1992, S.83.

Der sekundäre Sektor stellt natürlich eine ständige Bedrohung für den primären Sektor dar. Heute ist diese Bedrohung gewissermaßen global spürbar: Denn wenn die Produktionskosten im sekundären Sektor zu sehr sinken, greifen die dortigen Verhältnisse auf die stabilen Teile des Marktes über. Da Migranten hauptsächlich im sekundären Teil beschäftigt sind, bedeuten sie eine permanente strukturelle Bedrohung für den primären Sektor: Migranten sind immer "zuviele"; genau das ist ihre Funktion. So erklärt sich auch die Tatsache, daß konservative Regierungen weltweit trotz ihrer Klagen über kulturelle Überfremdung am meisten Arbeitsmigranten in das jeweilige Land lassen: Die Migranten bleiben willig, weil man ihnen ständig ihre Legitimität bestreitet, und die autochthonen Arbeitskräfte werden gefügig, weil ihre Arbeitsplatzbedingungen unter Druck geraten. Das stürzt wiederum die Gewerkschaften in das Dilemma, eine Protektion des Arbeitsmarktes gegen zusätzliche Migranten fordern zu müssen.
Wie erwähnt, kommt es durch die lang anhaltende Krise, die wir momentan erleben, zu einer faktischen Ausgrenzung von Migranten aus dem Arbeitsmarkt. Folgerichtig verschärfen sich auch die Themen des rassistischen Wissens: Neben den Topos des Arbeitsplatzraubs tritt eine Konzeptualisierung des "Ausländers-als-Krimineller".

Zu 2.: Ein weiteres mächtiges Instrument sozialer Schließung ist die Staatsbürgerschaft, also eine Institution, deren Auswirkungen auf den Rassismus gewöhnlich eher als gering eingeschätzt werden. Roger Brubaker nennt vier Formen der Schließung, die für den Nationalstaat typisch sind: die territoriale Schließung (als Schließung gegen außen); das Wahlrecht und den Militärdienst (als Schließungen gegen Fremde auf dem Staatsgebiet) sowie schließlich die Einbürgerung (Brubaker 1992, S. 47). Im Zusammenhang mit dem Rassismus lohnt insbesondere ein Blick auf die Bedingungen der Einbürgerung. Es ist bekannt, wird aber erstaunlich wenig thematisiert, daß die Zuschreibung der Staatsbürgerschaft bei der Geburt mit dem liberalen Verständnis der Nation als Willensgemeinschaft tatsächlich sehr wenig zu tun hat. Es handelt sich um einen Akt der Gewalt, den die Worte eines neurechten Politikwissenschaftlers gut charakterisieren: "Nation ist Schicksal" (Willms 1982, S. 56).
Die Staatsbürgerschaft als Regelung der Mitgliedschaft einer Nation beinhaltet zwingend eine positive Definition des Insiders und damit auch eine negative des Outsiders. Gewöhnlich werden diese Definitionen im Einbürgerungsrecht kodifiziert. In der Bundesrepublik Deutschland gilt trotz einiger Lockerungen aus dem Jahre 1990 das sogenannte "ius sanguinis". Die Staatsbürgerschaft

basiert auf der sogenannten "Volkszugehörigkeit", also der Abstammung von deutschem Blut. Die gemeinsame Abstammung wurde in der deutschen Geschichte traditionell mit einer einheitlichen Kultur gleichgesetzt: Die biologische Geschlossenheit garantiert in diesem Modell die kulturelle Geschlossenheit und diese wiederum den inneren Frieden.

Das Abstammungsrecht bedeutete für die Einbürgerung in Deutschland für den Zeitraum ihrer Kodifizierung 1913 bis zur Einführung begrenzter Anspruchseinbürgerungen 1990, daß sie willkürlich vollzogen wurde. Niemand, der nicht deutscher "Volkszugehöriger" war, konnte auf einer Einbürgerung bestehen. Die allgemeinen Einbürgerungsrichtlinien definieren allerdings die Äquivalente zur Abstammung, die ein möglicher Bewerber mitbringen muß. Folgerichtig kommt in ihnen die genannte Verwechslung von Blut und Kultur zum Tragen. Beispielsweise wird die "freiwillige und dauerhafte Hinwendung zu Deutschland" erschlossen aus "der nach dem bisherigen Gesamtverhalten zu beurteilenden grundsätzlichen Einstellung zum deutschen Kulturkreis" (Deutsches Ausländerrecht 1993, S. 168). Eine dauernde Hinwendung ist dabei bereits ausgeschlossen, wenn der Bewerber sich in einer "politischen Emigrantenorganisation" betätigt (ebd.). Eine weitere Voraussetzung ist "die Einordnung in die deutschen Lebensverhältnisse; sie setzt in der Regel ein langfristiges Einleben in die deutsche Umwelt voraus" (ebd.). Daher müssen "Feststellungen getroffen werden, die Aufschlüsse über den Lebensweg und das Persönlichkeitsbild" des Bewerbers geben (ebd., S. 170). Geht man also davon aus, daß hier die Äquivalente zur Abstammung genannt werden, so wird unschwer deutlich, wie umfassend, ja totalitär diese Mitgliedschaft angelegt ist: Sie behauptet die Existenz von "deutschen Lebensverhältnissen", denen ein bestimmtes "Persönlichkeitsbild" entspricht. Es ist daher auch nicht weiter verwunderlich, wenn Brubaker anhand der zehnmal höheren Einbürgerungsquote in Frankreich bemerkt: "Es scheint, als werde Einbürgerung in Deutschland mehr als etwas begriffen, das nicht nur eine Änderung im Rechtsstatus mit sich bringt, sondern eine Veränderung der eigenen Wesensart, (...), eine soziale Transsubstantiation" (1992, S. 112).

Daraus geht hervor, daß die Bestimmungen der Mitgliedschaft in einer Nation weit über rein rechtliche Regelungen hinaus das Selbstverständnis der einzelnen Bürger prägen. Angesichts der deutschen Regelungen ist es überhaupt nicht verwunderlich, daß, wie Siegfried Jäger in "Brandsätze" feststellte, weiter "selbstverständlich von deutscher Abstammung, deutschen Vorfahren und arischem Blut gesprochen wird" (1992, S. 230). Angesichts dieser "extremen" Definition der formalen Staatsbürgerschaft ist es darüber hinaus nicht verwunderlich, daß auch das rassistische Wissen "extremer" ist als in anderen europäi-

schen Staaten. Van Dijk etwa weist in Anbetracht von Leserbriefen an deutsche Illustrierte darauf hin, daß "many of them have a blatantly racist slant that we didn't even find in the 'worst' of our interviews" (1987, S. 232).
Die Praxis der Staatsbürgerschaft in Deutschland hat die massenhafte Einbürgerung von Migranten bislang verhindert. Dies erhöht selbstverständlich die Illegitimität der "Ausländer". Aber selbst wenn sie eingebürgert würden, verhindert allein das "ius sanguinis" weiter auf eine perfide Weise ihre vollständige Naturalisierung. So verbleiben sie im Status einer permanenten Bedrohung.

Zu 3.: Ein fester Bestandteil der Bildung von Nationalstaaten war ihre kulturelle Homogenisierung. Vor allem durch eine standardisierte Erziehung außerhalb der Familie wurde eine "schriftkundige und vereinheitlichte Kultur" (Gellner 1983, S. 61) etabliert. Ab dem 19. Jahrhundert betrachtete man zunehmend alle kulturellen Aktivitäten, selbst etwa Kochen, als nationale Eigenheiten. So gibt es heute in jeder Nation eine bestimmte Gruppe, die sich als natürlicher Träger der dominanten Kultur begreift und die wiederum ganz natürlich davon ausgeht, daß der jeweilige (National-)Staat "ihr" Staat ist. In Deutschland ist diese Koppelung von Staat und ethnischer Kultur sogar gesetzlich fixiert (s. o.). Das Potential zur Naturalisierung der eigenen Weltsicht kann man in Anlehnung an Antonio Gramsci als "kulturelle Hegemonie" einer bestimmten (ethnischen) Gruppe innerhalb der Nation bezeichnen.
Die Hegemonie ist in einem breit gefächerten gesellschaftlichen Netzwerk institutionalisiert und wird dort beständig reproduziert. Die Familie, aber besonders die Schule, sind wichtige Instanzen der Hegemonieproduktion, ebenso Kirchen und Vereine. Aber auch Verlage, Zeitschriften, das Fernsehen und andere Medien sorgen permanent für ihre Fortsetzung. Zahllose Repräsentationen der Hegemonie, auf die oben anhand der Straßennamen bereits hingewiesen wurde, sind im Raum der Nation quasi in Stein gemeißelt.
Durch die Hegemonie werden die formalen Schließungen der Staatsbürgerschaft intern ergänzt. Die Hegemonie sorgt für einen dauerhaften, institutionell garantierten Ausschluß auch von assimilierten Migranten aus der "symbolischen Sinnwelt" (Berger & Luckmann 1966, S. 103). Die Grenzen werden dabei durch "symbolische Grenzposten" scharf bewacht. Ein Beispiel für die kulturelle Problematisierung von Migranten ist die ständige Thematisierung ihrer Sprachbeherrschung. Selbst im Lande geborene Migranten werden permanent darauf hingewiesen, daß sie die Sprache des Landes "perfekt" beherrschen. So wird ihnen verdeutlicht, daß sie im Gegensatz zu den Autochthonen, die sich auf die Tradition von Generationen berufen können, nur

einen abstrakten, abgeleiteten Zugang zu dieser Sprache besitzen. Philomena Essed bezeichnet die durch die kulturelle Hegemonie verlegten Grenzen als die "hidden agenda" des Rassismus (Essed 1991, S. 186).
Ebenso wie die Staatsbürgerschaft die Mitglieder und Nicht-Mitglieder definiert, so definiert auch der in der Nation naturalisierte kulturelle Kanon die Insider positiv und die Outsider negativ. Vorurteilsuntersuchungen haben immer wieder gezeigt, daß Eigenstereotype durch die Zuschreibung von Eigenschaften charakterisiert sind, die eine "sozial erwünschte Tüchtigkeit bzw. eine gewissenhafte 'Normerfüllung' kennzeichnen", während die gleichen Eigenschaften bei Migranten als fehlend angesehen werden (Mees 1974, S. 113). So stellt der kulturelle Kanon, der durch die Hegemonie reproduziert wird, Kriterien bereit, mit denen die "Anderen" sowohl unterschieden als auch bewertet werden können. Es herrscht beispielsweise ein Konsens darüber, daß etwa Fleiß, Sauberkeit und geringe Lautstärke wichtige Werte der hegemonialen Gruppe sind. Weiter besteht ein Konsens darüber, daß sich etwa Deutsche und Türken auf dieser Skala unterscheiden. Da man eigentlich überhaupt nichts über Türken weiß, dienen diese Werte also gleichzeitig als Unterscheidungs- und Bewertungskriterien. Die eigenen, eigentlich abstrakten, Werte werden so in der anderen Gruppe sinnlich sichtbar gemacht.
Dieses Arrangement erweist sich als außerordentlich stabil, denn die andere Gruppe wird so "zu einem konstituierenden Faktor der sittlichen Ordnung" (Goldhagen 1996, S. 57). Jeder Angriff auf die hegemonialen Werte ist gleichzeitig ein Angriff auf die Unterscheidungen zwischen den Gruppen, so wie jeder Angriff auf die Gruppenunterschiede das Wertsystem durcheinanderbringt. Beispielsweise beriefen sich jugendliche Subkulturen, die ja die hegemonialen Werte in Frage stellten, oft identifikatorisch auf die schwarze Kultur, die schließlich im weißen Wertekosmos das "Andere" des Kanons verkörperte. Die Gruppenunterschiede wiederum sind sowohl durch Ununterscheidbarkeit zwischen "uns" und "ihnen" bedroht als auch durch "zuviele" Migranten. Wenn es nicht mehr möglich ist, zwischen "uns" und "ihnen" zu diskriminieren, dann bedeutet das letztlich, daß die hegemonialen Werte keine Gültigkeit mehr besitzen. Das gleiche geschieht, wenn sie "zuviele" werden und damit die Möglichkeit besteht, daß "ihre" Werte hegemonial werden, die allerdings nichts anderes sind als die Nachtseite "unserer" Werte. Die ständigen, geradezu phantasmatischen Bedrohungsszenarien in bezug auf Migranten haben hier ihren "realen" Hintergrund.
Allerdings konstituiert das Zusammenfallen von Unterscheidungs- und Bewertungskriterien auch eine fundamentale Ambivalenz im Verhältnis zum "Anderen". Denn im Rahmen der Erholung - etwa im Urlaub im Heimatland

der Migranten - begehrt der Autochthone genau die negativen Werte, die er dem "Anderen" zuschreibt: Faulheit, Lautstärke, eine Happy-Go-Lucky-Mentalität oder zwanglose Sexualität. Frantz Fanon hat bereits in "Schwarze Haut, Weiße Masken" auf die fundamentale Ambivalenz der Imago des "biologisch-sexuellen-sinnlichen-und-genitalen Negers" hingewiesen, der gleichzeitig scharf zurückgewiesen und begehrt wird (Fanon 1952, S. 142).
Änderungen des kulturellen Kanons führen schließlich auch zu Änderungen der Unterscheidungs- und Bewertungskriterien. Beispielsweise hat die Liberalisierung der Werte in den letzten drei Jahrzehnten dazu geführt, gegen die "Anderen" nun den Vorwurf der Antiliberalität bzw. des Fundamentalismus zu erheben. Aus der zunehmenden Verbreitung der Norm der Gleichberechtigung zwischen den Geschlechtern erwuchs der globale Vorwurf der in "ihrer" Kultur verankerten Frauenfeindlichkeit[4].

Es läßt sich unschwer erkennen, daß das Zusammenwirken der Institutionen Arbeitsmarkt, Staatsbürgerschaft und kulturelle Hegemonie in der Praxis die Einwanderer als "Objekte" erst hervorbrachte. Durch die objektivierte Sichtbarkeit der Migranten wurde die Konstituierung eines rassistischen Wissens möglich. Dieses Wissen konnte sich aus einem schier unerschöpflichen Fundus von "Vor-Konstruiertem" (Pêcheux 1983, S. 53) bedienen, das in der langen Geschichte der westlichen kolonialen Expansion und des Kampfes gegen die "inneren Feinde" der Nation (Juden, "Zigeuner") angehauft wurde. Die Grundstruktur dieses Wissens stimmt in den meisten Einwanderungsländern durchaus überein: Es handelt sich bei den Migranten um eine Gruppe, die (aus rechtlichen und/oder kulturellen Gründen) nicht zu "unserer", der einzig legitimen Gruppe gehört; "sie" befinden sich nicht in der gleichen sozialen Situation; "sie" sind daran gemäß kapitalistischer Ethik selbst schuld, d.h. ihre Andersheit ist verantwortlich, denn sie sind schließlich schmutzig, faul und laut bzw. kulturell zurückgeblieben. Aber das Wissen weist auch gemäß der jeweiligen Form der Institutionen Unterschiede auf. Sowohl in Deutschland als auch in Frankreich halten die Autochthonen etwa das Tragen eines Kopftuches für ein ernstes Problem. Allerdings wird das Kopftuch in Deutschland gemäß der Institutionalisierung der "Fremden" im Staatsbürgerrecht eher als Bedrohung der kulturellen Partikularität wahrgenommen, während es in Frankreich gemäß den dortigen Regelungen eher als Bedrohung für die Universalität des Staates wahrgenommen wird.

4 Siehe dazu Terkessidis 1995.

Rassistisches Wissen ist also das Wissen, in dem die Praxis der Institutionen "gelebt" wird. Die "praktische Einheit von Wissen und Institution" ist daher weit mehr als eine "Wechselwirkung". Rassistisches Wissen von Individuen meint - um mit Berger und Luckmann zu sprechen - "Verwirklichung" im doppelten Sinne: "Erfassen der objektivierten gesellschaftlichen Wirklichkeit und das ständige Produzieren dieser Wirklichkeit in einem" (1966, S. 71).

4. Die Organisation des rassistischen Wissens

Diskursanalytische Untersuchungen haben gezeigt, daß im rassistischen Wissen zu bestimmten Zeiten ganz bestimmte Themen im Vordergrund stehen. Van Dijk (1987) und Jäger (1992) konnten für die Niederlande, die USA und Deutschland zeigen, daß diese Themen heute vor allem eine negativ interpretierte Andersheit, Bedrohung (von Sicherheit, kultureller Identität etc.) und ökonomische Konkurrenz umfassen. Diese Themen, die den Autochthonen ganz selbstverständlich als erstes in den Sinn kommen, wenn sie über "Ausländer" nachdenken, möchte ich in Anlehnung an Popitz et al. (1957, S. 81ff.) als "Topoi" bezeichnen. Das rassistische Wissen ist in solchen Topoi organisiert, also in einer durchaus überschaubaren Menge von thematisch, inhaltlich und teilweise sogar rhetorisch gleichförmigen Aussagen. Wie Popitz et al. betonen, sind diese Topoi gleichzeitig unabhängig und abhängig von Erfahrung (1957, S. 84). Sie sind nicht abhängig von persönlicher Erfahrung oder Anschauung, aber sie sind abhängig von der Erfahrung der Gruppe, der das Individuum angehört bzw. einer gemeinsamen Praxis dieser Gruppe. Die Individuen selegieren lediglich die Topoi, indem sie selbst entscheiden, welche ihnen am meisten "einleuchten".

Die Topoi sind hybride Gebilde, d.h. sie sind gleichzeitig Form und Inhalt. Zum einen handelt es sich um jene Themen, die mit der Erwähnung des Feldes "Ausländer" augenblicklich gegeben sind, zum anderen sorgen die Topoi auch für die Kohärenz und Wiedererkennbarheit des Diskurses, der sich um sie herum anordnet. Gehlen nennt die Topoi entsprechend die "Institutionen des Gedankenvolkes" (1956, S. 41): "Sie wirken (...) mannigfaltig als Gravitationszentren, Wegweiser, Hemmungen, Koordinatoren" (ebd., S. 40). Die Topoi können in der Gruppe der Autochthonen als gültige Selbstverständlichkeiten immer wieder ohne das Risiko von Meinungsverschiedenheiten und Konflikten eingesetzt werden.

Allerdings sind die Topoi nicht statisch. Noch vor 50 Jahren hätte man nicht subtil die Andersheit beispielsweise von Schwarzen negativ bewertet, sondern offen von ihrer Minderwertigkeit gesprochen. Dabei hat sich zwar der Topos geändert, nicht jedoch die Grundlage der Aussage: Weiterhin gilt unangefochten, daß zwei grundsätzlich verschiedene Kollektive, also Weiße und Schwarze, mit bestimmten Eigenschaften existieren und sich als fremd gegenüberstehen. Die gesamte "diskursive Formation", die mit dieser Annahme zusammenhängt, läßt sich mit Potter und Wetherell als "interpretatives Repertoire" charakterisieren (1992, S. 90). Die Topoi sind eingelassen in ein schier unerschöpfliches Universum von Vor-Konstruiertem zum Thema "Rassen", Kulturen oder Ethnien, in mannigfaltige Möglichkeiten, rassistisches Wissen aktuell legitim zu artikulieren. Der französische Neurechte Alain de Benoist etwa verwendet vollkommen andere Topoi als Arthur de Gobineau, dennoch können wir unschwer sagen, daß sie ein ähnliches Repertoire verwenden, um bestimmte gesellschaftliche Zustände zu erklären. Benoist wiederum verwendet ebenso wie andere Menschen in Interviews aktuelle Topoi wie Andersheit und Bedrohung, aber er beruft sich auf Herder, Ardrey und Jensen. Er bewegt sich also innerhalb eines historischen Repertoires und kann so die Topoi anders zur Sprache bringen.

Das interpretative Repertoire ist also ein Diskursausschnitt mit bestimmten Regeln, der sich allerdings über die Zeit verändert und bestimmte Brüche aufweist. Während nun die Topoi mit der spezifischen Erfahrung einer Gruppe in Verbindung stehen, haben sich die interpretativen Repertoires verallgemeinert. Die Topoi sind insofern spezifisch, als es etwa Weißen möglich ist, von der "black race" zu behaupten, sie sei "happy-go-lucky" und sexuell ausufernd, es für Schwarze aber nicht möglich ist, von Weißen das Gleiche zu behaupten. Die Zuweisung der Eigenschaften "faul und schmutzig" zu Weißen besitzt keine Außenstützung in der Wirklichkeit. Schwarze allerdings können behaupten, sie seien "sun people", während die Weißen unterlegene "ice people" seien. Oder sie können etwa wie die "Nation of Islam" behaupten, sie seien die "original people" der Erde und Weiße seien "blue eyed devils", ein genetischer Unfall, hervorgegangen aus den Experimenten des bösen Wissenschaftlers Yakub. Dabei bleibt das Repertoire, das die Existenz zweier unterschiedlicher "Rassen" behauptet und ihnen aufgrund der sozialen Situation bestimmte Eigenschaften unterstellt, völlig intakt.

Das bedeutet, daß die Repertoires gegenüber der Praxis heute eine weitgehende Autonomie besitzen. Die "Objekte" des rassistischen Wissens sind von der institutionalisierten Praxis sichtbar gemacht worden. Zu Beginn der Kolonisation brachten die Spanier durch die Praxis ihrer Rassen-Kasten-Gesellschaft die Schwarzen als Gruppe überhaupt erst zum Vorschein. Nichts deutet darauf hin, daß Schwarze sich zuvor aufgrund ihrer Hautfarbe als Gruppe wahrgenommen haben. Nachdem das "Objekt" durch die Praxis der Unterdrückung sichtbar geworden war, begannen die Spanier ein Wissen über das "Objekt" zu erwerben. Sie schickten etwa ihre Forscher, um mit Hilfe der gültigen diskursiven Praxis der damaligen Wissenschaft die "Inferiorität" der "Objekte" festzustellen; eine Realität tatsächlich, allerdings eine, die die Spanier zuvor selbst geschaffen hatten. Da die Rassen-Kasten-Gesellschaft eine gewisse Kontinuität bewies und schließlich im Kolonialismus ihre Fortsetzung erfuhr, konnte durch diese Stabilität, also durch die ständige Außenstützung, das Wissen über die "Objekte" frei nach Ausdrucksmitteln suchen. Es entwikkelte sich eine Flut von "Rassentheorien". Heute werden die Repertoires des rassistischen Wissens allgemein verwendet, oft sogar von den Gegnern des Rassismus, ohne daß noch deutlich wäre, welche Machtverhältnisse zur Entstehung der Repertoires beigetragen haben.

Wie erwähnt, stehen die Topoi jedoch in direkter Beziehung zum "Lageschema" (Thomae 1958) der jeweiligen Gruppe. In bezug auf dieses Lageschema läßt sich das rassistische Wissen weiter charakterisieren. Denn es wirkt (1) als "soziale Erkenntnis" der Autochthonen. Angesichts der modernen bürgerlichen und sozialen Gleichheitspostulate ist die fortgesetzte Ungleichheit zwischen Autochthonen und Migranten, aber auch zwischen der "ersten" und der "dritten" Welt erklärungsbedürftig. Das rassistische Wissen bietet eine einleuchtende Erklärung, die im Einklang mit den genannten Institutionen steht. Die Erklärungen sind selbstverständlich falsch, eine Täuschung jedoch sind sie nicht. Aber das Wissen dient nicht nur als Begründung für die Unterschiede, es fungiert auch als (2) Legitimation für diese Unterschiede. Denn rassistisches Wissen "verwirklicht" permanent die übergeordnete Position der Autochthonen.

Erst wenn man rassistische Einstellungen nicht mehr als Ausnahmephänomen oder als "Wahn" behandelt, wird es möglich, Rassismus als funktionierende praktische Einheit von Wissen und Institution zu fassen. So könnte man wie der amerikanische Psychologe Joseph Renny Noel gleich die ganze Fragestellung umkehren: "Since racism is so ubiquitious, it is virtually unavoidable. The real problem may therefore be to explain not why people become prejudiced but why some people reject these prejudiced attitudes" (Noel 1972, S. 61).

Selbstverständlich kann eine demokratische Gesellschaft nicht zugeben, daß der gesellschaftliche Wissensvorrat ganz selbstverständlich auch rassistisches Wissen beinhaltet. Das rassistische Wissen besitzt einen "dilemmatischen Charakter", d.h. es existiert unter Maßgabe seiner Illegitimität. Aus den diskursanalytischen Untersuchungen wissen wir, daß rassistische Bemerkungen oft eingeleitet werden mit Sätzen wie "Ich bin kein Rassist, aber..." oder "Wir sind doch alle Menschen, aber..." (Van Dijk nennt diese Strategie ein "apparent denial"; 1987, S. 388). Aus diesem offensichtlichen Dilemma läßt sich schließen, daß es eine Praxis geben muß, die diesen Konflikt innerhalb des Wissens hervorruft.
Zum einen wird dieser Konflikt erzeugt durch die institutionalisierten Gleichheitspostulate der liberalen Demokratie. Allerdings muß man wohl historisch festhalten, daß sich die Praxis der liberalen Demokratie gegenüber der Praxis, die den Rassismus impliziert, immer als schwächer erwiesen hat. Gewöhnlich wird der Konflikt durch den "Einbau" der einander widersprechenden liberalen Prinzipien in das rassistische Wissen "gelöst". Ein zweiter Grund für den Konflikt sind die antiinstitutionellen Kämpfe der Betroffenen, die zwei Stoßrichtungen haben können: Entweder stützen sie sich auf die Werte der abstrakten Gleichheit (was Assimilation bedeutet) oder sie fordern die Anerkennung der eigenen Differenz bzw. Identität. So sind diese Kämpfe wiederum durch die Insititutionen determiniert: Einerseits durch die Institutionen, die die Gleichheit der Migranten behaupten, und andererseits durch die oben beschriebenen Institutionen, deren Praxis sie fortwährend als partikulare Gruppe zum Erscheinen bringt. Aufgrund der für sie ungünstigen Machtverhältnisse führen die Kämpfe der Betroffenen zumeist nicht zu einer Änderung der institutionellen Praxis. Allerdings verändern sie gewöhnlich das rassistische Wissen. Der differentialistische Rassismus etwa ist als Reaktion auf die Entkolonialisierung und die Kämpfe der Migranten zu verstehen. Dennoch: die Praxis der liberalen Demokratie und die Praxis der antiinstitutionellen Kämpfe bilden die einzigen Grundlagen dafür, daß jemand nicht "prejudiced" wird oder zumindest feststellt, daß er "prejudiced" ist.

Die Betonung der institutionellen Praxis, die mit dem rassistischen Wissen in Zusammenhang steht, bedeutet keineswegs, daß hier erneut die Rolle des "Überbaus" geschmälert werden soll. Im Falle des Rassismus handelt es sich eben um eine "praktische Einheit von Wissen und Institution". Dieses komplizierte Gesamtensemble kann, wenn es in "Betrieb" ist, von allen Seiten beeinflußt werden. Auch Veränderungen des Wissens können Veränderungen in den Institutionen nach sich ziehen. Verschwinden allerdings wird der Rassismus erst mit den Institutionen, die ihn erzeugen.

Literatur:

Althusser, L. 1976: Ideologie und ideologische Staatsapparate, Hamburg 1977.

Berger, P. & Th. Luckmann 1966: Die gesellschaftliche Konstruktion der Wirklichkeit, Frankfurt a.M. 1994.

Brubaker, R. 1992: Staats-Bürger - Deutschland und Frankreich im historischen Vergleich, Hamburg 1994.

Essed, P. 1991: Understanding Everyday Racism, London.

Fanon, F. 1952: Schwarze Haut, weiße Masken, Frankfurt a.M. 1985.

Gehlen, A. 1956: Urmensch und Spätkultur, Wiesbaden 1986.

Gellner, E. 1983: Nationalismus und Moderne, Berlin 1991.

Goldhagen, D.J. 1996: Hitlers willige Vollstrecker - Ganz gewöhnliche Deutsche und der Holocaust, Berlin.

Heckmann, F. 1983: Einwanderung und die Struktur sozialer Ungleichheit in der Bundesrepublik, in: R. Kreckel (Hg.): Soziale Ungleichheiten, Göttingen: Sonderband 2 der Zeitschrift Soziale Welt.

Heckmann, F. 1992: Ethnische Minderheiten, Volk und Nation, Stuttgart.

Hoffmann, L. & H. Even 1984: Soziologie der Ausländerfeindlichkeit, Weinheim und Basel.

Jäger, M. 1996: Fatale Effekte - Die Kritik am Patriarchat im Einwanderungsdiskurs, Duisburg.

Jäger, S. 1992: BrandSätze - Rassismus im Alltag, Duisburg.

Leggewie, C. 1990: multikulti - Spielregeln für die Vielvölkerrepublik. Nördlingen.

Mees, U. 1974: Vorausurteil und aggressives Verhalten, Stuttgart.

Miles, R. 1989: Rassismus, Hamburg 1991.

Noel, J.R. 1972: The Norm of White Antiblack Prejudice in the United States, in: International Journal of Group Tensions, Nr.2, 1972, S. 51-62.

Pascal, B. 1956: Gedanken - Eine Auswahl, Stuttgart.

Pêcheux, M. 1983: Über die Rolle des Gedächtnisses als interdiskursives Material, in: Geier, M. & H. Woetzel: Das Subjekt des Diskurses, Berlin.

Piore, M.J. 1983: Internationale Arbeitskräftemigration und dualer Arbeitsmarkt, in: R. Kreckel (Hg.): Soziale Ungleichheiten, Göttingen: Sonderband 2 der Zeitschrift Soziale Welt.

Popitz, H. et al. 1957: Das Gesellschaftsbild des Arbeiters, Tübingen.

Potter, J. & M. Wetherell 1992: Mapping the Language of Racism. Wheatsheaf.

Raab, E. & S. M. Lipset 1962: The Prejudiced Society, in: Raab, E. (Ed.): American Race Relations, New York.

Silbermann, A. & F. Hüsers 1995: Der "normale" Haß auf die Fremden, München.

Sartre, J.-P. 1954: Überlegungen zur Judenfrage, Reinbek bei Hamburg 1994.

Sengenberger, W. (Hg.) 1979: Der gespaltene Arbeitsmarkt, Frankfurt/N.Y.

Terkessidis, M. 1995: Leben in der Zwischenwelt - Migranten in Deutschland und der liberale Rassismus, in: Freibeuter, Nr.95, Berlin 1995, S. 47-56.

Thomae, H. 1958: Lage und Lageschema, in: Ders. : Dynamik des menschlichen Handelns. Ausgewählte Schriften zur Psychologie 1944-1984, Bonn 1985.

Van Dijk, T.A. 1987: Communicating Racism, London.

Willms, B. 1982: Die deutsche Nation, Köln-Lövenich.

Kai Hafez

Öffentlichkeitsbilder des Islam Kultur- und rassismustheoretische Grundlagen ihrer politikwissenschaftlichen Erforschung

Die von dem amerikanischen Politologen Samuel Huntington vertretene These, die Weltpolitik des 21. Jahrhunderts werde von einem „Zusammenprall der Zivilisationen" zwischen dem Islam und dem Westen geprägt sein, (Huntington 1996) ist zugleich eine der meist diskutierten und der umstrittensten wissenschaftlichen Annahmen der Gegenwart. Von ihren Befürwortern wird sie als Formulierung eines epochalen Paradigmenwechsels nach dem Ende des Ost-West-Konflikts betrachtet. (Tibi 1995) Ihren Gegnern gilt sie als Beispiel für das Vordringen einer Art "Vulgär-Kulturanthropologie" in die Politikwissenschaft. Kulturkreiskonzepte, in denen Kulturen als geschlossene Systeme betrachtet werden, werden in der modernen Kulturanthropologie zu den "primordialen" Ansätzen im Vergleich zu den weitaus differenzierteren "synkretistischen" Modellen gezählt. (Haller 1996, S. 4-12) Die mangelnde Unterscheidung zwischen Kulturbeziehungen, kollektiven Identitätsbestrebungen und internationalen politischen Beziehungen gilt als Ontologisierung eines Kulturkonflikts zwischen dem Islam und dem Westen. (Hafez 1997, S.15-27) Zur gleichen Zeit sind auch der in der kulturorientierten Orientalistik geäußerten Kritik am "Feindbild Islam" in deutschen Massenmedien und in der Öffentlichkeit konzeptionelle Mängel nachweisbar (Hippler/Lueg 1993; vgl. auch Rotter 1992 und Klemm/Hörner 1993). Der Feindbildbegriff der angewandten Sozialpsychologie und Politikwissenschaft ist ein vor allem zur Zeit des Ost-West-Konflikts ausgearbeiteter hochdifferenzierter Komplex, für den etwa Daniel Frei allein 28 Wahrnehmungsmuster ermittelt hat. (Frei 1985, S. 111-121)

Die Untersuchung makrokultureller Wahrnehmungstrukturen zwischen der islamischen und westlichen Welt hat diesen Differenzierungsgrad noch nicht erreicht. Problematisch ist auch die Verbindung des "Feindbildes Islam" mit antiislamischem Rassismus, (Attia 1994, S. 210-228) denn die einfache Gleichsetzung von demokratischen und extremistischen Fremdbildern, von Islam- und Ausländerfeindlichkeit vermag die komplexen Beziehungen zwischen beiden nicht zu erklären.
Entstehungsbedingungen, Strukturen und Wirkungen öffentlicher Islambilder sind nicht zuletzt wegen der Vielzahl beteiligter Wissenschaftsdisziplinen bisher nur unzureichend theoretisch fundiert. Der folgende Beitrag verzichtet daher auf einen empirischen Vorlauf und konzentriert sich *ex negativo* auf kultur- und rassismustheoretische Überlegungen im Rahmen der Politikwissenschaft. Vier Entwicklungstendenzen deutscher Islambilder werden zu Grunde gelegt, die am Beispiel von Inhaltsanalysen deutscher Pressemedien andernorts empirisch belegt worden sind: (Hafez 1996, S. 155-182, Hafez 1996, S.137-161)

These 1:
In der deutschen Öffentlichkeit wird der Islam mit repressiven, modernitäts- und frauenfeindlichen Anschauungen gleichgesetzt, obwohl neben "reaktionär"-dogmatischen auch liberale und tolerante Interpretationen des Islam existieren.

These 2:
Eine Unterscheidung zwischen extremistischen und moderaten Formen des islamischen Fundamentalismus, der das Ziel einer Vereinigung von Politik und Religion verfolgt, ist in der deutschen Öffentlichkeit weitgehend unbekannt.

These 3:
Die öffentliche Meinung tendiert zur Dekontextualisierung des Fundamentalismus, dessen äußere Erscheinungsformen (wie etwa Terrorismus) die Diskussion über gesellschaftliche Ursachen in den Hintergrund drängen. Es dominiert eine Tendenz zur Erklärung sozialer Bewegungen mit normativ-religiösen Argumenten.

These 4:
Der Islam erscheint in der Öffentlichkeit in wachsendem Maß als eine Form der Politik statt als Religion. Minderheitenphänome des politischen Islam

stehen im Mittelpunkt, religiös-kultische und nativistische Massenphänomene des orthodoxen oder Volksislam hingegen werden weitgehend übersehen.

Öffentlichkeitsbilder des Islam und die Konstruktion kultureller und anthropologischer Differenz

Öffentlicherkeitsbilder des Islam basieren auf selektiven Wahrnehmungsprozessen, wobei der islamischen Welt - ebenso wie der westlichen - bestimmte stereotype Eigenschaften zugeordnet werden (Thesen 1 und 2). Die kognitive Pars-Pro-Toto-Perspektive der islamischen Welt wird von negativen Affekt- und Wertbildern begleitet, die im wesentlichen komplementär zu entsprechenden positiven Bildern des Westens sind. [1] Die gegenseitige Konstruktion von Orient und Okzident entspricht einem Vorgang, der in den Ethno- und Kulturwissenschaften als "Essentialisierung" bezeichnet wird. Die islamische und die westliche Welt sind demnach als geschlossene Systeme zu betrachten, die sich durch unterschiedliche und eindeutig beschreibbare Kerneigenschaften (Essenzen) auszeichnen, die das innerkulturelle Funktionieren ebenso bestimmen wie die interkulturelle Interaktion. Anti-Essentialismus wäre demnach durch folgende Grundannahmen zu kennzeichnen: 1.) Kulturen unterliegen historischen Wandlungsprozessen, sie sind dynamisch, nicht statisch; 2.) Kulturen sind sprachlich, religiös, historisch und geographisch strukturierte Oberbegriffe für eine jeweils große Zahl kultureller Subsysteme, die es streng betrachtet, zu keiner Zeit erlauben, von *der* Kultur (z.B. *dem* Islam) zu sprechen; 3.) unterschiedliche Kultursysteme besitzen auch dann, wenn einzelne Gesichtspunkte als "Essenz" beschrieben werden, Zonen größerer und geringerer Kongruenz, unabhängig davon, ob diese im historischen Entwicklungsprozeß mit- bzw. gegeneinander entwickelt (Morgenland-Abendland; Orient-Okzident) oder ohne jegliche historische Berührung (z.B. amerikanische Indianer-Orientalen) enstanden sind. Die Frage wäre demnach beispielsweise nicht, ob der Islam mit westlichem Fortschritts- und Entwicklungsdenken vereinbar ist, sondern, in den Worten Michael C. Hudsons, "wie viel Islam und welche Art von Islam" damit vereinbar ist. (Hudson 1980, S. 5) James G. Carrier schreibt über Essentialisierung und interkulturelle Beziehungen:

---

[1] In der sozialpsychologischen Erforschung von Bildern, Stereotypen und Feindbildern wird zwischen einer kognitiven, einer affektiven (emotional-wertenden) und einer konativen (handlungsorientierten) Dimension von Bildern unterschieden (vgl. Ruf 1973, S. 23).

"Während die Sinnstiftung durch Differenzpaare und dialektisch konstruierte Essentialisierungen verständlich oder gar unvermeidlich sein mag, können die Folgen unerwünscht sein. Ein übertriebenes oder sogar falsches Verständnis für Unterschiede kann entstehen. Der Unterschied kann, häufig unausgesprochen, zum bestimmenden Charakteristikum fremder Gesellschaften werden, so daß Zeichen der Ähnlichkeit zu Unannehmlichkeiten werden, die man ignorieren oder auf eine Art erklären muß, daß die Reinheit von 'Wir' und 'Sie' erhalten bleibt." (Carrier 1992, S. 203)

Edward Said (Said 1979, S. 325) hat den Orientalismus als ein Gedankensystem bezeichnet, das über Jahrhunderte "den Orient" als Gegenrealität der westlichen Kultur geschaffen hat. Der Orientalismus fungiert demnach - vor allem in Bezug auf den Islam - als ein Filtersystem der Wahrnehmung, das die orientalisch-okzidentalen Beziehungen nur auf eine bestimmte Art zu kanalisieren versteht, während sich das Verhältnis leicht auch ganz anders darstellen ließe. Jean R. Riviere (Riviere 1978, S.12f.) hat darauf hingewiesen, daß aus der Perspektive etwa der chinesischen Kultur der islamische Nahe Osten als eine westliche und einem westlichen Religions- und Kulturraum zugehörige Region betrachtet wird, was mit gemeinsamen religiösen Ursprüngen und mit der starken Affinität zur griechischen Kultur begründet wird (Michael Herzfeld argumentiert, daß gerade im antiken Griechenland auch die Tradition einer Identifikation mit *entweder* Orient *oder* Okzident ihren Anfang nahm). Statt Differenz wird Kongruenz zum Definitionskriterium erhoben.

Ähnlich dem Systemtheoretiker Nicklas Luhmann weist auch James G. Carrier (vgl. Carrier 1995, S.28) darauf hin, daß Essentialisierungsvorgänge insofern nicht grundsätzlich zu vermeiden sind, als die Essentialisierung eine Form der strukturellen Wahrnehmungs- und Verständniserleichterung darstellt, da hier die Realität nach bestimmten Merkmalen gruppiert wird, die darüber hinaus, dies wäre aus der Perspektive der Ethnozentrismustheorie hinzuzufügen, mit dem Bedürfnis der Einteilung in *in-* und *outgroups*, also mit dem Bedürfnis der Gruppenidentifizierung korrespondiert.[2] Michael Herzfeld beschreibt die Essentialisierung im Orient-Okzident-Kontext zur gleichen Zeit als Folge "taxonomischer Zwänge" (*taxonomic imperatives*), den er unter anderem auf die antike griechische Frage nach der Zugehörigkeit zu Orient oder Okzident zurückführt (Herzfeld 1995, S.221).

Die einfache Ersetzung kultureller Differenzbegriffe duch theoretisch übergeordnete Begriffe wie "Weltsystem", "Globalisierung" oder "Das Eigene und

---

2 Vgl. in diesem Zusammenhang etwa die Weiterentwicklung des Summner'schen Ethnozentrismusansatzes bei Daniel J. Levinson (Levinson 1950, S. 150).

das Andere" (Carrier 1992, S. 205) scheint keine wirkliche Alternative zur Essentialisierung darzustellen, da die Verwendung von Kategorien der Sozialstruktur wie "Klasse" gezeigt haben, daß hier neue Zwänge der universellen Vereinheitlichung entstehen können, die regionalen oder kulturellen Eigenarten nicht gerecht werden. Eine Lösung scheint nur durch Mehrschrittverfahren erreichbar zu sein, wobei kulturelle Spezifika nicht negiert, zugleich jedoch im interkulturellen Kontext genau auf ihre Differenz-Kongruenz-Strukturen untersucht werden.
Im Fall deutscher Öffentlichkeitsbilder des Islam, vereinfacht durch die einleitenden Thesen dargestellt, fehlen Kongruenzvorstellungen nahezu gänzlich. Der Öffentlichkeitsdiskurs basiert überwiegend auf einem differentialistischen Essentialismus. Ein Beispiel hierfür bietet die Iranische Revolution von 1978/79. Die Vorstellung, daß selbst eine "islamische Revolution" aufgrund der Vielfalt kultureller Entwicklungsmöglichkeiten in keinem grundsätzlichen und lückenlosen Widerpruch zu westlichen Moral-, Gesellschafts- oder Staatsvorstellungen stehen mußte, und daß aus der Perspektive vergleichender Revolutionsforschung mehr Ähnlichkeiten als Unterschiede zu anderen Revolutionen der Weltgeschichte zu erkennen waren[3], ist in der westlichen Öffentlichkeit und in den Massenmedien nie erörtert und scheint *a priori* ausgeschlossen. Statt dessen sind essentialistische Modelle für die Erklärung der iranischen Entwicklung von großer Bedeutung. Die Annahme, daß die "Reislamisierung" einen Versuch der "Rückkehr" in mittelalterliche Lebenszusammenhänge und einen Abschied von Wohlstand, Fortschritt und Moderne bedeutet, findet in der deutschen Öffentlichkeit, wie in anderen westlichen Staaten, großen Anklang. Ähnliches gilt etwa für die Berichterstattung über den Fall Salman Rushdie, der häufig als Paradebeispiel für die Unvereinbarkeit von Menschenrechten und Islam betrachtet wurde, wobei die weiten Bereiche übereinstimmender humanitärer Wertbildung zwischen Christentum, Aufklärung und Islam außer acht gelassen werden.

Eine Kritik von Öffentlichkeitsbildern aus der Perspektive der Essentialismuskritik kann sich etwa an Deborah Reed-Danahays (Reed-Danahay 1995, S.61-84) Arbeiten über den französischen Ethnologen Pierre Bordieu orientieren. Reed-Danahay weist Bordieu nach, daß seine Unterscheidung zwischen personell-traditionellen Sozialstrukturen der algerischen Kabylei und institutionell-

3 Aufstiegsforderungen ausgegrenzter Eliten, Abkehr der Intelligenz von der Macht, postmonarchistische Euphorie, Phase der Doppelherrschaft, Autonomieforderungen ethnischer Minderheiten.

modernen Sozialstrukturen Frankreichs von einem realiter auf beiden Seiten nicht existierenden Idealtypus ausgeht, der westliche Gesellschaften zu Unrecht als ausschließlich sachlich-funktional (nepotistische Strukturen existieren auch hier) und die islamische Welt als chaotisch und unfähig zur modernen Institutionenbildung (Institutionen sind unterschiedlich gefestigt) darstellt.[4]

Öffentliche Islambilder sind nicht nur essentialistisch und kulturdiskret, sondern zeichnen sich zum Teil auch durch eine Überbewertung kultureller Symbolik und eine Mißdeutung anthropologischer Motive und sozialer Zusammenhänge. Der Islamische Fundamentalismus (etwa in der Iranischen Revolution) wird zum Beispiel häufig mit religösem Fanatismus gleichgesetzt, statt die sozialen und politischen Ursachen postkolonialer Entwicklungsgesellschaften zu berücksichtigen (These 3); umgekehrt werden religiös-kultische Erscheinungen, etwa Gebete in oder vor Moscheen oder das Tragen von Kopftüchern, als Ausdruck (antiwestlicher) politischer Haltungen interpretiert (These 4). Statt etwa Phänomene der "Re-Islamisierng", d.h. dem in den letzten Jahrzehnten erkennbaren Zulauf zu religiösen Artikulationsformen in Politik und Gesellschaft vieler orientalischer Staaten, auf entsprechenden Ebenen (Politik *oder* Religion) zu untersuchen, besteht in der deutschen Öffentlichkeit eine Verunsicherung hinsichtlich der realen Existenz solcher Kategorien im islamischen Orient. Politik wird mit religiösen Motiven und Religion mit politischen Implikationen erklärt. Deutsche Öffentlichkeitsbilder der islamischen Welt basieren nicht selten auf der Annahme der älteren Orientalistik, daß Religion und Politik im Islam untrennbar seien, was in der modernen politikwissenschaftlichen Orientforschung relativiert worden ist (vgl. Ayubi 1991, S. 3). Islamische Symbolik korrespondiert nicht mit einem monolithischen Sinnzusammenhang. Der *politische* Islam (z.B. die Iranische Revolution) ist weitaus öfter Ausdruck sozio-ökonomischer und sozio-psychologischer Triebfedern als eine religiös-transzendente Bewegung. Umgekehrt ist nicht jede religiössymbolische Handlung Ausdruck politischen Handlungsbedarfs.

Die häufig anzutreffende Verwechslung der Deutungs- und Erklärungsmuster - man kann sie als "Inversion" bezeichnen - ist aus kulturtheoretischer Sicht deshalb von Bedeutung, weil hierdurch die Dichotomie Islam-Westen auf anthropologischer Ebene verfestigt wird, d.h. das Bild des Islam als einer

---

4 Lila Abu-Lughod kritisiert Bordieu in ähnlicher Weise, wenn sie feststellt, daß er in seinen Arbeiten kaum in der Lage war, soziale Widersprüche oder historische Entwicklungsprozesse in den von ihm untersuchten Gesellschaften herauszuarbeiten (Abu-Lughod 1990, S. 89).

negativen Gegenkultur des Westens korrespondiert mit einem entsprechenden Menschenbild. Während ein Islambild nach dem Prinzipien von selektiver Wahrnehmung und differentem Essentialismus die Vorstellung einer Negativ-Parallelwelt schafft, die trotz ihrer Andersartigkeit, Bedrohlichkeit oder Unterlegenheit doch symmetrisch konstruiert und insofern zugänglich und verständlich ist, so erzeugt erst die tiefergreifende Inversion den Eindruck der Irrationalität und des "außersystemischen Chaos", das etwa Jürgen Link in seiner Diskursanalyse als Merkmal des Islambildes der Medien beschreibt. (Link 1993, S. 382-401; vgl. auch Gerhard/Link , S. 277-297)

Inversion steht im Widerspruch zur anthropologischen Grundregel, wonach die Gemeinsamkeiten einer nationalen oder kulturellen Gruppe immer kleiner sind als die individuellen Unterschiede, so daß auch die Gemeinsamkeiten zwischen den Individuen verschiedener Kulturen größer sein können als die zwischen Individuen derselben Kultur; eine Annahme, die als Theorem der "anthropologischen Konstanten" bezeichnet werden kann.

Interessant ist in diesem Zusammenhang, daß Bassam Tibi in diesem Punkt bereits 1984 den Orientalismusbegriff Edward Saids erweitert hat. Während der Orientalismus amerikanischer Prägung nach Tibi auf der Idee der Wiederholbarkeit der amerikanischen Zivilisationserfahrung basiert, ist das europäische Orientbild häufig von einem Glauben an die fundamentale Andersartigkeit der Orientalen und ihre immanente Unfähigkeit zur Entwicklung geprägt gewesen (Tibi 1984, S. 281).

Das Vorbild für eine Kritik der Inversionsmomente in deutschen Öffentlichkeitsbildern des Islam ist James G. Carriers Analyse von Marcel Mauss' Bezeichnung der Gesellschaften Papua-Neuguineas als "Geschenkgesellschaften" (Carrier 1995, S. 85-108). Folgt man Carrier, so sind Mauss' Ergebnisse nicht allein deshalb anfechtbar, weil notwendige Vergleichsuntersuchungen über das Geschenkverhalten in westlichen Gesellschaften fehlen. Die These der "Geschenkgesellschaften" geht zudem von einem falschen Verständnis symbolischer Handlungen aus, da die "Geschenke" häufig eher ökonomischen Transaktionen vergleichbar sind und damit Teil eines Wirtschaftsgefüges darstellen.

Die Tendenz zur Fehlinterpretation religiös-kultureller Symbole und zur Konstruktion eines vom "westlichen Menschen" differenten Menschenbildes ist bereits am Beispiel des deutschen Journalisten und Buchautors Peter Scholl-Latour nachgewiesen worden. Folgt man Georg Auernheimer, so vertritt Scholl-Latour in seinen Arbeiten die Vorstellungen, "es gebe so grundverschiedene 'Mentalitäten' mit so stark variierenden Bedürfnissen und Lebensansprüchen, daß man die europäischen Maßstäbe bezüglich der Lebensqualität nicht an Menschen aus anderen Kulturen anlegen könne." (Auernheimer 1993, S.272) Auernheimer erkennt in diesem Zusammenhang auch die Übereinstimmung zwischen deutschen Medienbildern und den von vielen islamischen Fundamentalisten entworfenen Weltbildern, wenn er vermerkt, daß Scholl-Latour für Ajatollah Khomeini Achtung und Respekt verspürte. (Auernheimer 1993, S. 277f.) Tatsächlich ist ein Essentialismus, der auf der Annahme der Wesensverschiedenheit von Völkern beruht, *beiden* Bildergruppen zueigen. Diese Kongruenz erklärt aus kulturtheoretischer Perspektive die quasi-symbiotische Beziehung zwischen westlichem Journalismus und islamischem Fundamentalismus, wobei etwa das starke Medienecho, das der Fundamentalismus im Westen hervorgerufen hat, seine Alleinvertretungsanspruch *innerhalb* der islamischen Welt eher gestärkt als geschwächt hat.

Insgesamt läßt sich folgendes feststellen: Wenn westliche öffentliche Meinung und islamische Fundamentalisten über strukturähnliche Fremdbilder verfügen, die sich mit den Mitteln der Kultursymbolik gegen die jeweils andere Welt (Kultur und Menschen) abgrenzen, so kann mit Wilhelm Mühlmann gefolgert werden, daß beide Seiten in ihrer Darstellung des Anderen die Ebene der "limitischen Symbolik" noch nicht überschritten haben. Mit diesem Begriff beschreibt Mühlmann die Funktion der Kultur als einem Fundus vielfältiger Ausdrucksformen zur territorialen Abgrenzung. Das Islambild der deutschen Öffentlichkeit, ebenso wie das damit zum Teil einhergehende Selbstbild des Westens (Okzidentalismus), wäre dann ein Moment der kulturellen Grenzziehung (Mühlmann 1985; vgl. auch Assmann/Assmann 1990, S.28).

Eine Alternative besteht im interkulturellen Dialog über die Frage der Kongruenzen und Differenzen der Kulturen und in der Anerkennung des Primats anthropologischer Gemeinsamkeiten durch eine Einigung auf verbindliche Menschenrechte.
Aus der psychoanalytischer Perspektive läßt sich die Tendenz zur limitischen Symbolik mit einem "Narzismus der kleinen Differenz" erklären. Dieser auf Sigmund Freud zurückreichenden Theorie liegt die Einsicht zugrunde, daß Regressionserscheinungen, die sich individuell als Rückkehr in kindähnliche Zustände, aber auch gesellschaftlich als Rückschritt von der Ebene der Bekenntnisideologien (z.B. Kommunismus, Kapitalismus) zu Herkunftsideologien (z.B. Religion, Ethnos, Kultur) äußern können, zu den typischen Zeiterscheinungen der Moderne gehören. Die Regression zu Religion und Kultur als entscheidenden Faktoren des Weltbildes kann dazu beitragen, daß selbst klei-

nen Differenzen größte Bedeutung beigemessen wird, um den kulturdefinierten Narzismus der eigenen Person oder Gruppe zu befriedigen (Youakim 1995, S. 141f.). Dies wäre vor allem in Nachbarschaftslagen der Fall, wo trotz der Ähnlichkeit der Lebensumstände selbst kleinste kulturelle Differenzen (Protestanten und Katholiken in Irland; Serben, Kroaten und Muslime im ehemaligen Jugoslawien) der Abgrenzung dienen und die sich dem "Narzismus der kleinen Differenz" unterordnen.

Öffentlichkeitsbilder des Islam, "kollektiver Wahrnehmungsextremismus" und Rassismus

Statt sich durch ein differenziertes Verhältnis zur historischen Realität der islamischen Welt auszuzeichnen, orientiert sich die deutsche und westliche Öffentlichkeit häufig an selektiven, stereotypen und traditionellen essentialistischen Negativbildern, die Vorstellungen von der fundamentalen kulturellen oder gar anthropologischen Differenz zwischen westlicher und islamischer Welt fördern. Wie im folgenden zu zeigen sein wird, handelt es sich bei medialen Islambildern nicht allein um "Fremd-", sondern gleichfalls um "Fremdenbilder".

Für die Untersuchung von "Ausländer-" und Fremdenbildern hat in der modernen Soziologie der Begriff der "Konstruktion des Fremden" Verbreitung gefunden. Zu den wesentlichen Bestandteilen des Konstruktionsparadigmas gehört die Annahme, daß sozial-psychologische Kategorien wie "das Eigene", "das Andere" oder "das Fremde", die ihrerseits Bestandteil der öffentlich-diskursiven wie rechtlichen Definition von "Volk", "Nation", "Staatsangehörigen" und "Ausländern" sind, im Kern das Ergebnis gesellschaftlicher Definitionsvorgänge sind. "Fremdheit" ist aus anthropologischer Sicht keine konstante Größe, sondern ein sozialer Akt der Trennung in *ingroups* und *outgroups*, der auf Identifikationsbedürfnissen und dem Glauben an eine Differenz beruht, der so fundamental ist, daß er das politische und soziale Miteinander von Staaten und Gesellschaften (etwa im Nationenbegriff) prägt. Kennzeichen der "Konstruktion des Fremden" ist weniger das Ziel einer geordneten Gruppenorganisation als vielmehr die Intransigenz der Organsiationskriterien (Sprache, Hautfarbe, Religion usw.), die nicht als beliebige oder zumindest relativierbare Zuordnungskriterien (*Konstruktion* des Fremden) sondern als "natürliche" Differenzmerkmale gelten.

Wenn Islambilder in den Einzugsbereich der Konstruktion des Fremden gelangen,[5] d.h. wenn die produzierten Vorstellungen über die islamische Welt zu Differenzkriterien der sozialen Gruppendefinition werden, so bedeutet dies, daß ihre Eigenschaften von der Ebene transkultureller Vorstellungswelten zu Faktoren des sozialen Alltags (Mikrobene), des institutionellen Verhaltens (Mesoebene) oder der Innenpolitik (Makrobene) werden können. Welche Implikationen besitzen also die ermittelten Islambilder für die Konstruktion des Fremden?

Öffentliche Islambilder tragen deutliche Züge einer Art kollektiven Wahrnehmungsextremismus. Vorgänge wie die Reduktion der Komplexität zugunsten einer Pars-Pro-Toto-Sicht des Islam, in der eine Vielzahl religiöser, politischer und sozialer Lebensrealitäten auf ein einziges Phänomen, den radikalen-fundamentalistischen und fanatischen Islam beschränkt werden, sind ebenso wie die anderen ermittelten Wahrnehmungs- und Konstruktionsprinzipien der Islambilder eigentlich typisch für die Welt- und Feindbilder extremistischer politischer Gruppierungen (vgl. Funke 1986, S. 132-136). Zu erkennen ist eine unerwartete strukturelle Verwandtschaft zwischen demokratischen und extremistischen Fremdbildern. Das öffentliche Islambild ist hochgradig selektiv, parolenartig stereotyp, stark abwertend und, analog ideologischer Denkschemata, modellhaft geschlossen. Es ist eine starke Tendenz zu einem "radikale(n) Denkstil" zu erkennen, wie Aleida und Jan Assmann den Hang zu dualistischen Wertmustern, logischen Zwangsalternativen und absoluten Wahrheiten beschreiben, und den sie als Wesensmerkmal auch der profanen Gesellschaft der westlichen Moderne im Kulturkonflikt betrachten (Assmann/Assmann 1990, S. 25f.).
Hinzu kommt, daß auch die Einbettung des Islam in eine Weltanschauung der kulturellen Differenz im Zusammenhang mit einer Entwicklung des modernen Rassismus zu stehen scheint, der als "'Rassismus ohne Rassen'" (Balibar) weniger physische Merkmale als vielmehr die Zugehörigkeit zu einer bestimmten Kultur zum obersten Differenzkriterium erhebt (Balibar 1989, S.373). Weite Teile des Journalismus und der deutschen Öffentlichkeit teilen Ideen einer fundamentalen kulturellen oder sogar anthropologischen Differenz zwischen Muslimen und Nichtmuslimen, wie sie in der "neuen Rechten" verbreitet sind (vgl. Höhne 1995, S. 74-79). Dichotomische Bilder wie moderner Westen/ rückständiger Islam, friedlicher Westen/ gewaltsamer Islam oder rationaler

5 Vgl. zum Zusammenhang zwischen Medien- und Ausländerbild: Zentrum für Türkeistudien (Hg.) 1995, S. 25f.

Westen/ fanatischer Islam führen nahezu unabdinglich zu sozialen Grenzziehungsprozessen, die sich durch ein hohes Maß an struktureller Gewalt auszeichnen, da "das Eigene" und "das Andere/Fremde" als Gegensatz konstruiert werden.

Es stellt sich also insgesamt die Frage, ob zwischen dem Feindbild Islam in der allgemeinen deutschen Öffentlichkeit und der aggressiven Ausländerfeindlichkeit in extremistischen Kreisen nicht ein enger Zusammenhang besteht. Dabei ist es von besonderer Bedeutung, den Unterschied zwischen der durch "Wahrnehmungsextremismus" und Kulturalismus geprägten Konstruktion des islamischen Fremden - sie kann als *mainstream*-Islamfeindlichkeit bezeichnet werden - und dem antiislamischen Rassismus zu unterschieden, wie er im Bereich des Rechtsextremismus in Deutschland tatsächlich anzutreffen ist. Ein Ansatz wie der von Iman Attia (Attia 1994, S. 210), der etwa das Feindbild Islam während des Golfkrieges von 1990/91 als Rassismus bezeichnet, ist kaum geeignet, die komplizierten Beziehungen zwischen öffentlicher Meinung und Extremismus zu erfassen und bestätigt die Annahme, daß der Rassismusbegriff zur Erforschung der Beziehungen zwischen Mehrheitsmeinung, Extremismus und Diskriminierung nur begrenzt geeignet ist.[6]

---

6 [Uli Bielefeld]: "Es fragt sich, ob der Begriff des 'Rassismus' geeignet ist, eine wichtige analytische Funktion in der Bestimmung des Verhältnisses der Mehrheit zu diskriminierten Minderheiten in den gegenwärtigen westeuropäischen Gesellschaften zu übernehmen. Er ist möglicherweise zu schwammig, zu allgemein und auch zu belastet. Er verdeckt unter Umständen Diskriminierungsprozesse, anstatt sie zu benennen." (Bielefeld 1991, S. 18). [Max Kaase]: "Zusammenfassend läßt sich sagen, daß die Theoriediskussion zum politischen Extremismus schon seit geraumer Zeit stagniert. Insbesondere fehlt es (...) an einer Erörterung der Verbindungsglieder zwischen politischen Ordnungsformen (Makroebene), Organisationsformen (Mesoebene) und individuellen Orientierungen (Mikroebene) - einschließlich der Frage der Beziehung zwischen Einstellungen und Verhaltensweisen." (Kaase 1983, S. 548-551). [Eike Henning]: "Prioritäten sollten nicht mehr jene bestenfalls wissenschaftsjournalistischen Reportagen haben, die dem 'rasenden Mob' nachfolgen und/oder kaum alltagsbezogene Einzelfallbeobachtungen liefern, sondern politisch soziologische Analysen, die sich um ein 'linking' mikro- und makrotheoretischer Sichtweisen und Darstellungsperspektiven bemühen. Gesellschaftliche Rahmenbedingungen, alltägliche Lebensverhältnisse und familiale wie schulische Sozialisation müssen analytisch verknüpft werden, um die Vereinzelung der Beobachtungen zu überwinden. Wenn, wofür vieles zu sprechen scheint, das rechte Meinungspotential nicht angewachsen ist, sondern der Schritt zur Tat (zum Wählen oder zur ethnisch legitimierten Gewalt) leichter fällt und die Enttabuisierung rapide voranschreitet, dann muß auch die Wissenschaft als eines der beteiligten Subsysteme entscheidend umstrukturiert werden, um analysieren zu können, wie aus der Mitte der fragmentierten Gesellschaft heraus solche Regression immer schneller, immer jugendlicher, immer entgrenzter und - last not least - immer zahlreicher möglich wird." (Henning 1993, S. 94 f.).

Die Konstruktion des Fremden ist jedoch nicht identisch mit Rassismus, auch wenn es häufig eine "gar nicht so geheime geteilte Problemsicht" gibt (vgl. Bielefeld 1993, S.37, vgl. auch Bielefeld 1991, S. 97-128). Die Gemeinsamkeit zwischen *mainstream*-Islamfeindlichkeit und antiislamischem Rassismus besteht darin, daß beide übereinstimmend dazu neigen, vermittels einer gestörten Realitätswahrnehmung eine essentielle Differenz zwischen islamischer und westlicher Welt in der oben dargelegten Art und Weise zu konstruieren. "Das Fremde" wird ähnlich definiert, die Umgangsformen sind hingegen sehr unterschiedlich. Wenngleich in der vorliegenden Untersuchung keine gültigen Aussagen hierüber getroffen werden können, ist davon auszugehen, daß sich die Mehrheit von der Minderheit durch ihren Mangel an Xenophobie und an Gewaltbereitschaft unterscheidet. Zudem ist trotz der belegten Tendenz der deutschen Öffentlichkeit, eine anthropologische Differenz (etwa durch die Annahme einer letztgültigen Untrennbarkeit von Religion und Politik im islamischen Orient) zu konstruieren, nicht nachweisbar, daß sich die deutsche öffentliche Meinung mehrheitlich von der Vorstellung der mangelnden Anpassungsfähigkeit von Muslimen und ihrer Unfähigkeit zur Nachahmung des westlichen Lebensmodells leiten läßt. Eine Naturalisierung von Kulturvorstellungen, wie sie Balibar theoretisch untersucht hat (Balibar 1990, S. 374; vgl. auch Kalpaka/Räthzel 1990, S. 17f.) und die Bassam Tibi als Unterscheidungsmerkmal zwischen amerikanischem und europäischem Orientalismus betrachtet (s.o.), ist im Zusammenhang mit dem Bild der Muslime bisher nicht bewiesen worden.

Gleichwohl ist mit Andreas Zick festzustellen, daß auch "in den öffentlichen Debatten Konzepte von Fremdenfeindlichkeit, Vorurteilen, Rassismus generiert" werden (Zick 1994, S. 119). Je nachhaltiger zum Beispiel die islamische Welt als ein differentes Modell gezeichnet wird, wie dies seit der Iranischen Revolution und maßgeblich im Übergang zu den neunziger Jahren mit seinen kumulierten Kriseneffekten (Algerienkrise, Golfkrieg, Rushdie-Affäre usw.) der Fall gewesen ist, um so solider kann auch die diskursive Ausgangsbasis für rassistische Diskurse werden, zumal es zu den Grundannahmen des Rassismus gehört, im Zeichen des Mehrheitsinteresses (Volk/ Nation) zu wirken (vgl. Funke 1986, S. 133). Eine solche Identifizierung, auch wenn sie von der Mehrheit nicht gewünscht wird, ist aus der Sicht von Extremisten im Fall des Islam nicht allein wegen der großen Kongruenz von *mainstream*-Islamfeindlichkeit und antiislamischem Rassismus denkbar, sondern auch, weil eine verbindliche Tabuisierung der Islamfeindlichkeit bis heute nicht existiert. Bereits Edward Said hat hierzu angemerkt: "Für keine andere ethnische oder

religiöse Gruppe trifft zu, daß man über sie, ohne Einwände oder Widerstände befürchten zu müssen, alles schreiben oder sagen kann" (Said 1979, S.287).
Interessant ist es in diesem Zusammenhang der Vergleich zwischen Antiislamismus und Antisemitismus. Der Antisemitismus hat sich in Deutschland durch die Judenvernichtung von einer in weiten Teilen der Bevölkerung verbreiteten Anschauung, die ein wesentlicher Bestandteil der zeitgenössischen Weltbilder bis zum Ausgang des Zweiten Weltkrieges war, zu einer Haltung entwickelt, die starken negativen Gesellschaftssanktionen ausgesetzt ist. Läßt sich diese historische Erfahrung auf den Islam, die Islamfeindlichkeit und den antiislamischen Rassismus übertragen? Balibar vertritt die Auffassung, daß der differentialistische Rassismus der Gegenwart im Fall des Islam ähnliche Wirkungsgesetze entwickelt wie vormals der Antisemitismus ("verallgemeinerter Antisemitismus"), da in beiden Fällen von der Unvereinbarkeit mit dem europäischen Denken und Leben ausgegangen wird (Balibar 1990, S. 376). Diese Parallele läßt sich fortschreiben, berücksichtigt man, daß auch der aktive Antisemitismus des "Dritten Reiches" auf einem komplexen Zusammenwirken von in der Gesellschaft verbreiteten Anschauungen und Minderheitsaktivismus basierte - wie dies zuletzt in der Debatte über Daniel Goldhagens "Hilters willige Vollstrecker" deutlich wurde (Goldhagen 1996). Kurt Lenk (Lenk 1994, S. 195-205) weist in seiner Abhandlung über den "Antisemitismus der 'gebildeten Leute'" darauf hin, daß die Annahme einer besonderen Eigenart "des Juden" oder des "jüdischen Geistes" - also eine Form der Essentialisierung - auch in bürgerlichen deutschen Kreisen der Zwischenkriegszeit existierte, die sich vom Rassenwahn distanzierten, keinerlei Absicht hegten, Juden physisches Leid zuzufügen und die sich selbst nicht als Antisemiten betrachteten ("Salonantisemitismus"). Lenks Erkenntnis, daß sich "'die christlich-jüdische Differenz' bis heute als die 'langfristige, strukturgeschichtliche Komponente' des komplexen Antisemitismusphänomens" erweist,[7] läßt sich möglicherweise analog auf den Islam übertragen.
Ahmed Ezzeldin (Ezzeldin 1994, S. 182f.) hat den Vergleich zwischen Antisemitismus und Antiislamismus als einer der ersten Autoren aufgegriffen und argumentiert, daß Islamfeindlichkeit - also Negativ-Essentalisierung - in der europäischen Geschichte ebenso tiefe Wurzeln hat wie der Antisemitismus, wenngleich die Anerkennung entspechender Vorurteilsstrukturen noch weitgehend am Anfang steht. Folgt man Ezzeldin, so ist davon auszugehen, daß

[7] Ein systematischer Vergleich zwischen Antisemitismus und Antiislamismus müßte die Unterschiede der historischen Bedingungen zwischen Deutschland damals und heute sowie die Unterschiede der gesellschaftlichen Stellung zwischen Jüdisch-Deutschen und Muslimen, z.B. den Türken, berücksichtigen (vgl. Ahmed 1995, S. 423).

die gesellschaftliche Wirksamkeit von Islam-Tabuisierungen im Deutschland der Gegenwart noch gering ist, so daß, gemäß dem Modell einer identischen Konstruktion des Fremden durch *mainstream*-Islamfeindlichkeit und antiislamischem Rassismus die Übergänge zwischen öffentlicher Meinung und Extremismus eher fließend als klar definiert sind.

Der vorliegende Beitrag entstand im Rahmen des von der *Volkswagen-Stiftung* beim Deutschen Orient-Institut in Hamburg eingerichteten Forschungsprojekts "Das Nahostbild in der Bundesrepublik Deutschland".

Literatur

Abu-Lughod, Lila 1990: Anthropology's Orient: The Boundaries of Theory on the Arab World, in: Sharabi, Hisham (Hg.) 1990: Theory, politics and the Arab World, New York/London, S. 81-131

Ahmed, Munir D./Hafez, Kai 1995: Das Orient- und Islambild in Deutschland. Überlegungen zum Friedenspreis des Deutschen Buchhandels und ein Gespräch mit Annemarie Schimmel, in: Orient 36 (1995), S. 411-428

Assmann, Aleida/Assmann, Jan1990: Kultur und Konflikt. Aspekte einer Theorie des unkommunikativen Handelns, in: Assmann, Jan/Harth, Dietrich (Hg.) 1990: Kultur und Konflikt, Frankfurt a.M., S. 11-48

Attia, Iman 1994: Antiislamischer Rassismus. Stereotypen - Erfahrungen - Machtverhältnisse, in: Jäger, Siegfried (Hg.) 1994: Aus der Werkstatt. Anti-rassistische Praxen. Konzepte - Erfahrungen - Forschung, Duisburg, S. 210-228

Auernheimer, Georg 1993: Die unausweichliche welthistorische Konfrontation. Peter Scholl-Latours Fernsehserie "Das Schwert des Islam", in: Jäger, Siegfried/Link, Jürgen (Hg.) 1993: Die vierte Gewalt. Rassismus und die Medien, Duisburg, S. 267-284

Ayubi, Nazih 1991: Political Islam. Religion and Politics in the Arab World, London/New York

Balibar, Etienne 1989: Gibt es einen "neuen Rassismus"? In: Das Argument 175 (1989), S. 369-380

Bielefeld, Uli (Hg.) 1991, Das Eigene und das Fremde. Neuer Rassismus in der Alten Welt ? Hamburg

Ders. 1993: Die institutionalisierte Phobie. Einige soziologisch-sozialpsychologische Anmerkungen, in: Otto, Hans-Uwe/ Merten, Roland (Hg.) 1993: Rechtsradikale Gewalt im vereinigten Deutschland. Jugend im gesellschaftlichen Umbruch, Opladen, S. 34-42

Carrier, James G. 1992: Occidentalism: the World turned upside-down, in: American Ethnologist 19 (1992), S. 195-212

Ders. (Hg.) 1995: Occidentalism. Images of the West, Oxford

Ezzeldin, Ahmed 1994: Islamfeindlichkeit und Antisemitismus, in: Schwanitz, Wolfgang (Hg.) 1994: Jenseits der Legenden. Araber, Juden, Deutsche, Berlin, S. 181-195

Frei, Daniel 1985: Feindbilder und Abrüstung. Die gegenseitige Einschätzung der UDSSR und der USA, München

Funke, Manfred 1986: Extremismus, in: Mickel, Wolfgang W. (Hg.) 1986: Handlexikon zur Politikwissenschaft (Schriftenreihe der Bundeszentrale für politische Bildung, Bd. 237), Bonn, S. 132-136

Gerhard, Ute/ Link, Jürgen: Der Orient im Mediendiskurs - aktuelle Feindbilder und Kollektivsymbolik, in: Lüders, Michael (Hg.) 1992: Der Islam im Aufbruch? Perspektiven der arabischen Welt, München/Zürich, S. 277-297

Goldhagen, Daniel 1996: Hitlers willige Vollstrecker. Ganz gewöhnliche Deutsche und der Holocaust, Berlin

Hafez, Kai 1996: The Algerian Crisis as Portrayed in the German Press: Media Coverage of Political Islam, in: Communications 21 (1996), S. 155-182

Ders. 1997: Der Islam und der Westen - Kampf der Zivilisationen? In: Hafez, Kai (Hg.) 1997, Der Islam und der Westen. Anstiftung zum Dialog, Frankfurt a.M., S. 15-27

Ders. 1996-1: Salman Rushdie im Kulturkonflikt. Zum Problem der transkulturellen Kommunikation in der deutschen Presseberichterstattung, in: Orient 37 (1996), S. 137-161

Haller, Dieter 1996: Die Wiederkehr des biologisch-kulturalistischen Denkens, in: epd-Entwicklungspolitik 14 (1996), S. 4-12

Henning, Eike 1993: Rechtsextremismus. Bemerkungen aus politisch-soziologischer Sicht, in: Billing, Werner/ Barz, Andreas/ Borgert-Wienk, Stephan (Hg.) 1993: Rechtsextremismus in der Bundesrepublik Deutschland, Baden-Baden, S. 81-96

Herzfeld, Michael 1995: Hellenism and Occidentalism: The Permutations of Performance in Greek bourgeois Identity, in: Carrier, James G. (Hg.) 1995, S. 218-233

Hippler, Jochen/ Lueg, Andrea (Hg.) 1993: Feindbild Islam, Hamburg.

Höhne, Thomas 1995: Der Fremde ist kein Feind - er ist nur anders. Zum Islam, Diskurs und den Ansichten des Fundamentalisten Peter Scholl-Latour, in: Kulturrevolution 31 (1995), S. 74-79

Hudson, Michael C. 1980: Islam and Political Development, in: Esposito, John L. (Hg.) 1980: Islam and development. Religion and sociopolitical change, Syracuse, S. 1-24

Huntington, Samuel P. 1996: Der Kampf der Kulturen/The Clash of Civilizations. Die Neugestaltung der Weltpolitik im 21. Jahrhundert, München/Wien

Kaase, Max 1983: Politischer Extremismus, in: Nohlen, Dieter (Hg.) 1983: Wörterbuch Staat und Politik, Bonn, S. 548-551

Kalpaka, Annita/Räthzel, Nora 1990: Die Schwierigkeit, nicht rassistisch zu sein, Leer

Klemm, Verena/ Hörner, Karin (Hg.) 1993: Das Schwert des "Experten". Peter Scholl-Latours verzerrtes Araber- und Islambild, Heidelberg

Lenk, Kurt 1994: Der Antisemitismusstreit oder: Antisemitismus der "gebildeten Leute", in: Lenk, Kurt (Hg.) 1994: Rechts, wo die Mitte ist. Studien zur Ideologie. Rechtextremismus, Nationalismus, Konservatismus, Baden-Baden, S. 195-205

Levinson, David J. 1950: The Study of ethnocentric Ideology, in: Adorno, T.W./ Frenkel-Brunswik, Else/ Levinson, Daniel J./ Sanford, R. Nevitt, The authoritarian Personality, New York

Link, Jürgen 1993: Medienanalyse unter besonderer Berücksichtigung der Kollektivsymbolik, in: Jäger, Siegfried (Hg.) 1993: Kritische Diskursanalyse. Eine Einführung, Duisburg, S. 382-401

Mühlmann, Wilhelm E. 1985: Ethnogonie und Ethnogenese. Theoretisch-ethnologische und ideokritische Studie, in: Studien zur Ethnogenese, Düsseldorf

Reed-Danahay, Deborah 1995: The Kabyle and the French: Occidentalism in Bordieu's Theory of Practice, in: Carrier, James G. (Hg.) 1995, S. 61-84

Riviere, Jean R. 1978: Asien und der Westen. Traditionen des Ostens in der Berührung mit Europa, Reinbek bei Hamburg

Rotter, Gernot 1992: Allahs Plagiator. Die publizistischen Raubzüge des "Nahostexperten" Gerhard Konzelmann, Heidelberg

Ruf, Werner K. 1973: Der Einfluß von Bildern auf die Beziehungen zwischen Nationen, in: Zeitschrift für Kulturaustausch 23 (1973), S. 21-29.

Said, Edward 1979: Orientalism, New York

Tibi, Bassam 1984: Orient und Okzident. Feindschaft oder intellektuelle Kommunikation? Anmerkungen zur Orientalismus-Debatte, in: Neue Politische Literatur 29 (1984), S. 267-286

Ders. 1995: Krieg der Zivilisationen. Politik und Religion zwischen Vernunft und Fundamentalismus, Hamburg

Youakim, James M. 1995: Psychodynamic Perspectives on the "Clash of Civilizations", in: Mind & Human Interaction 6 (1995), S. 136-143

Zentrum für Türkeistudien (Hg.) 1995: Das Bild der Ausländer in der Öffentlichkeit. Eine theoretische und empirische Analyse zur Fremdenfeindlichkeit, Opladen

Zick, Andreas 1994: "Fremdenfeindlichkeit". Debatte und Diskurse, in: Thomas, Alexander (Hg.) 1994: Psychologie und multikulturelle Gesellschaft. Problemanalysen und Problemlösungen, Göttingen/Stuttgart, S. 115-128

Martin Ramstedt

Interkulturelle Kommunikation - wozu?

1. Einleitung

Seit einigen Jahren sind die Begriffe "multikulturell" und "interkulturelle Kommunikation" in aller Munde und fungieren im öffentlichen Bewußtsein als Antithese zu "Nationalismus" und "Provinzialismus".

Waren die Begriffe "multikulturell" und "interkulturelle Kommunikation" anfänglich Leitbilder emanzipatorischer Einstellungen, die sich gegen die diskriminierenden Tendenzen imaginärer Gemeinschaften, also gegen das - wie der Bayer sagt - "mir san mir", gegen Unterdrückung und Ausgrenzung von "Fremdem" bzw. "Abweichendem" im Namen des "Eigenen" bzw. "Normalen" richteten, so sprechen sich in letzter Zeit auch solche Vertreter von Interessensgruppen für "interkulturelle Kommunikation", "Multikulturalität" und "Entwicklung interkultureller Kompetenz" aus, die bisher wenig für die "Befreiung des Subjekts" getan haben. "Eigenes", nämlich gewachsene Strukturen der sozialen Verantwortung und regionaler Besonderheiten, wird plötzlich gerade von denjenigen ignoriert, die bisher als die Schützer des "Eigenen" galten.

Wenn jetzt also die Vertreter unterschiedlichster Interessensgruppen scheinbar einmütig dieselben Begriffe verwenden, sind offensichtlich auch hier "evidente Positionen ins Fließen gekommen". Um nicht einfach trend-konform "mitzuschwimmen", muß man also mit Hilfe von altbewährten Fragen die Interessen "auszuloten" suchen, denen diese Begriffe dienen sollen:

1. Wie werden die Begriffe "multikulturell" bzw. "interkulturelle Kommunikation" jeweils ausgelegt?

2. Welche Bedingungen begünstigen welche Interpretationen?
3. Wie sind die Wirkungsbedingungen der jeweiligen Interpretationen?

1993 nahm ich als Ethnologe und Indonesiologe an einem Treffen von Südostasienwissenschaftlern in Hamburg teil. Ein Ziel dieses Treffens war es, in einer Grundsatzdiskussion mögliche Antworten auf die Frage zusammenzutragen, "wie wir als Südostasienspezialisten auf die Anforderungen, die von Politik und Wirtschaft an uns herangetragen werden, reagieren sollen"[1]. Etwa zur gleichen Zeit arbeitete man in den Fächern Volks- und Völkerkunde ("Europäische" und "nicht-europäische" Ethnologie) sowie "Deutsch als Fremdsprache" (DAF) an "meiner" Universität, der Ludwig-Maximilians-Universität in München, an einem neuen Studiengang für "Interkulturelle Kommunikation", der inzwischen eingerichtet wurde. Angeregt von diesen Ereignissen und mit der warnenden Fachgeschichte der Ethnologie bzw. Volkskunde als Hilfswissenschaft für Kolonialherren bzw. Nazi-Ideologen vor Augen, habe ich die verschiedenen Spezialdiskurse, in denen "interkulturelle Kommunikation" bejaht wird, daraufhin untersucht, wozu "interkulturelle Kommunikation" bzw. der Ethnologe, Indonesiologe, Sinologe, Islamist, Afrikanist, Romanist usw. als "kultureller *interface*-Spezialist[2]" dienen soll.

2. Interkulturelle Kommunikation als Störung der kulturimmanenten Ausgrenzungszwänge

Theoretisch-ethischer Orientierungspunkt für meine Diskursanalysen waren vorausgegangene Überlegungen, wie und unter welchen Bedingungen "interkulturelle Kommunikation" überhaupt eine für alle Kommunikationsteilnehmer befreiende, emanzipierende Praxis sein kann.

---

1 Vgl. zu auch Ramstedt, Martin 1995: Zwischen "Orientalismus" und "Okzidentalismus" - Der Südostasienwissenschaftler als kultureller "interface"-Spezialist? In: Bormann, A./Graf, A./Meyer, M./Voss, M. (Hg.) 1995: Südostasien und Wir. Grundsatzdiskussion und Fachbeiträge. Tagung des Arbeitskreises Südostasien und Ozeanien in Hamburg, Münster, Hamburg, S. 31-33.

2 Der plastische Ausdruck "kultureller interface-Spezialist" ist einem Aufsatz eines der beiden Geschäftsführer der Unternehmensberatung "J.P.B. - die deutsch-französische Synergie GmbH" entnommen, u.z.: Breuer, Jochen Peter 1989: Lernprozeß, in: InnoVatio 5/6, Fribourg, S. 28.

Sexistische und rassistische Praktiken der Identitätskonstruktion, der Ausgrenzung und der Solidarisierung zeichnen sich dadurch aus, daß sie mit den biologischen Geschlechtern bzw. den verschiedenen Nationalitäten bestimmte Charaktereigenschaften verbinden; sowohl Mängel als auch Qualitäten. Die daraus resultierenden "Nationalcharaktere" und Geschlechtsrollenstereotype werden in diesen Praktiken als "objektiv", "natürlich", "endgültig" und "selbstverständlich" präsentiert. Zwar werden heute "Nationalcharaktere" nicht mehr mit Hilfe einer biologistischen Argumentation konstruiert, doch der heute übliche "Kulturrassismus" ist deshalb nicht weniger diskriminierend.

Daß "Kultur" als Strukturierung jedes Angehörigen einer bestimmten kulturellen Gruppe immer die Entwicklung bestimmter Eigenschaften begünstigt bzw. unterdrückt, ist nicht von der Hand zu weisen. Jede Gruppe, Gemeinschaft bzw. Gesellschaft versucht, ihren Mitgliedern intersubjektiv geteilte symbolische Deutungen und Wertungen ihrer spezifischen Erfahrungswelt zu vermitteln, wobei einerseits die symbolischen Deutungen und Wertungen von der historischen Erfahrung der Gesellschaft strukturiert wurden und andererseits die individuelle Erfahrungswelt von den symbolischen Deutungen und Wertungen strukturiert wird.

Die dialektische Beziehung zwischen individueller Erfahrungswelt und ihrer kulturellen Deutung und Bewertung erzeugt das, was Pierre Bourdieu "Habitus" nannte. Es sind strukturierte Dispositionen in Wahrnehmung, Empfindung und Denken, die sich der Körper des Einzelnen im Prozeß seiner Sozialisation einverleibt hat. Das Besondere daran ist, daß diese Dispositionen vom Alltagsbewußtsein nicht mehr reflektiert werden. Als verinnerlichte, "unbewußte" Dispositionen oder "Habitus" strukturieren sie nun nicht nur das individuelle Handeln, sondern bereits die individuelle Wahrnehmung und Empfindung bis hin zur individuellen Körperhaltung und "Stimme". Wenn es so etwas wie einen "Nationalcharakter" gibt, dann nur im Sinne von kulturell homogenisierten Habitusformen der Mitglieder einer Kultur bzw. Subkultur.

Jede Kultur und der von ihr miterzeugte individuelle "Habitus" ihrer Mitglieder haben durchaus eine positive Funktion, insofern sie dem Menschen dazu verhelfen, sich in seiner Umwelt überhaupt orientieren zu können, indem er "Wichtiges" von "Unwichtigem". unterscheiden lernt. Doch weil die kulturellen Kategorien, mit denen die Welt gedeutet und bewertet wird, ästhetisch konstruiert sind, sind sie immer zugleich auch eine Deformation der Realität oder "Ideologie". "Wichtiges" bzw. "Unwichtiges" ist daher immer ein ideologisches, potentiell "falsches" Kriterium subjektiver Entscheidungen.

Mit "ästhetisch konstruiert" meine ich hier in Anlehnung an Wolfgang Welsch, daß die "Welt" von unserer kulturell vorstrukturierten sinnlichen Wahrnehmung zunächst in einer bestimmten Weise klassifiziert wird, wobei bestimmte Parameter zugunsten von anderen "ausgeblendet" werden. Das "Bild", das in der individuellen Wahrnehmung entsteht, wird dann mit Hilfe der von einer Kultur bereitgestellten klassifikatorischen Kategorien "nach außen projiziert", wobei von der reduzierten individuellen Wahrnehmung wiederum das "ausgeblendet wird", was "in Worten nicht beschreibbar" ist. Jede verbalisierte Projektion des "Wirklichen" ist folglich mindestens "zweimal gefiltert", denn sie ist ein Konstrukt aus den jeweiligen ästhetischen Kategorien, die der einzelne in seiner Sozialisation gelernt hat.

In den ästhetischen Konstrukten, die wir gewöhnlich "reale Phänomene" nennen, sind bestimmte Aspekte der Wirklichkeit "anästhesiert". Denn "Anästhetik" bzw. "Nichtwahrnehmung, Empfindungslosigkeit" ist, wie Wolfgang Welsch aufzeigte, die Kehr- oder Schattenseite von "Ästhetik". Ähnlich formulierte es auch Stephen Taylor, als er schrieb, daß jede Darstellung von Phänomenen zugleich Re-Präsentation und Re-Pression sei. Der positiven Funktion von "Kultur" steht also eine negative zur Seite, nämlich das Ausblenden von Aspekten, die nicht in den vorhandenen Orientierungsrahmen passen.

Die grundlegenden kognitiven klassifikatorischen Kategorien jeder Kultur und die in ihnen implizierte Logik definieren also von Anfang an das "System der Aussagbarkeit" ihrer jeweiligen Mitglieder und gehören somit wesentlich zu der in jeder Kultur gegebenen "Gesamtheit der Bedingungen für die Bildung von Aussagen und Diskursen", die Michel Foucault "Archiv" nannte. Dabei läßt das "Archiv" in jeder "diskursiven Formation" immer mehrere, miteinander konkurrierende "Diskurse" und "Gegendiskurse" zu, die in sich ebenfalls diskontinuierlich und mehrdeutig sind. Es entscheidet in einer Gruppe, Gemeinschaft oder Gesellschaft also immer deren "diskursive Praxis", das heißt, die "Gesamtheit von Regeln, die in der betreffenden Gruppe die Wirkungsbedingungen der Aussagefunktionen" definiert, darüber, was als "wahr", "recht", "gut", "schön", "normal", "männlich", "weiblich", "national" oder "fremd" zu gelten hat, was der "herrschende Diskurs" ist. In jeder Kultur bzw. Subkultur werden die Diskurse also zugleich "kontrolliert, selektiert und kanalisiert", wobei sich jeder Diskurs, nicht nur der herrschende, in bestimmten Machtverhältnissen konstituiert.[3]

---

[3] Vgl. dazu Bargatzky, Thomas 1987: Upward Evolution, Suprasystem Dominance and the Mature State, in: Claessen, Henri J.M./Velde, Pieter van de (Hg.) 1987: Early State Dyna-

"Rassistische", "sexistische" und andere ausgrenzende Einstellungen, Urteile und Praktiken, die in den grundlegenden klassifikatorischen Kategorien unserer Kultur, in ihrem Archiv angelegt sind, sind besonders schwer zu bekämpfen, weil sie uns so schwer bewußt werden. Unser "Habitus" blendet sie aus. "Interkulturelle Kommunikation" kann hier aufklärerische, befreiende "Interferenzen" im "Habitus" erzeugen, wenn sie darauf abzielt, mit nicht vertrauten, nicht selbstverständlichen Kategorien, Sinnzusammenhängen und Lebensstilen anderer Kulturen bzw. Subkulturen intellektuell und emotional vertraut zu werden, um die Grundannahmen der eigenen Kultur zu dekonstruieren. Dies bedarf allerdings eines intensiven und lange andauernden Prozesses des Versuchs, sich fremden Kontexten auszusetzen. Erst wenn wir in unseren Grundgewißheiten irreversibel erschüttert worden sind, haben wir meines Erachtens die Möglichkeit, die "alten Selbstverständlichkeiten", das "vertraute Selbstverständnis" fahren zu lassen und anderes, den "anderen" an uns herankommen zu lassen und uns auf andere Beschreibungen der "Wirklichkeit" einzulassen.

Leider passiert es oft, daß man in einem lang währenden Kontakt mit einer oder mehreren fremden Kulturen entweder so verunsichert wird, daß man sich um so fester an die alt vertrauten Seinsgewißheiten klammert oder aber, daß man zwar die eigenen Grundgewißheiten fahren läßt, diese aber einfach gegen die der "anderen" austauscht. Im letzteren Fall - Ethnologen bezeichnen dies als "going native" - übernimmt man dann nur andere ausgrenzende Einstellungen und Praktiken, die nun mal jeder Kultur notwendig zu eigen sind[4]. Eine

---

mics, Leiden, S. 27; Bourdieu, Pierre 1987: Sozialer Sinn. Kritik der theoretischen Vernunft, Frankfurt a.M., S. 98-99, 101, 103, 107, 109, 117, 120, 128, 129; Duby, Georges 1974: Histoire sociale et idéologies des sociétés, in: LeGoff, Jacques/Nora, Pierre (Hg.) 1974: Faire de l'histoire. Nouveaux problèmes, Paris, S. 149, 158; Foucault, Michel 1977: Die Ordnung des Diskurses. Inauguralvorlesung am Collège de France, Frankfurt a.M., Berlin, Wien, S.7, 15-16, 36; Foucault, Michel 1988: Archäologie des Wissens, Frankfurt a.M., S. 48ff., 169-173, 182, 187-189; Giddens, Anthony 1984: Die Konstitution der Gesellschaft. Grundzüge einer Theorie der Strukturierung, Frankfurt a.M., New York; S. 13, 14, 54, 67, 77, 112, 218; Hall, Edward T. 1981: Beyond Culture, New York et al., S. 16-17, 42, 43, 45, 85; Hebel 1985 (Titel); Koselleck, Reinhard 1987: Historik und Hermeneutik. Rede in der Heidelberger Akademie der Wissenschaften zu Ehren des Jubilar Gadamer, S. 22, 24; Sahlins, Marshall D. 1981: Kultur und praktische Vernunft, Frankfurt a.M., S. 18, 19, 85, 98, 185; Tyler, Stephen 1993: Zum "Be-/Abschreiben" als "Sprechen für". Ein Kommentar, in: Berg, Eberhard/Fuchs, Martin (Hg.) 1993: Kultur, soziale Praxis, Text. Die Krise der ethnographischen Repräsentation, Frankfurt a.M., S.288-289; Welsch, Wolfgang 1990: Ästhetisches Denken, Stuttgart, S. 7, 10-15, 16, 31-32, 34, 49, 211.

4 Vgl. dazu auch Krewer 1992, S. 9, 10.

Befreiung und Emanzipation von solchen Einstellungen und Praktiken setzt aber meines Erachtens ein "Offenbleiben im Ungewissen", im gerade "Nicht-festgelegten", voraus. Der damit verbundene Verzicht, unbedingt "recht" zu haben, sich unbedingt sein "Recht" zu nehmen, trägt sicherlich erheblich zu der "Angst vor der Freiheit (von unveränderlichen Identitäten), dem Unbekannten, dem Nicht-Vorstellbaren, Nicht-Identifizierten, dem Noch-nicht-Einverleibten, dem Nichts" bei[5], die meiner Einschätzung nach zu einem nicht unbeträchtlichen Teil für die von Rolf Lindner konstatierte "Wiederkehr des Regionalen" verantwortlich ist[6].

Wenn die eigenen Grundgewißheiten und die damit verbundenen Interessen des Eigenen durch den Kulturschock erschüttert wurden, dann muß das "Offenbleiben" eine bewußte Entscheidung für die Anerkennung der Interessen der anderen bzw. anderer Interessen sein. Ein aus interkultureller Kommunikation resultierendes Handeln zielt dann auf einen politischen Kontext ab, in dem die Ziele, Organisationsformen und Wirkungen interkultureller Kommunikation der gleichberechtigten Kontrolle durch alle Betroffenen unterliegen. Damit interkulturelle Kommunikation dauerhaft emanzipiert, muß aber meines Erachtens oberstes Ziel jeder interkulturellen Kommunikation das ständige Hinterfragen von Eigenem und Angeeignetem und daraus resultierendes "Offenbleiben" sein, auch oder manchmal gerade wenn dies zu Lasten von definitiven Entscheidungen geht.

Ich werde nun skizzieren, wie das Konzept "interkulturelle Kommunikation" in den relevanten Spezialdiskursen der christlichen Kirchen sowie in Politik und Wirtschaft interpretiert wird, und in welchen damit verbundenen Interessens- und Wirkungsgeflechten es steht. Mein Ziel ist es, aufzuzeigen, daß die "interkulturelle Kommunikation" der christlichen Mission eine Verwestlichung der in Missionsschulen ausgebildeten Eliten nicht-westlicher Länder begünstigt, was wiederum den Globalisierungsstrategien westlicher Unternehmen in die Hände spielt. Dies ist umso brisanter, als die westlichen Wirtschaftsinteressen ohnehin' schon immer von der westlichen Entwicklungspolitik unterstützt wurden.

---

5 Siehe dazu auch Atteslander 1993, S. 13-15; Sartre, Jean-Paul 1986: L'imaginaire. Psychologie phénoménologique de l'imagination, Paris, S.358-361.

6 Vgl. dazu Lindner (Hg.) 1994, S. 7, 9, 11.

3. Interkulturelle Kommunikation und christliche Mission

Wenn sich christliche Wissenschaftler wie James R. Price von der Catholic University of America in Washington D.C. durch transkulturelle Analysen von mystischen Texten verschiedener Religionstraditionen (Price 191, S. 290) um das Verstehen nicht-christlicher Weltanschauungen bemühen, so ist dies eines von vielen Zeichen intensiver kirchlicher Bemühungen um einen Dialog mit anderen (Hoch-)Religionen. Dieses Bemühen bekommt jedoch leicht einen bitteren Beigeschmack, wenn z.B. Price schreibt, daß Patanjali in seinen *Yoga Sutra* die gleiche Erfahrung beschrieben habe wie der Autor der christlichen Schrift *The Cloud of Unknowing* (Price 1991, S. 301). Zu nah liegt oft der Verdacht, andere Heilslehren würden für eine Bestätigung der christlichen funktionalisiert.

Kirchliche Dialogbereitschaft signalisiert auch der Titel eines Buches, das 1992 von dem ehemaligen Ausländerbeauftragten der Evangelischen Kirche Deutschlands, Jürgen Miksch, veröffentlicht wurde. So plädiert der Titel für "Interkulturelle Politik statt Abgrenzung gegen Fremde"[7]. In der Tat zeigte die deutsche evangelische Kirche bis heute große Einsatzbereitschaft bei ihrem Kampf gegen Ausgrenzung und Benachteiligung von ausländischen Arbeitnehmern und ihren Familien. Bereits 1957, kurz nach den ersten Anwerbungen ausländischer Arbeitnehmer, führte das Kirchliche Außenamt der deutschen evangelischen Kirche die erste Konferenz für Ausländerfragen durch, aus der regelmäßige Treffen hervorgingen. In den siebziger Jahren entstand eine umfangreiche Ausländerarbeit mit eigenen Sozialarbeitern. Und schon 1980 bezeichnete der ökumenische Vorbereitungsausschuß zur "Woche der ausländischen Mitbürger" die Bundesrepublik als "multikulturelle" Gesellschaft (Miksch 1992, S. 8-9). Zusammen mit dem Deutschen Gewerkschaftsbund verfaßten die Kirchen im September 1982 einen Aufruf gegen Ausländerfeindlichkeit und rechtsextreme Bewegungen. Im März darauf veranstalteten sie mit dem DGB ein gemeinsames Symposium in Frankfurt, auf dem sie in den grundsätzlichen Fragen ihrer Ausländerpolitik übereinkamen. Im Juli 1991 gaben der Ökumenische Vorbereitungsausschuß zur "Ausländerwoche" und der DGB ein gemeinsames Thesenpapier heraus, mit dem sie einen "Bürgerdialog" zu den Perspektiven interkulturellen Zusammenlebens einlei-

---

[7] Siehe Literaturverzeichnis.

ten wollten. Einer ihrer Thesen zielte auf ein neues deutsches Selbstverständnis ab: "Deutsch sein heißt, multikulturell sein"[8].

Bei all diesen Leistungen, die auch eine Selbstkritik im Umgang mit Konflikten zwischen einheimischen Christen und Fremden einschloß (Miksch 1992, S. 26), ist allerdings nicht zu übersehen, daß theoretischer und praktischer Ausgangspunkt der Kirchen natürlich das christliche Menschenbild ist. Die Wurzel der kirchlichen Aufgeschlossenheit "Fremden" gegenüber liegt nach eigenen Aussagen in der "Multikulturalität" des Christentums. So argumentierte beispielsweise Jürgen Miksch, daß "vom biblischen Menschenverständnis her eine möglichst weitgehende Gleichbehandlung von Ausländern und Einheimischen anzustreben [ist]" (Miksch 1992, S. 26). Bereits 1975 forderte der Rat der deutschen evangelischen Kirche in einem "Wort zum Ausländersonntag", daß die Lebensverhältnisse ausländischer Arbeitnehmer und ihrer Familien so zu verbessern seien, "daß unterschiedliche Lebensbedingungen zur deutschen Bevölkerung weitgehend abgebaut werden". Hierzu gehöre es, so Miksch, daß "Ausländer aus EG- und Nicht-EG-Ländern möglichst nicht unterschiedlich behandelt werden sollten" (Miksch 1992, S. 27). Zielvorstellung sei das "interkulturelle Zusammenleben, bei dem Menschen verschiedener Abstammung, Sprache, Herkunft, Religion oder politischer Anschauung so zusammenleben, daß sie deswegen weder benachteiligt noch bevorzugt werden" (Miksch 1992, S. 29). "Interkulturelles Zusammenleben" als Konzept gehe davon aus, "daß zwischen Menschen verschiedener kultureller Prägung ein friedliches Zusammenwirken möglich ist und daß es zugleich Konflikte gibt, die nicht durch Ausgrenzung und Benachteiligung, sondern durch dialogische Formen des Umgangs miteinander gelöst werden". Voraussetzung für interkulturelles Zusammenleben seien daher "Gleichberechtigung und gemeinsame Interessen" (Miksch 1992, S. 29). Inzwischen sprechen sich die progressivsten Vertreter der deutschen evangelischen Kirche für eine doppelte Staatsbürgerschaft aus, denn Menschen, die auf einem bestimmten "Territorium dauerhaft zusammenleben", seien alle Bürger- und Menschenrechte zu gewähren (Miksch 1992, S. 33). Auch sei eine "internationale und interkulturelle Politik zu entwickeln, damit die unerträglichen Gegensätze zwischen Ländern mit Wohlstand und Demokratie und Regionen mit Hunger und Unterdrückung überwunden werden können" (Miksch 1992, S. 39).

Die Identifikation mit den "Flüchtlingen" dieser Welt führte Miksch ebenfalls auf die Geschichte des Christentums zurück. So sei die Bibel ein "Buch von

---

[8] "Deutschland - Einheit in kultureller Vielfalt" 1991, Frankfurt a.M., S. 171-179 .

Flüchtlingen für Flüchtlinge" (Mikṣch 1992, S. 57), man denke dabei z.B. an Abraham und Moses. Aufgeschlossenheit gegenüber dem "Fremden" habe sich bis zur Errichtung einer "christlichen Monokultur" (Miksch 1992, S. 68) im Mittelalter darin gezeigt, daß das frühe Christentum im wesentlichen eine synkretistische Religion gewesen sei.

Synkretistische Tendenzen des modernen Christentums lassen sich besonders in den internationalen christlichen Missionen beobachten. Dort spielte auch sehr früh schon der Begriff "interkulturelle Kommunikation" eine große Rolle. Davon zeugen nicht zuletzt die Publikationen des "Arbeitskreises für Interkulturelle Kommunikation", die von seinem früheren Leiter, Wilhelm Otte, herausgegeben wurden. Otte, der neben Theologie auch Philosophie, Religionssoziologie, Ethnologie und Afrikanistik studierte, war selbst Missionar und weiß, wovon er redet, wenn er schreibt, daß interkulturelle Kommunikation helfen kann und soll, "sowohl die deutsche Gesellschaft und Kirche über die Kulturen der sogenannten Dritten Welt zu informieren als auch eine offenere, konstruktivere und partnerschaftliche Zusammenarbeit mit den Kulturen und Völkern der Übersee zu realisieren" (Otte 1980, S.2). Interkulturelle Kommunikation begreift Otte dabei als einen "sehr subtilen Kommunikationsprozeß", in dem man sich den "Denkarten und geistig-kulturellen Grundorientierungen anderer Menschen und Kulturen stellt" (Otte 1980, S. 30) und bereit ist, seine Kultur zu hinterfragen und für die "Möglichkeit von Alternativen" offen zu werden (Otte 1980, S. 11). Hauptaufgabe interkultureller Kommunikation sei es, aus dem Vergleich unterschiedlicher kulturell-geistiger Verständniswelten eine für beide Seiten akzeptable Grundorientierung für eine langfristige Zusammenarbeit zu formulieren (Otte 1980, S.78). Solch eine Orientierung könnte laut Otte das "überkulturelle Prinzip der christlichen Botschaft" sein. Denn niemand müsse Europäer werden, um Christ zu sein, so wie ja auch niemand beschnitten werden müsse, um Christ zu sein (Otte 1985, S.13).

So wertete das "Werk Misereor" seine in der Mission gewonnenen Erfahrungen immer intensiver im Sinne der interkulturellen Kommunikation aus (Otte 1985, S. 23). Denn: "Selbst Missionare, die mit edelsten Motiven und großem Engagement in die sogenannte Dritte Welt ziehen, haben es meistens nicht fertiggebracht, sich soweit zu hinterfragen, daß sie zwischen ihrer Interpretation der christlichen Botschaft und dem Prinzip der christlichen Botschaft hätten unterscheiden können. Südamerikaner, Afrikaner und Asiaten artikulieren aber immer deutlicher, daß man nicht Europäer sein muß, um Christ zu sein" (Otte 1980, S. 7). In diesem Zusammenhang ist auch Ottes Aufforderung an "die Weißen" interessant, "ihre eigenen bisher als weltweit und allgemeingültig formulierten Werte und Forderungen zu überdenken. Selbst da - so Otte -, wo sich diese Wertvorstellungen tatsächlich als weltweit notwendig erweisen, muß in einem interkulturellen Prozeß der Zugang zu ihnen ermöglicht werden" (Otte 1985, S. 7).

In diesem Sinne fanden, besonders seit Ende der Dekolonisierung, viele nichteuropäische Elemente Eingang in die christlichen Missionskirchen. Ich hatte bei zahlreichen Aufenthalten in Indonesien Gelegenheit, die verschiedensten Synkretismen kennenzulernen. So werden in den protestantischen Kirchen der Batak (Sumatra) und der Toraja (Sulawesi) zwar die traditionellen magischen Vorstellungen unterdrückt, aber dafür werden traditionelle Motive in die Architektur der Kirchengebäude integriert. Missionare, die sich um die Erstellung von Wörterbüchern zur Übersetzung der Heiligen Schrift in eine der Lokalsprachen ehemaliger "Kopfjäger" verdient gemacht haben, plädieren in Irian Jaya bzw. Indonesisch-West-Neuguinea für das Uminterpretieren lokaler Bräuche im Sinne der christlichen Botschaft. Das kann so weit gehen, daß der westliche Priester in traditioneller Bemalung und Maske seine Botschaft verkündet. Die Jesuitenmission in Yogyakarta führte das Tragen der javanischen Tracht und den Gebrauch des auf das westliche Tonsystem umgestimmten javanischen *gamelan*-Orchesters als Ersatz für westliche Kleidung und Orgel bei der sonntäglichen Messe ein. Ästhetisch durchaus ansprechend ist auch die Übernahme balinesischer Elemente in die wenigen christlichen Kirchengebäude in Bali. In kluger Instrumentalisierung balinesischer Vorstellungen von magischen Heilungen und Siegen über Dämonen verkaufen die christlichen Priester ihren balinesischen Gemeinden Jesus als den größten Magier.

Daß die symbolischen Strategien der christlichen Kirchen oftmals wirken, liegt aber in den meisten Fällen weniger an der befreienden Wirkung ihrer Theologie als an der Tatsache, daß sie mit den Gütern und Geldern der "entzauberten" westlichen Welt physische Heilmethoden, westliche Ausbildung, finanzielle Förderung und damit Möglichkeiten für einen sozialen Aufstieg gerade für Bevölkerungsgruppen bereitstellen, die aufgrund ihrer Stellung innerhalb ihrer eigenen ethnischen Gruppe oder Nation wenig Chancen haben, dies aus eigenen Kräften zu schaffen. So gelten z.B. christliche, vor allem katholische, Schulen in Indonesien als die besten, sowohl was die Lehrmittel und den Lehrplan als auch was die Lehrer betrifft. Das gleiche gilt für christlichen Universitäten. Da hinter diesen Ausbildungseinrichtungen internationale kirchliche Gelder stehen, haben Begabte dort die beste Aussicht auf ein Stipendium, vielleicht gar auf ein begehrtes Auslandsstudium. Da die christlichen Schulen und Universitäten nach besten Kräften wesentliche Elemente der westlichen Kulturtradition und des westlichen Arbeitsethos vermitteln, bilden sie in Indonesien wirklich ein Bindeglied zwischen den lokalen Kulturen und der westlichen Kultur. Daß diese Art interkultureller Erziehung nicht unbedingt im Sinne aller Einheimischen ist, zeigt sich u.a. in einem vor ein paar Jahren ausgesprochenen Verbot des obersten islamischen Rates in Indonesien, nach dem Moslems, denen die christlichen Ausbildungseinrichtungen bis dato ebenfalls offenstanden, nun der Besuch katholischer oder protestantischer Schulen bzw. Universitäten untersagt ist. Ist man als Westler schnell geneigt, in diesem Verbot islamische Engstirnigkeit zu vermuten, so wird im Folgenden deutlich werden, daß die Rolle der kirchlichen Schulen in der Dritten Welt in engem Zusammenhang mit der westlichen Beeinflussungs-Politik zu sehen ist. Das besagte moslemische Verbot gewinnt dadurch emanzipatorische Konnotationen.

4. Interkulturelle Kommunikation in Politik und Wirtschaft

Die politisch und wirtschaftlich verantwortliche Klasse Indonesiens wie auch die anderer Länder der Dritten Welt verdankt ihre privilegierte Stellung einer Ausbildung auf Basis des möglichst aktuellsten Wissensstands der Länder der Ersten Welt. Universitätsdiplome und Titel haben die traditionellen Titel ersetzt. Unter den akademischen Graden sind solche, die in westlichen Ländern erworben wurden, die höchsten Titel des "neuen Adels". Dies ist besonders für diejenigen besorgniserregend, die der "Entwicklungspolitik" der westlichen Länder und dem aus ihr resultierenden Globalisierungsprozeß kritisch gegenüberstehen.[9]

4.1. Entwicklungspolitik und das Konzept der kulturellen Eigenentwicklung

Dabei war die Entwicklungspolitik Deutschlands bzw. der westlichen Länder oftmals durchaus gut gemeint. Doch inzwischen können selbst die enthusiastischsten Befürworter technokratischer und monetär ausgerichteter Interventionen - schon aus wirtschaftlichen Überlegungen - nicht mehr an der Tatsache vorbeisehen, daß viele Projekte nicht greifen, weil sie zu spät einsetzen, weil sie an den Bedürfnissen, Sitten und Gebräuchen der Betroffenen vorbeigeplant

---

9 Siehe dazu Dubiel 1993, S. 119.

sind, weil sie den Betroffenen keine Möglichkeit der Entwicklung entsprechend ihren eigenen Bedürfnissen und Möglichkeiten bieten. (Atteslander 1993, S. 7, 9).

Aber nicht nur westliche Ingenieure, Wissenschaftler und andere "Spezialisten", die Entwicklungsprojekte planen und ausführen, sprechen den Betroffenen, meist "ungebildeten" Bauern oder Viehzüchtern, gerne die Fähigkeit ab, ihre eigenen Probleme verstehen, geschweige denn lösen zu können[10]. Diese Meinung teilen in sehr vielen Fällen auch die Angehörigen der politisch und wirtschaftlich führenden Klasse der einheimischen Bevölkerung. Dieter Braunstein und Kunibert Raffer werteten solche Übereinstimmungen in ihrem Buch *Technologie, Bildung und Abhängigkeit. Die kulturelle Dependenz der Entwicklungsländer* als kulturelle Abhängigkeit der einheimischen Elite, die als eine Form westlicher Kontrolle nicht-westlicher Länder dem Westen billiger kommt als eine militärische Präsenz in Kolonien (Braunstein/Raffer 1983, S. 3). Diese Lenkung der Gedanken und Wünsche der einheimischen Entscheidungsträger durch westliche kulturelle Werte ist das Ergebnis einer erfolgreichen kolonialen und postkolonialen Kulturpolitik der westlichen Industrienationen, die schon immer auf die "Überwindung" einheimischer Traditionen zugunsten des "Fortschritts" ausgerichtet war.

So war z.B. in Algerien zum Zeitpunkt der Eroberung der Franzosen die Zahl der Analphabeten geringer als während der Kolonialzeit. Denn 1904 wurde die Lehre der arabischen Sprache außerhalb des Koranstudiums sowie die Unterweisung in arabischer Literatur und islamischer Geschichte behördlich untersagt. Wer sich dagegen vollkommen assimilieren und "citoyen" werden wollte, hatte Anrecht auf eine hohe Stellung, hohe Bezüge und die Entbindung von manueller Arbeit.

Es war nach Erreichen der Unabhängigkeit in vielen Ländern genau diese Kaste, die eine radikale Änderung der einheimischen Bildungspolitik verhinderte. Da eine westliche Ausbildung teuer ist, erfüllt sie eine soziale Auslesefunktion und dient der Herrschaftsstabilisierung. So besagt bis heute in Burkina Faso ein Gesetz, daß nur demjenigen das Wahlrecht zuzugestehen sei, der auf Französisch lesen und schreiben kann.

---

[10] Siehe auch Whyte 1993, S. 48.

Praktische Qualifikationen sind für die Angehörigen der assimilierten Eliten oftmals nicht so wichtig. Ihr Konsum westlicher Güter[11], mit dem sie ihre Statuskämpfe unter sich und gegenüber nachdrängenden Schichten austragen, führt zu Importsteigerung, Zahlungsbilanzproblemen und damit zu fehlenden Mitteln, ein gleichgewichtiges Inlandwachstum zu finanzieren. Damit erweist sich die Assimilierung westlicher Lebens- und Denkungsart in den meisten Ländern als Entwicklungshindernis. Japan andererseits zeichnet sich gerade dadurch aus, daß es zwar in sehr vielen Dingen vom Westen lernte, nicht aber seine Konsummuster übernahm.[12]

Das Abhängigmachen der nicht-westlichen Länder von Konsumgütern, Wissenschaft und Krediten des Westens zum Wohle des Westens ist eine Fortsetzung der kolonialen Praxis, schwarze, braune und gelbe Christen nicht automatisch mit der Taufe gleichberechtigte Christen werden zu lassen, sondern zu dienenden Glaubenskindern zu drücken. Nachdem der Export der westlichen Demokratie und freien Marktwirtschaft missionarischen Charakter angenommen hat, wird es den nicht-westlichen Ländern nicht leicht gemacht, mehr als nur Rohstofflieferanten und willfährige Abnehmer unseres Wirtschaftswachstums zu sein[13].

Die USA unterhalten schon seit langem gute akademische Beziehungen zu den Ländern Ostasiens und Südostasiens. Scharen von Japanern, Koreanern, Taiwanern, Singapuranern und Indonesiern studieren mit amerikanischen Stipendiengeldern an amerikanischen Universitäten. Viele amerikanische Studenten wiederum studieren mit amerikanischen Stipendiengeldern in den ost- und südostasiatischen Ländern.

Besonders eng ist z.B. die wissenschaftliche Zusammenarbeit zwischen den USA und Indonesien im Fach Jura. Die Amerikaner übersetzten eine Reihe ihrer juristischen Schriften ins Indonesische und beeinflußten dadurch nicht nur indirekt auf politischem Wege, sondern direkt die Rechtsidee bzw. Rechtsauffassung vieler indonesischer Juristen und teilweise auch die indonesische Gesetzgebung. Nun wurden aber die Väter der indonesischen Verfassung und Gesetzgebung von ihren niederländischen Lehrern in der niederländischen

---

11 So exportiert allein Frankreich zu Beginn der achtziger Jahre über 20.000 Fernsehstunden im Jahr in seine ehemaligen Kolonien und stimulierte damit die Übernahme westlicher Leitbilder, Bedürfnisse und Konsumvorstellungen. Heute dürfte die Anzahl der exportierten Fernsehstunden noch weiter zugenommen haben. (Braunstein 1983, S. 46)

12 Vgl. auch Raffer 1983, S. 8-9, 11, 14, 15.

13 Siehe dazu auch Braunstein/Raffer 1983, S.1; Eberhard 1993, S. 200, 201.

Rechtstradition und damit auch in deutscher Rechtsphilosophie unterwiesen. Dieser Einfluß findet sich heute noch in der indonesischen Verfassung, die sich vollkommen von der anglo-amerikanischen Rechtstradition unterscheidet. Auch wegen des starken amerikanischen Einflusses auf die heutige Generation indonesischer Juristen, die die Generation der Gründungsväter des indonesischen Staates längst abgelöst hat, herrscht in Indonesien momentan Verwirrung nicht nur was die Rechtsidee bzw. Rechtsauffassung, sondern auch was die Rechtsauslegung in der Rechtsprechung betrifft.

Ich hatte 1996 zweimal einen indonesischen Juristen, Herrn Prof. Mohamad Koesnoe, zu Gast bei mir in München. Prof. Koesnoe ist einer der letzten noch lebenden Gründungsväter der indonesischen Verfassung. Aus der Einsicht, daß die Amerikaner im wesentlichen nur daran interessiert sind, ihr Recht in Indonesien durchzusetzen, um wirtschaftliche Abkommen zu erleichtern, wandte er sich zu Beginn des Jahres mit der Bitte an mich, für ihn Kontakte zu deutschen Juristen herzustellen, um mit ihrer Hilfe das Studium der deutschen Rechtsphilosophie in Indonesien als Gegenbewegung zur fortschreitenden Amerikanisierung voranzutreiben. In den darauffolgenden Treffen, an denen ich als "interkultureller" Vermittler teilnahm, konnten Vereinbarungen zur Zusammenarbeit getroffen werden. Denn auch die deutschen Juristen sind seit der europäischen Einigung nun endlich ebenfalls von der Notwendigkeit internationaler akademischer Kontakte überzeugt.

Will man von deutscher Seite aus die Chance einer Beeinflussung im Sinne der Menschenrechte in Indonesien wahrnehmen, so muß man sich allerdings dem Widerspruch stellen, daß einerseits "unser" Kanzler der "pro-westlichen" indonesischen Regierung an die dreißig nicht mehr funktionstüchtige Tanker aus der ehemaligen DDR verkauft hat und andererseits "unser" *SPIEGEL* die Mißstände in Timor anprangert. Denn vor dem Hintergrund des zynischen Tanker-Transfers "unserer" Regierung tun viele junge indonesische Intellektuelle die deutschen Vorwürfe massiver Menschenrechtsverletzungen schnell als westliche Propaganda ab.

Sowohl das Versagen der traditionellen Entwicklungshilfe und die daraus resultierende fortschreitende Verelendung der "Vierten Welt" als auch die zunehmende antiwestliche Haltung gerade der ost- und südostasiatischen, für "uns" wirtschaftlich so interessanten Schwellenländer[14] führten zur stärkeren

[14] Vgl. z.B. Xiaobo, Zhang/Qiang, Song 1996: China kann nein sagen. Warum die Chinesen ihren Blick von Amerika und dem gesamten Westen abwenden sollen, in: Die Zeit Nr. 36 (30. August 1996).

Berücksichtigung von Ansätzen zur Eigenentwicklung innerhalb der Entwicklungspolitik[15] sowie zur Erarbeitung von Konzepten und Programmen von "interkulturellem Management". Beides setzt Verständnis der fremden Kulturen und das Vermögen zur kritischen Distanz zum Eigenen voraus. Ob beides weit genug geht, um Ausbeutung und Unterdrückung entgegenzuwirken, hängt von der Auslegung des Begriffs "interkulturelle Kommunikation" in Wirtschaft und Politik ab.

4.2. Interkulturelle Kommunikation im "*global market*"

Der Häufigkeit seiner Verwendung im Titel einschlägiger Bücher nach scheint der Begriff "interkulturelle Kommunikation" zur "Heilsmethode" (Max Weber) der internationalen Wirtschaftswissenschaften verkommen zu sein. Ihre spezifische "Heilserwartung" ist nun einmal Profitzuwachs, weshalb es nicht weiter verwundert, daß "interkulturelle Kommunikation" in wirtschaftswissenschaftlichen Publikationen ausschließlich als eine Methode zur Erreichung dieses Ziels verstanden wird.

Ausgangspunkt all dieser Publikationen ist die Erfahrung, daß internationale wie nationale Geschäftsbeziehungen oftmals scheitern oder erst gar nicht zustande kommen, weil kulturell motivierte und deshalb unbewußte Kommunikationsbarrieren diesen entgegenwirken[16]. Zu diesen Kommunikationsbarrieren gehören unterschiedliche Wertvorstellungen, unterschiedliche Körpersprache, unterschiedliche Kommunikationstraditionen, unterschiedliche Hierarchietraditionen und vor allem auch unterschiedliche Bedürfnisstrukturen. Ein bekanntes Beispiel dafür ist eine amerikanische Werbekampagne, die ein bestimmtes Produkt in Europa mit dem Emblem der amerikanischen Geste des "okay" verkaufen wollte. Die Werbekampagne wurde abgebrochen, als sich herausstellte, daß diese Geste in Frankreich "du bist eine Null", in Griechenland eine sexuelle Aufforderung und in Italien eine anzügliche Beleidigung bedeutet[17].

In der Werbung bedeutet "internationale Kommunikation" folglich, auf die von Kultur zu Kultur bzw. Subkultur zu Subkultur unterschiedlichen internalisierten Deutungen und Wertungen einzugehen, indem man sich als Werbe-

---

[15] Sie dazu Atteslander (Hg.) 1993.

[16] Vgl. dazu z.B. Bender 1992, S.66; Bungarten 1994, S. 7, 28-29, 31.

[17] Siehe z.B. Hess-Lüttich 1994, S. 72-73; Wijst 1994, S. 231.

stratege intensiv mit der Zielkultur vertraut macht, besonders wenn man mit emotionalen und weniger mit argumentativen Signalen werben will[18].

Viele amerikanische Managementtheoretiker verwenden den Begriff "interkulturelle Kommunikation" in einer stärker eingeschränkten Bedeutung als die Werbung. Sie beziehen ihn ausschließlich auf *face-to-face*-Interaktionen von Individuen und Gruppen, deren Wahrnehmung, Denken und Verhalten von unterschiedlichen Gruppen oder Kulturen geprägt sind[19]. Ihr Heilsbegriff ist "interkulturelle Kompetenz", die sich bei interkulturell oder multikulturell tätigen Führungskräften in pragmatischen Fertigkeiten äußern soll, die sich für sie und ihr Unternehmen auszahlen[20]. Aus diesem Grunde kommen sie auch mit einem stark verkürzten Kulturbegriff aus. So stellte beispielsweise Geert Hofstede 1980 anhand von etwa 117.000 Fragenbögen mit über 60 *items* , die er an Mitarbeiter der Firma IBM in rund 40 Ländern verteilte, fest, daß sich "Landeskultur" mittels vier Variablen beschreiben läßt: 1. Akzeptanz ungleicher Machtverteilung; 2. Vermeidung von ungewissen, riskanten Situationen; 3. Individualismus und 4. Maskulinität, d.h. der Stellenwert von "männlichen" Werten wie Selbstbehauptung, Leistung, Ehrgeiz, Wettbewerb gegenüber "weiblichen" Werten wie Sicherheitsbedürfnis, soziale Kontakte, Harmoniebedürfnis. Später fügte Hofstede noch eine 5. Variable hinzu, nämlich langfristige versus kurzfristige Orientierung[21].

5. "Orchideenfächer" zwischen interkulturellem "interface"- Spezialistentum und intrakultureller Aufklärung

Die Notwendigkeit, alte Wirtschaftsstrategien zu hinterfragen, stellte sich besonders für amerikanische Unternehmen spätestens seit dem unglaublichen wirtschaftlichen Erfolg der Japaner und der "vier kleinen Tiger"-Staaten Hongkong, Taiwan, Südkorea und Singapur. Durch Studien der japanischen Kampfkünste, besonders der Schwertkunst (*Ken Do*), sowie der konfuzianischen Ethik, versuchten hoch- und weniger hochkarätige Managementphilosophen diesem wirtschaftlichen Erfolg auf die Spur zu kommen.[22]

---

18 Keller 1994, S. 109, 115; Leppälä 1994, S. 131.
19 Vgl. z.B. Kim/Gudykunst 1988, S. 7; Moosmüller 1996, S. 274.
20 Vgl. auch Sciuchetti 1994, S. 4, 10-11.
21 Vgl. z.B. Hofstede 1980, S. 315; Sciuchetti 1994, S. 39-41.
22 Vgl. dazu Bürklin 1993.

Daß solche interkulturelle Meditationen durchaus nicht auf esoterische Führungszirkel beschränkt sind, bewies unlängst McDonald's. So wurde am 13. Oktober 1996 in New Dehli das erste Restaurant der US-Imbißkette eröffnet, in dem es weder Bouletten aus Rinderhack noch "junk" vom Schwein gibt. Mit unparteiischer Rücksicht auf Hindus und Moslems werden dort vor allem vegetarische Happen feil geboten.[23]

Auch die deutsche Wirtschaft bietet seit der europäischen Vereinigung zunehmend auch Geistes-, Sozial- bzw. Kulturwissenschaftlern Arbeitsmöglichkeiten an, um dumme und leicht vermeidbare Kommunikationsbarrieren mit den europäischen Partnerländern und vielversprechenden außereuropäischen Partnern zu vermeiden[24]. Aufgrund der veränderten politischen und wirtschaftlichen Situation klagte sie in den letzten Jahren den deutschen Bildungsinstitutionen gegenüber massiv die Förderung von Interkulturalität und individueller Europakompetenz ein (Dethloff 1993, S. 7). Interkulturalität habe dabei, so z.B. Uwe Dethloff, die "Teilfertigkeiten" Orientierungsfähigkeit, Lernfähigkeit, Integrationsfähigkeit, Kreativität zu beinhalten und "Ergebnisse in Form erfolgsorientierter, supranationaler Kooperation zwischen Individuen, Institutionen, Gebietskörperschaften, Unternehmen usw." zu zeitigen (Dethloff 1993, S. 35-36).

Etwas unheimlich wird denjenigen, die immer "das Gras wachsen hören", allerdings das neue Interesse der deutschen Wirtschaft an "interkulturellem Lernen" nach der Lektüre von Artikeln wie dem von Georg Blume in der ZEIT (20. Sept. 1996, S. 35). So leitete Blume seinen Beitrag "Tod an der Werkbank - Trotz eines Arbeitsrechts aus den Zeiten der Diktatur findet Korea internationale Anerkennung" mit dem beunruhigenden Zwei-Satz ein:

"Wenn Oskar Lafontaine wirklich glaubt, den Abbau des deutschen Sozialstaats mit internationalen Übereinkünften stoppen zu können, dann müßte der SPD-Vorsitzende sein ganzes Interesse Südkorea widmen. Das kleine Land im Fernen Osten - mittlerweile zur zwölftgrößten Industrienation angewachsen - ist dabei, seine niedrigen Sozialstandards auch in Europa durchzusetzen und dafür sogar die Anerkennung westlicher Regierungen zu ernten".

Mittlerweile gibt es zwei Arten von "business trainings" und "briefings" in interkultureller Kommunikation: 1. solche, die eher spezielles Wissen über bestimmte "fremde" Kulturen vermitteln; 2. solche, die ein allgemeines Bewußtsein für kulturelle Unterschiede und ihre Bedeutung in wirtschaftlichen

---

23 Notiz der tz (Sa. 13.10. 1996).

24 Vgl. z.B. Dethloff 1993, S. 25.

Transaktionen wecken wollen (Hofstede 1993, S. 259-260). "Interkulturelles Lernen", das in diesen Kursen gefördert wird, zielt auf die Sensibilisierung der subjektiven Wahrnehmung des interagierenden Subjekts ab, so daß es schließlich fremde Kulturen akzeptieren und sich dabei gut fühlen kann (Roth 1996, S. 257).

Ein längeres "interkulturelles Lernen" ließ sich anscheinend bisher nicht in die Ausbildung des Wirtschaftsnachwuchses integrieren. Es ist allerdings fraglich, ob in Wochenendseminaren oder zweiwöchigen Trainings vermittelte Informationen wirklich "interkulturelle Kompetenz" entwickeln helfen[25]. Zwar ist es u.U. sehr hilfreich zu wissen, daß man in Thailand nicht auf eine einheimische Münze treten darf, um das Konterfei des verehrten Königs Bhumibol Adulyadej nicht zu entweihen, und es ist sicherlich nützlich, generell die Bedeutung kultureller Unerschiede nicht zu unterschätzen. Doch eine intime, auch emotionale Kenntnis anderer Lebenszusammenhänge, die erst einen Perspektivenwechsel und damit ein Umgehen von Kommunikationsbarrieren ermöglicht, können die oben genannten Kurse nicht vermitteln[26]. Darin liegt sehr wahrscheinlich auch der Grund, daß bislang noch nicht der Beweis erbracht werden konnte, daß solche Trainings die Effektivität von Managern und anderen Wirtschaftsspezialisten in interkulturellen Kommunikationssituationen erhöht haben (Moosmüller 1996, S. 277).

5.1. Interkulturelle Germanistik als interkulturelle Kommunikation

Hierin besteht allerdings auch die Chance für die Geistes-, Sozial- bzw. Kulturwissenschaften, sich als Kulturvermittler zu profilieren. Als einer der ersten versuchten die Germanisten bzw. das Fach "Deutsch als Fremdsprache", diese Chance zu nutzen. Als Fach, das die Lektoren der Goethe-Institute stellt, hat die Germanistik bzw. "Deutsch als Fremdsprache" ein nachvollziehbares Interesse an einer multikulturellen und multiperspektivischen Hermeneutik der deutschen Literatur (Wierlacher 1985). Alois Wierlacher, der Gründer der "Gesellschaft für interkulturelle Germanistik" , will Germanisten gar als kulturelle Mittler ausbilden (Wierlacher 1985). Für Wierlacher liegt der Zweck der von ihm gegründeten Gesellschaft in der "Erforschung realer und fiktiver Fremderfahrung". Diese eröffne sowohl Einsichten in die Kulturgeschichte des

[25] Siehe auch Moosmüller 1996, S. 271.

[26] Siehe auch Roth 1996, S. 265, 266.

Verhältnisses von fremdem Einfluß und Eigeninitiative als auch in eine Sozialontologie, "die den Mitmenschen als Mitsubjekt erkennt und anerkennt, dabei die Frage nach dem Maß an Fremdheit nicht ausläßt, das dem Ich zuzumuten ist und dessen es bedarf, um sich selber zu entwickeln und um jene Haltung anderen gegenüber zu entfalten, die wir seit der europäischen Aufklärung mit dem Ausdruck 'Toleranz' benennen" (Wierlacher 1985, S. 4).

Die in den Goethe-Instituten lehrenden interkulturellen Germanisten machen deutsche Literatur anderen Kulturen zugänglich und sammeln dabei zugegebenermaßen Erfahrung in der Vermittlung zwischen den Kulturen. Dennoch frage ich mich, ob die Rezeption "fremder" Interpretationen deutscher Texte diese Germanisten ausreichend für die Tätigkeit als kulturelle Mittler qualifiziert, oder ob sie nicht viel eher als kulturelle Sender zu verstehen sind.

Von der bayerischen Hochschulpolitik gefördert, verfügt die "Interkulturelle Germanistik" mittlerweile über ein eigenes Institut an der Universität Bayreuth, das sich für den Aufbau eines "Instituts für Internationale Kulturbeziehungen und Auswärtige Kulturarbeit" einsetzt, in dem Experten für auswärtige Kulturarbeit ausgebildet werden sollen (Zimmermann 1989, S. 8).

Dem steht die Tatsache gegenüber, daß mittlerweile Institutionen wie das einzige deutsche musikethnologische Institut von Weltrang, das "Institut für Traditionelle Musik" in Berlin, wegen ständiger Budget-Kürzungen in ihrer Existenz bedroht sind.

6. Interkulturelle Erziehung im Einwanderungsland Deutschland

Mit den Budget-Kürzungen von Institutionen und akademischen Instituten, die sich in ihrer Arbeit um ein Verstehen "fremder" Kulturen bemühen, verschränken sich pädagogische Maßnahmen in deutschen Schulen, die sich bestenfalls dilettantisch um die Vermittlung "fremden Kulturguts" bemühen. Denn schon die fehlende Kompetenz der Lehrer sowie der Mangel an geeigneten Lehrmitteln lassen diese Maßnahmen meist nicht viel mehr als folkloristische und entstellende Darstellungen exotischer Elemente unserer "Minderheiten-Kulturen" sein[27]. Dabei wäre das Bemühen um wirklich inter-

---

[27] Siehe dazu Böhle 1991, S. 169; Marburger 1991, S. 31, 32.

kulturelle Lehrpläne so wichtig, um der Ausgrenzung von Migrantenkindern in den Sonderschulbereich entgegenzuarbeiten[28].

Leider ist auch von unseren Medien im Hinblick auf die Förderung interkultureller Sichtweisen nicht viel zu erwarten. Ich möchte hier nur Hans Jankes Urteil über die interkulturellen Bemühungen der Medien zitieren, das er in seinem von der Bundeszentrale für Politische Bildung herausgebenen Buch *Vermittelte Fremde. Ausländer in den Medien* niederschrieb:

"Die Medien-Beschäftigung mit Ausländern bei uns hat häufig etwas Gutwillig-Passageres. Jene mittlere Vernünftigkeit, auf die unsere milde ausgewogenen Medien abonniert sind, veranlaßt mancherlei gutgemeinte, öfters folkloristisch getönte Berichte und Bearbeitungen. [...] Gemessen an dem unerhört hohen Aufklärungsbedarf [...] ist das Informationsangebot dürftig, sind tiefgehende Beschreibungen und Analysen eher rar, und diese Beobachtung schließt solche fiktionalen Darstellungen ausdrücklich ein, die sich mit der besten Absicht, aber einem vagen Verstand von der schwierigen Sache auf ausgerechnet diese einlassen" (Janke 1987, S. 62).

Dieses Urteil kann man wohl durchaus auch auf das Gros der Filme über andere Kulturen außerhalb unserer nationalen Grenzen übertragen.

7. Resümee

Die massiven Budgetkürzungen im kulturellen und wissenschaftlichen Bereich grenzen interessanterweise Arbeiten, Projekte und Initiativen aus, die sich mit Fragestellungen, Phänomenen und Gebieten beschäftigen, die "für die Mehrheit in unserem Lande" von marginaler Bedeutung sind. Dazu gehört auch "Fremdes", das "uns" nichts nutzt. Und in unserer neuen "poverty mentality" können wir uns "Nutzloses" nicht mehr leisten. Vor diesem Hintergrund scheint für viele das Interesse der Wirtschaft an "interkultureller Kommunikation" einen annehmbaren Kompromiß zwischen Arbeit und "Kultur", zwischen "berechtigtem" Nutzendenken und "interessanter" Fremderfahrung zu bieten. Daß "Fremdes" dabei schlicht instrumentalisiert wird - sowohl von der Wirtschaft als auch vom Individuum, das sich "unschuldig" des feilgebotenen Kompromisses bedient - wird oft verdrängt. Was längst überwunden schien, nämlich daß Kulturforschung wirtschaftlichem und politischem Zweckdenken geopfert wird, nimmt unversehens in so manchem Arbeitsalltag wieder unheimliche Gestalt an. Damit aber verflüchtigt sich das emanzipatorische Po-

[28] Siehe dazu auch Ucar 1991, S. 76.

tential "interkultureller Kommunikation"; sie wird wie das "Goldschmieden" der neuzeitlichen Alchemisten zur Farce des Eigentlichen.

Andererseits sprechen durchaus viele Gründe dafür, in den und durch die Institutionen "interkulturell" tätig zu werden. So halte ich beispielsweise Peter Menzels ethnopsychologische Studie über Mißverständnisse in Gerichtsverhandlungen zwischen Ausländern und Rechtsexperten für äußerst "nützlich" im Sinne einer "gerechteren" Beurteilung ausländischer Angeklagter und damit für grundsätzlich emanzipatorisch. Denn vielfach führen allein die von Kultur zu Kultur unterschiedlichen Körpersprachen zu einer "unrechten" Vorverurteilung von Ausländern vor Gericht (Menzel 1996, S. 168-170). Bisher wurde diese Problematik deutscher Rechtssprechung noch so gut wie gar nicht thematisiert.[29]

Auf einer etwas allgemeineren Ebene scheint mir eine wesentliche, emanzipatorische Aufgabe "interkultureller Kommunikation darin zu liegen, unserer eigenen Gesellschaft zu vermitteln, warum unterdrückte 'Andere' sich legitimerweise weigern, "kommunikativ zu handeln", d.h. "uns", *the white, heterosexual, middle class male*, den Westen etc. "kognitiv zu erfassen, zu akzeptieren, zu tolerieren und mit dem eigenen kulturellen Kontext in Bezug zu setzen". Sie suchen eben keinen "gemeinsamen, konvergenzfähigen Kulturhorizont als Voraussetzung für eine in "unserem" Sinne sinnvolle Kommunikation"[30].

Literatur

Adick, Christel 1991: Moderne Schulentwicklung in der sog. "Dritten Welt" im Spannungsfeld von globalem Modell und regionalen Realisationsbedingungen, in: Nestvogel, Renate (Hg.) 1991, S. 13-29

Ammon, Günther/Eberhard, Theo (Hg.) 1993: Kultur, Identität, Kommunikation, 2. Versuch, München

[29] Vgl. dazu auch Fink, Andreas/Willeke, Stefan 1996: Was geschah in Lübeck wirklich? Die Verteidigung des mutmaßlichen Brandstifters Safwan Eid setzt den Staat auf die Anklagebank, in: DIE ZEIT Nr. 39 (20. Sept. 1996), S. 2.

[30] Dethloff frei nach Habermas (Dethloff 1993, S. 38-39). Siehe dazu auch Goetze 1992, S. 44; Hess-Lüttich 1992, S. 35.

Atteslander, Peter 1993: Kulturelle Eigenentwicklung als Kampf gegen Anomie, in: Atteslander, Peter (Hg.) 1993, S. 13-32

Atteslander, Peter (Hg.) 1993: Kulturelle Eigenentwicklung. Perspektiven einer neuen Entwicklungspolitik, Frankfurt/M., New York

Bender, Christiane 1992: Kulturelle Identität, interkulturelle Kommunikation, Rationalität und Weltgesellschaft, in: Reimann, Horst (Hg.) 1992, S. 66-81

Böhle, Reinhard C. 1993: Aufgaben und Konzepte der Erziehung in einer multikulturellen Gesellschaft, in: Böhle, Reinhard C. (Hg.) 1993, S. 13-28

Böhle, Reinhard C. (Hg.) 1993: Möglichkeiten der Interkulturellen Ästhetischen Erziehung in Theorie und Praxis. Beiträge vom 1. Symposium zur Interkulturellen Ästhetischen Erziehung an der Hochschule der Künste Berlin, Frankfurt/M.

Bosse, Hans 1984: Diebe, Lügner, Faulenzer: zur Ethno-Hermeneutik von Abhängigkeit und Verweigerung in der Dritten Welt, Frankfurt/M.

Braunstein, Dieter 1983: Kulturelle Assimilation am Beispiel der frankophonen Entwicklungsländer, in: Braunstein, Dieter/Raffer, Kunibert (Hg.) 1983, S. 45-63

Braunstein, Dieter/Raffer, Kunibert (Hg.) 1983: Technologie, Bildung und Abhängigkeit. Die kulturelle Dependenz der Entwicklungsländer, Wien

Bungarten, Theo 1994: Kommunikationspsychologische Barrieren in interkulturellen Managementkontakten, in: Bungarten, Theo (Hg.) 1994, S. 24-33

Bungarten, Theo (Hg.) 1994: Sprache und Kultur in der interkulturellen Marketingkommunikation, Tostedt

Bürklin, Wilhelm 1993: Die vier kleinen Tiger. Die pazifische Herausforderung Hongkong, Singapur, Taiwan, Südkorea, München

Chung, Tzöl Zae 1994: Geht die abendländische Managementkultur unter? In: Schuppert, Dana/Papmehl, André/Walsh, Ian (Hg.) 1994, S. 57-70

Dethloff, Uwe 1993: Interkulturalität und Europakompetenz. Die Herausforderung des Binnenmarktes und der Europäischen Union, Tübingen

Dubiel, Ivo 1993: Andere Zeiten - andere Wirtschaftstheorien. Elemente der ökonomischen Theorie von Morgen, in: Ammon, Günther/ Eberhard, Theo (Hg.) 1993, S. 81-123

Eberhard, Theo 1993: Demokratie und kein Ende? Sieben Thesen zur Demokratie, in: Ammon, Günther/Eberhard, Theo (Hg.) 1993, S. 197-208

Friedli, Richard 1991: Kultur und kulturelle Vielfalt. Bemerkungen zur interkulturellen Übersetzung von Ex 3,14, in: Sundermeier, Theo/Ustorf, Werner (Hg.) 1991, S. 29-38

Fuchs, Wolfgang 1992: Internationalisierung der Werbung und transkulturelle Kommunikation, in: Reimann, Horst (Hg.) 1992, S. 305-316

Gallois, Synthia/Franklyn-Strokes, Arlene/Giles, Howard/Coupland, Nikolas 1988: Communication Accommodation in Intercultural Encounters, in: Kim, Young Yun/Gudykunst, William B. (Hg.) 1989, S. 157-185

Glenn, Edmund S./Glenn, Christine 1982: Man and Mankind: Conflict and Communication between Cultures, Norwood, New Jersey

Götz, Irene 1996: Unternehmenskultur und interkulturelle Kommunikation. Erfahrungen in einem Münchner Unternehmen, in: Roth, Klaus (Hg.) 1996, S. 181-192

Goetze, Dieter 1992: Fundamentalismus, Chiliasmus, Revitalisierungsbewegungen: Neue Handlungsmuster im Weltsystem, in: Reimann, Horst (Hg.) 1992, S. 44-59

Gudykunst, William B. 1983: Theorizing in Intercultural Communication. An Introduction, in: Gudykunst, William B. (Hg.) 1983, S. 13-20

Gudykunst, William B. (Hg.) 1983: Intercultural Communication Theory. Current Perspectives, Beverly Hills, London, New Dehli

Gudykunst, William B. 1988: Uncertainty and Anxiety, in: Kim, Young Yun/Gudykunst, William B. (Hg.) 1989, S. 123-156

Harbig, Andreas J. 1994: Handlungsbedarf im globalen Bazar, in: Schuppert, Dana/Papmehl, André/Walsh, Ian (Hg.) 1994, S. 83-96

Hebel, Franz 1985: Interkulturelle Praxis als Habitus-Interferenz. Beispiel: Robinson, in: Wierlacher, Alois (Hg.) 1985, S. 434-453

Hess-Lüttich, Ernest W.B. 1992: Medienkultur - Kulturkonflikt, in: Hess-Lüttich, Ernest W.B. (Hg.) 1992, S. 9-19

Hess-Lüttich, Ernest W.B. 1992: Interkulturelle Kommunikation - Medienkommunikation, in: Hess-Lüttich, Ernest W.B. (Hg.) 1992, S. 23-40

Hess-Lüttich, Ernest W.B. (Hg.) 1992: Medienkultur - Kulturkonflikt. Massenmedien in der interkulturellen und internationalen Kommunikation, Opladen

Hess-Lüttich, Ernest W.B. 1994: Sprache und Kultur: Probleme interkultureller Kommunikation in Wirtschaft und Gesellschaft aus germanistischer Sicht, in: Bungarten, Theo (Hg.) 1994, S. 69-94

Hofstede, Geert 1980: Culture's Consequences, California

Hofstede, Gert 1993: Interkulturelle Zusammenarbeit. Kulturen - Organisationen - Management, Wiesbaden

Hug, Klaus R. 1994: Bikulturelle Erziehung. Eine empirische Studie der Effekte bei Schülern der Deutschen Schule Rom, Münster, New York

Islam, Saiful 1989: Culture in a Complex World. Modern Technology and the Cultural Identity of Traditional Societies, München

Janke, Hans (1987): Vermittelte Fremde, Ausländer in den Medien, hrsg. von der Bundeszentrale für Politische Bildung, Bonn

Jönsson, Christer 1990: Communication in International Bargaining, New York

Johan, Ralph 1994: Kulturelles Verlernen: Cultural gaps - zwischen Wunsch und Wirklichkeit, in: Schuppert, Dana/Papmehl, André/Walsh, Ian (Hg.) 1994, S. 115-129

Jouhy, Ernest: Bildung im Spannungsfeld zwischen ethnischer Verwurzelung und technischer Universalität, in: Schmidt, Ulrich (Hg.) 1987, S. 15-23

Keller, René 1994: Interkulturelle Marketingkommunikation in Theorie und Praxis, in: Bungarten, Theo (Hg.) 1994, S. 109-115

Kim, Young Yun 1988: On Theorizing Intercultural Communication, in: Kim, Young Yun/Gudykunst, William B (Hg.) 1998, S. 11-21

Kim, Young Yun/Gudykunst, William B. (Hg.) 1988: Theories in Intercultural Communication, Newbury Park, Beverly Hills, London, New Dehli

Kim, Young Yun/Ruben, Brent D. 1988: Intercultural Transformation. A System Theory, in: Kim, Young Yun/Gudykunst, William B (Hg.) 1998, S. 299-321

Konstroffer & Partner Personnel-Marketing Inc. 1993: Erfolgreich Arbeiten bei US-Gesellschaften in Europa. How To Be Successful Working For U.S. Corporations in Europe, Frankfurt a.M.

Krakauer, Peter Maria 1993: Das dialogische Prinzip als Chance einer interkulturellen Integration. Zur 'polyaistesis" in der Erziehung, in: Böhle, Reinhard C. (Hg.) 1993, S. 29-46

Krewer, Bernd 1992: Kulturelle Identität und menschliche Selbsterforschung. Die Rolle von Kultur in der positiven und reflexiven Bestimmung des Menschseins, Saarbrücken, Fort Lauderdale

Kuczynski, Janusz 1991: Universalism as the Meaning of Recent History. Developments in the Marxist Theory of Formation, in: McLean, George F./Kromkowski, John (Hg.) 1991, S. 243-257

Leppälä, Kirsi 1994: Kulturelles Wissen in der Werbung, in: Bungarten, Theo (Hg.) 1994, S. 130-142

Levitt, Th. 1983: The Globalization of Markets, in: Harvard Business Review 1983/3, S. 92-102

Lindner, Rolf 1994: Das Ethos der Region, in: Lindner, Rolf (Hg.) 1994, S. 201-231

Lindner, Rolf (Hg.) 1994: Wiederkehr des Regionalen. Über neue Formen kultureller Identität, Frankfurt/M., New York

Lux, Wolfgang 1994: Was können wir von Japan lernen? In: Schuppert, Dana/Papmehl, André/Walsh, Ian (Hg.) 1994, S. 41-55

Mae, Michiko 1985: Japanisches Kommunikationsverhalten und sein sozialpsychologischer Hintergrund, in: Otte, Wilhelm (Hg.) 1985, S. 133-147

Marburger, Helga 1991: Von der Ausländerpädagogik zur Interkulturellen Erziehung, in: Marburger, Helga (Hg.) 1991, S. 19-34

Marburger, Helga (Hg.) 1991: Schule in der multikulturellen Gesellschaft. Ziele, Aufgaben und Wege Interkultureller Erziehung, Frankfurt/M.

Markmann, Sigrid (Hg.) 1993: Kulturen in Kontakt, Hamburg

Marr, Rainer/Schneider, Ralf 1994: Internationale Qualifizierung - können wir von den USA oder Großbritannien lernen? In: Schuppert, Dana/Papmehl, André/Walsh, Ian (Hg.) 1994, S. 131-147

McLean, George F. 1991: Meeting of Cultures - Meeting of Peoples, in: McLean, George F./Kromkowski, John (Hg.) 1991, S. 23-33

McLean, George F. 1991: Self-Knowledge, Self-Identity and Cooperation between Peoples, in: McLean, George F./Kromkowski, John (Hg.) 1991, S. 233-242

McLean, George F./Kromkowski, John (Hg.) 1991: Relations between Cultures, Washington D.C.

Menzel, Peter 1996: Ausländer vor Gericht. Mißverständnisse in Gerichtsverhandlungen zwischen Ausländern und Experten. Eine ethnopsychologische Studie im Rahmen der Interkulturellen Kommunikation, in: Roth, Klaus (Hg.) 1996, S. 165-179

Miksch, Jürgen 1992: Interkulturelle Politik statt Abgrenzung gegen Fremde, Frankfurt a.M.

Moosmüller, Alois 1996: Interkulturelle Kompetenz und interkulturelle Kenntnisse. Überlegungen zu Ziel und Inhalt im auslandsvorbereitenden Training, in: Roth, Klaus (Hg.) 1996, S. 271-290

Moran, Robert T./Harris, Philip R./ Stripp, William G. 1993: Developing the Global Organization, Houston, London, Paris, Zürich, Tokyo

Nestvogel, Renate (Hg.) 1991: Interkulturelles Lernen ooder verdeckte Dominanz? Hinterfragung "unseres" Verhältnisses zur "Dritten Welt", Frankfurt/M.

Noel, Barbara 1983: Die Beziehungen der Europäischen Gemeinschaft zu den Entwicklungsländern im Bereich Bildung und Technologie, in: Braunstein, Dieter/Raffer, Kunibert (Hg.) 1983, S. 117-133

Okabe, Roichi 1983: Cultural Assumptions of East and West. Japan and the United States, in: Gudykunst, William B. (Hg.) 1983, S. 21-44

Otte, Wilhelm 1980: Interkulturelle Kommunikation - eine Herausforderung für alle, Bd. I, Bonn

Otte, Wilhelm 1985: Die interkulturelle Kommunikation erfordert eine Neuorientierung von Mensch und Gesellschaft - Begründung der Forderung, in: Otte, Wilhelm (Hg.) 1985, S. 11-32

Otte, Wilhelm (Hg.) 1985: Interkulturelle Kommunikation und Neuorientierung von Mensch und Gesellschaft, Bonn

Papmehl, André 1994: Interkulturelles Management: Herausforderung für die Personalarbeit, in: Schuppert, Dana/Papmehl, André/Walsh, Ian (Hg.) 1994, S. 217-226

Picht, Robert 1985: Internationale Beziehungen. Zukunftsperspektiven einer interkulturellen Germanistik, in: Wierlacher, Alois (Hg.) 1985, S. 140-150

Price, James R. 1991: Mystical Texts as an Entry into the Cross-Cultural Study of Religion, in: McLean, George F./Kromkowski, John (Hg.) 1991, S. 290-303

Raffer, Kunibert 1983: Die ökonomischen Auswirkungen kultureller Abhängigkeit auf die Entwicklungsländer, in: Braunstein, Dieter/ Raffer, Kunibert (Hg.) 1983, S. 7-28

Reimann, Horst 1992: Transkulturelle Kommunikation und Weltgesellschaft, in: Reimann, Horst (Hg.) 1992, S. 13-29

Reimann, Horst (Hg.) 1992: Transkulturelle Kommunikation und Weltgesellschaft. Zur Theorie und Pragmatik globaler Interaktion, Opladen

Ribeaux, Peter 1994: Transcultural Aspects of Management Development: Developing the Whole Person, in: Schuppert, Dana/Papmehl, André/Walsh, Ian (Hg.) 1994, S. 197-215

Roth, Juliana 1996: Interkulturelle Kommunikation als universitäres Lehrfach. Zu einem neuen Münchner Studiengang, in: Roth, Klaus (Hg.) 1996, S. 253-270

Roth, Klaus (Hg.) 1996: Mit der Differenz leben. Europäische Ethnologie und Interkulturelle Kommunikation, Münster, München, New York

Sarbaugh, L.E. 1988: Intercultural Communication, New Brunswick, Oxford

Schmidt, Ulrich 1987: Interkulturelle Kommunikation und interkulturelles Lernen, in: Schmidt, Ulrich (Hg.) 1987, S. 115-152

Schmidt, Ulrich (Hg.) 1987: Kulturelle Identität und Universalität: interkulturelles Lernen als Bildungsprinzip, Frankfurt/M.

Schuppert, Dana 1994: Wettbewerbsvorteile durch zeit- und kulturübergreifendes Wissen, in: Schuppert, Dana/Papmehl, André/Walsh, Ian (Hg.) 1994, S. 15-39

Schuppert, Dana/Papmehl, André/Walsh, Ian (Hg.) 1994: Interkulturelles Management. Abschied von der Provinzialität, Wiesbaden

Sciuchetti, Gian-Carlo 1994: Multikulturelle Führungskräfteentwicklung on the job, Bamberg

Stadler, Peter 1994: Globales und interkulturelles Lernen in Verbindung mit Auslandsaufenthalten. Ein Bildungskonzept, Saarbrücken

Steinmetz, Horst 1985: Literarische Wirklichkeitsperspektivierung und relative Identitäten. Bemerkungen aus der Sicht der Allgemeinen Literaturwissenschaft, in: Wierlacher, Alois (Hg.) 1985, S. 65-80

Sundermeier, Theo 1991: Erwägungen zu einer Hermeneutik interkulturellen Verstehens, in: Sundermeier, Theo/Ustorf, Werner (Hg.) 1991, S. 13-28

Sundermeier, Theo/Ustorf, Werner (Hg.) 1991: Die Begegnung mit dem Anderen. Plädoyers für eine interkulturelle Hermeneutik, Gütersloh

Teuber, Charlotte M./ Nzeribe, Guy 1983: Britische Kulturpolitik in Afrika, in: Braunstein, Dieter/Raffer, Kunibert (Hg.) 1983, S. 65-75

Ucar, Ali 1991: Sind Migrantenkinder sonderschulbedürftig? Benachteiligung und Ausgrenzung der Kinder aus Migrantenfamilien im Bildungsbereich, in: Marburger, Helga (Hg.) 1991, S. 76-92

Walsh, Ian 1994: Lean Management: Must We Europeans Become Japanese? In: Schuppert, Dana/Papmehl, André/Walsh, Ian (Hg.) 1994, S. 71-80

Whyte, William Foote 1993: Participatory Action Research for Social and Economic Development, in: Atteslander, Peter (Hg.) 1993, S. 39-49

Wierlacher, Alois 1985: Mit fremden Augen oder: Fremdheit als Ferment. Überlegungen zur Begründung einer interkulturellen Hermeneutik deutscher Literatur, in: Wierlacher, Alois (Hg.) 1985, S. 3-28

Wierlacher, Alois (Hg.) 1985: Das Fremde und das Eigene. Prolegomena zu einer interkulturellen Germanistik, München

Wijst, Per van der 1994: Höflichkeitsstrategien in französischen/holländischen Verhandlungen, in: Bungarten, Theo (Hg.) 1994, S. 231-234

Zimmermann, Peter 1989: "Interkulturelle Germanistik". Ein Phantom wird besichtigt, in: Zimmermann, Peter (Hg.) 1989, S. 13-26

Zimmermann, Peter (Hg.) 1989: 'Interkulturelle Germanistik'. Dialog der Kulturen auf Deutsch? Frankfurt/M., Bern, New York, Paris

Thomas Niehr

Ausländerfeindlichkeit im Deutschen Bundestag

Vorläufige Überlegungen zur Interpretation spezifischer Lexemverwendungen in der politischen Kommunikation

1. Einleitung

Daß auch und gerade wir Deutschen gut daran tun, bei unserer Wortwahl für Flüchtlinge und Ausländer Vorsicht walten zu lassen, ist nicht nur eine Binsenwahrheit, sondern aufgeklärten Zeitgenossen auch schon vor der unleidigen Debatte um die Ergänzung (vulgo: Einschränkung) des Asylrechts in der BRD bewußt gewesen.[1] Daß andererseits der Streit um die "richtigen" Bezeichnungen meist nicht im Interesse der Sprache geführt wird, macht das in der Sprachwissenschaft geläufige, wenn auch nicht unproblematische Konzept vom Begriffe-besetzen deutlich.[2] Ebenfalls gehört es inzwischen zum Allgemeingut, daß es in der langwierigen Diskussion um die Änderung des Art. 16 GG häufig zu verbalen Entgleisungen gekommen ist. Ja es wurde sogar (mit guten Gründen) die Position vertreten, daß eben diese Diskussion, die auch nach zahlreichen ausländerfeindlichen Anschlägen weitergeführt wurde, das Klima der Unmenschlichkeit noch angeheizt habe und Wasser auf die Mühlen (alter und neuer) unverbesserlicher Rechtsextremisten gewesen sei.[3] Unstreitig dürfte inzwischen sein, daß die Verwendung bestimmter Wörter wie *Asylanten* und der dazugehörigen Kollektivsymbolik (*Asylantenströme, Asylantenfluten,*

1 Auch schon die Gastarbeiter-Debatte in den 60er und 70er Jahren drehte sich z.T. um die Angemessenheit von Kollektivbezeichnungen.

2 Vgl. Klein 1991 und Kuhn 1991.

3 Vgl. zu den Argumenten dieser Diskussion Niehr 1997.

eindämmen etc.), die treffend auch als "Deichgrafmetaphorik" beschrieben worden ist[4], negative Konnotationen hervorruft und kaum zu einer menschenwürdigen Betrachtung individueller Flüchtlingsschicksale beitragen kann.[5] All dies ist auch PolitikerInnen und JournalistInnen wohlbekannt.

Es stellt sich nun aber die Frage, ob SprachwissenschaftlerInnen es sich nicht zu leicht machen, wenn sie rein quantitativ Belege für die Verwendung bestimmter "Unwörter" suchen, um daraus pauschal auf latente Ausländerfeindlichkeit oder gar Rassismus der Medien und Politiker zu schließen.

Anhand des Düsseldorfer Bundestagsdebatten-Korpus möchte ich deshalb zeigen, daß eine isolierte Betrachtung der Lexemverwendung, die nicht den argumentativen Kontext berücksichtigt, wenig aussagekräftig ist und keine Rückschlüsse auf die Position der jeweiligen SprecherInnen bzw. AutorInnen zuläßt.

2. Die Verwendung von "Unwörtern" im deutschen Bundestag

Im Düsseldorfer Bundestagsdebatten-Korpus sind alle migrationsrelevanten Bundestagsdebatten der Jahre 1970 bis 1989 enthalten. Dies heißt konkret, daß die Beiträge von 595 Abgeordneten aus 677 Debatten in Auszügen vorliegen und abgefragt werden können.[6] Bei einer rein quantitatven Abfrage zu *Asyl/Asylant* ergibt sich folgendes Bild[7]:

- *Asylant* - 71 Belege
- *Asylantenflut* - 9 Belege
- *Asylantenproblem* - 7 Belege
- *Asylantenschwemme* - 3 Belege
- *Asylantenstrom* - 8 Belege
- *Asylantenunwesen* - 2 Belege
- *Asylantenzustrom* - 1 Beleg
- *Asylbetrüger* - 1 Beleg

---

4 Vgl. Wolken 1986, S. 7.

5 Dies hat Link in einer Reihe von Publikationen deutlich machen können.

6 Leider sind z.Zt. die 90er Jahre noch nicht verfügbar, so daß noch keine Aussagen über die letzte, entscheidende Phase der Asylrechtsdiskussion gemacht werden können.

7 Die folgende Liste ist ein Auszug aus den im Korpus enthaltenen *Asyl-* und *Asylant-*Komposita. Sie enthält besonders deutliche Beispiele stark negativ konnotierter Lexeme und Kollektivsymbole.

- *Asylmißbrauch* - 7 Belege
- *Asyltourismus* - 3 Belege
- *Asyltouristen* - 4 Belege

Man könnte nun auf die Idee kommen, aus dieser Liste zu schließen, daß auch im deutschen Bundestag eine Sprache gesprochen wird, die nicht zu einer sachlichen und angemessenen Problembewältigung beiträgt, da MigrantInnen mit zahlreichen diskriminierenden Bezeichnungen belegt werden. Mein Anliegen ist jedoch zu zeigen, daß diese Liste noch nahezu gar nichts aussagt, da noch keinerlei Aufschluß über die Verwendung der einzelnen Lexeme gewonnen ist. So ist beispielsweise zu ergänzen, daß sich die Belege zu *Asylmißbrauch* wie folgt auf die Parteien bzw. Fraktionen verteilen:

CDU/CSU - 4 Belege
SPD - 3 Belege
Grüne und FDP - keine Belege

Beim Lexem *Asylantenstrom* dagegen ergibt sich ein anderes Bild:

CDU/CSU und FDP - je 3 Belege
SPD - 2 Belege
Grüne - keine Belege

Als letztes Beispiel seien hier zusammengefaßt *Asyltourismus* und *Asyltouristen* angeführt. Die insgesamt 7 Belege verteilen sich wie folgt:

SPD - 4 Belege (je zweimal *Asyltourismus* und *Asyltouristen*)
CDU/CSU - 3 Belege (einmal *Asyltourismus*, zweimal *Asyltouristen*)
FDP und Grüne - keine Belege[8]

Doch auch eine derartige Verteilung sollte nicht vorschnell interpretiert werden. Ich erspare den LeserInnen deshalb weitere Angaben zur Verteilung auf die einzelnen Fraktionen bzw. SprecherInnen. Interessant wird eine solche Auswertung nämlich erst, wenn man die Belegwörter in ihrem Kontext und ihrer speziellen Verwendungsweise untersucht.

Wirft man einen Blick auf die jeweiligen Kontexte, so wird man sogleich die Notwendigkeit einer Unterscheidung der folgenden Belegarten einräumen:

---

[8] Eine Interpretation derartiger Verteilungen findet sich bei Jung 1997, der bei FDP und Grünen einen "humanitären Diskurs" ausmacht.

Zur Zeit beobachten wir einen *Asyltourismus*, Herr Ströbele, indem Ausländer von einem europäischen Staat zum anderen reisen und sich dort als politisch Verfolgte melden, wo die Lebensumstände am günstigsten erscheinen.
Ich bin sicher, daß die Vorschläge des Bundesrates einiges verbessern können. Ich weiß aber auch sehr wohl, daß auf Grund des Art. 16 Abs. 2 GG die Möglichkeiten nahezu ausgeschöpft sind. Wir müssen das Flüchtlingsproblem vor allem an der Wurzel lösen.[9]

Man vergleiche dagegen die folgenden Ausführungen:

Allein die Sprache, die in den Sommermonaten benutzt wurde, ist erschreckend. "*Asylantenflut*", "*Überfremdung*", "*massenhafter Mißbrauch*", "*Schnorrer*", "*Asyltouristen*" und viele andere Ängste und Haß schürende Begriffe wurden gebraucht. Die politische Kultur blieb auf der Strecke. [...] Auch Sie, Herr Olderog, haben soeben in Ihrer Rede wieder Begriffe wie "*Asyltourismus*" und andere Ausdrücke benutzt, die die Öffentlichkeit immer wieder desinformieren und letzten Endes Vorurteile schüren.[10]

Dementsprechend lassen sich mindestens zwei Belegarten bzw. Verwendungsweisen von Lexemen unterscheiden:

- nicht-markierte (nicht-zitierende) Verwendung
- markierte (zitierende/thematisierende) Verwendung

Die Unterscheidung solcher Belege aber kann bislang durch die Software nicht zweifelsfrei vorgenommen werden. Zwar lassen sich z.B. Wortkombinationen mit *sogenannt* vorab aussondern, aber es gibt auch die einführende Verwendung von *sogenannt*, die nicht mit der zitierenden Verwendung gleichzusetzen ist:

Es ist selbstverständlich, daß wir den wirklich politisch Verfolgten in keiner Weise in seinen Rechten kränken oder beschränken wollen. Wir wollen tatsächlich durch die vorliegenden Gesetze auch seine Position verbessern. Durch die große Masse der *sogenannten Asyltouristen* kommt der wirklich Asylbedürftige allzuleicht in die Gefahr, allzulange hingehalten zu werden oder vielleicht auch mit einem Mißtrauen betrachtet und behandelt zu werden, das gerade er nicht verdient.[11]

Andererseits gibt es wiederum Belege, die die Software nicht als zitierende Lexemverwendung erkennen kann, da in den Protokollen nicht einheitlich mit Anführungszeichen verfahren wird:

---

9 Abgeordneter Olderog (CDU/CSU), Bundestagsdebatte vom 04.10.85, Stenographisches Protokoll, S. 12214. Im folgenden zitiere ich stets nach den stenographischen Protokollen, nur unter Angabe des Datums und der Seitenzahl. Die Belegwörter werden dabei von mir hervorgehoben.

10 Abgeordneter Wartenberg (SPD), 13.11.86, S. 19000.

11 Abgeordneter Bühling (SPD), 23.06.78, S. 8031.

Die ungelösten Probleme der gesamten Ausländerpolitik schlagen auf das Asylproblem durch und umgekehrt. Herr Kollege Fellner, Sie haben von der *Asylantenflut* gesprochen; auch da sollte man vielleicht etwas präziser sein. Wir haben zwar eine Zunahme, eine ziemlich beträchtliche Zunahme der ausländischen Bevölkerung, aber nur ein Drittel dieser Zunahme geht auf die Asylberwerber zurück.[12]

Auch hier haben wir eine kritische Distanzierung von einer speziellen Lexemverwendung, die jedoch nicht äußerlich markiert ist und daher aus dem Kontext erschlossen werden muß.[13]

Weiterhin gibt es die Möglichkeit der thematisierenden Verwendung, in der ein bestimmter Sprachgebrauch explizit thematisiert (und meistens) kritisiert wird:

Wer von "*Asylantenschwemme*" redete, wer die "*Flut*" beschwört, die "*eingedämmt*" werden müsse und wer den Eindruck erweckt, der "*Mißbrauch*" finde durch die Flüchtlinge selbst statt, die jetzt kämen - Herr Dregger hat besonders geschmackvoll neulich 5 Milliarden beschworen, die vor "unseren" Gerichten gegen "uns" prozessieren könnten - , Herr Dregger, der spekuliert auf Wahlkampf.[14]

Es ist aus diesen wenigen Beispielen unschwer zu erkennen, daß ein bloßes "Auszählen schlimmer Wörter" nicht die Methode sein kann, mit der wir Erkenntnisse über ausländerfeindliche Tendenzen im Sprachgebrauch gewinnen können. Denn selbstverständlich wird man zitierende/thematisierende Äußerungen ohne nähere Kontextanalyse nicht als orginäre Positionen der SprecherInnen ausgeben wollen[15].

Deshalb sollen im folgenden die hier beispielhaft zur Debatte stehenden Lexeme unter Berücksichtigung ihrer speziellen Verwendungsweise untersucht werden, um so näheren Aufschluß über sie zu erhalten.

---

[12] Abgeordneter Baum (FDP), 22.10.81, S. 3409.

[13] Theoretisch (nicht politisch!) denkbar wäre auch ein anderer Kontext, der keine Distanzierung, sondern im Gegenteil eine Identifizierung ausdrückte: *Herr Kollege Fellner, Sie haben von der *Asylantenflut* gesprochen; ich stimme Ihnen ausdrücklich zu, denn wir sollten uns auch in diesem Hohen Hause angewöhnen, den Tatsachen ins Auge zu sehen. Die Zahlen der letzten Monate belegen auf eindrucksvolle Weise ...

[14] Abgeordnete Däubler-Gmelin, 10.09.86, S. 17736.

[15] Dieses Problem tritt ebenfalls bei der Analyse von Presseberichterstattung auf; vgl. dazu Niehr 1996.

3. Markierte vs. nicht-markierte Lexemverwendung

Die Verteilung von nicht-zitierendem (nicht-markiertem) und zitierendem bzw. thematisierendem (markiertem) Sprachgebrauch stellt sich wie folgt dar: nahezu ein Viertel der hier aufgeführten Belege (nämlich 28) sind markiertem Sprachgebrauch zuzurechenen, während drei Viertel (88 Belege) unmarkierten Sprachgebrauch darstellen. (Abbildung 1)

Abb. 1: Markierter vs. nicht-markierter Sprachgebrauch bei *Asyl-/ Asylant-* Komposita

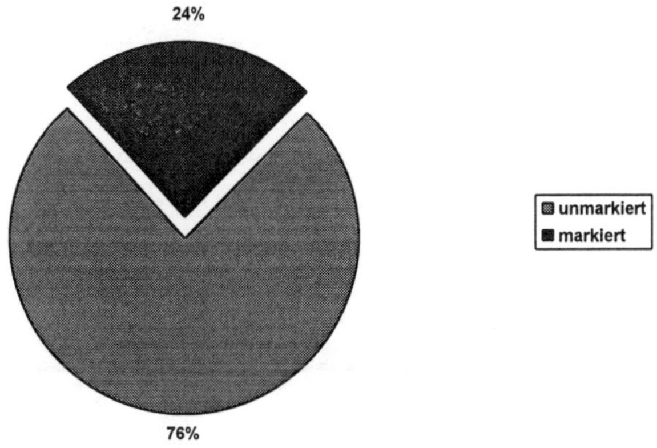

Für die einzelnen Lexeme ergeben sich höchst unterschiedliche Verteilungen auf markierten bzw. nicht-markierten Gebrauch, die in Abbildung 2 dargestellt werden.

Bei den meisten Lexemen überwiegt eindeutig der nicht-markierte Gebrauch, während bei *Asylantenschwemme* und *Asylbetrüger* ausschließlich zitierende bzw. thematisierende Belege im Korpus auftauchen. Weiterhin von Interesse ist nun die Verteilung des markierten und nicht-markierten Sprachgebrauchs auf die einzelnen Fraktionen. (Abbildung 3)

Recht deutlich sichtbar ist hier, daß Grüne und FDP einen recht hohen relativen Anteil zitierender bzw. thematisierender Sprachgebräuche haben, bei den

Grünen übersteigt er sogar den unmarkierten Sprachgebrauch.[16] Während bei der SPD noch fast ein Drittel der Belege dem markierten Gebrauch zuzurechnen ist, findet sich bei der CDU/CSU nur noch einer unter insgesamt 37 Belegen.

Abb. 2: Markierter vs. nicht-markierter Wortgebrauch der einzelnen Lexeme

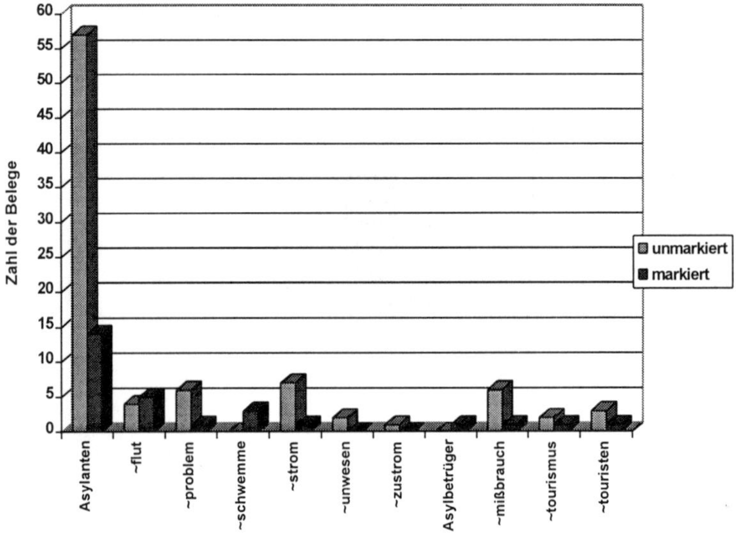

Man mag daraus bereits Folgerungen über die Sprachbewußtheit der einzelnen RednerInnen ableiten. Weiterhin darf dabei jedoch auch die zeitliche Entwicklung des jeweiligen Sprachgebrauchs nicht außer acht gelassen werden. So ist zu berücksichtigen, daß sich die Bewertung von Wörtern im Laufe der Zeit sehr wohl ändern kann. Ein Prototyp dafür ist das Lexem *Asylant*, das von VertreterInnen aller Fraktionen zunächst auch nicht-markiert verwendet wird[17]:

[16] Alle Zahlen beziehen sich auf die in diesem Aufsatz genannten *Asyl-/Asylant*-Komposita, nicht auf den "Gesamt-Sprachgebrauch" der jeweiligen Fraktionen.

[17] Zur Entstehungsgeschichte von *Asylant* vgl. Volmert 1993, S. 239 f. Link 1983, S. 36 f. Wengeler 1993, S. 5 ff.

Die Zahlen, die wir in diesem Jahr in den ersten vier Monaten haben, lassen den Rückschluß zu, daß wir etwa 24 000 *Asylanten* im Jahre 1978 zu erwarten haben, gegenüber 16 000 im Vorjahr. Erfahrungsgemäß werden 85 % davon nicht anerkannt.[18]

Abb. 3: Markierter vs. nicht-markierter Wortgebrauch bei den einzelnen Fraktionen

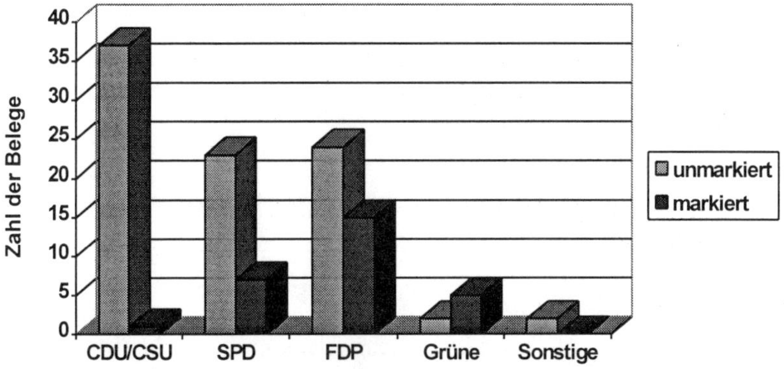

Der gleiche Abgeordnete, nämlich Gerhard Baum, ruft in der Bundestagsdebatte vom 6.03.80 dazu auf, "daß das Wort *'Asylant'* nicht zu einem Schimpfwort in Wahlkämpfen degradiert wird"[19], um schließlich am 22.01.81 festzustellen, daß eben dies geschehen sei.[20] Am 25.09.86 schließlich sagt Baum:

Ich benutze das Wort *Asylant* nicht mehr; es ist zu einem Schimpfwort geworden. Wir sollten schon bei unserer Sprache aufpassen, daß wir die Wirklichkeit nicht verzerren und verändern.
Es gibt keinen *Asylantenstrom*, und es gibt keine *Überfremdung* der Bundesrepublik Deutschland. Wir müssen den Bürgern sagen: Auch wenn es in diesem Jahre 100 000 sind, so ist das keine *Überfremdung* der Bundesrepublik Deutschland, wir behalten unsere Identität.[21]

Von solch sprachsensiblen Äußerungen eines Abgeordneten kann man freilich nicht auf seine gesamte Fraktion zurückschließen. Während Baum 1980/81

[18] Abgeordneter Baum (FDP), 01.06.78, S. 7374. Wie man an diesem Beleg sieht, unterscheiden auch die Bundestagsabgeordneten nicht immer zwischen (anerkannten) Asylanten und Asylbewerbern, über deren Antrag noch nicht entschieden wurde.

[19] Abgeordneter Baum (FDP), 06.03.80, S. 16482.

[20] Abgeordneter Baum (FDP), 22.01.81, S. 3408.

[21] Abgeordneter Baum (FDP), 25.09.86, S. 17990.

offensichtlich bereits für die Problematik des Wortes *Asylant* sensibilisiert war, konstatierte sein Fraktionskollege Hölscher am 4.02.82 noch "eine steigende Flut von *Asylanten* aus Polen", die er allerdings keinesfalls nach Polen zurückgeschickt wissen möchte.[22] Diese Ausführungen Hölschers bestätigen recht deutlich, daß selbst die nicht-markierte Verwendung eines teilweise bereits als "Schimpfwort" empfundenen Lexems noch keine Rückschlüsse auf die Intentionen seines Benutzers zuläßt. Andererseits zeigen sie auch, daß es problematisch ist, vom Sprachgebrauch einer Partei oder Fraktion zu reden. Damit will ich nicht die sehr wohl vorhandenen Unterschiede[23] in der Verwendung bestimmter Lexeme nivellieren, aber doch zur Skepsis gegenüber allzu pauschalen Typisierungen ermuntern.

4. *Scheinasylanten* (und andere Fluten) im deutschen Bundestag

Gerechtfertigt scheinen mir generalisierende Aussagen immer nur vor dem Hintergrund einer solide ausgewerteten Belegsammlung. Als letztes Beispiel möchte ich deshalb die im Düsseldorfer Korpus vorhandenen Belege zum Lexem *Scheinasylant* einer genaueren Betrachtung unterziehen. Dieser Begriff scheint mir von herausragender Bedeutung für die Asyldebatte, weil er am ehesten dazu angetan ist, eine pauschale Diskriminierung von Flüchtlingen vorzunehmen. So weit ich sehe, sind SprachwissenschaftlerInnen sich darüber einig, daß es sich hier um ein "Stigmawort" handelt, das wiederum auf sein Grundwort *Asylant* zurückwirkt. Volmert stellt in diesem Zusammenhang zu Recht fest, daß derartige Wörter "verheerende Folgen für die öffentliche Diskussion [haben]"[24]:

> *Asylant* ist in den Ohren der meisten vor allem ein Schimpfwort geworden, und es scheint nicht mehr möglich zu sein, den Ausdruck in einem positiven, Solidarität signalisierenden Sinne zu verwenden. Es ist eine Konsequenz jener stereotypen Benennungsakte, daß bei den meisten Teilnehmern des Alltagsdiskurses *Asylant* stets mit *Scheinasylant* assoziiert wird.[25]

Im Düsseldorder Korpus finden sich 35 Belege zu *Scheinasylant* aus dem Zeitraum von 1980 bis 1989. Die Verteilung auf die einzelnen Fraktionen zeigt sich in Abbildung 4.

---

22 Abgeordneter Hölscher (FDP), 04.02.82, S. 4897.

23 Vgl. Jung 1997.

24 Volmert 1993, S. 241.

25 Ebd. Vgl. auch Bade 1994, S. 31 ff, Wengeler 1993, S. 9 f, Strauß et al. 1989, S. 86 ff.

Abb. 4: Markierter vs. nicht-markierter Gebrauch des Lexems *Scheinasylant*

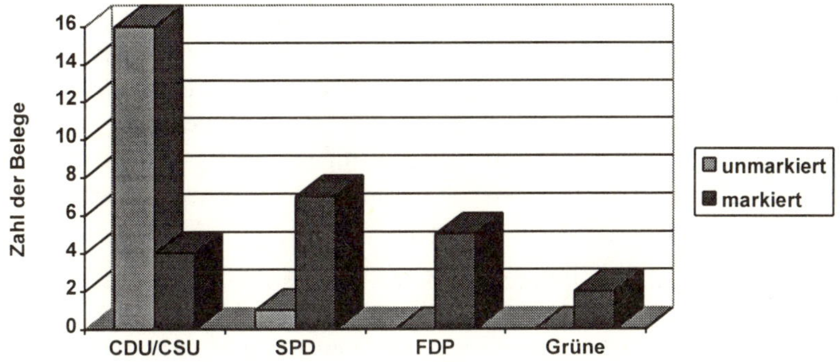

Hier zeigen sich nun so deutliche Unterschiede, daß man zumindest vom Sprachgebrauch her zwei "Lager" unterscheiden kann: mit Ausnahme der CDU/CSU überwiegt in allen Fraktionen deutlich der markierte, d.h. zitierende oder thematisierende Sprachgebrauch. Bei der CDU/CSU finden sich dagegen nur vier thematisierende Belege, von denen jedoch keiner als inhaltliche Distanzierung zu verstehen ist. Neben Definitionsbelegen, die die Verwendung des Lexems z.T. ausdrücklich verteidigen, findet sich lediglich eine joviale Konzession an den Sprachgebrauch anderer:

> Wer das Wort vom "*Wirtschaftsflüchtling*" und "*Scheinasylanten*" nicht gerne hört, der mag getrost von "*Armutsasylanten*" sprechen, wie dies kürzlich von kirchlicher Seite getan worden ist. Der mag getrost auch darauf hinweisen, daß kaum einer von denen, die über die deutsche Grenze drängen, seine Heimat aus Übermut und Leichtsinn verlassen hat.[26]

Man wird also zu dem Schluß kommen, daß bei den RednerInnen der CDU/CSU kein Problembewußtsein für den Zusammenhang zwischen einem diskriminierenden Sprachgebrauch und der realen Situation von AsylbewerberInnen in Deutschland besteht. Dies ist um so auffälliger, als die RednerInnen anderer Fraktionen sowie zahlreiche Stimmen des öffentlichen Diskurses auf eben diesen Zusammenhang immer wieder hingewiesen hatten. Dieser Befund wird immerhin durch die chronologische Verteilung etwas relativiert: Die insgesamt 16 nicht-markierten Belege zu *Scheinasylant* aus der CDU/CSU-

---

[26] Abgeordneter Fellner, 22.01.81, S. 3404.

Fraktion sowie der eine aus der SPD-Fraktion stammen alle aus den Jahren 1980 bis 1982. Danach taucht das Lexem im Bundestagsdebatten-Korpus nur noch in markierter Verwendung auf. Dennoch findet sich nach wie vor eine ausgeprägte (nicht-markierte) Deichgrafmetaphorik im Wortschatz der CDU/CSU-RednerInnen bis zur Mitte der 80er Jahre. Es dürfte also eher politisches Kalkül dafür verantwortlich zu machen sein, daß die RednerInnen der CDU/CSU im Verhältnis deutlich öfter als die VertreterInnen der anderen Fraktionen Lexeme in nicht-markierter Form verwenden, die aus Sicht ihrer politischen Gegner sowie anderer Stimmen des öffentlichen Diskurses potentiell zur Ausländerfeindlichkeit beitragen.

Eine größere Zahl von Belegen, insbesondere aus der letzten Phase der Asyldiskussion am Anfang der 90er Jahre könnte Aufschluß darüber vermitteln, inwieweit sich diese Tendenz noch verstärkt oder aber abgeschwächt hat.

Literatur

Bade, Klaus J. 1994: Ausländer, Aussiedler, Asyl in der Bundesrepublik Deutschland, 3. überarb. u. akt. Ausgabe, Bonn

Jung, Matthias 1997: Lexik und Sprachbewußtsein im Migrationsdiskurs. Methodik und Ergebnisse wortbezogener Untersucheungen, in: Jung, Matthias / Wengeler, Martin / Böke, Karin (Hg.) Die Sprach des Migrationsdiskurse. Das Reden über 'Ausländer' in Medien, Politik und Alltag. S. 194-213

Klein, Josef 1991: Kann man Begriffe besetzen? Zur linguistischen Differenzierung einer plakativen politischen Metapher, in: Liedtke, Frank / Wengeler, Martin / Böke, Karin (Hg.) 1991, S. 44 - 69

Kuhn, Fritz 1991: "Begriffe besetzen". Anmerkungen zu einer Metapher aus der Welt der Machbarkeit, in: Liedtke, Frank / Wengeler, Martin / Böke, Karin (Hg.) 1991, S. 90 - 110

Liedtke, Frank / Wengeler, Martin / Böke, Karin (Hg.) 1991: Begriffe besetzen. Strategien des Sprachgebrauchs in der Politik, Opladen

Link, Jürgen 1983: Asylanten - ein Killwort, in: KultuRRevolution 2, 1983, S. 36 - 38

ders. 1988: Über Kollektivsymbolik im politischen Diskurs und ihren Anteil an totalitären Tendenzen, in: KultuRRevolution 17/18, 1988, S. 47 - 53

Niehr, Thomas 1996: "Der Spiegel" und die *Asylanten*. Über eine angebliche Wende in der Wortwahl eines deutschen Nachrichtenmagazins, in: SuL 78 (1996), S. 84-92

ders. 1997: Von 'türkischen Gewalttätern', 'Bandenkriegen' und einem 'ausländerfeindlichen Mordbrennerloch'. Argumentative Strategien in der Presseberichterstattung zum Solinger Brandanschlag am 29. Mai 1993 [erscheint in der Projektmonographie "Der blockierte Dialog", Berlin, New York, (i. Vb.)]

Reiher, Ruth/Läzer, Rüdiger (Hg.) 1993: Wer spricht das wahre Deutsch? Erkundungen zur Sprache im vereinigten Deutschland, Berlin

Strauß, Gerhard / Haß Ulrike / Harrras, Gisela 1989: Brisante Wörter von Agitation bis Zeitgeist. Ein Lexikon zum öffentlichen Sprachgebrauch, Berlin/New York

Volmert, Johannes 1993: "Asylantendebatte" in Ost und West. Ein Lehrstück über die Instrumentalisierung politischer Vorurteile, in: Reiher, Ruth / Läzer, Rüdiger (Hg.) 1993, S. 239 - 271

Wengeler, Martin 1993: *Asylantenfluten* im *Einwanderungsland* Deutschland - Brisante Wörter in der Asyldiskussion, in: SuL 72(1993), S. 2 - 30

Wolken, Simone 1986: Asylantenfluten im deutschen Bundestag? In: KultuRRevolution 12, 1986, S. 6 - 9

Gabriele Cleve

Völkisches Denken im Alltag

Das Projekt

Diskursanalytische Untersuchungen des Duisburger Instituts für Sprach- und Sozialforschung zum Alltagsdiskurs zeigen die rassistische Verstricktheit deutscher Subjekte in den Diskurs über Einwanderung und Flucht (z.B. Jäger 1992, M. Jäger 1996a, Cleve 1995). Diese Verstricktheit bedeutet jedoch nicht, daß die Subjekte den Effekten dieser Diskurse passiv ausgeliefert wären. Die Subjekte, die durch den Diskurs erst konstituiert werden, wirken durchaus aktiv daran mit. Sie sind also keineswegs (nur) als "Opfer" von außen wirkender Einflüsse zu verstehen.

Eine Interviewstaffel, die in der Publikation "BrandSätze. Rassismus im Alltag." ausgewertet und veröffentlicht worden ist (Jäger 1992), stellte fest, daß nahezu alle Befragten in diesen Diskurs mehr oder weniger rassistisch verstrickt sind.

Die Analyse von Interviews zum Thema "Ethnisierung von Sexismus", die in der Dissertation von Margret Jäger analysiert wurden (vgl. M. Jäger 1996a), bestätigten nicht nur die Ergebnisse des Projektes "BrandSätze" (Jäger 1992); sie erweiterten das Analysespektrum auf die Frage nach sexistischen Einstellungen, die einer bestimmten Gruppe von Einwanderern zugewiesen werden.

Eine dritte, von mir erhobene Interviewstaffel von 1995 (Cleve 1997), stellte zum einen Kontinuitäten und Diskontinuitäten des Einwanderungsdiskurses fest. Da aber Rassismus als ausgrenzende Praktik nicht nur für den Diskurs über Einwanderung und Flucht bedeutsam ist, sondern auch für andere diskursive Bereiche, die Siegfried Jäger als "brisante Themen" bezeichnet (vgl. Jäger/Kretschmer 1997), sollen alle drei Interviewstaffeln mit insgesamt rund fünfzig etwa jeweils einstündigen Interviews einer nochmals erweiterten Analyse unterzogen werden. Dazu möchte ich in diesem Vortrag erste Ergebnisse vorstellen.

Werden 'Fremde' als Bedrohung oder einfach als 'anders' markiert und charakterisiert, lassen sich solche Aussagen häufig verknüpfen mit Aussagen, die darauf verweisen, daß die Interviewten auch bei anderen Themen dazu neigen, Menschen, die nicht mit dem hegemonialen Denken und Sprechen über die jeweiligen Themenbereiche übereinstimmen, symbolisch und faktisch auszugrenzen. So beziehen sich ausgrenzende Einstellungen und Haltungen nicht nur auf Menschen nicht-deutscher Herkunft. Auch Arbeitslose, Frauen oder ganze Staaten werden als abweichend von der deutschen "Norm" beschrieben und - in der Regel - negativ bewertet.

Ausgehend von den bei Kellershohn 1994 herausgestellten Kernideologemen des Völkischen Nationalismus, lassen sich diese in andere Kategorien, sogenannte "brisante Themen", 'übersetzen' bzw. operationalisieren. Alle Interviews der drei oben erwähnten Staffeln, die im Kontext des Diskurses über Einwanderung und Flucht erhoben wurden, sind nun dahingehend untersucht worden, ob und inwieweit sich neben rassistischen Verstrickungen weitere auffinden lassen, die auf die sogenannten völkisch-nationalistischen Ideologeme verweisen.

Die operationalisierten Themen beziehen sich u.a. auf Aussagen zu Familie (biopolitisches Ideologem), Staat (Ideologem des *starken Staates*), Europäische Union (Ideologem des *chauvinistischen Machtstaatsdenkens*), Ausbildung/Beruf (Ideologem des *anständigen Deutschen* und *inneren Feindes*), Militarisierung/NATO (Ideologem des *chauvinistischen Machtstaatsdenkens*), 'Deutsch sein' (Ideologem der Volksgemeinschaft und der nationalen Identität), Politik, Ökonomie (Ideologem des *chauvinistischen Machtstaatsdenkens* und des *starken Staates*) und Einwanderung (biopolitisches Ideologem und *völkisch-rassistische* Konstruktionen).[1]

Sprechen als "soziales Produkt"[2] bedeutet demnach, daß sich die Subjekte nicht authentisch oder individuell äußern, sondern sich im Diskurs "bewegen", also im Diskurs und durch ihn geprägt denken, sprechen und tätig sind. Die

---

1 Methodisch beziehe ich mich bei der Auswertung auf die "Kritische Diskursanalyse", die von Siegfried Jäger in Anlehnung an Foucault, Leontjew und Link entwickelt wurde (Jäger 1993), sowie auf M. Jäger 1996a.

2 Vgl. etwa Jäger 1993, S. 138 und 142.

Äußerungen der Interviews sind also nicht in erster Linie als individuelle Produkte zu verstehen, sondern sie produzieren und reproduzieren die Diskurse, etwa den über Einwanderung und Flucht oder den Diskurs zum Modell Deutschland. Etwas metaphorisch ausgedrückt, könnte man sagen, daß der Diskurs durch die Subjekte zur Sprache gebracht wird, durch sie hindurch "spricht".

Brisante Themen

Im folgenden werde ich zu den Themen "Europäische Union" und "Rolle bzw. Aufgaben des Staates" ausführliche Interviewbeispiele aus den drei Interviewstaffeln vorstellen. Anschließend werden die Aussagen zu den brisanten Themen wie Familie, Ausbildung/Beruf, Militarisierung/NATO und 'Deutsch sein' zusammenfassend vorgestellt. Diese Aussagen sind als exemplarische zu verstehen. Weitere angesprochene Themen, bspw. die "Rolle der Frau in der bundesdeutschen Gesellschaft", werden hier aus Platzgründen nicht explizit mit in die Analyse einbezogen; Aussagen dazu sind z.T. an solche zum Thema Familie gekoppelt. Das gilt auch für das Thema "Ökonomie", das sich bspw. an Aussagen zum Thema "Beruf" bindet. [3]

Interviewbeispiele zum Thema *Europäische Union:*

Interview I/02, Z. 547ff:

"...statt sagen wer ma 60 Millionen Deutsche haben wer ja jetz so circa 80 Millionen Deutsche...das sin nich nur...Quadratkilometer mehr, Kilometer sind wir größer geworden, wir haben ja jetz en größeren Wirtschaftsraum dadurch, ne,...daß wir schon, obwohl wir natürlich...gebietsmäßig kleiner sind als Spanien oder Frankreich ... Weltmeister warn im Export als Zweitstärkster gleich nach den USA..."

Bei den Themen zu Politik und zur EU findet eine deutliche Abgrenzung zwischen "wir" = die BRD und "den anderen" europäischen Staaten statt. Wäh-

---

[3] Ich möchte darauf hinweisen, daß die Aussagen der Interviews Resultate einer inszenierten Befragung sind. Obwohl es sich um nicht-standardisierte Interviews handelte, war besonders zu Beginn eine etwas "unnatürliche" Gesprächssituation gegeben. Manche der Interviewten brauchten Zeit, um sich warmzureden. Öfters fand zu Beginn eine Art Frage- und Antwortspiel statt (vgl. etwa III/01). Allerdings zeigen die Interviews insgesamt eine relativ harmonische Gesprächsatmosphäre, so daß davon ausgegangen werden kann, daß die Interviewten sich nicht allzu sehr scheuten, ihre Meinungen und Einschätzungen zu äußern.

rend der Interviewte (50J, männl., Oberstudienrat) Ausländer und Ausländerinnen als gesellschaftliches Problem ansieht, markiert er europäische Staaten als wirtschaftliches Problem. Die geographische Größe bzw. hier eher Kleinheit steht in keinem Zusammenhang mit der qualitativ wichtigeren wirtschaftlichen Kompetenz.

Interview II/01, Z. 670ff:

Eine Interviewte (25J., weibl., Sekretärin) aus Staffel II verbindet das Thema "Europa" gleich mit "offenen Grenzen" und koppelt dieses Thema mit dem der Drogenkriminalität:

"...also ich mein, mit den `Grenzen auf_ zum Beispiel, dat hat auch so seine Vor- und so ...seine Nachteile. Ich mein, ich kann verstehn, LKW-Fahrer, die über de Grenze, eh, müssen und da fünf Stunden warten müssen, dat die son Hals haben, versteh ich, sollte alles gemacht werden. Nur andererseits kommt ja von drüben auch genauso viel hier herein, ne? Und ich brauch nur mal an das Drogenproblem zu denken, da krieg ich nämlich son Hals, und dat führ ich also mit...auf die offenen Grenzen zurück, ne?

Diese Kopplung verweist auf die Rezeption verschiedener Medien, die immer wieder über die sogenannte Russenmafia, türkische Drogendealer, sogenannte Autoschieberbanden, Zigarettenschmuggler, Frauenhandel etc. berichten.

Interview I/19, Z. 1130ff (47J. weibl. Sekretärin) konstatiert ebenfalls eine Bedrohung durch Drogen:

"Was natürlich n bißchen gefährlich is, äh, wenn die Grenzen offen sind, is halt * o ja hier, dieses Haschproblem, * Drogenproblem, das da mehr * rein- und rausgeht."

Der Ort, an dem die Gefährdung akut wird, ist die Bundesrepublik Deutschland. Offenbar werden die Eingeborenen von "außen" durch die offenen Grenzen bedroht. "Hier" in die Bundesrepublik kommt das Drogenproblem "rein". Aufgrund der offenen Grenzen scheint die Bundesrepublik nur "gute" Dinge aus dem Lande nach außen abzugeben: technisches know-how, ausgebildete Fachleute, Gelder usw., während sich *innen* nur schlechtes anhäuft.

Interview III/06, Z. 475f. und 672f.:

Ein 1995 Befragter (31J., männl.,. Rechtsanwalt) konstatiert auch die Bedrohung seitens einer *"Mafia in Polen und UdSSR"* (Z. 672).

Passagen dieses Interviews schildern eine Hierarchisierung der europäischen Staaten, wobei die BRD als Maßstab für diese Rangfolge konstituiert wird:

"Gut, ...die Öffnung der Grenzen in der Europäischen Union ...ist nicht so problematisch, weil zwischen den dort angesammelten Ländern weitestgehend eine kulturelle

Nähe da ist, keine Übereinstimmung, aber eine Nähe dann da ist. Das heißt also, Franzosen oder Holländer und Spanier usw. sind für uns in dem Sinne nicht so sehr die Probleme, vor denen wir also Angst haben ... Für Deutschland ist es dann auch wirklich noch der große Vorteil, daß Deutschland eben sehr viel in die EG hinein exportiert, das, das ist für Deutschland in dieser Gruppe, in dieser Entwicklungsgruppe, sogar nochmal förderlich und nochmal entwickelt, weil wir da eben, ne, Geschäfte machen, schlicht und einfach. Von daher halt ich den Gedanken für gut."

Auch hier geht es um Vorteile für Deutschland, nicht zuletzt um den Standort.

Im weiteren Interviewverlauf zeichnet der Interviewte Vorteile der BRD aus der wirtschaftlichen Zusammenarbeit mit anderen EU-Staaten und zieht den bemerkenswerten Schluß, daß dann *"...Kriege* (zwischen EU-Mitgliedsstaaten*) fast ausgeschlossen ..."* (Z. 494) seien.

Liest man die Interviews der verschiedenen Jahre quer, so stellt sich zum Thema Europäische Union heraus, daß die Interviewten unter europäischer Zusammenarbeit in erster Linie Vorteile für Deutschland verstehen. Ein Interview fällt dabei etwas aus dem Rahmen; hier habe ich eine "neutralere" Aussage aufgefunden. Der Interviewte (33J. männl. Zahnarzt) stellt sich unter der EU eine Gemeinschaft nach US-amerikanischem Vorbild vor und sieht die BRD als Bundesstaat in Europa.

Eine potentielle Zusammenarbeit, die u.U. darin besteht, auch anderen europäischen Staaten Lebensstandardsverbesserungen zu ermöglichen, wird so gut wie gar nicht angesprochen.

Steht Deutschland für die Interviewten innerhalb der EU an erster Stelle, so sind doch Aussagen zu "den Deutschen" ambivalent. Während einige Interviewte die typischen "deutschen" Eigenschaften wie "Ordnung, Fleiß, Sauberkeit, Disziplin" u.ä. nennen, kritisieren andere das Verhalten "der Deutschen" als "stur, arrogant, zu ernsthaft, pedantisch" etc. Bei beiden Varianten werden aber die Deutschen über einen Kamm geschoren. Sowohl bei den negativen wie positiven Aussagen findet eine Homogenisierung der Deutschen statt.

Interviewbeispiele zum Thema Rolle bzw. Aufgaben des Staates

Aussagen zur Rolle und zu Aufgaben des Staates und Antworten auf die Frage, welche Maßnahmen verantwortliche RegierungspolitikerInnen zu ergreifen haben, finden sich zu den verschiedensten Themenbereichen.

Um bspw. das soziale Netz funktionsfähig zu halten, müssen eben "Regelungen" geschaffen werden; es besteht offenbar Handlungsbedarf. In der ersten Interviewstaffel (im Interview I/19, 47J. weibl. Sekretärin) äußert eine Interviewte:

"Obwohl ich auch es besser, äh, für besser halte * äh, den Ländern zu helfen, daß die Leute dableiben, ne? Dableibn können und die Möglichkeit haben, dazubleiben. ** Ja, und das is ja immer die Frage, warum muß Deutschland immer der große Helfer für alle Welt sein, ne?" (Z. 1228f).

Sie möchte verhindern, daß die Arbeitslosigkeit in Deutschland wegen des Zuzugs von AusländerInnen (hier meint sie sowohl die sogenannten Gastarbeiter als auch AsylbewerberInnen) zunimmt, und fordert entsprechende Gegenmaßnahmen. Sie gesteht den ausländischen Menschen, die in der BRD leben, Straßen fegen und Sozialabgaben zahlen, die gleichen Leistungen zu. Auch spricht sie von "unserem sozialen Netz", "unseren Straßen", die gefegt werden usw.

Und für potentielle EinwanderInnen hat eine Interviewte aus der zweiten Staffel (Interviewte Nr. 7 aus II, 55J. weibl. Fremdsprachenkorrespondentin) eine Lösung:

"Also das halte ich zum Beispiel: Leumundszeugnisse, halt ich für hervorragend. Nachweise, daß die Leute gearbeitet haben. Ich muß Ihnen sagen, das hätt' ich auch nich für möglich gehalten, es gibt Aussiedler...die haben in ihrem Leben noch nie gearbeitet. Die haben irgendwie, auf was auch immer, Vatter, Mutter, Tante, Onkel zurückgegriffen und sind damit durchgezogen worden, die haben gar keinen Beruf...Sowas darf eigentlich nich sein...Denn wir müssen die auch noch ausbilden...Wir haben ja genug Leute, die wir ausbilden." (Z. 851ff.)

Neben dem "Leumundszeugnis" fordert sie noch

"ein Gesundheitszeugnis, muß ja nich unbedingt jemand mit 'ner...ansteckenden Krankheit, sagen wir mal mit Aids, oder was, das würd ich sagen, is auch sonne Sache...muß nich sein. Die Amerikaner lassen keinen Kranken rein." (Z.870)

Ein Einwanderungsgesetz wie in den USA würde ihrer Meinung nach für die BRD eine Möglichkeit sein, die "Spreu vom Weizen zu trennen". Sie konstruiert quasi zwei "Feinde", die für die Bundesrepublik eine Bedrohung darstellen: Kranke und Arbeitslose bzw. Menschen ohne wie auch immer geartete qualifizierte Berufsausbildung. Damit rekurriert sie u.a. auch auf die sogenannten Sozialschmarotzer, von denen es nicht nur Einheimische, sondern eben auch Eingewanderte gäbe.

Ein anderes Thema liegt einem 32-jährigen Kraftfahrer aus der dritten Interviewstaffel am Herzen (Interview III/09). Seiner persönlichen Situation verhaftet (geschieden, Unterhalt zahlend, verheiratet mit einer Peruanerin, die ihr erstes Kind erwartet) würde *er als Bundeskanzler* dafür sorgen,

"...daß...die Familie(n)..., weil et sehr, sehr, sehr, sehr schwer ist, überhaupt Kinder jetzt in der heutigen Zeit großzuziehen,...in der Hinsicht also nicht so stark belastet werden sollen wie jetzt zum Beispiel Alleinverdiener..., die ja wirklich en Schweinegeld mit nach Hause bringen können." (Z. 384ff.)

Er nennt die entsprechende Steuerpolitik *"verfassungswidrig"* (Z. 389) und äußert sich in diesem Kontext recht kritisch, behauptet aber, daß möglicherweise eine SPD-Regierung (er nennt sie "die Roten") richtige Maßnahmen ergreifen würde.

Einige Interviewte stellten sich als unpolitische Menschen dar und vermochten keine politischen Maßnahmen zu nennen, um von ihnen benannte Probleme zu lösen. Die Interviewten, die im Verlaufe eines Interviews dann mehrere Möglichkeiten anführten, die der Staat als Aufgabe zu erfüllen habe, führten Interventionen an, die von der doppelten Staatsbürgerschaft (Interview III/08) bis hin zur Todesstrafe gehen (Interview III/02).

Der Staat fungiert als Ordnungsmacht, der die Möglichkeiten hat, gesellschaftliche Probleme per Gesetz zu lösen. AusländerInnen, die u.a. ein gesellschaftliches Problem darstellen, werden an Lösungen und Entscheidungen nicht beteiligt. Es geht vor allem darum, die Deutschen mit Hilfe eines *starken Staates* vor "Überfremdung", "Arbeitslosigkeit", "kriminellen Drogendealern", "Russenmafia", "Aidskranken" u.v.a.m. zu schützen. Die Bedrohungen, die konstruiert werden, richten sich nicht nur gegen EinwanderInnen, sondern auch gegen Eingeborene, die eben bspw. wegen Arbeitslosigkeit oder Krankheit dem Staat und damit den "normalen" Deutschen zur Last fielen.

Es wird nicht infrage gestellt, daß der Staat das Recht hat, auch in private Bereiche einzugreifen. Trotz vielfältiger Kritik an der Politik, respektive den PolitikerInnen, bspw. der Vorwurf der Bereicherung, des Nichtstuns, der Unkenntnis, der Inkompetenz etc., wird im allgemeinen ein *starker Staat* gewünscht, der in der Lage ist, "Volksinteressen" zu vertreten und durchzusetzen.

Der Maßstab aller Dinge. Ein erstes kurzes Fazit

Die Homogenisierung der "normalen" Deutschen konstituiert quasi automatisch eine Reihe von Ausgrenzungen bzw. scheinbar schier unüberwindlichen Gegensätzen. Da ist die Rede von "uns", den "anständigen, arbeitenden, gesunden Deutschen", und den "anderen", den "fremden", arbeitslosen, aidskranken, drogenabhängigen etc. Menschen, die schlichtweg die *gesunde Volksgemeinschaft* stören. Die Interviewten setzen aber nicht nur sich selbst zum Maßstab aller Menschen, sondern sie erheben den deutschen Staat der Bundesrepublik Deutschland wirtschaftlich, kulturell und politisch über andere. Nicht zuletzt die Wiedervereinigung der beiden deutschen Staaten hat das Bild von einer "Großmacht Deutschland" wieder heraufbeschworen. Bei dem Thema EU wird dies besonders deutlich.

Die Aussagen können dahingehend gedeutet werden, daß völkische Ideologeme, so "modern" sie auch formuliert werden, im Alltagsdiskurs Ausgrenzungen konstruieren und verstärken. Die Bezüge zum Medien- und politischen Diskurs unterstützen diese Ausgrenzungstendenzen. Für eine weitere Analyse erscheint es mir wichtig und notwendig, etwaige Widersprüche aufzufinden, die ein Potential für "gegendiskursive" Ansätze sein könnten.

Zu den sonstigen "brisanten Themen"

Der Mythos von der Familie

Interessanterweise werden in den Interviews bei Aussagen zur Familie als Vergleich hauptsächlich türkisch-muslimische Familien herangezogen; aber auch generell "Südländer" (vgl. Interview II/01) dienen der Gegenüberstellung.

Traditionelle Bilder und Klischees wechseln sich ab mit der Konstatierung der gleichberechtigten Partnerschaft in der Ehe. So ist die Rede davon, daß in der Ehe der Mann nach wie vor das Sagen habe (vgl. II/04), und ebenso, daß die Gleichberechtigung bereits verwirklicht sei (vgl. (I/02). Gleichberechtigung scheint aber auch Angst zu machen. So äußert bspw. ein Mann im Interview I/06, daß durch die imaginierte Gleichberechtigung der Frau die Idylle der Kleinfamilie zerstört würde (vgl. II/06, Z. 651ff.). Der Mann habe schließlich als Ernährer der Familie zu fungieren (Z. 854ff.).

Eine Interviewte konstatierte ihr schlechtes Gewissen bei der Beschäftigung mit der Emanzipationsdiskussion und plädiert für die Anerkennung des Berufs der Hausfrau (vgl. I/19, Z. 834ff.). Diese Auseinandersetzung mit dem Thema der Gleichberechtigung führte bei ihr zur Unzufriedenheit mit ihrer eigenen Rolle innerhalb ihrer Familie.

Für eine andere Frau hingegen ist ein harmonisches Familienleben sozusagen ihr Lebenszweck (vgl. III/04); sie präferiert für sich ein Dasein als Hausfrau und Mutter.

Daß verheiratete Frauen *und* Männer arbeiten gehen, sollte nur aus ökonomischen Gründen heraus geschehen (vgl. I/16).

Ein anderer Faktor wird in einem Interview der dritten Staffel geäußert: für die Interviewte ist ihre Familie ein Ort der Zuflucht; sie (be-)nutzt sie, um dort ihre Probleme, die sie mit Freunden nicht bewältigen kann, abzuladen (III/03).

Eine andere Interviewte dieser Staffel findet es durchaus in Ordnung, selber einem Beruf nachzugehen, ihren Ehemann und den Haushalt zu versorgen und sich zusätzlich noch um die Haushalte ihrer verheirateten Töchter und um die Enkelkinder zu kümmern (III/02).

Ein imaginiertes harmonisches Bild von Familie zeichnet ein Interviewter, der so etwas selbst nie kennenlernen konnte, da er seine Kindheit und Jugend als Sozialwaise in diversen Heimeinrichtungen verbringen mußte. Mit seiner peruanischen Frau will er versuchen, sein Idealbild zu realisieren. Auch hier findet sich das Stereotyp der südländischen idyllischen Familie (III/09).

Der Stellenwert der Familie als staatstragende und staatserhaltende Institution wird im Interview III/01 beschrieben. Ihr wird ein großer Einfluß auf die Kinder und Jugendlichen zugeschrieben, der dazu benutzt werden könnte, Toleranz gegenüber anderen, den sogenannten Fremden, anzuerziehen (Z. 328f. u. 532ff.).

Wird *die* türkische Familie zum deutschen Vergleichsmaßstab, so lassen sich zwei Argumentationsformen unterscheiden. Zum einen wird positiv bewertet, daß die türkischen Familien ein *besseres* Familienleben hätten als die Deutschen (z.B. I/01 u. II/02). Außerdem wird konstatiert, daß die türkischen Frauen in der Familie das Sagen hätten (II/09) und sich fürsorglich um die Kinder kümmerten (I/11). Die andere Strategie markiert Frauen arabischer Länder als Menschen zweiter Klasse (I/19). Hauptsächlich jedoch wird auch hier von türkischen Familien gesprochen.

Die traditionelle Rollenverteilung in diesen türkischen Familien sei nach wie vor aktuell, während das bei deutschen Familien mittlerweile obsolet sei (II/13). Im Gegensatz zu der oben erwähnten Aussage, daß türkische Frauen das Familienleben bestimmten, steht die, daß genau das Gegenteil der Fall sei (I/11) und sie sich hinter ihren Ehemännern versteckten (ebd.). Das wiederum wird dem Patriarchat in den türkischen Familienstrukturen zur Last gelegt (II/16).

Zusammenfassend kann hier festgestellt werden, daß — neben einzelnen stories aus dem eigenen Familienleben — die Opposition *deutsche* Familie versus *türkische* (resp. südländische) Familie dazu dient, eigene idealtypische Vorstellungen von einer harmonischen Familie nachzuzeichnen. Daß dabei die Gleichberechtigung der Frauen auf der Strecke bleibt, wird nicht diskutiert. Es scheint allgemein, d.h. von Männern und Frauen gleichermaßen, erwünscht, daß die traditionelle Rollenverteilung bestehen bleibt, da diese ein Garant für eine idyllische Familienexistenz zu sein scheint. Früher sei es in Deutschland mit den Verhältnissen in der Familie ähnlich wie in islamischen Familien gewesen (II/10). Lediglich finanzielle Gründe dürfen für die Berufstätigkeit von Frauen bestehen. Die Familie wird aber auch als Institution beschrieben, die für die Erziehung ordentlicher Menschen verantwortlich ist. Die Familie bekommt hier einen absoluten Status als Vorbildfunktion für den funktionierenden Staat als *Gemeinschaft*. In biologistischen Termini ausgedrückt hieße das, daß die Familie sozusagen die Keimzelle des Staates sein sollte.

Arbeitsplatzbesitzer, Arbeitslose und Konkurrenten

Zu diesem Themenkomplex lassen sich zwei Argumentationsblöcke ausmachen: zum einen Arbeitslose versus Arbeitende, zum anderen deutsche Arbeitende versus ausländische Konkurrenten. Hierbei ist meistens allgemein nur von *Ausländern* die Rede. Der äußere Feind braucht keine Nationalität, um als solcher konstituiert zu werden.

Das stereotype Argument, daß es faule Arbeitslose gäbe, die — so sie nur wollten — selbstverständlich eine Stelle bekommen könnten, findet sich durchgängig in Interviews aller drei Staffeln (bspw. II/07 o. III/04). Bei dieser Argumentationsform spielt die Nationalität offenbar auch keine erwähnenswerte Rolle. Arbeitslose Menschen werden hier sozusagen als homomorphe Masse konstruiert, die man mit rigorosen staatlichen Mitteln in den Griff zu bekommen habe (III/02). Damit wird ein Feindbild markiert, das nicht von *außen* die Deutschen bedroht, sondern *innen* (im Haus der Bundesrepublik Deutschland) zu verorten ist. Nichtsdestoweniger ist der arbeitslose Deutsche ein Feind, den es zu bekämpfen gilt. Schlimm wird es dann mit den Arbeitslosen, wenn sie auch noch Schwarzarbeit betreiben (III/04). In diesem Fall werde das Ausnutzen der sozialen Hängematte offensichtlich; die Arbeitslosen lebten auf Kosten anderer. Häufig wird in diesem Zusammenhang darauf verwiesen, daß durch die Wiedervereinigung Menschen aus der ehemaligen DDR den Arbeitsmarkt *belasten*. Aufgrund ihrer Erfahrungen mit der sozialistischen Planwirtschaft seien sie häufig nicht in der Lage, sich den westdeutschen marktwirtschaftlichen Verhältnissen anzupassen (I/15). Sie hätten sich zu großartige Vorstellungen vom Leben im goldenen Westen gemacht. Durch die häufige Konstatierung, daß sich *die* Ostdeutschen nicht in die kapitalistische Produktionsweise integrieren ließen (III/05), könnte man vermuten, daß sie keine so ernstzunehmenden Konkurrenten seien wie bspw. *die* Ausländer. Bei der Konstruktion solcher Gegensätze geht es aber eben nicht nur um Konkurrenz, sondern um die Konstituierung *unanständiger* Deutscher, die das Funktionieren der *Volksgemeinschaft* stören.

Arbeitslose Jugendliche neigen darüberhinaus dazu, sich rechsradikalen Gruppierungen anzuschließen, da sie frustriert keinen anderen Weg kennen (III/03).

Aber der eigentliche Konkurrent auf dem Arbeitsmarkt (um nicht zu sagen: Feind) ist *der* Ausländer. Auch hier findet sich das stereotype Argument, daß ausländische Menschen den deutschen unberechtigterweise den Arbeitsplatz streitig machen können (II/07). Dabei wird auch das in dieser Zeit aktuelle Thema Bergbau angesprochen und konstatiert, daß die Arbeitsbedingungen dort besser seien als zu früheren Zeiten. Die Entlassungen seien dagegen nicht hinzunehmen; ausländische Arbeiter stehen dabei den deutschen Bergleuten als Konkurrenten gegenüber (III/05). Und allein die Tatsache, daß *die* Ausländer eben keine Deutschen sind, also die Strategie, mit der Nationalität zu argumentieren, reicht aus, um ausländische Menschen als Feinde der Deutschen zu konstruieren. Ökonomische und politische Kriterien werden erst gar nicht angesprochen. Die Politik wird höchstens als Regulierungsinstanz angerufen, die Mißstände zu beseitigen habe (III/02).

Allerdings wird ausländischen Menschen bisweilen ein Angebot gemacht: Wer hier leben und arbeiten will, soll gefälligst auch die deutsche Staatsangehörigkeit annehmen (II/07 o. III/08). In diesem Zusammenhang wird ohne weiteres behauptet, daß es gar ausländische Menschen gäbe, die es gar ablehnten, einen deutschen Paß zu beantragen (III/08). Zu hinterfragen, warum das möglicherweise so sei, ist ebenfalls nicht Gegenstand der Diskussion.

Deutschland als Kriegspartei: Militarisierung und NATO

Auch zu diesem Themenbereich finden sich divergierende Aussagen. Während einige Interviewte militärische Einsätze der deutschen Bundeswehr strikt ablehnen, wähnen es andere an der Zeit, auch mit kriegerischen Mitteln in Konflikte einzugreifen. Dabei ist es nicht ohne Bedeutung, daß die Zeit des Faschismus und damit des Zweiten Weltkrieges nun endlich in Vergessenheit geraten solle. Die jetzige und die nachfolgenden Generationen hätten damit nichts mehr zu tun. Man solle "uns" mit der Vergangenheit in Ruhe lassen (III/04).

Bezüglich der NATO und deren Abkommen herrscht teilweise Unkenntnis; so wird u.a. behauptet, die deutsche Bundeswehr habe bei Kriegseinsätzen aufgrund der NATO-Bestimmungen keine andere Wahl, als die, als Kriegspartner eingesetzt zu werden (I/17).

Mehrfach wird auch die Befürchtung geäußert, daß andere (europäische) Staaten aufgrund der Wiedervereinigung die Bundesrepublik fürchten. Durch die neue geographische Größe könnte Deutschland zu einer "Macht" in Europa werden, vor der andere Angst haben könnten (I/06 und III/10)).

Zu diesem Themenkomplex finden sich häufig Aussagen, die eine Sowohl-als-auch-Strategie zeigen. So wird u.a. einerseits die Besorgnis über militärische Einsätze der Bundeswehr geäußert, andererseits wird eine Verpflichtung gegenüber anderen EU-Staaten und NATO-Partnern konstatiert, die es der Bundeswehr nahezu unmöglich mache, sich aus Kriegen herauszuhalten (III/08). In diesem Interview formuliert die Interviewte ihre Sorge und stellt dieses Dilemma als Problem dar. In einem anderen Gespräch äußert ein Interviewter seine Vorbehalte gegenüber einer zurückhaltenden Politik der Bundesregierung gegenüber NATO-Einsätzen (III/10); für ihn ist das eine "zwielichtige" Haltung (III/10, Z. 368). Er befürwortet dahingegen eine Beteiligung der Bundeswehr an solchen Einsätzen.

Insgesamt gesehen lassen sich zwei Argumentationsformen *für* eine Beteiligung unterscheiden. Da wäre zunächst die Ansicht zu nennen, daß die Bundesrepublik Deutschland als NATO-Partner schlichtweg die Pflicht habe, sich an militärischen Einsätzen auch mit Waffen zu beteiligen. Wenn sie schon dem Bündnis angehöre, habe sie mit allen Konsequenzen mitzumachen.

Außerdem wird die Meinung vertreten, daß die Bundesrepublik nun aufgrund der Wiedervereinigung einen anderen, "mächtigeren" Stellenwert in der EU und in der NATO habe, innenpolitische Konflikte damit obsolet seien und nun die Aufgaben innerhalb des militärischen Paktes erfüllen könne. Sozusagen sind es die Sachzwänge, die die Bundesrepublik dazu nötigen, bewaffnete Soldaten in Kriegsgebiete zu entsenden. Politische Vorbehalte, die sich auf den Zweiten Weltkrieg und den Faschismus beziehen, scheinen unzeitgemäß und überholt. Aussagen, die sich generell gegen Kriege aussprechen, finden sich recht selten (bspw. in III/02). Die Fragwürdigkeit eines solchen Mittels scheint nicht relevant zu sein. Wichtiger sind die Verpflichtungen gegenüber europäischen oder NATO-Bündnispartnern, die es einzuhalten gilt. Diese Irrelevanz impliziert allerdings auch die Existenz eines äußeren Feindes. Dieser wird nicht explizit benannt; wenn die Notwendigkeit einer Bundeswehr und darüber hinaus, militärischer Kampfeinsätze, herausgestellt wird, so liegt es nicht weit, potentielle Kriegsgegner zu konstruieren. Krieg als politische Waffe scheint den meisten ein geeignets Mittel, um die eigenen Pfründe zu sichern.

Die Deutschen und ihre "nationale Identität"

Die Konstruktionen einer homogenisierten Nation ziehen sich durch die Interviews aller drei Staffeln. Es lassen sich Aussagen analysieren, die die Westdeutschen von den Ostdeutschen zu trennen versuchen. Hauptsächlicher Gegenpol ist jedoch der "Fremde", der "Ausländer", der "Schwarze", kurz: der "Andere". Wie oben bereits geschildert, finden sich auch solche "Wir-und-die-anderen"-Konstruktionen in Bezug auf *deutsche* Arbeitslose oder gar Kriminelle. In diesem Abschnitt wird jedoch auf die Konstruktion der "Anderen" eingegangen werden, die nicht-deutscher Nationalität sind. Dabei unterscheide ich nicht ausdrücklich nach kulturell-rassistischen, biologisch-rassistischen etc. Kriterien.[4] Hier geht es mir darum zu zeigen, welche Aussagen sich überhaupt finden lassen und wie sich diese an das völkisch-nationalistische Ideologem der *Volksgemeinschaft* koppeln.

Zu benennen sind hier Argumentationen, die sich darauf beziehen, daß von einer quasi natürlichen Unterscheidbarkeit verschiedener Nationalitäten ausgegangen wird (I/01). Eine Trennung der Begriffe Staat und Nation findet nicht statt. Die Zugehörigkeit zu einer Nation und die damit gekoppelten imaginierten "Mentalitäten" sind in dieser Argumentationsstrategie geradezu als genetisch vererbbar unterstellt. Auch eine gemeinsame Sprache würde daran nichts ändern. Und je weiter ein Staat von Deutschland entfernt sei, desto inkompatibler sind offenbar die Menschen (II/06). "Deutsch denken" könnten

---

4 Vgl. dazu ausführlich Jäger 1992.

vielleicht am ehesten Jugendliche, die in der Bundesrepublik geboren und aufgewachsen sind (III/09). Und wenn diese noch die deutsche Staatsangehörigkeit annähmen, dürften sie sogar wählen (I/11). Wichtig sei eben die "Naturalisierung" (III/01); das meint wohl, die Beantragung des deutschen Personalausweises. Interessanterweise wird in diesem Interview aber genau mit dieser biologistischen Formel argumentiert; es scheint außer Frage zu stehen, daß die Nationalität etwas mit "Natur" zu tun habe.

Aussagen, die die Deutschen homogen zu charakterisieren versuchen, reichen von der positiven Attributpalette "fleißig, sauber, pünktlich, fortschrittlich, christlich, offen, politisch engagiert" usw. (vgl. alle drei Interviewstaffeln) bis zu einer Negativliste: "stur, egoistisch, zu anspruchsvoll, unhöflich, pedantisch, arrogant, neidisch" usw. Selten findet man Differenzierungen. Der Diskurs über die nationale Identität ist geprägt von stereotypen Äußerungen, die keine Rücksicht auf eine Vielfalt von ca. achtzig Millionen Menschen in diesem Staat nehmen, geschweige denn auf die Existenz von fünf bis sechs Milliarden Menschen auf der Erde. Aber weder *die* Deutschen noch *die* Anderen werden unterschieden; lediglich in den Gesprächen, wenn sich der oder die Interviewte von dem Gesagten absetzen will (III/06) und selbst erlebte Geschichten erzählt. Dann wird sozusagen von oben herab argumentiert und auf den Gemeinplatz *Die Ausnahme bestätigt die Regel* verwiesen, wenn es positive Erlebnisse zu erzählen gibt. Bei negativen Erlebnissen werden die Charakterisierungen auf eine "andere", homogenisierte *Volksgemeinschaft* bezogen. Die Argumentationen zielen darauf ab, eine quasi natürliche Gemeinschaft der Deutschen zu konstituieren, die sich z.T. auch explizit auf den Blut-und-Boden-Mythos stützt (III/05). In diesem Kontext wird kollektivsymbolisch von dem "überfüllten Boot" Deutschland gesprochen (I/01), das seine Schotten abdichten muß, weil wir "ein Volk ohne Raum" seien (III/05).

Schluß

Die drei Interviewstaffeln geben einen Einblick in die Struktur des Diskurses über Einwanderung und Flucht. Die Transparenz dieses Diskurses zeigt sich über die fünf Erhebungsjahre vor allem darin, daß gewissen Meinungen und Haltungen eine gewisse Stetigkeit zuzuweisen ist. So beziehen sich die Aussagen zu *AusländerInnen* der dritten Interviewstaffel nicht mehr explizit auf aktuelle Brandanschläge oder Überfälle (z.T. mußte ich extra nachfragen); ablehnende Haltungen werden allerdings in mancher Hinsicht rigoroser formuliert (III/05).

Die Erweiterung des Analysespektrums auf den völkischen Nationalismus und die dazu operationalisierten brisanten Themen zeigt, daß rassistische Haltungen und Einstellungen im neokonservativen, völkischen Kontext stehen. Beziehen sich die Aussagen der Alltagsinterviews nicht ausdrücklich auf das "Erbe" der *Konservativen Revolution*, sind diskursive Inhalte (Blut-und-Boden, Volk ohne Raum usw.) offenbar doch noch (oder wieder) aktuell. Es handelt sich m.E. nicht um eine Renaissance althergebrachter Meinungen, sondern um ein "Überleben", das aufgrund des Faschismus sozusagen im Untergrund stattfand. Zieht man vergleichsweise Medien- oder Politikdiskurse zur Analyse heran, zeigt sich, daß diese "Überlebensform" nicht nur den Alltagsdiskurs prägt, sondern die verschiedenen Diskursebenen durchzieht und das Denken vieler Deutschen prägt. Die Homogenisierungen sowohl von *den* Deutschen als auch von *den* Anderen geht konform mit der Forderung nach einem *starken Staat*, der die Aufgabe hat, das Leben und Wohlergehen seiner Bürgerinnen und Bürger — in letzter Konsequenz auch mit kriegerischen Mitteln — gegen eine imaginierte Macht und Gefahr von *außen* zu sichern und zu schützen. Der *innere Feind*, der neben *dem* Arbeitslosen als *der* Kriminelle konstituiert wird, muß ebenfalls mit geeigneten Maßnahmen bekämpft werden — und sei es mit der Todesstrafe (III/02).

Um den Staat oder die Nation so zu verwirklichen, wie es anscheinend erwünscht wird, ist es nötig, die Familienstrukturen dahingehend zu verbessern, daß tradionalistische, patriarchale Formen das *Erbgut* der Deutschen bewahren helfen. Intakte Familienverhältnisse sind denn auch ein Kriterium für eine positive Bewertung nicht-deutscher Familien.

Nach der Wiedervereinigung hat sich — so zeigen die Interviews — ein anderes "Nationenselbstwertgefühl" entwickelt nach dem Motto: *Wir sind wieder wer.* Das hat zur Folge, daß die Diskussionen um eine Militarisierung im Gegensatz zu *friedensbewegten* Zeiten eine andere Prägung bekommen haben. Der Einsatz von Waffen wird als Pflichtübung gegenüber den sogenannten Bündnispartnern angesehen, um potentielle Feinde nicht mehr nur abzuschrekken, sondern regelrecht zu töten.

Im Vergleich zu den Analysen von "BrandSätze" (vgl. Jäger 1992) und "Fatale Effekte" (vgl. M. Jäger 1996) bestätigt sich zum einen die verbreitete rassistische Verstricktheit der Subjekte in den Diskurs über Einwanderung und Flucht. Die neue Interviewstaffel und die folgende Erweiterung des Analysespektrums für alle drei Staffeln zeigt jedoch darüber hinaus, daß es bei Themen wie Europa, Militarisierung, nationale Identität usw. um eine Verstrikkung in den völkischen Diskurs insgesamt geht. Aussagen, die eher einem nicht-hegemonialen Spektrum zuzuordnen wären, sind nur ansatzweise in den Interviews zu verorten. Interessant wäre es für eine neue Erhebung, bei solchen Aussagen (z.B. Anerkennung von Gleichberechtigung, Rekurrenz auf christliche Nächstenliebe o.ä.) die Fragestellungen dahingehend zu erweitern, d.h., die Interviewten aufzufordern, sich über das Gesagte hinaus zu den anderen brisanten Themen zu äußern.

Die Transparenz des Diskurses über Einwanderung und Flucht zeigt ansatzweise die Themen auf, die den Alltagsdiskurs bestimmen und strukturieren. Zur Vertiefung dieser Ergebnisse wäre allerdings eine weitere Untersuchung nötig, die sich explizit damit beschäftigt, welche Themen heute für die Konstituierung von Subjekten eine Brisanz aufweisen, wie sie produziert und reproduziert werden, bzw. aus welchen diskursiven Bereichen sie sich speisen. Dann wäre es u.U. möglich, Widersprüche und Gegensätzlichkeiten aufzuspüren, die dazu dienen könnten, *gegendiskursive* Strategien zu entwickeln. Eine genaue Analyse des *Alltags*denkens insgesamt wäre deshalb ein dringendes Desiderat.

Literatur

Cleve, Gabriele 1995: Rassismus und völkisches Denken im Alltag, in : DISS Forschungsbericht 1995. Studien zu rechtsextremen und (neo-)konservativen Diskursen, Duisburg

dies. 1997: Völkisches Denken im Alltag. Materialband Duisburg

dies. / Ruth, Ina / Schulte-Holtey, Ernst / Wichert, Frank (Hg) 1997: Wissenschaft Macht Politik. Interventionen in aktuelle Diskurse, Münster 1997

Jäger, Margret 1996a: Fatale Effekte. Die Kritik am Patriarchat im Einwanderungsdiskurs, Duisburg

dies. 1996b: Fatale Effekte. Die Kritik am Patriarchat im Einwanderungsdiskurs. Materialband, Duisburg

Jäger, Siegfried: 1991 Alltäglicher Rassismus. 22 Interviews mit Bürgerinnen und Bürgern aus Deutschland, Duisburg

ders. 1992: BrandSätze. Rassismus im Alltag, Duisburg (4., gegenüber der zweiten, durchgesehenen Auflage 1992, unveränderte Auflage, Duisburg 1996) ders. 1993: Kritische Diskursanalyse. Eine Einführung, Duisburg

ders./Kretschmer, Dirk 1997: Welches sind die brisanten Themen, bei deren Behandlung Ideologeme des Völkischen Nationalismus primär auftauchen können? In: Cleve, Gabriele et al. 1997: Zum Auftreten völkischer und rechtsextremer Ideologeme in der "Mitte" der Gesellschaft. (unveröffentlichter Projektbericht), S. 28-30, Duisburg

Kellershohn, Helmut (Hg.) 1994: Das Plagiat. Der Völkische Nationalismus der *Jungen Freiheit.* Duisburg

Link, Jürgen 1997: Vom Loch zum sozialen Netz und wieder zurück, in: G. Cleve, I. Ruth, E. Schulte-Holtey, F. Wichert (Hg.). 1997, S. 194-207

Uske, Hans 1995: Das Fest der Faulenzer. Die öffentliche Entsorgung der Arbeitslosigkeit. Duisburg

IV Political Correctness

Brigitta Huhnke

"pc" - Das neue Mantra der Neokonservativen

Ich bevorzuge die Schreibweise "pc", oder "political correctness", also klein und in " ", weil ich diesem Neusprech nicht zur Eindeutschung verhelfen will.

Früher endete so mancher Ausflug zur Verwandtschaft im harten Disput, besonders heftig oft mit dem männlichen Teil. Zunächst stand irgendein aktuelles, politisches Thema an, welches, war dabei relativ egal. Am Schluß kam es immer zur 'Systemfrage'. Nehmen wir als Beispiel für die frühen siebziger Jahre in der Bundesrepublik Willy Brandt mit seinem von vielen Deutschen kritisierten Konzept "Mehr Demokratie wagen" und seiner "Ostpolitik". Und immerhin war es 'Willy', der die unsäglichen Berufsverbote später einführte. Irgendwie verkörperte er aber trotzdem eine 'andere' Tradition der Deutschen. Im Gegensatz zu den meisten unserer Eltern oder Großeltern hatte er nicht nur nicht mit den Nazis zusammengearbeitet, sondern sie sogar im aktiven Widerstand bekämpft. Aber genau das verübelten ihm viele. Anläßlich des Mißtrauensvotums 1972 gegen ihn zogen wir zusammen mit den StudentInnen und ArbeiterInnen auf die Straße und zitterten dann später im Klassenzimmer, als die Abstimmung live übertragen wurde.

Beim Onkel im Wohnzimmer ging es meistens in einer Art Themen-Hopping Schlag auf Schlag: von der Überbevölkerung - nach Onkels Meinung verantwortlich für die Ölkrise und die autofreien Sonntage -, weiter zu den Atomkraftwerken. Auch die Baader-Meinhof-Gruppe (bzw. Baader-Meinhof-Bande) war irgendwann dran und wurde nicht selten irgendwie wieder mit Brandt in Verbindung gebracht, der seit seinem Kniefall in Warschau - trotz Nobelpreis - noch suspekter war.

Doch der gesellschaftliche Aufbruch konnte sich damals in der alten Bundesrepublik relativ lange halten.

Noch Anfang der achtziger Jahre demonstrierten in der Bundesrepublik Hunderttausende, um eine Kanzlerschaft von Franz Joseph Strauß zu verhindern, den auch die Onkels nicht unbedingt mochten. Trotzdem, gegen Schluß der Familiendispute gab es fast immer den einen Satz mit auf den Weg: 'Geh doch rüber, wenn es dir hier nicht gefällt'. Diese "Freiheit statt Sozialismus"-Perspektive sorgte auch in den achtziger Jahren weiter für Zündstoff, zumal seit 1982 der neue Kanzler Helmut Kohl diesem CDU-Politslogan nun auch reale sozialpolitische Taten folgen ließ und nach und nach sich im Land wieder der alte kleinbürgerliche Mief breit machte. Die Nachrüstungsdebatte sowie die Frage von gerechten und ungerechten Kriegen hatte schon unter Kanzler Schmidt die Nation bewegt, und über Jahre hinweg demonstrierten Millionen auch gegen die neue Regierung. Ebenso erhitzten Volkszählung, Antiatomkraft- und Umweltbewegung sowie die neue Partei Die Grünen die Gemüter. Auch an besagten Familienabenden kam alles auf den Tisch. Fragen wie solche, ob wir denn wirklich glaubten, Kernkraft und andere Energien kämen einfach aus der Steckdose, oder aber spezifische Statements über vermeintliche ethnische Eigenschaften der Bevölkerung in Afrika oder Asien halfen mit, das Ping-Pong dieser Diskurse zu strukturieren. Die DDR war noch immer *der* Unrechtsstaat, den wir trotz einigem Unbehagen bis zu einem bestimmten Punkt - und sei es nur, um die Debatten zu würzen-, verteidigen mußten. Doch all das gehörte eben auch zu den Diskurs-Spielregeln. Die Bezugspunkte waren auf beiden Seiten gleich. Denn gestritten wurde auf dem Hintergrund der beiden Großkonzepte der Moderne, nämlich Kapitalismus versus Kommunismus (bzw. Sozialismus). Die dazu gehörigen Argumentationssysteme waren ebenso vertraut wie die jeweiligen Feindbilder. Die Sicht auf die Gegenwart war pessimistisch. Auf beiden Seiten ging es um alles oder nichts, um das Beharren auf den Projektionen für die jeweilige Utopie. In deren Mittelpunkt stand immer der (weiße) Mann als *die* Norm, auch im linken Lager, wo wir lediglich als Nebenwiderspruch geduldet auftauchten.

Doch darüber hinaus gab es immer noch die systemübergreifende Existenz der 'Emanzen': "Alice Schwarzer hat den Zerfall der deutschen Ehen zu verantworten". Mit dieser stehenden Rede und ihren Abwandlungen kommen auch am Ende der neunziger Jahre immer noch viele deutsche Onkels in Fahrt, während ihnen die Verteidigung des freien Kapitalismus -je nach sozialer Lage- nun zunehmend Schwierigkeiten bereitet.

Die Geschlechterfrage konnte bisher systemübergreifend in dieser Moderne nicht gelöst werden. Denn beide Gesellschaftsentwürfe - Kapitalismus und

Kommunismus - verließen sich auf die binären Setzungen von Mann und Frau mit den dazugehörigen Konzepten der Zwangsheterosexualität sowie die Trennung von Kultur und Natur oder die normative Unterscheidung von Politik und Privatheit.

Die politischen Auseinandersetzungen werden seit 1989 merklich härter geführt, obwohl - oder auch gerade weil- der Wettstreit der Systeme als Diskursrahmen entfallen ist und damit auch die verläßlichen Feindbilder verschwunden sind. Stattdessen hat die Sündenbocksuche nach innen Konjunktur.
Wer einen Hang zum Sprachschick verspürt, kann seit einigen Jahren auf den US-Import "political correctness" bzw. "politically correct" zurückgreifen, mit dem dort die neue Rechte seit Anfang der neunziger Jahre (Huhnke 1997) nach ihren eher punktuellen Feldzügen gegen "Multikulturalismus" nun auch gegen andere Formen der "nicht genehmigten Differenz" (Baumann 1995) Stimmung macht. Mit diesem Code darf sich nun auch in Deutschland der akademisch Vorgebildete endlich seinen Kummer von der Seele reden, ohne gleich in den drastischen Jargon des schlichteren Stammtischbruders verfallen zu müssen. Mit "pc" kann er kurz und knapp alle Übeltäter semantisch unter einem Dach versammeln: nicht nur die Feministinnen, Ausländer, Juden und Schwule, sondern mittlerweile auch diejenigen, die sich der selbstbewußten Nation verweigern wollen. Der Markt der Bekenntnisliteratur[1] dieser neuen Bewegung der "politisch Inkorrekten" blüht. "Pc" fiel günstig in eine Art Feindbild-Vakuum.

Semantisch läßt sich "pc" auf den ersten Blick noch am ehesten mit dem erklären, was Pörksen "Plastikwörter" nennt. Diese Art "Alltagsdietriche" sind eine Art "Schlüssel zu vielem, sie öffnen riesige Räume. Sie infizieren ganze Wirklichkeitsfelder und sorgen dafür, daß die Wirklichkeit sich auf sie, als ihren Kristallisationspunkt, zuordnet" (Pörksen 1988, S. 17). Doch die Inhalte dieser "Wirklichkeitsfelder" erscheinen häufig unbestimmt. Zu zeigen sein wird, warum und wie der Gebrauch von "pc" auch den postmodernen Zustand öffentlicher Komunikation dokumentiert, die diffuse Suche nach neuen bzw. das Beharren auf alten Ordnungskriterien für Staat, Gesellschaft und sogenannter Privatheit. Diese eigentümlicherweise überwiegend von Männern genutzte Diskursstrategie scheint wie ein Vernetzungsknoten zu funktionieren, mit dem

[1] Vgl. unter anderem Michael Behrens/ Robert von Rimscha (1995): Politische Korrektheit in Deutschland; Eckhard Henscheid (1994): Dummdeutsch. Ein Wörterbuch; Klaus Bittermann/Gerhard Henschel (1994): Das Wörterbuch des Gutmenschen.

sich die Vielfalt unterschiedlicher Ausgrenzungsdiskurse bündeln und in den Dienst von Täter-Opfer-Umkehrungen stellen läßt.

Das semantische Vorfeld

Die Wendung "political correctness" oder gar "politically correct" war zwar bis Anfang 1991 im deutschen Sprachgebrauch unbekannt. Als spielerische Abwandlung des preußischen Duktus von "Korrektheit" fließt das Adjektiv "korrekt" in die Jugendsprache der frühen 70er Jahren.
Die traditionelle linguistische Forschung hat wie andere Bereiche des politischen Sprachgebrauchs auch die Jugendsprache sträflich vernachlässigt. Auch im Rechtschreibduden oder in dem Band über "Sinn- und sachverwandte Wörter"[2] sind keinerlei Hinweise zu finden. Näher am Sprachgefühl der Zeit haben sich da Verfasser populärwissenschaftlicher Nachschlagwerke bewegt, wie das "Wörterbuch der Jugend- und Knastsprache" von 1986 zeigt. Unter "korrekt" findet sich: "alles klar, stimmt, sehr richtig". Auch das sogenannte "Lexikon der Jugendsprache" hat die besondere Bedeutung festgehalten:
"Uneingeschränkte Zustimmung: das ist korrekt! Sagt jemand allerdings von sich, daß er eine *korrekte* Woche vor sich habe, so erwartet er eher Mitgefühl, denn ihm steht Mühsal ins Haus. s. logo". Die Codefunktion dieses Adjektivs berücksichtigt ebenfalls das "Wörterbuch des Neudeutschen" von 1995: "Hat im jugendlichen Neudeutsch die Assoziation von grauen Beamten oder der vorschriftsmäßig sitzenden Uniform völlig verloren und gilt als Synonym für "gut, prima, klasse" (1995, S. 99).

Soweit sich die Verfasserin erinnert, fiel dieser Begriff selten in politischen Kontexten, obwohl auch in rebellierenden Teeniekreisen an Hamburger Gymnasien Anfang der siebziger Jahre Maos "Über den korrekten Umgang mit den Widersprüchen des Volkes" durchaus bekannt war. Doch geläufiger waren Adaptionen wie "Die Scheibe ist korrekt" (Mir gefällt die Platte), "das Buch ist korrekt", aber auch "das ist ein korrektes Piece (das Stück Haschisch turnt gut)“. Auch die Zustimmung "korrekt Alter" - war verbreitet, aber eben nur von Typ zu Typ.
Viel entscheidender für die Aufnahme der Wendung "political correctness" sind Formen symbolischer Politik, die in den Jahren zuvor den öffentlichen

---

2 In der Duden-Ausgabe Band 8 von 1986 sind unter "korrekt" lediglich ‘normale’ Bedeutungen wie "comme il faut, tipptopp(ugs.), richtig, salonfähig, gesellschaftsfähig" vermerkt, sowie Verweise auf "etabliert, höflich".

Sprachgebrauch durchdrungen und für bestimmte Wahrnehmungsmuster sensibilisiert haben.
Bereits in den siebziger Jahren schwelte, von konservativer Seite initiiert, öffentlicher Streit "im Kampf um die Wiedergewinnung der sprachlichen Vorherrschaft und der politischen Moral" (Wengeler 1995, S. 384). Die 68er Bewegung hat - wie später in sehr viel stäkerem Maße noch die Frauenbewegung - in vielen gesellschaftlichen Bereichen Sprachwandel und Sprachsensibilität provoziert. Begriffe wie "Emanzipation", "Demokratisierung"[3], aber auch „Selbstverwirklichung" sowie die Adjektive "progressiv" oder "fortschrittlich", flossen damals als Ausdruck des Aufbruchs in den allgemeinen Sprachgebrauch ebenso wie "Aussöhnung", "Interessenausgleich", "Entspannung" und "Friedenspolitik" die neue Außenpolitik markierten (Wengeler 1995, S. 387ff).
Gleichzeitig aber rief diese Entwicklung auch schon damals die konservative Sprachkritik auf den Plan, die mit den Namen Helmut Schelsky, Kurt Biedenkopf, Wolfgang Bergsdorf und Joseph Klein verbunden ist.

Bis heute sind die programmatischen Äußerungen von Kurt Biedenkopf auf dem CDU-Parteitag 1973 in Hamburg, in denen er demagogisch die neue Gefahr beschwor, nicht vergessen[4]:
"Was sich heute in unserem Land vollzieht, ist eine Revolution neuer Art. Es ist die Revolution der Gesellschaft durch die Sprache. Die gewaltsame Besetzung der Zitadellen staatlicher Macht ist nicht länger Voraussetzung für eine revolutionäre Umwälzung der staatlichen Ordnung. Revolutionen finden heute auf andere Weise statt. Statt der Gebäude der Regierungen werden die Begriffe besetzt, mit denen sie regiert, Begriffe, mit denen wir unsere staatliche Ordnung, unsere Rechte und Pflichten und unsere Institutionen beschreiben. Die moderne Revolution besetzt sie mit Inhalten, die es uns unmöglich machen, eine freie Gesellschaft zu beschreiben und - auf Dauer - in ihr zu leben" (zit. nach Wengeler 1995, S. 391f).

Der Slogan "Freiheit statt Sozialismus" war einer der gekonntesten Versuche, negativ steuernd in den libertären Diskurs der sozial-liberalen Ära einzugreifen. Und bereits in den siebziger Jahren - noch ehe die Bewegung richtig populär wurde, geriet der "Feminismus" insbesondere dank einiger konservativer

[3] Hans Maier kritisiert "Demokratisierung" Anfang der achtziger Jahre als "Kampfbegriff gegen rechtsstaatliche und parlamentarische status-quo-Befestigung schlechthin" (zit. nach Wengeler 1995, S.395).

[4] Vg. zum politischen Sprachgebrauch auch Eppler 1992.

Medien[5] in Mißkredit, noch bevor CDU-Mannen wie Heiner Geißler oder Norbert Blüm den Rückruf der Frauen aus Betrieben und Öffentlichkeit in "die sanfte Macht der Familie" propagierten.
Wie die Zeitgeschichte zeigt, ist es den Konservativen in atemberaubender Weise gelungen, den öffentlichen Raum mit ihren Formen symbolischer Politik zu besetzen, besonders rasant seit dem Regierungswechsel von 1982. Auch der "Argumentationsknüppel der Nazi-Analogie" (Wengeler 1995, S. 398) war weit vor "political correctness" wohlbekannt. Wengeler verweist in diesem Zusammenhang auf einen *FAZ*-Artikel von Wilhelm Hennis, in dem dieser bereits 1969 vor den 'gefährlichen' Auswirkungen der "Demokratisierung" warnt, weil das auf eine "*Politisierung der Gesellschaft* wie bei den Nazis" (zit. nach Wengler 1995, S. 396) hinauslaufe. In Deutschland hat die Denunziation mit faschistoiden Sprachwendungen ebenfalls Tradition. Beinahe noch harmlos nahmen sich die "Pinscher" in der Adenauer-Ära aus gegen die Verleumdung von Schriftstellern als "Ratten und Schmeißfliegen" durch Franz Josef Strauß, die jedoch niemals gerichtsrelevant wurde. Umfassend zeigen die Forschungsergebnisse der Kritischen Diskursanalyse[6], wie auch rassistische Kollektivsymboliken seit Jahrzehnten öffentliche Diskurse durchdringen.

Seit 1989 ist ferner eine (philosophische) Renaissance des "Bösen" zu bemerken, gehandelt als eine Art anthropologische Grundkonstante. Tote Männer wie Thomas Hobbes werden aus ihren Gräbern gerufen und für Feldzüge gegen das "Gute", die sogenannten "Gutmenschen" sowie gegen die "Moral" und ihre "Denkverbote" vereinnahmt. Auch verdrängt in einigen rechtskonservativen Diskursen zunehmend der Mythos die Verantwortung vor der Geschichte.

Öffentliche Diskurse werden in den neunziger Jahre vom "Extremismus der Mitte" (Lohmann 1994) geprägt. Nicht mehr so sehr die Kameraden der alten Rechten sondern eher Männerbündler jüngerer Generationen durchdringen das öffentliche Klima mit ihren Phantasmen über Volk, Nation, Krieg und Sexualität. Diese im einzelnen durchaus unterschiedlichen Strömungen lassen sich auch nicht ohne weiteres mit den Think Tanks[7] der intellektuellen Rechten in

---

5 Wie sehr schon Mitte der siebziger Jahre Stimmung gegen "Feministinnen" bzw. "Feminismus" gemacht wurde dokumentiert u.a. der Spiegel-Titel "Frau 75".

6 Vgl. hierzu die zahlreichen Veröffentlichungen, die im Umfeld des Duisburger Instituts für Sprach- und Sozialforschung (DISS) sowie der Diskurswerkstatt Bochum erscheinen sind, beispielsweise Jäger 1992; 1993 und die Forschungsberichte des DISS 1995; 1996 sowie Link 1997 und die Ergebnisse in der von ihm seit 1982 mitherausgegebenen kultuRRevolution.

7 Vgl. dazu die Ausführungen in Huhnke 1997a.

den USA vergleichen, die dort zu den Promotoren des "political correctness"-Unwesens gehören. In Deutschland fehlt das intellektuelle, akademische Umfeld. Auch wenn in der Bundesrepublik der Lobbismus der organisierten intellektuellen Rechten nicht zu unterschätzen ist (vgl. Kellersohn et al. 1994), so konzentriert sich doch die patriarchale Erweckungsbewegung überwiegend in journalistischen Milieus.

Die neue Gleichung: Pazifismus gleich Antisemitismus

Das erste günstige Diskursumfeld für die unmittelbare Übernahme von "pc" als Plagiat bot sich während des Golfkrieges. Noch im Frühjahr 1995 empört sich "*Focus*" über pazifistische Standpunkte: "KORREKTE Erregung: beim Golfkrieg probte die pc-Fraktion Geschlossenheit" (*Focus* 15.4.95).

Aus kommunikationstechnischer Perspektive war diese "Mutter aller Schlachten" der schnellste, bunteste und teuerste prime-time Krieg, den das Global Village der "Völkergemeinschaft" bis dahin erlebt hatte. Diese Kompaktheit der Superlative beflügelte auch deutsche Feuilletonisten. Auf dem Hintergrund der innenpolitischen Debatten über die Beteiligung deutscher Truppen am Golfkrieg beschwört bereits Ende 1990 Günter Kunert ganz ungeniert die lange verleugnete Normalität des "Mythos Deutschland", dieses "heilig Herz der Völker"(*FAZ* 29.12.90). Aber nicht nur die *FAZ* geißelt auch in den nächsten Wochen die Friedensbewegung und von ultrarechts die 'zögerliche' Haltung der Bundesregierung.

Ganz nach vorn an die verbalradikale Front drängen sich nun auch solche Zeitgenossen, die es entweder in den 68er Zeiten zu einiger Popularität gebracht hatten oder ihre öffentlichen Karrieren dem Umfeld der späteren Neuen Sozialen Bewegungen verdanken. Diese "bekennenden Bellizisten" wurden nicht nur für Gunter Hofmann "zum eigentümlichsten Problem" (*Die Zeit* 15.2.91). Unerbittlich hatte schon Wochen zuvor Klaus Hartung in der *taz* die "Moraltheologie der Friedensbewegung" als "welthistorischen Fundamentalismus angesichts der Zerstörungswut des Menschengeschlechts" (*taz* 29.1.91) abgestraft.

Und auch Wolf Bierman echauffiert sich, mit abstrusen Unterstellungen in *Die Zeit*:

"Modische Palästinensertücher und kein Wort für Israel... Die Friedensbewegung konnte die Aufrüstung des Irak durch deutsche Firmen nicht verhindern, schlimm genug. Aber jetzt möchte sie die Zerstörung der ABC-Fabriken und Raketen aufhalten, mit denen Saddam & Co Israel vernichten wollen.
Was Hitler seine Leute in jahrelanger blutiger Handarbeit üben ließ: die Ausrottung des jüdischen Volkes, das wird Saddam Hussein jetzt auf einen Streich mit einem Knopfdruck versuchen. Wollt ihr den totalen Krieg? fragte Goebbels... Wer mich aber heute fragt: Willst du den totalen Frieden? - dem sage ich nein danke."(*Die Zeit* 1.2.91).

Den "Nazidreschflegel" holt auch Enzensberger raus. In seinem *Spiegel*-Stück über "Hitlers Wiedergänger"(*Der Spiegel* 4.2.91) dokumentiert er eindrucksvoll das Begehren, deutsche Geschichte zu entsorgen. Mit gewagten Analogien kürt er wortgewaltig Saddam Hussein zum legitimen Nachfolger Hitlers.
In beiden sieht er unterschiedslos Feinde des Menschengeschlechts, die sich mit der "Todesenergie der Massen aufladen". Die These von der Einzigartigekeit deutscher Verbrechen sei zwar lange ein verständliches Tabu gewesen, das "letzten Endes nur moralisch, nicht aber intellektuell begründet werden kann". Sein atemberaubender Vergleich zur Stützung seiner 'Argumentation', Hitler habe wie Saddam Kinder getätschelt, hat besonders die *Spiegel*-Redaktion so beeindruckt, daß sie einschlägige Bilder von beiden druckte. Und schließlich betätigt sich Enzensberger noch als Prophet der Angstlust:

"Die Beseitigung Hitlers hat ungezählte Menschen das Leben gekostet. Der Preis für die Entfernung Saddam Husseins von der Erdoberfläche wird astronomisch sein, auch wenn ihm die Erfüllung des Wunsches, einen Atomkrieg zu entfesseln, vielleicht um Haaresbreite versagt bleiben wird."

Henryk M. Broder beschwört bereits Anfang Januar 1991 die "zweite Endlösung der Judenfrage"(*taz* 2.1.91) durch Saddam, unterstellt "die stille deutsche Begeisterung für tote Juden" und droht schließlich martialisch:
"So weit soll es nicht kommen. Wer heute das Maul hält, dem wird es morgen nicht erlaubt werden, sich als Samariter auzuführen. Und wer gestern zum Nulltarif die Klappe aufgerissen hat, der bekommt heute eine rein."

Auch Wolfgang Porth ist dabei und nutzt die *konkret* als Forum. Schon in den frühen achtziger Jahren hatte er die Friedensbewegung als "deutschnationale Erweckungsbewegung" denunziert. Nun teilt er gegen die "völkische Generalmobilmachung" aus und verknüpft seine Kriegsbegeisterung mit sexistischer Rabulistik:

"Der Sadismus piepsstimmiger Erzieherinnen, Lehrerinnen und Mütter, die im Fernsehen erzählen, wie sie ihre Kinder mit dem Golfkrieg quälen, mag unter anderen Umständen ein Seminarthema sein. Derzeit verdient er Verachtung und Haß". Und er hofft, die Staatsgewalt werde "das ganze Pack hinter Gitter ... verfrachten". Abschließend empfiehlt er die Lektüre der Rechtskonservativen: "die '*FAZ*' kann man lesen, die besten - und übrigens hervorragend geschriebenen - Kommentare findet man in 'Bild'" (konkret März 1991).

Hier soll nicht suggeriert werden, die pazifistische Grundhaltung sei damals die einzig mögliche gewesen. Auffällig ist nur, wie aggressiv PazifistInnen diskursiv mit einer ausgereizten Katastrophenmetaphorik in die Ecke von Antisemiten getrieben werden. Braun sieht darin eher die Unfähigkeit am Werk, "Ambivalenzen und das Denken in Differenzen" aushalten zu können. Auch die Enttäuschung über die eigene linke Vergangenheit, die zerbrochenen Hoffnungen nach einer besseren, gerechteren oder auch sozialistischen Welt kämen darin zum Ausdruck. "Das Angebot, in einer Zeit der welthistorischen Niederlage des Sozialismus auf die Seite der Sieger überzulaufen, ist sicher verlockender, als sich die eigenen Fehler und Niederlagen einzugestehen" (Braun 1992, S.29).
Für diesen Umstieg ins Lager der Väter sind insbesondere Männer mittlerer Jahrgänge anfällig. Ihre Haßtiraden zeugen nicht nur von der Enttäuschung über das gescheiterte Modell "Sozialismus". Auch die Verachtung der Frau gehört untrennbar zu diesem Verzicht auf Utopie und eine eigenständige Identität.

Einzug des "pc"-Plagiats in den deutschen Mediendiskurs

Wenige Wochen nach dem Golfkrieg und etwa fünf Monate später als in den USA kam das Agenda-setting des "pc"-Diskurses auch in Deutschland in Gang, wenn auch sehr viel gemächlicher[8] als in einigen englischsprachigen Ländern.

In den überregionalen Tageszeitungen und Wochenmagazinen tauchte dieser neue ideologische Code bis 1993 zunächst überwiegend in den Feuilletons auf, um dann ganz langsam auch in die politischen Debatten vorzudringen. Die Vorreiterrolle scheint[9] die *FAZ* übernommen zu haben. Sie machte ihre Leser

---

8 Zur Wortkarriere von "pc" in den USA vgl. Weir 1995; Wilson 1996; Huhnke 1997; zur Verbreitung in Kanada Weir 1995. Über die Verwendungszusammenhänge in Großbritannien informiert der von Dunant 1994 herausgegebene Sammelband.

9 Diese Beobachtung hat auch Diederichsen 1993; 1996 gemacht. Leider gibt es in Deutschland noch keine (bezahlbaren) elektronischen Zugriffsmöglichkeiten wie die Nexis Datenbank in den USA, mit deren Hilfe es möglich wäre, den inter-media- agenda-setting-Prozeß von "pc" umfassender und genauer zu bestimmen.

mit dem modischen Anglizismus "politically correct" erstmals umfassend am 6. März 1991 auf einer halben Zeitungsseite vertraut: "Napoleon der Nasendieb. Amerikas Universitäten büßen die Sünden des Westens". In dieser Art didaktischen Anleitung trägt der damalige New York- Korrespondent Jörg v. Uthmann in zehn langen Absätzen im Wesentlichen die beliebtesten Geschichten und Behauptungen über verfolgte Professoren, unverschämte Minderheiten und aus dem Ruder laufende Frauen zusammen, die zuvor bereits unzählige Male in den amerikanischen Medien kursierten.

Sein Bemühen um Verallgemeinerung und klare Feindbildpositionierung wird spätestens im zweiten Abschnitt deutlich:

"Das Smith College ist nicht die einzige amerikanische Hochschule, die die Frauen und die Schwarzen, die Häßlichen und die Dummen unter ihre Fittiche nimmt. An mindestens 125 amerikanischen Universitäten gibt es ähnliche Anstaltsordnungen, die den *minorities* ihren besonderen Schutz angedeihen lassen"

Und gegen Ende dokumentiert v. Uthmann noch einmal sein journalistisches know how, komplexe Zusammenhänge für die Gefühle des Lesers aufzubereiten:

"Mag der Marxismus in Osteuropa auch ausgedient haben, an den amerikanischen Hochschulen erfreut er sich ungebrochenen Respekts.
Während die Mehrheit der Frauen vom radikalen Feminismus längst nichts mehr wissen will, konnte man sich auf dem letzten Kongreß der "Modern Language Association in Chicago“ über Themen belehren lassen wie "The Lesbian Phallus - Or: Does Heterosexuality Exist?“

Der gelehrte Wortschwall und die der französischen Dekonstruktion entlehnte Geheimsprache dürfen allerdings nicht darüber hinwegtäuschen, daß es hier auch um Machtfragen geht.

Auf nur sechzehn Zeitungszeilen erklärt er, wie kopulationsunwillige Frauen mit dem Marxismus und neuen Theorien[10] des Teufels konnotiert werden können.

Während Uthmann auf der Ebene des Geschichtenerzählens bleibt, versucht der *FAZ*-Gastautor Jeffrey Herf im Juni 1991 (*FAZ* 12.6.91) den Zusammenhang zur deutschen Situation herzustellen. Doch seine Schilderungen in scheitern. Er benutzt durchgehend die deutschen Formen "politisch korrekt"

---

[10] Zu der Kontroverse zwischen VertreterInnen poststrukturalistischer Ansätze und denen konservativer Theorien vgl. auch Huhnke 1997; 1997a.

bzw. "Politische Korrektheit" und berichtet von bedrohten und eingeschüchterten Wissenschaftlern, ohne auch nur einen namentlich zu nennen. Sie bekämen keine Stellen mehr an den Universitäten.

"Der wichtigste Grund für die jetzt aufflammende öffentliche Debatte ist wahrscheinlich aber die Tatsache, daß viele Wissenschaftler und Intellektuelle der politischen Mitte und auch einige Linke die Freiheit der Wissenschaft durch die Befürworter des 'Multikulturalismus' bedroht sehen."

Wer, wo, wen, bedroht erfahren wir leider wieder nicht, nur so viel: Radikale wären Professoren geworden und hätten sich ein "ausgefeiltes begriffliches Instrumentarium" angeeignet, "um Intoleranz zu rechtfertigen". Darunter habe auch die Erforschung deutscher Geschichte gelitten:
"Angesichts der moralischen Empörung, die im Historikerstreit aufflammte", diese Anspielung reicht in der *FAZ*, um so subtil Nolte und Co. in Schutz[11] zu nehmen.

Folgt die Leserin Herf, dann grenzt dieses "Klima der Intoleranz und des Konformismus" an diktatorische Zustände: "Die Wahrheitssuche wird preisgegeben, wenn aus Furcht vor politischer Rache und Verweigerung der Anstellung Kontroversen unterbleiben".

Während sich in v. Uthmanns didaktischen Ausführungen noch Rudimente von Recherchen erkennen lassen und sei es nur der Wiedererkennungswert zusammengeschriebener amerikanischer Zeitungsberichte, ist dies bei Jeffrey Herf überhaupt nicht mehr der Fall, obwohl auch ihm fast eine halbe, eng bedruckte *FAZ*-Seite zur Verfügung steht.
Dieser Autor schöpft ganz offensichtlich aus diffusen Bedrohungsgefühlen. Die "Politische Korrektheit" bleibt ein anonymes Feindgebilde. Lediglich zwei Namen fallen: Herbert Marcuse und Jürgen Habermas. Mit Anspielungen versehen, werden sie zu einer Art geistiger Urväter von „pc“ inszeniert. Über Herbert Marcuse, der zu dem Zeitpunkt allerdings schon zwölf Jahre verstorben ist, stellt Herf fest:

"Die Geringschätzung 'reiner Toleranz', die Herbert Marcuse in einem berühmten Essay über 'repressive Toleranz' formuliert hatte, fand in den siebziger Jahren in der akademischen Öffentlichkeit breitere Resonanz."

Und gleich anschließend behauptet er:

---

[11] Zum Verlauf des Historikerstreits, der ganz maßgeblich von rechts in der FAZ vom Zaun gebrochen worden war, vgl. Wehler 1988

"Als die Radikalen nun Soziologen, politische Wissenschaftler, Anthropologen, Historiker und Professoren der Literatur wurden, eigneten sie sich ein ausgefeiltes begriffliches Instrumentarium an, um Intoleranz zu rechfertigen".

Die Konstruktion über den zweiten Sündenbock kommt folgendermaßen zustande. Herf beklagt sich zunächst über die einseitige Schwerpunktsetzung in der Forschung zur deutschen Nachkriegsgeschichte und behauptet dann:
"Im Bereich der deutschen politischen und soziologischen Theorie haben die meisten amerikanischen Wissenschaftler von Jürgen Habermas gehört oder etwas von ihm auf Englisch gelesen, weit weniger dagegen von Hermann Lübbe oder Wilhelm Hennis. Das deutsche intellektuelle Leben rechts von Habermas bleibt für viele akademische Deutschlandkenner ein nur verschwommen wahrgenommenes 'anderes Deutschland'".
Emotional kann jeder *FAZ*-Leser Habermas 'richtig' einordnen. War er doch von rechts aus gesehen der prominenteste Buhmann im Historikerstreit, den Ernst Nolte und Co. immerhin in der *FAZ* inszeniert haben (vgl. Wehler 1988). Auch die regelmäßigen Einlassungen von Jürgen Habermas zur Tagespolitik haben den politischen Philosophen längst zu einer der meistgehaßten Reizfiguren der Rechten codiert: Habermas, ein Anti-Nationaler.

Auf dem liberalen Flügel machte die *Süddeutsche Zeitung* erstmals Ende 1991 mit dem Poblem ausführlich bekannt: "Multi-kultureller Joghurt. In amerikanischen Universitäten greift ein neuer Sprach-Terror um sich." von Christine Brinck (*SZ* 3.11.1991).
Dieser Artikel erinnert in Struktur und Intention an den von Richard Bernstein in der New York Times, der Ende 1990 das inter-media-agenda setting in den amerikanischen Medien in Gang gesetzt hatte (Huhnke 1997).

Auf einer ganzen Seite, in über 25 Absätzen, verfährt Brinck nach dem Prinzip stille Post. Die Exposition ist lang, über 4 Absätze sind dem Leiden des Professor Stephan Thernstrom und seinem Kollegen Bernard Bailyn gewidmet, die mit rassistischen Ausführungen viel Aufsehen erregt. Thernstrom hatte sich schließlich medienwirkam mit einem Vergewaltigungsopfer verglichen. Diesen Fall hatte auch die *FAZ* [12] schon gebührend bedacht. (*FAZ* 6.3.91).
Es folgen weitere Geschichten und Anekdoten, aneinandergereiht, ohne klare Orts-, Raum- oder Personenbezeichnungen. Eigenständige Recherchen, die

---

12 Doch was die deutsche Leserin nicht wissen kann: Der Fall hat sich ganz anders zugetragen. Dies hätten gewissenhafte Nachrecherchen auch ergeben. Ausführlich dokumentiert unter wird anderen der Fall von Wilson 1995.

auch Befragungen der Gegenseite enthalten müßten, kann die Leserin nicht erkennen. Im siebten Abschnitt schließlich erklärt die Autorin PC:
"An den amerikanischen Universitäten geht ein Gespenst um. Es heißt "PC". Mit dem *Personal Computer* hat es nichts zu tun; vielmehr steht es für *politically correct,* für das "politisch einwandfreie Verhalten", das einst - in den dreißiger und vierziger Jahren - zum Standardvokabular amerikanischer Stalinisten gehörte. In den letzten Jahren sind immer mehr Hochschulen in den PC-Bann geraten. PC, also einwandfrei, ist, wer für Schwule, Frauenstudien, die PLO und den ANC, Tierschutz, die Selbstabschottung der Schwarzen auf dem Campus, *affirmative action* und die 'multikulturelle Vielfalt' eintritt.
Wenn zugunsten dieser Ziele zensiert und boykottiert wird, Universitätsgebäude besetzt und Vorlesungen gesprengt werden, dann geschieht das im Namen einer höheren 'Toleranz', nämlich für Gruppen-, Stammes- und Frauenrechte."

An andere Stelle wird knapp unterstellt: "PC-Vielfalt mißt sich an Hautfarbe, Herkunft und Geschlecht. Ergo muß Eignung zurückstehen".
Auch hier verschwinden handelnde Personen hinter dem Phantom "pc". Besonders witzig findet die SZ-Autorin die Kolportage einer in den amerikanischen Medien schon weidlich ausgeschlachteten Geschichte, die einem Professor zur Schmuddelgazette *Penthouse* sowie zum Stichwort animal companions einfiel:

"Das ließ Professor Roderick Nash von der Santa Barbara Universität keine Ruhe. In seiner Vorlesung über Umweltethik ließ er sich ironisch darüber aus, daß die aufklappbaren Nackten eines einschlägigen Bilderblattes immer noch *Penthouse Pet* und nicht etwa *Penthouse Animal Companions* hießen. Das brachte dem Professor von mehreren Studentinnen prompt eine Anzeige wegen 'sexueller Belästigung' ein. Kommentar einer solchen: "Vielleicht passen jetzt auch andere Professoren besser darauf auf, was sie sagen. "Der anschließende Kommentar von Brinck verharrt ganz im Entrüstungsgestus: "Beunruhigte Amerikaner sprechen angesichts der anonym aufgezwungenen Schere im Kopf schon von der *Thought Police*, der 'Gedankenpolizei'.

Umfassender als in den *FAZ*-Artikeln wird der SZ-Leser systematisch - wie in der *New York Times* ein Jahr zuvor (vgl. Huhnke 1997) mit den Hyponymen von PC, dem Kanon der Schreckensmetaphorik, vertraut gemacht, mit der ganzen Palette paramilitärischer und martialischer Bezeichnungen: Die "PC-Brigaden" nutzen die Universitäten als "Hauptschlachtfeld". Diese Sprachpolizisten würden wie McCarthy's Kommunistenjäger agieren. Zu lesen ist von "PC-Verbot", "PC-Gespenst", "PC-Schützen", "Thought-Police", "Gedankenpolizei", "Sprachpolizei", "Orwell'sche Sprachauswüchse", "Unrechtsregime",

"PC-Schützen","PC-Hohepriester", "PC-Polizei", "Kultur-Separatismus", "akademische Ayatollas". Nach Meinung von Brinck habe „pc“ auch schon die Kindergärten „infiltriert".

Auch den theoretischen Hintergrund erklärt Brinck ganz schlicht, ohne erkennbare Recherchen oder Textkenntnis:
"Ideologisch lebt PC vom Dekonstruktivismus, einer Theorie der Literaturwissenschaft, die von Jaques Derrida inspiriert wurde. Diesem nicht mehr ganz neuen 'Ismus' verdanken wir vor allem die Ablehnung des Gedankens der 'Hierarchie'. Dekonstruktivistisch gesprochen ist es unmöglich, Texten (der bevorzugte Terminus für Werke) eine Rangfolge zuzusprechen. Hierher gehört auch die Feststellung, daß Texte keinerlei Bedeutung außerhalb ihrer selbst hätten, daß sie nicht aus ihren historischen Zusammenhängen rekonstruiert werden könnten. "So etwas wie wörtliche Bedeutung" gibt es ebensowenig wie "Wert an sich", erklärt der PC-Hohepriester, Professor Stanley Fish, der die Englisch-Abteilung an der äußerst PC-gerechten Universität Duke in North Carolina leitet. Nach dieser Logik (Logik ist auch *out,* weil 'logozentrisch' gleich 'eurozentrisch' geich 'oppressiv' ist) sei jede Bücherliste für den Unterrricht gleich gut, solange sie den korrekten politischen Standpunkt transportiert."

Solch haarsträubender Unsinn konnte Anfang der neunziger Jahre aber durchgehen. In den deutschen Sozial- und Geisteswissenschaften ist es bis heute nicht zu nennenswerten Anschlüssen an international geführte Theoriedebatten gekommen.
Erst relativ spät (belehrt) das dem Selbstempfinden nach 'investigative' Nachrichtenmagazin Der *Spiegel* seine Leser[13].
Martialisches läßt aber schon die Überschrift dieses Kulturaufmachers vermuten "Kunst als Schauprozeß Spiegel-Reporter Matthias Matussek über die Kultur der "Politischen Korrektheit".

Auf wirkliche Überraschungen muß sich der Leser nicht gefaßt machen. Die Denkanleitung erfolgt entlang der alten Feindbilder und Analogien, die zum Teil bereits im Lead - der Spiegel-Lesehilfe auftauchen:

"Ein Kampfbegriff der Black-Power-Bewegung aus den sechziger Jahren macht erneut Karriere: "political correctness". Die politisch Korrekten, eine Sprach- und Denkpolizei

[13] Das erstaunt, gehört doch die Diskriminierung von Frauen und ethnischen Minderheiten schon lange zu den "Säulen" der Berichterstattung (vgl u.a. Huhnke 1993;1996)

radikaler Minderheiten, kontrollieren nicht nur Vorlesungsverzeichnisse oder Feuilletons - sie beherrschen jetzt eine New Yoker Museumsschau."

Ausgerechnet eine Ausstellung der berühmten Fotokünstlerin Nan Goldin[14] im Whitney-Museum (New York) nimmt der Autor für den Einstieg und wählt den im Blatt üblichen Sexismus (Huhnke 1996) als Erkenntnisperspektive: "In das Make-up ihrer Augenwinkel graben sich tiefe Krähenfüße des Grams. "Leben ist Sex", sagt sie, "und Sex ist Politik, und Politik ist das Leben." Und es gilt so endgültig wie eine Grabrede."
Wie die "Feministinnen", denen Spiegel-Männer mit Verve und Haß beharrlich seit den Anfängen der zweiten Frauenbewegung nachstellen, werden auch andere imaginierte "pc"-Befürworter als lust- und lebensfeindlich vorgeführt:

"Allerdings: Lust, Witz und Ironie sind den politisch Korrekten ohnehin fremd. Im Whitney Museum an der Madison Avenue, dem Trendsetter-Tempel, ist eine Sammlung von verbiesterten Rechthabern und larmoyanten Dilettant/Innen zu besichtigen, ein Sammelsurium von feministischen und ethnozentrischen Bekenntnissen hochgesponserter Akademiker - und gleichzeitig der Ausverkauf des politischen Bewußtseins als Masche."

Und die metaphernintensive Haßrede geht weiter, kommt ohne Belege aus. "Pc" habe "den Schockwert einer Butterfahrt. Und nebenbei den unangenehmen Geruch der Gesinnungsstreberei", es sei "eine Liturgie der inhumanen Denk- und Kampfschablonen, des linken Konformitätsdrucks und letzlich der Zensur. Gegenwärtig scheint sie die Antwort der westlichen Intelligenz auf die atavistische Aufsplitterung der östlichen Gesellschaften zu sein. Sie richtet sich gegen den Konsens. Sie liebt das Kampfgeschrei" (Der *Spiegel* 12.4.93).

In die Verdächtigungen eines ganz offensichtlich bei Frauen irgendwie Zukurzgekommenen und eines in manieriertem Sprachgehopse Wütenden, mischen sich zudem subtile Rassismen. So behauptet Matussek:

"Politische Korrektheit ist die Ideologie der gesellschaftlichen Fragmentierung, und sie profitiert von paranoiden Vorstellungssystemen. Rund 60 Prozent der Schwarzen glauben, daß die Regierung Drogen in den Ghettos einsetzt, um die schwarze Bevölkerung zu zerstören".

Wie berechtigt dieser Verdacht schwarzer BürgerrechtlerInnen ist, zeigte sich einmal mehr Ende 1996, als bekannt wurde, daß der CIA jahrelang zur Finan-

---

14 Im Januar 1997 wird über Nan Goldin, da eine umfangreiche Ausstellung nach Deutschland gekommen ist, in allen größeren Tageszeitungen und Magazinen ausführlich und - mit Ausnahme des *Spiegel* - positiv berichtet.

zierung der Contras in Nikaragua den Crack-Handel in amerikanischen Ghettos gefördert hatte[15].

Widersprüchlich verläuft die Entwicklung 1993 in der *taz*. Auch im Vergleich zu anderen Tageszeitungen oder Wochenblättern fällt die US-Korrespondentin der *taz*, Andrea Böhm, durch ihre umfassende Sachkenntnis auf. Ihre analytische Schärfe, mit der sie auch komplexeste Themen behandelt, ist ungewohnt. Fakten und fundierte Recherchen machen sie für Sprachmoden unempfindlich. Relativ spät, erst im Herbst 1993 - als in vielen anderen Zeitungen das 'Wortgetüm' bereits aufgetaucht ist -, widmet sich auch *Die Zeit* dem Phantom. "PC oder: Da hört die Gemütlichkeit auf"[16], verfaßt von Dieter E. Zimmer.
Zuende geht ein Jahr, das besonderes als Jahr der Ausländerfeindlichkeit in die Geschichte eingehen wird. Unzählige Brandanschläge gegen BürgerInnen anderer ethnischer Herkunft, rechtsradikaler Mordterror in Solingen sowie der regierungsamtliche Rassismus in Form des Asylrechtsbeschlusses verschafften Deutschland internationale Presseresonanz. Auch die vagen Hoffnungen von Frauen auf Verbesserungen ihrer Lebensbedingungen wurden gebremst, durch die Neuregelung des Paragraphen 218 sowie das Scheitern der Grundgesetzinitiative, mehr Frauenrechte in der Verfassung zu verankern. Nahezu unbemerkt vollzog sich auch in diesem Jahr der Ausschluß von Frauen aus dem öffentliche Leben. Ein Jahr später bezeichnet die Bundestagspräsidentin Rita Süssmuth diese Entwicklung als "Demokratie ohne Frauen". Gleichzeitig erklimmt der nationale Diskurs eine neue Stufe, wie die Resonanz auf "Anschwellender Bocksgesang" von Botho Strauß Anfang 1993 zeigt.

Die Gerüchteforschung, die "die allgemeinen Funktionen der Fama und ihre häufig über lange Zeiten unveränderten Formen ebenso wie die Diversität und den Wandel ihrer politischen und sozialen Kontxte" (Vogel 1996, S. 8) untersucht, liefert wertvolle Erklärungsansätze, um dieses Wuchern der Diskurse (Foucault) zu fassen. Ganz im Gegensatz zu ihrem eigenen Selbstverständnis waren Journalisten schon immer "Spezialisten des Gerüchts"(Vogel 1996, S. 6). Noch im 18. Jahrhundert war das Gerücht "fast synonym mit Zeitung in der

---

15 Vgl. dazu die einschlägige Berichterstattung in der amerikanischen Presse. Die ersten Veröffentlichungen, die das inter-media-agenda-setting in Gang setzten, erscheinen zeitgleich in *Nation* und in *In These Times* am 18. November 1996.

16 Die *Zeit*-Redaktion läßt allerdings ihre LeserInnen im Vorspann wissen, daß die "Thesen" von Zimmer auch innerredakionell sehr umstritten sind.

alten Bedeutung von Nachricht" (Würgler 1996, S. 27). Und die erfolgreichste deutsche Zeitung hieß damals *Europäische Fama.*

In der Geschichte lassen sich Beispiele dafür finden, wie Gerüchte sowohl eingesetzt werden, um Gegendiskurse zu provozieren, als auch um zum Zwekke der Herrschaftssicherung zu manipulieren. Letzteres ist bei "pc" der Fall, auch wenn die Träger der politischen oder ökonomischen Eliten dieses Geschäft in der Regel nicht selbst erledigen. Das bundesdeutsche Mediensystem scheint eine geeignete "Zone der Legendenbildung" (Würgler 1996, S. 38) zu sein, auch, weil derzeit eine korrigierende Gegenöffentlichkeit fast völlig fehlt.

Auch die moderne Sagenforschung bietet Nützliches für die Kritische Diskursanalyse.

"Der Kern der sagenhaften Erzählungen ist in den meisten Fällen das Unerhörte, Außergewöhnliche und Rätselhafte. Auf der Suche nach Erklärungen für diese Erscheinungen schöpfen die Erzähler aus den Quellen des Volksglaubens und des Mythos. Das dem Menschen Unheimliche, das Unerklärliche und Angsterregende wird dadurch in sein Weltbild einbezogen und gewissermaßen gebannt" (Brednich 1989, S. 6).

Die ursprüngliche von Mund zu Mund Verbreitung übernehmen heute weitgehend die Medien.
Brednich hat auch eine sozialpsychologische Erklärung für die Popularität moderner Sagen parat:

"Einsamkeit und existentielle Verunsicherung verstärken das Interesse des heutigen Menschen am Unbekannten und Gefährlichen ebenso wie Wirtschaftskrisen oder Zeiten politischer Spannungen und Labilität (...) Im Alltäglichen, Durchrationalisierten verbirgt sich immer noch das Andere, das Gefährliche, das wie die berühmte haarige Hand des Anhalters jederzeit in die Alltagsrealität eingreifen und sie auf den Kopf stellen kann. Von da erklärt sich die eigenartige Faszination, die von den modernen Sagen auf Erzähler und Hörer ausgeht". (Brednich 1989, S. 16f).

Ein wichtiges Reservoir für kollektive Befindlichkeiten ist die Kunst. Edelman (1995) geht sogar so weit zu behaupten, daß politische Ideen, Sprachgebrauch und Handlungen immer schon in der Literatur, Malerei und Bildenden Kunst vorgeformt werden. Auch die Medien nehmen aus diesen Bereich Images, Erzählstrukturen und Frames auf (Edelman 1995). Zur Überprüfung dieser These soll im folgenden Exkurs auf die ästhetischen Arbeiten von Botho Strauß eingegangen werden, der Anfang der achtziger Jahre zu den meistgespielten lebenden Stückeschreibern gehörte.

Botho Strauß:

Zu den prominentesten Protagonisten des "neuen Konservatismus der Männer" (Schmerl 1993) gehört Botho Strauß. Dieser taucht keinesfalls erst 1993 als der "politisch verwirrte Dichter" (Lohmann 1994, S. 10) auf. Mit seinem im Wochenblatt Der *Spiegel* abgedruckten Pamphlet *Anschwellender Bocksgesang* verlieh er zwar 1993 erstmals der nationalen Erweckungsbewegung eine kraftvolle Stimme. Doch auch seine ästhetischen Stücke sind durchzogen von misogynen und nationalistischen Deutungsmustern.

Stücke von Strauß galten bei vielen als chic, wegen seiner pessimistischen Sicht auf das Konsumzeitalter. Mit Häme imaginiert er häufig Kommunikationsformen der Subkulturen[17], obwohl ihm diese kaum durch eigenes Erleben bekannt sein dürften, gehört doch seine Selbststilisierung als unsichtbarer Einzelkämpfer zu seiner Vermarktung. In *Paare, Passanten,* seiner wohl erfolgreichsten Veröffentlichung, schaut Strauß vom Podest des vereinzelten 'Genies' angewidert auf die Mittelmäßigkeit, Dummheit und Lächerlichkeit der Anderen, der "plappernden" Masse. Mit besonderer Verachtung aber 'streift' er die Frauen, die Männer zur Sinnlosigkeit anstiften.

Erstaunlich nur ist, warum die misogynen Vorstellungen, die viele seiner Stücke durchziehen, nie Analysen in den Feuilletons provozierten. Aber auch in der professionellen, wissenschaftlichen Literaturkritik blieben diese Quellen patriarchaler Phantasmen lange nahezu unerkannt. Erstmals zeigt Karin Bauer ausführlich, wie "Haß" und "Ressentiment" auf die Frau sich durch *Paare, Passanten* ziehen: alles, "was mit dem ästhetischen Zeichen 'frau' versehen wird", würde "durchweg negativ bewertet und entweder als dumm, narzißtisch, geschwätzig, berechnend, kastrierend, obszön oder als freßwütig-selbsthassend dargestellt" (Bauer 1996, S. 182).

In dieser Ansammlung von Alltagsbeobachtungen empört sich Strauß gleich am Anfang über eine (namenlose) Frau, die von "Zeit zu Zeit, wenn ihr eben danach ist", einen "gutgekleideten, kräftigen Burschen" aufsucht, mit dem sie sich offensichtlich sexuell vergnügt. Doch das geht der lebensüberdrüssigen Grundhaltung gegen den Strich, und latente Aggression schleicht sich ein:

---

[17] Vgl. dazu *Kalldewey Farce* von 1981, das in der Theatersaison 1982/83 das meistgespielteste Stück auf deutschen Bühnen war.

"Vor dem Haus streichelt sie dem Mann in seinen weißen Hosen zum Abschied über die Wange. Weich und dankbar sieht es aus, lebensklug und nicht frivol. Eine umfassende Gebärde gleichwohl für die lasche Güte und die Auswegsfülle, in der mittlerweile das Lieben abseits der Liebe verläuft. Wir haben es hier eher zu tun mit einer liberal-demokratischen Einrichtung, chaoslos und angstfrei, die Liebe dem Guten untergeordnet, domestiziert und der Freiheit gewidmet. Die Angst gehört den Atomkraftwerken. Keiner ist mehr gezwungen, sie an seiner geschlechtlichen Quelle selbst zu ertragen." (Paare, Passanten 1984, 16).

Diese zeitgemäße Abwandlung der 'roten Hure' ist also Demokratin, demonstriert vor dem Atomkraftwerk und verschafft sich sexuellen Genuß ohne Schmerz und Versagung.

Strauß' Verachtung, nichts als Verachtung kondensiert sich in seinen sexuellen Schilderungen. Weibliche Wesen, die dafür infrage kommen, sind immer "Beute" und immer sehr jung. So berichtet der Erzähler, wie eines Tages eine ganz junge Frau, die er nur "Mädchen" nennt, obwohl sie immerhin schon zwanzig Jahre alt ist, in seinem "Bücherstall" erscheint:

"Die Beute, die sich von selbst einstellt, überrascht den untätigen Jäger, verhöhnt ihn im Grunde sogar. Man speichelt einen solchen Fang, einen solchen Fremdkörper zuerst mit sehr viel Rede ein. Der Mund geht über, wo die Augen noch nicht recht trauen wollen. Aber auch das schöne Mädchen setzt sich nicht künstlich ins Geheimnis, sie erleichtert sich vielmehr um eine Menge von freimütigem Geschwätz zu Kunst und Zeitgeschehen" (*Paare, Passanten,* S. 27).

Und - oder gerade weil - ihn offensichtlich der Zustand verkümmerter Geilheit, gepaart mit Selbsthaß, schließlich erreicht, geht's weiter in hämischem Ton:

"Denn jetzt werden ihre Sprüche auf einmal fest und forsch, ihre Hände zieren sich nicht mehr, sie wischen vom Tisch, sie fuchteln wie die einer im Treppenhaus zeternden Frau. Ihre ganze Deckung, ihre Psycho-Rüstung, zeigt sich jetzt, ist ihre Mutter, und wenn man das Visier hochklappt, findet man unten, in Nabelhöhe, die Kleine aufschaun mit verstörtem Blick. So sind wohl viele schwach, die *frei* einherkommen, gezwungenermaßen frei, möchte man sagen, denn der äußeren Freiheit der Lebensformen entkommt ja niemand heute." (*Paare, Passanten,* S. 28)

Es ist Bauer nur zuzustimmen, daß Strauß mit diesen Weiblichkeitsmythen sowie "der Glorifizierung des Androgyn-Kindlichen" ganz "in der Tradition der literarischen Moderne steht, in der die Verachtung der Masse und die der Frauen oft ineinander kollabieren" (Bauer 1996, S. 192).

Doch es ist mehr als nur die "Glorifizierung des Androgyn-Kindlichen". Der identitätsgestörte Mann findet in diesem Band auch animierende Phantasie-

vorlagen für Kindesmißbrauch. Wohl um eventuell aufmerksamen Feuilletonisten zuvorzukommen, hat Strauß seine pädophilen Gewaltvorstellungen vorsorglich mit "Dämmern" überschrieben und verleiht diesen damit notdürftig den Schein des Somnambulen. Die Leserin registriert staunend, daß ihm diese Kinder immer zugeführt werden: "Es ist der Lamien-Schock, den ich jedesmal erleide, wenn man mir die Beute vertrauensvoll in die Arme legt" (*Paare, Passanten, S.* 135).
Das erste Kind erwartet ihn vor seinem Auto, die Szene ist offensichtlich dem Tatort "Kinderstrich" nachempfunden:

"wir sprachen nicht. Verschlossen sah sie zur Seite, legte das Kinn auf ihr Knie. Die Schweißperlen des einsamsten Sich-überlassen-Seins. Dann begnügte sie sich damit, mein Geschlecht in den Mund zu nehmen. Ich begriff, daß wir einer Welt der vollkommenen sexuellen Gleichgültigkeit entgegenschwebten."

In den Zustand nahender Ejakulation mischt sich dann allerdings wieder nichts als Verachtung:

"Das nackte Huhn! Ich drückte ihren brustlosen Oberkörper zwischen meine Beine, preßte beide Hände flach in ihre kleinen Achselkuhlen und starrte auf ihren schmalen, wundgescheuerten Babypopo" (*Paare, Passanten,* S. 127f).

Und gleich im Anschluß tritt er die Flucht in den Mythos an:

"Die menschliche Sexualität und ihre Kultur waren das Mythenreservoir - die stumme Götterwelt dieser untergetauchten, geheimnisvollen Wesen. Ein müdes Bedürfnis zu lieben und dabei müde zu bleiben, hob sie dann und wann zu uns empor" (*Paare, Passanten,* S. 128).

In *Paare, Passanten* erzählt Strauß von A., "nur ein Mitläufer im Nazi-Regime", der sich im Kino in einer alten Wochenschau wiedererkennt.

"Ja, denkt er und fühlt sich anonym bis in die Fingerspitzen, ich war dabei, ich habe geschrien, ich war ein Volk - ein Schrei. Jetzt sitze ich allein unter vielen Jungen in einem dunklen Kino, lauter kritische Köpfe, die sich nur wundern können über unseren Schrei, die sogar in johlendes Gelächter darüber ausbrechen und keinerlei Ehrfurcht vor dem Bösen empfinden" (*Paare Passanten,* S. 173).

In seiner Hommage an den amerikanischen Dichter Robinson Jeffers, berüchtigt für seine zivilisationsfeindlichen Stücke, aber auch für seine antidemokratischen Äußerungen, läßt Strauß den Dichter sagen:

"Man haßte mich, weil ich nicht an den menschlichen Menschen glaubte. Die Sozialen verdammen den, der zu sagen wagt, daß Gottes Welt schön ist außer dem Menschen. Und daß die ohnmenschliche Schönheit der Dinge keiner Verbesserung bedarf und ein kärgliches Leben genug ist für jeden, der es versteht, anderen aus dem Weg zu gehen" (*Jeffers-Akt,* S. 23).

Und wenig später wettert sein Held unwidersprochen gegen den damaligen Präsidenten, gegen

"Roosevelt, den Verräter Amerikas, den falschen Missionar, der die ganze Welt zu Wohlstand und Demokratie erlösen wollte und dafür dies stolze, freie Land in einen sinnlosen Krieg stürzte. Auch daß ich es anscheinend versäumte, Hitler zu verurteilen, Welthund Hitler, der alles Böse der modernen Zivilisation auf sich genommen hatte und straffreien Raum hinterließ für anderer Leute Verbrechen, beispielsweise Bomben auf Japan zu werfen, brachte mir keine Freunde unter den Künstlern und Zeitungsleuten, den Linksradikalen und Intellektuellen, die ausnahmslos Roosevelts brutale Menschenheitsbeglückung unterstützten." (*Jeffers-Akt*, S. 23f)

Aus dem Manifest "Die selbstbewußte Nation" und dem Aufruf zum 8.Mai speisen sich die deutschnationalen journalistischen Haltungen[18] im "pc"-Diskurs. Die *Junge Freiheit* berichtet regelmäßig von der "pc"-Front und richtet 1996 die Rubrik "Angriffe auf die Freiheit" ein, versehen mit einem "Political correctness- Nein Danke"-Label. Auch andere Blätter wie *Spiegel, Focus* und *FAZ* überschlagen sich mit "pc"-Gruselstories. Und auch in liberalen Blättern wie *SZ* und *taz* wird "political correctness" zumindest als modischer Sprachchic weiter gepflegt und im Zweifel mit konservativer Gesinnung verknüpft. In *FAZ, SZ und taz* erscheint der Neusprech sogar kursiv gedruckt. Ende 1996 bläst auch der *Merkur* zum Sturm gegen den "Moral-Boom", mit einem Sonderheft über "Moral. Und Macht".

Da wo sich journalistische Literaturkritik am peinlichsten präsentiert, im *Literarischen Quartett* des ZDF, wurden in der Augustsendung 1995 "Das weite Feld" und "Campus“ verhandelt. Während das Werk von Günter Grass in ungezügeltem Affektenspiel niedergeschrieen wurde, weil den Herren die rechte, nationale Gesinnung fehlte, würdigten sie den Trivialroman von Dietrich Schwanitz, von diesem selbst als Anti-Pc-Roman angepriesen, in aller Form. Diese Abrechnung mit Frauen, Studierenden beiderlei Geschlechts sowie der Reformuniversität ist ebenfalls nichts weiter als ein düftiges Plagiat amerikanischer Haßliteratur. Doch genau das scheint mit der Gemütslage patriarchaler Literaturkritik kompatibel.

Parallel dazu entwickelt sich auch eine Art rechtskonservativer Wissenschaftsdiskurs, wie die Veröffentlichungen von Christian Meier und Gerd Mattenklott in der Zeitschrift *Neue Rundschau* zum Themenschwerpunkt "Neue Denkver-

---

[18] Vgl. dazu Behrens/ v. Rimscha 1995, aber auch den *Focus*-Artikel vom 15.4.95: "Meinungsfreiheit. Der Tugend-Import aus den USA: *political correctness* erobert Deutschland".

bote" (1995) oder die Ausführungen 'Political Correctness' oder die Reinigung der Sprache" von Sven Papcke 1995 in der Wochenbeilage *Das Parlament* dokumentieren.

Nur sehr zaghaft kommt dagegen ein kritischer Diskurs in Gang.
In mindestens zwei Diskussionssendungen Ende 1994 und 1995 informierte der *Deutschlandfunk* ausführlich. Auf dem DLF-Sendeplatz 'Politische Literatur' wurde am 23. Oktober 1995 eine umfassende Analyse "Politische Korrektheit. Überlegungen zu einem überfälligen Begriff" gesendet. Einspruch erhob der Sprachwissenschaftler Clemens Knobloch - der zuvor als Experte auch im DLF zu hören war - am 17.6. in der *Frankfurter Rundschau* "Opfer- nichts als Opfer".
Das erste umfassende Analyse hat jedoch Diedrich Diederichsen mit "Politische Korrekturen" (1996) vorgelgt. Diese informationsdichte Analyse ist von unschätzbarem Wert, da der Kulturwissenschaftler und Experte für Jugendkultur sowohl in den USA als auch in Deutschland lebt und durch seine Lehrtätigkeit auch in die wissenschaftlichen Diskurse beider Länder eingebunden ist. Von solchem Wissen ist der *Spiegel*-Rezensent Cord Schnibben unberührt, wie sein Pamphlet "Der Stolz des Inkorrekten" (*Der Spiegel 28.10.96)* anschaulich dokumentiert. Stattdessen verlegt er sich darauf, die Person des Autors zu denunzieren. Am Ende seiner 'Rezension' suggeriert er, Diederichsen müsse "irgendwann schlechtes LSD erwischt haben, oder irgend etwas anderes Schlimmes ist in seinem Hirn passiert, jedenfalls läßt er seither die Sätze so durheinanderpurzeln wie früher die Töne in seiner Lärmband 'Flying Klassenfeind'".
In den USA gehen die Rechten mehr und mehr in die Defensive, auch das "pc"-Phantom hat den Höhepunkt seiner Populariät überschritten. Für einige neokonservative Autoren, die noch Anfang der neunziger Jahre ganz oben die Bestsellerlisten besetzten, bricht der Markt weg. Ihre Werke werden bereits verramscht.
Doch anders als in den USA spielt in Deutschland der historisch tief verwurzelte, völkische Nationalismus eine große Rolle, von dem anzunehmen ist, daß er nicht so einfach verschwindet.
Wie wenig die "pc"- Jäger ihre Affekte zügeln können, das hat 1996 die Goldhagen-Debatte gezeigt. Doch das ist ein neues Thema.

Literatur:

Anz, Thomas 1990: "Modern, postmoden? Botho Strauß' *Paare, Passanten.* In: The German Quarterly 63.4, 404-411

Bauer, Karin 1996: Gegenwartskritik und nostalgische Rückgriffe: Die Abdankung der Frau als Objekt männlichen Begehrens und die Erotisierung der Kindfrau in Botho Strauß's *Paare Passanten* In: The German Quarterly 69.2, 181-195

Bauman, Zygmunt 1995: Ansichten der Postmoderne. Hamburg

Behrens, Michael/v. Rimscha, Robert 1995: "Politische Korrektheit" in Deutschland. Eine Gefahr für die Demokratie. Bonn

Bittermann, Klaus 1994: Das Wörterbuch des Gutmenschen. Zur Kritik der moralisch korrekten Schaumsprache. Berlin

Braun, Kathrin 1992: Die deutschen, die Linken und der Krieg. In: Seifert, Jürgen/Becker-Schmidt, Regine/Christoph, Klaus/ Glichmann, Peter/Schäfer, Gert u.a.: Logik der Destruktion. Der zweite Golfkrieg als erster elektronischer Krieg und die Möglichkeiten seiner Verarbeitung im Bewußtsein. Frankfurt, Hannover, Heidelberg, 23-29

Brednich, Rolf Wilhelm 1990: Die Spinne in der Yucca-Palme. München

Dunant, Sarah (Hrsg.) 1995: The War Of The Words. The Political Correctness Debate. London

Diederichsen, Diedrich 1992: PC zwischen PoMo und MuCu. In: Neue Rundschau 3, 23-39

Diederichsen, Diedrich 1996: Politische Korrekturen. Köln

Edelman, Murray 1995: From Art to Politics. How Artistic Creations Shape Political Conceptions. Chicago and London

Eppler, Erhard 1992: Kavalleriepferde beim Hornsignal. Die Krise der Politik im Spiegel der Sprache. Frankfurt a.M.

Henscheid, Eckhard 1994: Dummdeutsch. Ein Wörterbuch. Stuttgart

Huhnke, Brigitta 1993: Intermediale Abhängigkeiten bei der Inszenierung rassistischer Feindbilder seit Mitte der achtziger Jahre am Beispiel der Wochenzeitungen "Bild am Sonntag" und "Der Spiegel", in: Jäger, Siegfried/Link, Jürgen (Hg.): Die vierte Gewalt. Rassismus und die Medien, Duisburg, S. 213-266

Huhnke, Brigitta 1996: Macht - Medien- Geschlecht. Opladen.

Huhnke, Brigitta 1997: PC: Das neue Mantra der Remaskulinisierung. In: Cleve, Gabriele/Ruth, Ina/Schulte-Holtey, Ernst/Wichert, Frank (Hg.): Wissenschaft Macht Politik. Interventionen in aktuelle gesellschaftliche Diskurse. Münster, 319-333

Jäger, Siegfried 1993: Kritische Diskursanalyse. Eine Einführung. Duisburg

Jäger, Siegfried 1992: BrandSätze. Rassismus im Alltag. Duisburg

Jäger, Siegfried 1996a: Wörter im Diskurs: das Beispiel *Rassismus*. In: Böke, Karin/Jung, Matthias/Wengeler, Martin: Öffentlicher Sprachgebrauch - Festschrift für Georg Stötzel. Opladen

Papcke, Sven 1995: "Political Correctness" oder die Reinigung der Sprache. In: Aus Politik und Zeitgeschichte. Beilage zur Wochenzeitung dasParlament. B21-22/95. 19. Mai 1995, 19-29

Pörksen, Uwe 1988: Plastikwörter. Die Sprache einer internationalen Diktatur. Stuttgart

Kellersohn, Helmut (Hrsg.) 1994: Das Plagiat. Der Völkische Nationalismus der Jungen Freiheit. Duisburg

Lohmann, Hans-Martin (Hrsg.) 1994: Extremismus der Mitte. Vom rechten Verständnis deutscher Nation. Frankfurt

Mattenklott, Gert 1995: Zwölf Thesen über Sinn und Widersinn von "Political Correctness". In: Neue Rundschau 1995, Heft 1, 73-78

Meier, Christian 1995: "Denkverbote" als Nacht des Fortschritts? Über den Terror der Gutwilligen und die neue Unbequemlichkeit beim Denken der Zukunft. In: Neue Rundschau 1995, Heft 1, 9-21

Röhl, Klaus Rainer 1995: Deutsches Phrasenlexikon. Lehrbuch der Politischen Korrektheit für Anfänger und Fortgeschrittene. Frankfurt a.M.

Salecl, Renata 1993: Politik des Phantasmas. Nationalismus, Feminismus und Psychoanalyse. Wien

Schmerl, Christiane 1993. Alles unter Kontrolle? Emanzipation versus Konservatismus der Männer. In: Aus Politik und Zeitgeschichte. Beilage zur Wochenzeitung Das Parlament. B6/93

Schwilk, Heimo/Schacht, Ulrich (Hrsg.) 1994: Die Selbstbewußte Nation. "Anschwellender Bocksgesang" und weitere Beiträge zu einer deutschen Debatte. Berlin.

Strauß, Botho 1984: Paare, Passanten. München

Strauß, Botho 1989: Jeffers-Akt. In: ders.: Fragmente der Undeutlichkeit. München, 7-32

Vogel, Jakob 1996: Editorial. Die Politik des Gerüchts. Soziale Kommunikation und Herrschaftspraxis in Frühneuzeit und Moderne. Politik des Gerüchts. Werkstatt Geschichte 15, 3-10

Weir, Lona 1995: Resignifying Political Correctnes. In: Richer, Stephen/ Weir, Lona (Hg.): Beyond Political Correctness. Toward the Inclusive University. Toronto. Buffalo.London, S. 51-87

Wehler, Hans-Ulrich 1988: Entsorgung der deutschen Vergangenheit? München

Wengeler, Martin 1995: "1968" als sprachgeschichtliche Zäsur: In: Stötzel, Georg/Wengeler, Martin: Kontroverse Begriffe. Geschichte des öffentlichen Sprachgebrauchs in der Bundesrepublik Deutschland. Berlin, New York, 383-404

Wilson, John K. 1995: The Myth Of Political Correctness. Durham and London

Würgler, Andreas 1996: Fama und Rumor. Gerücht, Aufruhr und Presse im Ancien Régime. In WerkstattGeschichte 15, 20-32

Rainer Wimmer

"Political Correctness" - ein Fall für die Sprachkritik

1. Was ist politische Korrektheit (political correctness)?

Der Ausdruck "political correctness" (PC) ist in den vergangenen 10 Jahren aus dem Amerikanischen ins Deutsche gekommen. Viele Ausdrücke, die aus anderen Sprachen und Kulturen kommen und mehr oder weniger "eingebürgert" werden, zeigen an, daß auch die bezeichneten Gegenstände übernommen werden. Dieser Zusammenhang ist offensichtlich bei technischen Geräten bzw. Produkten und ihren Bezeichnungen, z.B. Software, Hardware, mountain bike. Bei sozialen Phänomenen liegt ein solcher Zusammenhang aber keineswegs offen zutage. Es bedarf Interpretationen, Deutungen und Wertungen, um die Phänomene überhaupt abgrenzbar, unterscheidbar, identifizierbar und vergleichbar zu machen. Mit Bedeutungsverschiebungen ist zu rechnen und auch mit Fehldeutungen und Hypostasierungen, d.h. mit der fiktiven Herstellung von Gegenständen, die es "eigentlich" gar nicht gibt. Ob beispielsweise der Ausdruck "Hippie", der seit Beginn der 70er Jahre Eingang in die Wörterbücher des Deutschen gefunden hat, im Deutschen denselben gegen das Establishment protestierenden Jugendlichen bezeichnet wie in San Francisco, ist durchaus fraglich (schon weil Establishment hier nicht Establishment dort ist). Wie steht es nun mit der politischen Korrektheit? Viele Journalisten und Medientätige nehmen einfach an, daß das Phänomen PC in Deutschland in ähnlicher Weise zu orten ist wie in den USA. Es ist sogar von einer "Gefahr für die Demokratie" die Rede (vgl. Behrens / von Rimscha 1995). Letzteres halte ich für abwegig. Ein differenzierender Blick auf das Phänomen PC tut not.

Aus den USA werden typische Fälle von PC berichtet, z.B. (vgl. Hughes 1994, S.28ff.): In einem Lokal im kalifornischen Berkeley lehnt es eine Kellnerin ab, einen Gast zu bedienen, der einen Artikel über die Bill of Rights in dem Magazin "Playboy" liest. Sie sei "entsetzt und zutiefst schockiert", der bloße Anblick eines "Playboy"-Heftes stelle eine indirekte Form der Vergewaltigung dar, "einen Anschlag auf das Selbstwertgefühl der Frau, sexuelle Belästigung am Arbeitsplatz und so weiter und so fort". Der Journalist wird auch von dem Geschäftsführer aufgefordert, das Lokal zu verlassen. Oder: Bei einer Diskussionsveranstaltung im Oktober 1992 in New York zu dem Thema "Kann ein Liberaler Abtreibungsgegner sein?" verhindern militante Abtreibungsbefürworterinnen mit Gewalt die Durchführung der Veranstaltung. Einige Abtreibungsbefürworterinnen tragen Buttons mit der Aufschrift "Fuck free speech". Hughes schreibt zu der Situation in den USA (S.29): "In letzter Zeit wimmelt es in Amerika nur so von Anlässen, bei denen ein Mensch einem anderen den Mund verbietet und dann leugnet, daß die Meinungsfreiheit dadurch in irgendeiner Weise eingeschränkt würde". - An amerikanischen Schulen, Colleges und Universitäten werden Literatur-Kanons aufgestellt und für verbindlich erklärt, um bestimmte Denkrichtungen zu befördern, andere zu verdammen, auch um bestimmte Sprachgebräuche zu zensieren, andere die befördern (vgl. z.B. Kaffsack 1995 und Gumbrecht 1995). Alles unter dem Vorurteil, Reglementierung des Sprachgebrauchs könnte Denkweisen, Gesinnungen und soziale Einstellungen reglementieren. So wurden beispielsweise Mark Twains "Abenteuer des Huckleberry Finn" auf Zensur-Listen gesetzt, weil das Wort "Nigger" darin vorkommt. Letzteres ist auch insofern ein typisches Beispiel, als Personen- und Personengruppenbezeichnungen ein bevorzugtes Feld für PC-Sprachregelungen sind. Im gehobenen Sprachgebrauch der Weißen in den USA wurden die Schwarzen vor siebzig Jahren "colored people" genannt (vgl. Hughes 1994, S.35). Später sprach man von "negroes", noch später von "blacks" und heute von "Africa-Americans" oder "Afroamericans" oder auch wieder von "persons of color". Es handelt sich um einen Fall von Bezeichnungsflucht; denn der veränderte Sprachgebrauch muß nicht bedeuten, daß sich in den Köpfen der Sprachbenutzer etwas geändert hat. Hughes schreibt wohl mit Recht, daß für Millionen weißer Amerikaner die Schwarzen Nigger geblieben sind.

Die wenigen Beispiele lassen bereits erkennen, was unter PC zu verstehen ist. Es lassen sich wichtige Bestimmungsmerkmale herausinterpretieren. Ich unterscheide grob die folgenden vier Merkmale, wobei ich annehme, daß alle vier

Merkmale in Erscheinung treten müssen, damit man im Sinne von einschlägigen Autoren in den USA und sonstwo von PC sprachen kann.

1. Normativer Sprachgebrauch. Normativer Sprachgebrauch zeichnet sich u.a. durch die folgenden Eigenschaften aus: a) Er will über die stillschweigend und unauffällig befolgten Regeln des normalen Sprachgebrauchs hinaus Vorschriften machen, die in der anvisierten sprachlichen Umgebung konfliktträchtig sein können. Wenn beispielsweise jemand im deutschen Strafgesetzbuch die Sprachform "Dieb" durch "Dieb/Diebin, DiebIn" o.ä. ersetzen will, obwohl nach der Rechtstradition mit der mask. Sprachform ("form"!) weibliche und männliche Täter gemeint sind (vgl. Stickel 1988, S. 330), so handelt er sprachnormativ und damit potentiell konfliktträchtig. b) Normativer Sprachgebrauch hat - wenn man den Sprechakt hervorhebt - Befehlscharakter. c) Normativer Sprachgebrauch ist immer bis zu einem gewissen Grad sprachreferentiell oder sprachreflexiv; dies soll heißen: Die Sprachformen, die sprachlichen Ausdrücke, die verdammt oder gutgeheißen werden, sind als solche identifizierbar; sie werden markiert; es geht um den Ausdruck "Nigger" oder um den Ausdruck "Dieb" usw. Man weiß, welche sprachlichen Ausdrücke oder Ausdrucksweisen gemeint sind. - Die Normativität eines Sprachgebrauchs reicht zur Bestimmung von PC keinesfalls aus. Es ist auch letztlich nichts Schlimmes am normativen Sprachgebrauch. Jede gesetzliche Definition einer Handlung oder eines Tatbestands ("Mord", "Totschlag", "Eigentum", "Besitz") hat normativen Charakter. PC will mehr; man will das Sozialverhalten direkt und unmittelbar regulieren. Zum Beispiel sollen bestimmte Werke Mark Twains aus den Bücherregalen verschwinden, oder ein Mitschüler soll den Arm einer Mitschülerin nur noch dann berühren dürfen, wenn er vorher gefragt hat: "Darf ich deinen Arm berühren?" und wenn die Antwort darauf: "Ja!" war. Deshalb das nächste Merkmal.

2. Regulierungstrieb. Anhand der aufgeführten Beispiele (alle aus der US-amerikanischen Literatur) wird deutlich, daß zur einfachen Normierungsabsicht ein ungewöhnlich starker Regulierungstrieb hinzukommt. Dieser Regulierungstrieb bezieht sich auf das Sozialverhalten der Menschen in der näheren und weiteren Umgebung, von der man glaubt, daß sie im eigenen Interessens- und auch Einflußbereich liegt. Wenn jemand beispielsweise bereits das In-die-Augen-Schauen beim anderen (was freilich in vielfältiger Weise interpretierbar ist) generell als Aggression aussieht und den Impetus hat, es in seinem Einflußbereich zu verbieten, so geht das weit über eine Normierungsabsicht hinaus, die in aufgeklärten Gesellschaften üblich ist. Daß der exzessive

Regulierungstrieb, der mit PC-Ereignissen oft verknüpft ist, an die Grenzen der tätlichen Gewalt führt, wird aus den oben angeführten Beispielen wahrscheinlich deutlich.

3. Überzogener Geltungsanspruch. Der Regulierungstrieb wird scheinbar gestützt durch einen Geltungsanspruch von Normen, die ihre Basis in persönlichen Interessen und Wertorientierungen haben. Da kommt jemand auf die Idee, zu denken und zu sagen, daß es doch einfach nicht wahr sein darf, daß ein Liberaler kein Abtreibungsgegner ist (vgl. oben). Eine Reflexion der Art, daß Ausdrücke wie "liberal" und "Abtreibung" ein breites Gebrauchsspektrum haben und daß der andere vielleicht einen anderen Gebrauch dieser Ausdrücke haben dürfte, setzt nicht ein, so daß es zu einer kurzschlüssigen Aktion kommt: Eine Vortragsveranstaltung wird gewaltsam verhindert. Natürlich spielen bei solchen PC-Ereignissen psychische Einstellungen, politische Konstellationen und viele andere Situationsfaktoren eine wichtige Rolle; dies alles kann und will ich hier nicht betrachten. Mir kommt es darauf an, zu verdeutlichen, daß hier persönliche Interessen und Normen ohne Rücksicht auf übergreifende soziale Normen und die Normen des/der anderen in Geltung gesetzt werden. Der Geltungsanspruch, der für die eigenen Normen erhoben wird, ist unreflektiert, weil er die soziale Praxis der Umgebung nicht berücksichtigt, und er ist überzogen, weil er die Interessen anderer nicht berücksichtigt. Der Geltungsanspruch von sprachlichen (und anderen sozialen) Normen ist verknüpft mit der Frage der Begründbarkeit der Normen: Wie läßt sich eine Ausweitung von normativen Regeln jeweils legitimieren? Die Geltungsansprüche von PC-Akteuren sind oft nur scheinbar legitimiert, insofern sie auf idiosynkratischen Interessen und Orientierungen beruhen.

4. Gesellschaftlicher Freiraum. Die Aktionen der PC-Akteure, wie sie insbesondere aus den USA berichtet werden, wären in der provokativen, aggressiven, auf eine Veränderung des sozialen Verhaltens dringenden Form nicht möglich, wenn es im gesellschaftlichen Umfeld der Akteure nicht die Freiräume gäbe, die für erfolgversprechende normsetzende Verfahren erforderlich sind. So kann ein eingeschränkter Literaturkanon an einer Schule oder an einem College nur durchgesetzt werden, wenn die Schulleitung und die Elternschaft auch die Vollmacht haben, frei von übergeordneten Gesetzen und Vorschriften solche Regelungen zu treffen. Eine Zensur dieser Art ist nur möglich, wenn übergeordnete gesellschaftliche Gruppenzwänge nicht einen derart "liberalistischen" Umgang mit den Normen "vor Ort" verbieten und effektiv verhindern. Bezüglich der Zensurbeispiele, die aus den USA berichtet werden

(vgl. oben), muß berücksichtigt werden, daß Schulen und Colleges dort meistenteils sehr viel autonomer und vergleichsweise abgekoppelt von übergreifenden staatlichen Regelungen handeln können als in Deutschland. An Schulen in der Bundesrepublik Deutschland würden PC-Akteure derartige Freiräume nicht haben. - Ich erinnere mich an Versuche von studentischen Gruppen, die 1969 an der Universität Heidelberg vorübergehend Seminarräume "besetzt" hatten, bestimmte Bücher einer Seminarbibliothek mit einem Stempel "FASCHISTOID" zu versehen. Ein punktueller Versuch, einen kurzfristig errungenen Freiraum auszunutzen, um Zensur auszuüben und anderes Gedankengut "abzustempeln". Von der Art sind viele PC-Aktionen.

Zusammenfassend nehme ich also folgende Merkmale für PC-Sprachgebrauch an:

1. Es liegt ein offensichtlich normativer Sprachgebrauch vor.
2. Mit dem Sprachgebrauch ist ein ungewöhnlich starker Impetus verbunden, das Sozialverhalten anderer zu regulieren.
3. Für die eigenen, partikularen Normen wird ein überzogener, im Hinblick auf die Interessen anderer unreflektierter Geltungsanspruch erhoben.
4. Der Normierer glaubt, sich eines gesellschaftlichen Freiraums gewiß zu sein, in dem er seine Interessen "ausleben" kann.

Damit stellt sich PC-Sprachgebrauch als eine besonders verschärfte Form des semantischen Kampfes dar, und zwar mit dem Ziel, persönlichen Normen oder speziellen Gruppennormen mit allen denkbaren Mitteln, die ein gegebener gesellschaftlicher Freiraum läßt, möglichst weitreichende Geltung zu verschaffen. Die von mir unter den Punkten 3 und 4 angesetzten Merkmale sollen insbesondere das verschärfte soziale Herrschaftsinteresse kennzeichnen, das für PC-Sprachgebrauch charakteristisch ist und das PC-Aktivitäten von allen möglichen anderen normativen Handlungen in unserer Gesellschaft abhebt.
Es besteht in der inzwischen ausufernden deutschsprachigen Literatur zu PC die Tendenz, jeglichen normativen und interessengebundenen Sprachgebrauch unter den PC-Begriff zu fassen (vgl. z.B. Röhl 1995). Die Beschäftigung mit der PC-Haltigkeit von sprachlichen Äußerungen und anderen sozialen Handlungen ist inzwischen Mode geworden - wie viele kulturbezogene Betrachtungsweisen und gesellschaftspolitische Einstellungen, die uns aus den USA vermittelt werden. Die inflationäre Verwendung des PC-Begriffs für alles und jedes, was sich normativ gibt (wenn nur das von mir unter Punkt 1 genannte Merkmal erfüllt ist), erscheint mir indessen nicht sehr glücklich, und zwar aus folgenden Gründen: Der PC-Begriff verliert sein spezifisches Profil und seine Trennschärfe, die in der Kennzeichnung der besonderen herrschaftsorien-

tierten Eskalation von semantischen Kämpfen liegt. Die inflationäre Ausweitung des PC-Begriffs vernachlässigt die PC-spezifischen gesellschaftlichen Kontexte, die durch besondere Handlungsfreiräume und durch die in ihnen agierenden herrschaftsbesessenen Akteure charakterisiert sind. Ich würde also gern an einem engeren PC-Begriff festhalten und möchte diesen im folgenden noch näher mit juristischen Kodifzierungstendenzen in Zusammenhang bringen.

2. Der Drang zur juristischen Kodifizierung

Nach meinen Beobachtungen lassen sich die meisten PC-Aktionen auch durch Bestrebungen charakterisieren, die je eigenen Normen zu verrechtlichen. PC-Akteure versuchen häufig, ihren Normen dadurch erweiterte Geltung und durchschlagendere Wirkung zu verschaffen, daß sie auf gesellschaftliche Institutionen und Leitungsinstanzen einwirken mit dem Ziel, ihre PC-Regeln in irgendeiner Form juristisch kodifizieren zu lassen. Der gesellschaftliche Rang der zu beeinflussenden Instanz hängt dabei von den Zielen ab, insbesondere von der für möglich gehaltenen Reichweite der durchzusetzenden Normen, und von dem Anspruch und gesellschaftlichen Gewicht, das die Akteure mit ihrer eigenen Person verbinden. So mag es in einem Fall, in dem es darum geht, Bücher mit einem mißliebigen Sprachgebrauch aus einer Schulbibliothek zu entfernen, ausreichen, eine entsprechende Vereinbarung mit der Schulleitung und mit der Elternvertretung der Schule zu erwirken. In einem Fall, in dem Feministen und Feministinnen für den Sprachgebrauch eines Landesparlaments eine Geschlechtsmarkierung in Rede und Schrift für alle Personenbezeichnungen in allen denkbaren Kommunikationssituationen durchsetzen wollen, mag eine angestrebte Änderung der Geschäftsordnung des Parlaments erst als der erste Schritt zu weitergehenden rechtsnormativen Regelungen erscheinen. Für autoritäre Regierungen und Diktaturen mögen die gesetzlichen Möglichkeiten und die Regelungen auf dem Verordnungsweg sogar als nicht ausreichend für die Durchsetzung von Machtinteressen erscheinen; zu erinnern ist hier an die Sprachregelungen der Nazis, aber auch an die sprachlichen Gleichschaltungsversuche der DDR-Regierung (vgl. Eppler 1992, 38ff.). Die hier zuletzt erwähnten Sprachregelungen auf staatlicher Ebene können allerdings nicht als typisch für PC gelten, denn PC bleibt letztlich gebunden an partikulare und insofern eingeschränkte, oft eben auch idiosynkratische Interessen und entsprechende Wirkungskreise; diese Reichweiten-Einschränkung ergibt sich aus der Phänomenologie der PC-Ereignisse, wie sie aus den USA berichtet werden und - daran anschließend - aus den von mir oben genannten Merkmalen für PC-Sprachgebrauch. Nebenbei sei an dieser Stelle auch bemerkt, daß wegen der begrenzten Reichweite von PC-Aktionen nicht die Rede davon sein kann, daß PC "die Demokratie" gefährden könne; entsprechende Befürchtungen (vgl. Behrens / von Rimscha 1995) beruhen auf einer übertriebenen und modischen (vgl. oben) Ausweitung des PC-Begriffs.

Weshalb streben PC-Akteure nach Verrechtlichung der von ihnen vertretenen Normen? Das Streben ist m.E. motiviert durch a) den bereits festgestellten Durchsetzungswillen der Akteure, b) durch ein wie auch immer eingeschränktes Bewußtsein von der Schwäche der eigenen Position, ein Bewußtsein, das erkennt, daß die eigenen Interessen partikular sind (d.h. höchstens Gruppeninteressen betreffen) und wenig Chancen haben, auf einem (demokratischen) Konsens-Weg durchsetzbar zu sein, c) durch das autoritätsgläubige Vertrauen auf verwaltungsmäßige oder gesetzliche Regelungen, die die eigenen Personen- oder Gruppeninteressen durchsetzen könnten. Diese Verrechtlichungsinteressen sind typisch für PC-Aktionen; sie zielen darauf ab, bestehende Rechts- und Verwaltungssysteme zu nutzen, um partikulare Einzelinteressen durchzusetzen. Fragen der Konsensfähigkeit in einer Gesellschaft, Fragen der möglichen kommunikativen Übereinstimmung mit relevanten Anderen spielen keine Rolle. Die hier angedeuteten Bestrebungen mögen im Einzelfall alle ihre "lokale" Berechtigung haben, allein: Für eine Generalisierung sind sie kaum geeignet. Wie weit reicht in einer Gesellschaft, die seit 1955 durch die orthographische Duden-Norm in der offiziellen Schriftlichkeit geprägt worden ist, der Versuch, das sog. Binnen-I (wie in "StudentIn") in der Schreibung weitgehend durchzusetzen? Antwort: Bis zur Tageszeitung "taz" und zu studentischen Flugblättern und "Zeitungen". Wie weit reicht der Versuch, in unserer Gesellschaft Soldaten als Mörder zu bezeichnen? Antwort: Bis die Gerichte der Bundesrepublik Deutschland mit "zulässig" oder "unzulässig" entschieden haben (vgl. aus linguistischer Sicht Burkhardt 1996).

Die Themen von PC-Auseinandersetzungen sind gesellschafts- und kulturspezifisch. In den USA stehen - wie man weiß - Minderheitenfragen ("Schwarze" - "Weiße"; Mexikaner in Californien usw.), feministische Fragen, Fragen der Geburtenkontrolle (Abtreibungsdebatte) u.ä. im Vordergrund. Alle diese Fragen werden von PC-Akteuren dahingehend diskutiert und in gesellschaftlichen Auseinandersetzungen forciert, daß letztlich eine Veränderung von verbrieften Rechtsnormen herbeigeführt werden soll. Natürlich geht es den "African Americans" in den USA in ihren semantischen Anerkennungskämpfen darum, ihre rechtliche Situation in der schulischen und universitären Ausbildung, im Beruf und in der Gesellschaft insgesamt zu verbessern. Natürlich wollen Feministen und Feministinnen die rechtliche Stellung der Frauen in der Gesellschaft verbessern. Und natürlich wollen Abtreibungsgegner die Abtreibung per Gesetz verbieten lassen. - Auch in bezug auf Themen, die in der Bundesrepublik Deutschland als PC-"verdächtig" gelten, ist augenfällig, daß die Auseinandersetzungen letztlich geführt werden, um die jeweilige Rechtslage in der Gesellschaft zu verändern. Elisabeth Noelle-Neumann hat 1996 in einer Umfrage ihres Meinungsforschungsinstituts festgestellt, daß Deutsche vor allem folgende Themen als heikel, d.h. als PC-haft, einschätzen: Asylanten, Juden, Hitler, das "Dritte Reich", Aussiedler, Neonazis, Türken (vgl. Noelle-Neumann 1996). All diese Themen wurden bzw. werden in Deutschland unter rechtlichen Gesichtspunkten diskutiert: Bezüglich des Asyl-Themas ist an die kürzlich erfolgte Änderung des entsprechenden Grundgesetzartikels zu erinnern; der Diskussionskomplex "drittes Reich", Hitler, Juden ist immer wieder durch Rechtsfragen geprägt (vgl. die sprachgeschichtliche Darstellung von Georg Stötzel in Stötzel/Wengeler 1995, Kap. 9: "Der Nazi-Komplex"); in der Aussiedlerfrage geht es immer wieder um die rechtlichen Ansprüche der Aussiedler aus Rußland, Polen und anderen Ländern, in der Bundesrepublik Deutschland eingebürgert zu werden, Sozialhilfe und Renten zu beziehen usw.; bezüglich der Neonazis in der Bundesrepublik Deutschland spielen folgende Rechtsfragen immer wieder eine entscheidende Rolle: Wie kann man neonazistischen "Umtrieben" über das Verbot einer Verbreitung von neonazistischen Schriften und Symbolen hinaus rechtlich wirksam beikommen? Wie ist mit dem Verbot der Leugnung der Auschwitz-Verbrechen wirksam umzugehen (vgl. Steinhäuser 1995)? Bei der "Türkenfrage" schließlich geht es auch immer wieder um die Einbürgerung und die Partizipationsrechte am politischen Leben. Über die von Noelle-Neumann an vorderster Stelle genannten PC-Themen hinaus gibt es weitere, die für Deutschland charakteristisch sind und die allesamt auch mit Verrechtlichungsbestrebungen im Zusammenhang stehen, z.B. feministische Fragen der sog. Gleichbehandlung in der Sprache (vgl. Stickel 1988), die Frage der Bezeichnung und Kennzeichnung der beiden deutschen Staaten nach dem 2. Weltkrieg ("DDR", "BRD", "Mitteldeutschland", "Ostzone" usw.) oder Auseinandersetzungen über den § 218 ("Abtreibung", "Tötung ungeborenen Lebens", "Mord" usw.).

Ich denke, es gibt gute empirische Evidenzen für meine These, daß mit PC-Auseinandersetzungen immer auch Tendenzen zur Verrechtlichung verbunden sind. Die PC-Akteure wollen mit juristischen Kodifizierungen erreichen, daß ihre partikularen Normen zu möglichst weitreichender Geltung in der Gesellschaft gelangen. In vielen Fällen kann man in dem Drang zur Verrechtlichung auch einen Kompensationsversuch für mangelnde gesellschaftliche Konsensfähigkeit der vertretenen Normen sehen.

3. Zu den Funktionen von PC und: Kritik

PC-normierter Sprachgebrauch hatte in den USA ursprünglich die Funktion, auf berechtigte Minderheiteninteressen aufmerksam zu machen und einen Sprachgebrauch zu etablieren (etwa in der Bezeichnung von African Americans), der Diffamierungen vermeidet und eine respektvolle Gleichbehandlung der Minderheiten fördert. Also - wenn man es anspruchsvoll ausdrücken will: Gesellschaftspolitik mittels Sprachlenkung. Nun ist aus der Soziolinguistik hinlänglich bekannt, daß der Sprachgebrauch zwar gesellschaftliche Verhältnisse, insbesondere auch soziale Benachteiligungen von Gruppen, reflektiert, daß es aber kaum erfolgversprechend ist, mittels Sprache (auf einem so direkten Wege, wie es durch PC-Aktionen intendiert wird) gesellschaftliche Veränderungen durchzusetzen. Nicht die Sprache macht die gesellschaftlichen Verhältnisse, sondern umgekehrt. So hat Robert Hughes - wie ich anfangs erwähnt habe - mit Recht darauf hingewiesen, daß für Millionen von weißen Amerikanern die African Americans Nigger geblieben sind, trotz des Bezeichnungswandels. Veränderungen in den Bezeichnungskonventionen bewirken nicht automatisch Veränderungen in den Köpfen. In Deutschland beispielsweise hat die behördliche Ersetzung des im Laufe der Zeit pejorativ konnotierten Ausdrucks "Asylant" durch den "neutralen" Ausdruck "Asylbewerber" auch keine Einstellungsveränderung gegenüber Asylsuchenden bewirkt (vgl. dazu den Artikel "Asylant" in Strauß/Haß/Harras 1989, 86ff.).

Dietz Bering hat in seinem Buch "Der Name als Stigma. Antisemitismus im deutschen Alltag 1812-1933" in eindrucksvoller Weise gezeigt, wie vehement und oft auch verzweifelt Juden im preußischen Staat versucht haben, ihre als jüdisch "markierten" und stigmatisierenden Personennamen abzulegen und die staatliche Erlaubnis zu erlangen, einen "neutralen", vielleicht sogar "germanischen" Namen führen zu dürfen (vgl. Bering 1987). Wer einen Vornamen wie "Samuel" oder "David" trug, wollte wegen des immensen antisemitischen Stigmatisierungsdrucks im Alltag möglicherweise einen "germanischen" Vornamen wie "Siegfried" anerkennen lassen. Allein: Selbst wenn das gelang, nützte es den Betroffenen kaum, denn der "Fluchtname"

"Siegfried" wurde dann als jüdisch markiert stigmatisiert, konnte man doch vermuten, daß ein solcher Name eben als Fluchtname oder als Deckname verwendet wurde. Das Namen- bzw. Bezeichnungsfluchtschema behielt die Betroffenen fest im Griff; sie konnten der Stigmatisierung nicht entgehen (vgl. Bering 1987, 241ff.). Die antisemitische Markierung 'jüdisch' übertrug sich als semantisches Merkmal auf jede neu gewählte Personenbezeichnung. - Ein ähnlicher Bezeichnungsflucht-Mechanismus wirkt bei den PC-Personen- und PC-Gruppenbezeichnungen. Bietet die Verwendung des Ausdrucks "African Americans" Gewähr für Nicht-Diskriminierung? Könnte es sein, daß Weiße bei dem Ausdruck denken: So muß man jetzt sagen, um auf nicht-anstößige Weise zu sagen, was man ohnehin denkt? Ist es verwunderlich, daß Schwarze in Gruppen-Selbstbezeichnungen sich bereits wieder Nigger nennen, um deutlich zu machen, welche sprachlichen Spiele ablaufen bei der scheinbaren Neutralisierung von semantischen Diskriminierungspotentialen?

Die sprachlichen Verfahren, mit denen PC arbeitet, garantieren keine Bedeutungskonstanz im sprachlichen Alltag. Es ist ein linguistischer Irrtum, wenn PC-Akteure glauben, sie könnten wertende Bedeutungsmerkmale für bestimmte Ausdrucksverwendungen bzw. Ausdrucksformen festschreiben, so als wenn es sich um fachsprachliche Terminologien handelte. Seit langem lehrt die linguistische Semantik (Wittgenstein: Die Bedeutung ist der Gebrauch), daß die Bedeutung der sprachlichen Ausdrücke in der Praxis liegt. Dementsprechend kann es niemanden erstaunen, wenn normative PC-Bedeutungsfixierungen nicht die erwünschten Erfolge haben: die Praxis müßte sich erst ändern. Die Fehler und Irrtümer der PC-Akteure kommen den Gegnern der Verteidiger von Minderheiten-Rechten nur zu recht: Sie können mit den PC-Ausdrücken spielen, sie sich zu eigen machen, und sie können die semantischen Fehlleistungen zu ihren eigenen Gunsten ausnutzen, indem sie die PC-Sprachgebrauchsvorschläge ironisieren und damit indirekt darauf verweisen: Schaut her, was treibt ihr in dieser Gesellschaft? Welche Macht habt ihr eigentlich, das faktisch durchzusetzen, was ihr verbal fordert? Ein Wörterbuch und Handbuch der PC-Sprache ist der Ausdruck einer selbstgefälligen und selbstsicheren PC-Opposition, die weiß, daß sie gesellschaftlich und sozial "an den längeren Hebeln" sitzt und minderheitsschützende Initiativen nicht zu fürchten braucht (vgl. Beard/Cerf 1992). In einem solchen "Wörterbuch" werden dann weiße Frauen als "Women of Noncolor" bezeichnet oder Brillenträger als "Optically Challenged Persons".

Die Sprachspielchen der PC-Kontrahenten täuschen manchmal darüber hinweg, daß die PC-Initiatoren oft bedenkenswerte moralische Ziele verfolgen (vgl. Jung 1996, 22ff.). Natürlich ist es sinnvoll, berechtigte Interessen von Minderheiten zu vertreten, auch sprachlich. Aber es muß hier auch die Frage erlaubt sein, inwieweit hier moralische oder gar ethische Maximen eine Rolle spielen. Die Partikularität der PC-Interessen, die ich im Vorhergehenden verschiedentlich betont habe, verbietet es eigentlich, davon zu sprechen, daß es in PC-Debatten um ethische Fragen geht. Ethik ist gebunden an den Universalisierungsanspruch, d.h. an die Frage: Inwieweit können die vertretenen Maximen tatsächlich für alle Menschen in allen denkbaren Situationen gelten (dies seit Kant)? Ein Universalisierungsanspruch in diesem Sinne kann für PC-Forderungen nirgends geltend gemacht werden, und insofern handelt es sich bei PC-Diskussionen allenfalls um moralisierende Erwägungen.

Was kann die Linguistik, die linguistische Sprachkritik zu den PC-Auseinandersetzungen sagen? Es gibt seit der Jahrhundertwende eine etablierte radikale Sprachkritik, die darauf setzt, daß jegliche sprachliche Normierung unter Gesichtspunkten des fortschreitenden Sprachwandels bzw. der Sprachentwicklung kritikwürdig ist (vgl. Mauthner 1982). Diese Sprachkritik bietet einen Ansatz dazu, sowohl die übertriebenen Normerwartungen der PC-Akteure wie auch ihrer Gegner zu hinterfragen. Die Devise heißt: Hinterfrage jede sprachliche Normierung, sobald sie von Dir erkannt ist. Diese Devise schützt a) vor übertriebenen Normerwarwartungen (Was kann ich gesellschaftlich bewirken?), b) vor der Hoffnung, Gesellschaft könnte durch sprachliche Aktionen (im engeren Sinne der PC) verändert werden.

Literatur

Beard, Henry / Cerf, Christopher 1992: The Official Politically Correct Dictionary and Handbook. New York.

Behrens, Michael / von Rimscha, Robert 1995: "Politische Korrektheit" in Deutschland. Eine Gefahr für die Demokratie. Bonn.

Bering, Dietz 1987: Der Name als Stigma. Antisemitismus im deutschen Alltag 1812-1933. Stuttgart.

Berman, Paul (Ed.) 1992: Debating P.C. The Controversy over Political Correctness on College Campuses. New York.

Bittermann, Klaus / Henschel, Gerhard (Eds.) 1994: Das Wörterbuch des Gutmenschen. Zur Kritik der moralisch korrekten Schaumsprache. 3. Aufl. Berlin.

Bonder, Michael 1995: Ein Gespenst geht um die Welt: Political Correctness. Frankfurt a.M.

Burkhardt, Armin 1996: Das Zitat vor Gericht. Linguistische Anmerkungen zur Rezeption eines denk-würdigen Satzes von Kurt Tucholsky. In: Böke, Karin / Jung, Matthias / Wengeler, Martin (Hg.) 1996, S. 138-173.

Choi, Jung Min / Murphy, John W. 1992: The Politics and the Philosophy of Political Correctness. Westport, London.

Dieckmann, Walther 1992: Sprachkritik. (= Studienbibliographien Sprachwissenschaft. 3.) Heidelberg.

Dunant, Sarah (Ed.) 1994: The War of the Words. The Political Correctness Debate. Reading.

Eppler, Erhard 1992: Kavalleriepferde beim Hornsignal. Die Krise der Politik im Spiegel der Sprache. Frankfurt a.M.

Gauger, Hans-Martin 1995: Über Sprache und Stil. München.

Grice, Paul 1989: Studies in the Way of Words. Cambridge/Mass.

Gumbrecht, Hans Ulrich 1995: Kanon als Schicksal. Die amerikanische Debatte über Literatur und Moral. In: F.A.Z., 29. März 1995, S. N5.

Heringer, Hans-Jürgen (Hg.) 1982: Holzfeuer im hölzernen Ofen. Aufsätze zur politischen Sprachkritik. Tübingen.

Heringer, Hans-Jürgen 1990: "Ich gebe Ihnen mein Ehrenwort". Politik - Sprache - Moral. München.

Hughes, Robert 1994: Political Correctness oder die Kunst, sich selbst das Denken zu verbieten. München.

Jung, Matthias 1996: Von der politischen Sprachkritik zur Polical Correctness - deutsche Besonderheiten und internationale Perspektiven. In: Sprache und Literatur, 27. Jg., H. 2, S. 18-37.

Kaffsack, Hanns-Jochen 1995: Der "Fänger im Roggen" im Netz der Zensur. In: Süddeutsche Zeitung, 14. März 1995, S. 12.

Kurthen, Hermann / Losey, Kay Marie 1995: Schlagwort oder Kampfbegriff? Zur "Political Correctness"-Debatte in den USA. In: Aus Politik und Zeitgeschichte. Beilage zur Wochenzeitung Das Parlament, B 21-22/95 (19. Mai 1995), S. 3-13.

Mauthner, Fritz 1982: Beiträge zu einer Kritik der Sprache. 3 Bde. Nachdruck Frankfurt a.M., Berlin (zuerst 1906, 1923).

Mauthner, Fritz 1986: Sprache und Leben. Ausgewählte Texte aus dem philosophischen Werk. Hg. von G. Weiler. Salzburg, Wien.

Noelle-Neumann, Elisabeth 1996: Political Correctness - was ist das? In: F.A.Z., 16. Oktober 1996, Nr. 241, S. 5.

Newfield, Christopher / Strickland, Ronald (Eds.) 1995: Political Correctness. The Humanities and Society in the 1990s. Boulder, San Francisco, Oxford.

Ostermann, Rainer 1993: Die Freiheit des Individuums. Eine Rekonstruktion der Gesellschaftstheorie Wilhelm von Humboldts. Frankfurt a.M., New York (= Campus Forschung Bd. 709).

Papcke, Sven 1995: "Political Correctness" oder die Reinigung der Sprache. In: Aus Politik und Zeitgeschichte. Beilage zur Wochenzeitung Das Parlament, B 21-22/95 (19. Mai 1995), S. 19-29.

Röhl, Klaus Rainer 1995: Deutsches Phrasenlexikon. Lehrbuch der politischen Korrektheit für Anfänger und Fortgeschrittene. Berlin, Frankfurt a.M.

Schlosser, Horst Dieter 1995: Sprachkritik zwischen "political correctness" und anderen Klippen. In: Bernd Ulrich Biere / Rudolf Hoberg (Hg.): Bewertungskriterien in der Sprachberatung. Tübingen (= Studien zur deutschen Sprache 2), S. 132-146.

Steinhäuser, Stefan 1995: Die "Auschwitz-Lüge" - Vom rechtsextremistischen Schlagwort zum juristischen Terminus. In: Sprache und Literatur 75/76, 26. Jg., 1995, S. 3-16.

Stephan, Cora 1995: Political Correctness, Identität und Werterelativismus. In: Aus Politik und Zeitgeschichte. Beilage zur Wochenzeitung Das Parlament, B 21-22/95 (19. Mai 1995), S. 14-18.

Stickel, Gerhard 1988: Beantragte staatliche Regelungen zur `sprachlichen Gleichbehandlung'. Darstellung und Kritik. In: Zeitschrift für germanistische Linguistik 16 (1988), S. 330-355.

Stötzel, Georg / Wengeler, Martin 1995: Kontroverse Begriffe. Geschichte des öffentlichen Sprachgebrauchs in der Bundesrepublik Deutschland. Berlin, New York.

Strauß, Gerhard / Haß, Ulrike / Harras, Gisela 1989: Brisante Wörter von Agitation bis Zeitgeist. Berlin, New York (= Schriften des Instituts für deutsche Sprache 2).

Thibodaux, David 1992: Political Correctness. The Cloning of the American Mind. Lafayette.

Wimmer, Rainer 1982: Überlegungen zu den Aufgaben und Methoden einer linguistisch begründeten Sprachkritik. In: Heringer (Hg.) 1982, S. 290-313.

Wimmer, Rainer 1983: Sprachkritik und reflektierter Sprachgebrauch. In: Sprache und Literatur in Wissenschaft und Unterricht (SuL), 14. Jg., H. 51/1983, S. 3-14.

V Deutsches Vergnügen

Fünfzig Meter Große Freiheit. Deutsches Vergnügen

Eine Versuchsanordnung,

eingerichtet von Rainer B. Jogschies

Wir sehen fern.
Selbst Fernes sehen wir da ganz nah. So nah, daß wir nicht einmal aufstehn brauchen. Ach, sagen wir, so ist also Afrika. Aha, so ist es also, wenn ein Mensch geschlagen, vergewaltigt oder getötet wird. Soso, so funktioniert die Politik. So.
Wir sehen all das ganz nah.
So nah sogar, daß wir uns selber fern werden. So fern sogar, daß wir uns selbst nicht mehr verstehn müssen. Denn wir haben die Freiheit, die große Freiheit, alles zu sehen und nichts zu verstehn - und nutzen sie, indem wir einfach starr sitzen bleiben und starren, als gäbe es etwas zu sehn, das wir sehen möchten. Alles um uns ist in Bewegung, nur wir nicht, alles ist im Bild, nur wir nicht. Die Welt ist im Fernsehen. Und manchmal, nur manchmal, sind sogar wir im Fernsehen, ganz live, "lebendig", und doch nur flach auf Mattscheibe, und sehen uns beim Fernsehen zu; aber in der Welt sind wir dann nicht mehr. Das Fernsehen ist die Welt.
Dagmar Leupold beginnt ihr Gedicht *Spiegelungen* in der Sammlung „Die Lust der Frauen auf Seite 13“:

> „Den eigenen Schlaf bewachen
> mit Worten über Sprache richten
> dem Blick beim Sehen zuschauen“

Eine Straße in Hamburg, die "Große Freiheit".
Die Welt kennt sie. Das haben wir jedenfalls gehört. Viele andere haben von der Straße gehört. Viele haben sie sogar gesehen - im Fernsehen.

Nach dieser Straße sehnen sich Menschen. Einige sind da gewesen; auch das war zu sehen.
Dabei ist eigentlich immer nur eine, *die* Straße zu sehen gewesen. Andere wohnen dort sogar; aber das war nie allzu schön anzusehen.
Zumal: In einer Straße wohnt ja jeder, auch wenn er vom Dorf, der Weide und dem Teich oder den Palmen und dem feinen Strand träumt. Eine Straße muß etwas Besonderes sein, damit man sie sehen möchte, *die Straße*.
Etwas Besonderes ist sie, wenn sie wie die große Freiheit ist und nicht die kleine, darauf mit dem Hund Gassi zu gehen. Das ist der Alltag. Die große Freiheit, die träumt sich jeder selbst und manchmal auch gerade nur so, wie er sie gesehen hat, oder eben nicht so - dann ist es sensationell, sensationeller als der Alltag zumindest; dann muß man sie eben anders sehn als zu sehen ist. Das ist dann das ferne Sehen, selbst wenn es so Naheliegendes zeigt wie eine Straße.
Ein Mann steht auf dieser Straße, der "Großen Freiheit".
Er ist umringt von Menschen, die ihm dabei zusehen, wie er nur so dasteht. Wir sehen, wie er steht, und die anderen sehen. Das ist Fernsehen. Und hier müssen wir es erzählen, was manchmal die Bilder durchschaubarer macht als sie sind.
Die Kamera - und wir mit ihr - fährt endlich auf den Mann zu. Die Menschen bleiben stehn. Er sieht uns direkt in die Augen als spreche er nur mit uns:

> *»Dieser Tag ist der erste Tag vom Rest deines Lebens. Ich mein', das stimmt zwar. Aber morgen ist auch noch ein Tag und ich hab' jetzt nicht die Zeit, darüber nachzudenken. Ich mein', wenn man mal richtig überlegt, dann weiß man ja schon kaum noch, wer man selbst ist. Ich für meinen Teil behaupte, ich bin Carsten Pape. Und das hier ist also die "Große Freiheit". Ich meine, ich hab' mir die Freiheit auch immer ganz anders vorgestellt, aber das is sie!«*

So beginnt eine Fernseh-Sendung,
FÜNFZIG METER GROßE FREIHEIT. DEUTSCHES VERGNÜGEN. Sie beginnt wie die meisten beginnen: Mit der ersten Einstellung, über die Sendetitel und Untertitel gelegt sind, und mit einer Titelmusik, dem Song »USA« von Jürgen Kuhmlehns Platte »Schöner reisen mit Kumlehn und Itt«.
Doch bevor die Fernsehsendung beginnt, wird sie erst einmal marktschreierisch angekündigt. Zehn Minuten lang - in einem Stück - werden "Trailer" gezeigt, jene gängigen Werbefilmchen für das Programm, das heutzutage die Werbung unterbricht: Sie reduzieren das Geschehen und die Information in wenigen Bildern und Sätzen auf das, was genau betrachtet vom Fernsehen noch übrig geblieben ist - auf vermeintliche "Quotenzwänge" und verspro-

chene Attraktionen, die anknüpfen an die vermutete Erwartungshaltung der Zuschauer, kreuz und quer durchs Programm. Sie ersetzen die Sehnsucht durch die Sucht nach dem Sehnen.
Zehn Minuten "Werbung" zu einer Live-Produktion, die kaum fünfundzwanzig Minuten lang ist - scheinbar ein zeit-ökonomisches Mißverhältnis. Das aber vergleichsweise günstig bemessen ist: Inzwischen zeigen die Fernsehsender in jedem ihrer zahlreichen "Werbeblöcke" und nach jedem Film so viele Trailer mit Hinweisen auf spätere Programme, daß deren (sich oft über Tage summierende) Sekunden und Minutenzahl häufig die Beitragslänge erreicht oder überschreitet.
Die Werbung für das Programm wird zum Programm.
Was der Zuschauer "sehen will", zeigt ihm der verständige Redakteur, der will, daß die Zuschauer gerade dies sehen wollen müssen. Er ist zum Werbeblockwart geworden, der bestens weiß, was die Nachbarn in seiner kleinen Straße wünschen.
Das Medium ist so zum blassen Spiegel einer verkommenen Berufsgruppe geworden, die mit ihren Obsessionen und Ängsten nicht ernstgenommen werden müßte, wenn die ständigen Bezüge auf sich selbst nicht ausgerechnet als "Information" einer Reportage oder "Unterhaltung" eines Doku-Dramas oder einer Show daherkämen.
Die Werbung für etwas, das keine Rolle mehr spielt,
weil es nur noch für die Werbung da ist, kommt in diesem Fall so daher wie die Freiheit, Fernsehen zu machen, klein geworden ist:
Bis zur Wahrnehmbarkeit kleingeschnitten sind die Anfangsbilder vom glitzernden, fröhlich bunten Kiez, dem Ort der vermeintlichen Vergnügungen, juchzende Prostituierte und solche, die halbnackt in einer Bar mit Champagner zuprosten, deutsches Vergnügen, das so fern ist, daß wir es uns im Fernsehen anzusehen bereit sind.
Darüber dröhnt diesmal allerdings ausgerechnet Punk-Musik, der Titel »Auf der Reeperbahn, nachts um halb eins...« der nach wenigen Sekunden übergangslos an das gleichnamige legendäre Hans-Albers-Stück angeschnitten wurde. Die mediengerecht vermarktete „Rebellion des Punk" paßt eigenartig zur deutschen Schunkellaune.
Nach nicht einmal zwanzig Sekunden scheinbar ungeordneten Bilderrauschens, das heutzutage allenthalben die atmosphärische Dichte ersetzt, plötzlich das erste "ruhige" Bild, eine erste Einübung in das vermeintliche "Live"-Geschehen, das genauso inszeniert ist wie fast alles im Fernsehen: Pape von hinten vor Schaukästen des "Tabu", einer Striptease- und Kopulationsbar, halbnah. Hände streicheln zärtlich über seinen Rücken. Er dreht sich um, in

die Kamera: Wir sehen, daß nur er sich selbst gestreichelt hat. Er spricht uns vertraulich ins Gesicht:

> *»Was Sie schon immer über....naja, so dies und das wissen wollten und wir uns trauen, Ihnen zu sagen, ist folgendes...«.(verschwörerisch flüsternd)»... PvK einschalten* - Pape vom Kiez!«

Er haut auf den Einschaltknopf eines Ghetto-Blasters unter seinem Arm, das Leit-Thema vom *PvK* dröhnt los, Pape geht beschwingt aus dem Bild - die Kamera bleibt wie eingemauert, ihre Schärfe auf dem Schaukasten.
Nichts ist gesagt und damit alles. Was sollten wir schon wissen wollen? Wer weiß denn, was Liebe ist, daß nicht ein Liebender ihm gesagt hätte - wer weiß schon, was Sex ist, daß nicht schon andauernd gehört und gesehen gewesen wäre und nie geträumt würde? Wer weiß.
Vielleicht weiß es das Archiv. Es folgt als zweiter Anlauf, aber in einem langsameren Rhythmus als der kobernde Einstieg, eine "lockere" Verstrickung von Szenen:
m Ein Mann kommt durch einen dunklen Hofgang. Er erkundigt sich bei einer Prostituierten nach dem Preis; sie begleitet ihn und fragt: „Wo kommst Du her?« Er: »Aus Hannover.« Sie: »Aha.«
m Die Reeperbahn wird gezeigt: Ein alt-väterlich, Seriosität raunender Nachrichtensprecher des Norddeutschen Rundfunks berichtet von dem Plan der Hamburger Baubehörde, "die alten Häuser abzureissen" und St. Pauli zu einem "modernen" Stadtteil zu machen. Es werden Illustrationen gezeigt von einer kommenden Welt aus Beton und Glas, in deren Schluchten kleine Menschen zwischen Springbrunnen und Rabatten flanieren. Dagegen werden in dem Bericht Bilder gesetzt, wie die Reeperbahn "heute", in den sechziger Jahren ausssieht, "wie sie aus Trümmern wieder aufgebaut" wurde:

> *»Ist sie wirklich noch der Ankerplatz der Freude, würde sie auch heute noch den unvergessenen Ralf Arthur Roberts zu dem vielbesungenen Schunkellied >Auf der Reeperbahn nachts um halb eins< inspiriert haben?«*

Dazu sind torkelnde Männer zu sehen, eine Tageslicht-Tristesse mit Schnapsleichen. Die Musik des Beitrages ist dräuend wagnerianisch.

> *»Ist das Romantik, mit der eine Stadt wie Hamburg für sich werben kann? Ist das sehenswert«,*

fragt der Reporter ernst, während die Kamera über die damals bereits verfallende "St. Pauli Hafenstraße" schwenkt:

> *»Auch hier soll sich sehr viel ändern. Auf den freien Flächen wollen die Stadtplaner noch mehr Grünanlagen bauen und die Slums verschwinden lassen.«*

m Der Mann ist mit der Prostituierten in ihrem Zimmer angekommen, das "ja ganz nett" nach Meinung des Mannes ist. Er solle es "sich bequem machen", wird er aufgefordert; man könne es sich auch noch "richtig schön gemütlich machen", wenn man noch etwas trinke, zehn Mark je Getränk - sie holt sich eine Cola, ihm ein Bier, während er sich "schon mal ein bißchen" ausziehen solle.
m Ein Richtfest auf der "Großen Freiheit". Dasselbe Nachrichten-Fernsehmagazin, das am Beginn des Jahrzehnts über die "Sanierung" St.Paulis berichtet hatte, ist nun am Ende inmitten zwischen freudigen "Bauherrn" und seinen beschlipsten Freunden angekommen, die Flaschenbier trinken. Ein Polier trägt ein Gedicht vor:

> *»Drum ehr' den Bauherrn und den Mann,*
> *der diesen stolzen Bau ersann,*
> *und wünschet Glück und Segen dem Bau und seinen Herrn*
> *und allen, die auf ihren Wegen in dieses Haus einkehrn.«*

Die Gattin des Bauherrn enthüllt ein Schild mit der Aufschrift "Eros Center"; sie erhält dafür mehrere große Blumensträuße und ruft "Prost!". Die Kapelle spielt einen netten Marsch. Es wird geklatscht.
m Nach einer fünften, kurzen Szene - im Puff - aus einer Dokumentation des NDR, wo alles ordnungsgemäß wieder "richtig schön" und "gemütlich" hergeht, steht Carsten Pape wieder allein auf der "Großen Freiheit", zunächst orientierungslos hin und her sehend, die Kamera (und damit wir) stehen halb nah.
Die zweite Einübung,
er spricht direkt zur Kamera, achselzuckend:

> *»Safari!!? Salambo??!! Collibri!!?? Bin ich Großwildjäger oder Vögelkundler? Wenn Sie wissen wollen, warum die Freiheit hier so groß ist: PvK einschalten - Pape vom Kiez. Große Tiere könnt ihr woanders sehn.«*

Er haut auf den Einschaltknopf seines Ghetto-Blasters, das Leit-Thema von *PvK* dröhnt los, Pape geht beschwingt aus dem Bild - die Kamera bleibt eingemauert, die Schärfe auf Lichterketten mit "Salambo".
Es folgt - wie schon am Einstieg - wieder eine beschleunigte Bildsequenz, in der die falsche Idylle aus zahlreichen Fernsehberichten wie in einem Daumenkino zu besichtigen ist: vergnügte Besucher, exotische Frauen (So ist Afrika!), Schlammringerinnen (So ist Gewalt!), Prostituierte, die gemütlich pfleglich die Kissen auf ihrem Bett einkanten und die Teddybären und Puppen auf dem Sideboard geraderichten, Staub sorgsam mit der Hand wegwischen; aber auch

die Tristesse einer Frau, die auf dem Straßenstrich in eine ferne Welt horcht, die nicht im Regenmantel um sie kreist.
Dazu ist nun nicht - wie am Beginn - Hanns Albers zu hören, sondern die bereits zweimal eingeführte Titelmusik zu *PvK.* Unmerklich ist so der atmosphärische Bezugsrahmen "modernisiert", der Kunstgriff "Face-lifting", der in der aktuellen Werbung zumeist umgedreht eingesetzt wird: zu heutigen Film-Inszenierungen wird gern, nostalgisch zeitgemäß, Rock'n'Roll, Beat und Pop unterlegt.
Dritte Einübung:
Pape steht kopfschüttelnd vor einem Wandgemälde mit einem Schwan, der eine Frau von hinten begattet; die Kamera halbnah von hinten, seufzt uns - die wir schon in der Anrede unmerklich und unfreiwillig zu seinen Kumpanen geworden sind - amüsiert zu:

> *»Mein lieber Schwan! (Dreht sich dann um, direkt in die Kamera:) Wenn ihr mal was richtig Tierisches sehn wollt: PvK einschalten -* Pape vom Kiez. *Aufgeplusterte Vögel könnt ihr woanders sehn.«*

Er haut wieder immer auf den Einschaltknopf seines Ghetto-Blasters, das rockige Leit-Thema von *PvK* dröhnt los, Pape geht beschwingt wieder aus dem Bild, die Kamera bleibt eingemauert, sie läßt den Zuschauer scheinbar wieder unbegleitet zurück, die Schärfe bleibt auf dem Schwan.
In der anschliessenden Archiv-Sequenz wird wieder "berichtet", diesmal über die Musikkultur, die auf dem Kiez ihre Heimat gefunden habe in den sechziger Jahren, der Rock'n'Roll:

> *»Auf der sündigen Meile bot man vor allem etwas für die Augen... Hier vergnügten sich Deutschlands Väter zwar noch bei Striptease und Schlammringkampf, doch dann fingen sie an, sich ernsthaft Sorgen zu machen um den moralischen Verfall ihrer Töchter und Söhne.«*

Auf der "Großen Freiheit", gleich "nebenan" habe die "Beat-Musik ein Zuhause bekommen", der "Star-Club". Zwar sei

> *»der halbstarke Nachwuchs stets um tadelloses Auftreten bemüht gewesen«,*

aber

> *»Sitte und Anstand«*

seien durch den "berühmtesten und berüchtigsten Beatschuppen" Club gefährdet gewesen.

Zum Vierten:
Pape, unser Freund, der bisher immer wußte, was wir wissen wollen, im Bildausschnitt von der Seite halbnah, "entziffert" laut vor sich hinmurmelnd eine "Beatles-Gedenktafel" am "Kaiserkeller":

> *»An einem Tag im Jahr 1960 kletterten fünf Jugendliche, Pete Best, George Harrison, Paul McCartney auf..«*

Pape dreht sich um, achselzuckend direkt in die Kamera:

> *»Tja, sind wir 35 Jahre zu spät - dafür aber live! Wenn ihr wissen wollt, was heutzutage passiert: PvK einschalten - Pape vom Kiez. Oldies könnt ihr woanders sehn.«*

Er haut auf den Einschaltknopf seines Ghetto-Blasters, das Leit-Motiv von *PvK* dröhnt schon wieder los, Pape geht beschwingt aus dem Bild - die Kamera bleibt eingemauert, die Schärfe auf der Gedenktafel, und wir sind endgültig wie ein Pawlow'scher Hund auf die kommenden Sensationen eingespeichelt: Es warten "neue" Sensationen - und sei es auch nur die, "live dabei" sein zu können, ganz und gar lebendig. Doch wobei?
Vorletzter Angang:
m Der "Jugendschutztrupp" in den "Grünanlagen" beim Bismarck-Denkmal in St. Pauli auf der Suche nach "streunenden Jugendlichen". Der den zivilen Polizisten artig folgende NDR-Reporter hat wiederum den gewichtigen Tonfall der Sechziger Jahre: Die Jugendlichen interessierten sich "weniger für die Prostitution" auf St. Pauli, sondern

> *»für Beat und Rauschgift oder beides. 'Das Andere ergibt sich dann von selber und kostenlos', sagt ein junger Mann.«*

m »Hamburg, die große Freiheit«, heiße der neue Werbeslogan, wie sie denn den finde, wird eine Polizistin von einer Reporterin auf dem Kiez heutzutage gefragt:

> *»Hervorragend, finde ich sehr schön, weil Hamburg eine freie und Hansestadt ist paßt dieser Name besonders gut.«*

m Zwei Männer feixen einem anderen NDR-Reporter vergnügt ins Mikrophon, daß sie auf der "Großen Freiheit" nur "ausgesuchte Ware" fänden, "wie man hört".
m Das Fernsehen blättert für uns abschließend - eilig und bildfüllend - durch die Postillen, die den Kiez verherrlichen, die *St. Pauli Nachrichten* und andere. Schlagzeilen sind für Augen-Blicke unter anderen die Emanzipation, der Gruppensex und die "Hölle der Einsamkeit".
Erst dann,
nach zehn Minuten, beginnt FÜNFZIG METER GROßE FREIHEIT. DEUTSCHES VERGNÜGEN - und ist eigentlich schon wieder vorbei.

Denn das Repertoire für Redundanz ist bereits ausgebreitet, es folgen Paraphrasen, Dopplungen und ins Leere laufende Tautologien - und es ist damit genau die "Unterhaltung", die dem Zuschauer schreierisch angekündigt wurde. Carsten Pape ist nicht nur im Fernsehen zu sehen, er *ist* das Fernsehen in seinem derzeitigen Aggregatzustand. Weiß er da einmal nicht, wer sein Gesprächspartner ist, sieht er auf den unteren Bildrand und bekommt eine erhellende Einblendung zu lesen. Lernt er geade jemanden kennen, weiß es das Medium immer schon vorher und sagt es dem Zuschauer vor ihm. Er irrlichtert über die "Große Freiheit" als gäbe es noch die Gattung der Interviewer - und trifft dabei wie zufällig lauter andere Carstens, die das zu wissen scheinen, was er erfragen möchte. Aber sie antworten ihm nicht, und er belügt sie charmant: Er wisse schon, was der eine Carsten, der angeblich nur eine Wurst essen will, auf der "großen Freiheit" suche - obwohl er ihn gerade danach gefragt hatte. Das "Salambo" sei "nicht so schlecht", flunkert er einen anderen Carsten am Ende an, obwohl er sich noch im Trailer darüber lustig gemacht hatte. Vorbei, vergessen, wie die Bildchen aus dem Archiv.
Warum war die große Freiheit noch gleich so groß? Die "Große Freiheit" heiße so, weil "die kleine schon weg ist", sagt ihm ein Zuschauer; ein anderer sagt, daß die Freiheit da so groß sei, deshalb heiße das da so.
Daß die "Große Freiheit" einmal für die Glaubensfreiheit stand, wie ein Fremdenführer den Pape belehrt, bleibt eine Marginalie wie die Gedenktafel für den Beatles-Auftritt in der "Großen Freiheit".
Woher er käme, fragt Carsten Pape einen Passanten. »Aus Braunschweig.« - »Aha.«
Michael Krüger schrieb in dem Gedichtband *Idyllen und Illusionen* unter anderem:

> *»DIE BILDER SCHWEIGEN. EIN RÄSTELRATEN ÜBERALL,*
> *WIE DAS ZU DEUTEN SEI, NACH DIESEM ANGRIFF,*
> *ALL DIE ZOTEN, DIE IHRE ORDNUNG SPRENGTEN,*
> *AUCH DIE LIEBE, DIE NUN, GESCHWÄCHT VON MITLEID,*
> *UNENTSCHIEDEN IHRE SPIELE WÜRFELT.*
> *WAS DER KOPF VERLOREN, KLUMPT SCHWER IM HERZEN.*
> *LEISE BITTEST DU DIE WÜNSCHE, SICH ZU ZEIGEN*
> *AUF DEN BILDERN; DOCH DIE BILDER BLEIBEN STUMM*
> *UND DUNKEL. NUR EIN HUSCHEN, WIE VON WOLKEN,*
> *DIE EIN KALTER WIND VOR DEINE AUGEN TRIEB,*
> *SETZT SICH IN DEN ECKEN FEST UND NISTET.«*

FÜNFZIG METER GROßE FREIHEIT. DEUTSCHES VERGNÜGEN ist eine Fernseh-Show, eine Show, die das Fernsehen als Show zeigt.

Insofern ist es eine versteckte Versuchsanordnung, eine (wenn auch großsprecherische) Formulierungsübung, die Mißverständnisse einkalkuiert, weil diese trotz aller Ankündigungen das Ziel sind, eine, die das Alltägliche zur Sensation erhebt, aber nicht aufhebt.

Das ist kein Vergnügen.

Er könne keinen Blues spielen, nein, er "habe" ihn auch nicht, sagt Carsten Pape auf der Hälfte seines Gangs über die "Große Freiheit" dem Gitarristen Jürgen Kumlehn, der frierend neben seinem Gitarrenverstärker in einem Hinterhof hockt, wo sonst Frauen sich verkaufen.

Dann singt Pape "spontan" zu Kumlehns Begleitung einen Blues, daß er den Blues nicht habe. Die Unfähigkeit zum Mitleiden, zu Trauern, singt er mit gequetschtem Pathos, aber achselzuckend - den »Blues der großen Freiheit«, wie er den Song ankündigt:

> »ICH HAB' N BLUES NICH' UND ICH KRIEG DEN AUCH NICH' MEHR,
> ICH HAB' N BLUES NICH, UUH, WO NEHMT IHR DEN ALLE HER?
> WENN ICH FÜR DIE PAAR KRÖTEN ARBEITEN GEHEN WÜRD' WIE DU,
> DANN HÄTT' ICH DEN BLUES IM NU.«

Er geht einsam weg, während Kumlehn weiterspielt, weg durch die Dunkelheit im Hinterhof der Glitzerwelt St. Paulis, vorbei an dem kopulierenden Schwan. Er redet sich dabei in dieser (längsten ungeschnittenen) Szene des Films rasend rappelnd und zappelnd den Blues zu. Er redet, er singt leise mit sich selbst, aber sein Gesicht ist immer nur uns zugewandt; ein Monolog, in dem er sich ständig selbst ins Wort fällt:

> *»Einsamkeit hat viele Gesichter. Dies ist eines davon. Einsamkeit heißt Alleinsein, aber Alleinsein heißt ja nicht, daß man einsam ist. Da wagst du einen mutigen Sprung in deine Bank hinein und merkst auf einmal: Dein Konto ist sinnlos und restlos überzogen. Das is wie'n Schlag gegen'n Kopf, daß dir die Mütze wegfliegt und wie'n Schlag in den Magen, daß dir der Kopf wegfliegt. Das is' so und das bleibt auch so. Da kommst du dir doch manchmal vor, als wenn alle Sterne schon Nachrichtensatelliten wären, die mich überwachen und ihr beobachtet mich dabei, wie ich überwacht werde - immerhin, ich bin bemerkt. Einsamkeit kann man nicht beschreiben, das muß man fühlen. Da ist es doch manchmal so: Bei deiner großen, großen Freiheit sitzt du da in deiner Einzimmerwohnung und guckst in die hinterletzte Ecke rein, ob da nich' irgendwo einer sitzt, mit dem du dich doch ein bißchen unterhalten kannst. Einsamkeit kann man nicht beschreiben: Da nimmst du deine Faust, schlägst gegen den Fernseher und mein Bild taucht auf! Du sitzt da - ich steh' hier. Du hörst mich -*

ich hör' dich nich'. Du siehst mich - ich seh' dich nich'. So sind wir beide allein. Das ist die große Freiheit? Ach. Einsamkeit kann man nicht beschreiben, das geht einfach nich', Einsamkeit ist etwas, das kann man nur fühlen, Einsamkeit.... da kommst dir doch vor, als wenn du nur noch von Androiden umgeben bist, die nur noch Rechnungen ausstellen, Einsamkeit ist 'n Schocklauf durch die letzten Hirnwindungen, Einsamkeit ist mentales Wegbeamen. Und: Einsamkeit macht Angst. Das ist das Schlimme dabei. Dabei wär' das alles so einfach: Du machst 'n paar Schritte rückwärts, 'n paar Schritte vorwärts, 'n paar Schritte rückwärts - und schon biste wieder mitten drin.«

Pape ist durch den Hinterhofgang, in dem sich Männer huschend vorbeidrängten, wieder auf der "Großen Freiheit" angekommen, wieder im Film. Der Blues ist vorüber, aber er seufzt noch:

»ACH, WAS BIN ICH FRÖHLICH, ACH, WAS BIN ICH FRÖHLICH, SO FRÖHLICH, SO FRÖHLICH...«

Er trifft einen Carsten, den er zum Bier einladen möchte - aber der will nur Currywurst.

In einem Imbiß trifft er einen, der es nicht mag, wenn auf dem Kiez so gelärmt wird - er selbst hat dort eine Kneipe und macht den Lärm. Carsten trinkt zünftig Bier und Schnaps mit ihm. Er wolle, daß Grünanlagen bei der "St. Pauli Hafenstraße" gebaut werden, das wollten die Anwohner und die Hafenstraßler dort so; und der trinkende Wirt ist auch gegen die "Politik am grünen Tisch" in Hamburg (So ist die Politik!).

Carsten Pape läßt ihn einsam zurück und will zum Abschied noch den Radetzky-Marsch in der Musikbox des Imbiß spielen. Da entdeckt er im Repertoire einen Musiker, der mit den Beatles groß wurde, Achim Reichel. Er drückt dessen Titel »Das Herz von St. Pauli«. Aber statt dessen kommt ein anderer aus der Musikbox: »Ein Leben in Keuschheit und Demut.«

Das Fernsehen ist wieder Fernsehen:

Ein Star, Clemens Maria Haas, kommt nicht obligat die Treppe hinab, sondern vom Imbißklo herauf und singt - während Würste und Pommes Frites frittiert werden:

»Ich wünsche mir ein Never-Ending-Konto auf der Bank
und zweihundert Seidenanzüge im Schrank,
'nen Rolls Royce und 'nen Swimming Pool,
'nen Chauffeur und 'nen Gärtner - alle beide schwul.
(...) Alle meine Träume auf Video
und die Refrains meiner Texte auf'm Damenklo!
Ansonsten wünsch'ich mir ein Leben in Keuschheit und Demut.«

Haas schließt eine endlose Reihe von Versprechungen an, wie wir sie tagtäglich im Fernsehen als das schöne Leben und die aufregende Liebe angeboten bekommen, ein Schocklauf aus Zitaten, die ohne Hirnwindungen Amok laufen - hinter uns her.

Pape wuselt indes schon wieder über die "Große Freiheit" und "interviewt" Männer, was sie an der "Großen Freiheit" so groß finden. Es ist ein ungelenkes Gehen im Kreis. Aber die Pflöcke, an denen die Böcke angebunden sind, sind nicht zu sehen.

Am Ende bleibt:

Die Werbung für das Programm ist das einzige Programm. Information wird zur Unterhaltung. Prostitution wird zur Romantik, schön "gemütlich" und "nett". Liebe wird zum Sex, "gesegnet" auf "allen Wegen" des Herrn, der gefeiert wird.

Alles ist zu sehen; nichts ist zu "verstehen", weil sich alles auf sich selber bezieht.

Sogar die Kritiker, wie auf dem DISS-Colloquium, beziehen sich ganz uneitel nur auf sich selbst. Da hilft nicht einmal vermeintlich "politische" Korrektheit, die zu einem solchen Film, zu einem solchen "Programm", zu solchem standardisierten Fernsehen, lautstark "*die* Hintergründe" oder zumindest "*die* künstlerische Brechung" (ausgerechnet zur Gewalttätigkeit der Zuhälterei und der Entwürdigung der Menschen auf dem Kiez!) aufgebracht fordert.

Gewiß, der Alptraum eines heutigen Quoten-Redakteurs: Da sehen dann plötzlich Leute fern, denen alles nahe geht ohne daß sie noch hinsehen brauchen, schon gar nicht, *wie* sie selber hinsehen - oder auch nicht hinsehen wollen, weil etwas zu sehen sein könnte, was sie sowieso nicht sehen wollten.

Michael Krüger schreibt weiter in *Idyllen und Illusionen*:

» Auch sie, die Bilder, igeln sich ein,
übermüdet von Schrift wie alles,
uns beeindrucken wollte.
wir reden weiter, reden uns
durch den Schlaf auf die Höhe der Zeit,
wo die Texte verschwinden im Staub.
Fragmente, preisgegeben der Verachtung,
Teilchen einer Zukunft, die sich
nicht lesen läßt. Der Platz bleibt leer.
Du siehst Gespenster, Wiederholung,
Tod auf weißen Seiten.«

Am Schluß
hockt sich Carsten Pape mitten auf die belebte nächtliche Fußgängerzone der "Großen Freiheit" und steckt das Mikrophon in den Gürtel:

»Ehrlich gesagt«,

sagt er entschuldigend, das seien "ja nur fünfzig Meter" der "Großen Freiheit" gewesen:

»Trotz alledem: Ich bin nur Einsdreiundachtzig groß - und da is' das schon 'ne ganze Ecke, so fünfzig Meter. Das war's. Und noch was: Macht euer Glück nich' von eurem Kontostand abhängig. Bis dann.«

Wann? Er drückt wieder auf den Knopf seines Ghetto-Blasters, wieder ertönt die Titelmusik »USA«. Und er geht wieder entspannt aus dem Bild. Die dröhnende Kiste bleibt diesmal auf der Straße zurück, rechts und links strömen Passanten vorbei; darüber ist der übliche Abspann mit den zahlreichen Beschäftigten der Produktion zu sehen.
Doch der Film endet noch nicht.

»Warum sind Sie hier?«

wird - nachdem das sonst beendende Sende-Logo des NDR bereits zu sehen war - plötzlich ein Passant aus einer dicht gedrängt stehenden Gruppe gefragt. Damit beginnt (nach 35 Minuten) der Film fast wieder von vorne - und endet doch formal wie er begann.
Zwei ineinander verschränkte Film-Sequenzen zeigen ein Hochhaus am Anfang der Reeperbahn, dem "Renommierbau der sechziger Jahre", wie im stolzen Berichtertonfall erzählt wird. Asbest sei erst spät entdeckt worden:

»Die Sanierung scheiterte. Letzte Lösung: der Abriß.«

Wir sehen tatenfrohe Sprengmeister und achtzigtausend gebannt begeisterte Zuschauer, die zusehen, wie mit 160 Kilo Sprengstoff sich eine Illusion in Staub auflöst. Die Idylle bleibt.
Und auch die Spiegelungen.

»Wie haben Sie sich gefühlt?«,

werden die Zuschauer, denen dabei zugesehen wurde, danach gefragt.

»Erschrocken.« - »Das war Wahnsinn.« - »So hab' ich mir das nich' vorgestellt, bißchen anders.« - »Weniger bum.« - »Es hat so seltsam ausgesehen.« - »Bin völlig aufgeregt.« - »Aber Wahnsinn! Überall grauer Himmel. Am liebsten würd' ich das nochmal sehen.«

Abblende. Filmende.
Wir sehen fern.
Selbst Fernes sehen wir da ganz nah. So nah, daß wir nicht einmal aufstehn brauchen. Wir sehen alles ganz nah, was wir uns ohnehin nah vorstellen. So

nah sogar, daß wir uns selber fern werden. So fern sogar, daß wir uns selbst nicht mehr verstehn müssen. Wir bleiben sitzen.

Denn wir haben die Freiheit, die große Freiheit, alles zu sehen. Das Fernsehen ist die Welt. Und wir reden nicht einmal darüber. Wir reden über die Sprache, die es uns längst verschlagen hat. Wenn wir nicht fernsehen.

Der NDR-Film FÜNFZIG METER GROßE FREIHEIT. DEUTSCHES VERGNÜGEN wurde 1996 ausgestrahlt. Carsten Pape war Sänger und Texter der Pop-Band *Clowns & Helden*. Wochenlang war Mitte der achtziger Jahre sein Song »Ich liebe Dich« Nummer eins der Hitparaden. Anfang der Neunziger gelang ihm der Solo-Hit »Komm', wir reden über Sex«. Heute spielt Pape in der Band *Roh!* u.a. »Ich möchte nicht mehr mit der Kelly-Family verwechselt werden«.

AutorInnen- / HerausgeberInnenverzeichnis

Herbert **Bock,** Dr.: Professor für Psychologie im Fachbereich Sozialwesen an der Hochschule für Technik, Wirtschaft und Sozialwesen Zittau/Görlitz

Hannelore **Bublitz,** Dr.: Professorin für Soziologie, Leiterin des DFG-Projekts *Ordnung der Geschlechter*

Andrea Dorothea **Bührmann,** Dr.: Wissenschaftliche Mitarbeiterin an der Universität GH Paderborn, Mitarbeiterin im Projekt *Kulturkritik und Geschlechterverhältnisse*

Gabriele **Cleve**: Doktorandin an der Universität GH Duisburg, Mitarbeiterin am Duisburger Institut für Sprach- und Sozialforschung (DISS)

Birgit **Dahlke,** Dr.: Literaturwissenschaftlerin am Institut für Deutsche Sprache und Literatur der Humboldt Universität Berlin

Alex **Demirovic,** Dr.: Privatdozent für Politikwissenschaft an der Universität Frankfurt/M. Mitarbeiter am Institut für Sozialforschung in Frankfurt/M

Andreas **Disselnkötter**: Mitarbeiter der Diskurswerkstatt Bochum e. V.

Mark **Galliker,** Dr.: Privatdozent für Psychologie an der Universität Bern, Leiter des vom Schweizerischen Nationalfond finanzierten Projektes *Sprachliche Diskriminierung*

Adi **Grewenig,** Dr.: AR am Seminar für deutsche Literatur und Sprache an der Universität Hannover

Kai **Hafez,** Dr.: Wissenschaftlicher Mitarbeiter am Deutschen Orient-Institut in Hamburg

Brigitta **Huhnke,** Dr.: Medienwissenschaftlerin und Journalistin

Kurt **Imminger**: Dipl. Psych., Wissenschaftliche Hilfskraft der Projektgruppe *Sprachliche Diskriminierung* im Sonderforschungsbereich 245 *Sprechen und Sprachverstehen im sozialen Kontext*, Heidelberg/Mannheim

Siegfried **Jäger,** Dr.: Professor für Sprachwissenschaft an der Universität GH Duisburg, Leiter des Duisburger Instituts für Sprach- und Sozialforschung (DISS)

Rainer B. **Jogschies,** Dr.: Publizist, 1992 bekam er den selten vergebenen *Glashaus*-Medienpreis für sein Fernsehspiel *Vier Wände. Eine deutsche Einheit*

Helmut **Kellershohn**: Lehrer für Geschichte und Katholische Theologie an einem Moerser Gymnasium, stellvertr. Vorstandsvorsitzender des Duisburger Instituts für Sprach- und Sozialforschung (DISS)

Ursula **Kreft**: Wissenschaftliche Mitarbeiterin des Duisburger Instituts für Sprach- und Sozialforschung (DISS)

Andreas **Musolff**: Department of German, University of Durham, England

Thomas **Niehr,** Dr.: Wissenschaftlicher Mitarbeiter am Lehrstuhl für Deutsche Philologie und Linguistik an der Heinrich-Heine-Universität Düsseldorf

Martin **Ramstedt**: Schriftsteller, freier Publizist und Musiker

Susanne **Slobodzian**: Mitarbeiterin der *Diskurswerkstatt Bochum e. V.*

Mark **Terkessidis**: Dipl. Psych., freier Journalist, promoviert über *Das Wissen über Rassismus in der 2. Migrantengeneration*

Hans **Uske,** Dr.: Sprach- und Sozialwissenschaftler, Wissenschaftlicher Mitarbeiter im Rhein-Ruhr-Institut für Sozialforschung und Politikberatung (RISP) an der Gerhard-Mercator-Universität - Gesamthochschule - Duisburg

Daniel **Weimer**: Dipl. Psych., Wissenschaftlicher Mitarbeiter der Projektgruppe *Sprachliche Diskriminierung* im Sonderforschungsbereich 245 *Sprechen und Sprachverstehen im sozialen Kontext*, Heidelberg/Mannheim

Rainer **Wimmer,** Dr.: Professor für Germanistische Linguistik an der Universität Trier

Bitte beachten Sie auch die folgenden Seiten

DISS

Duisburger Institut für
Sprach- und Sozialforschung

Das Duisburger Institut für Sprach- und Sozialforschung (DISS) beschäftigt sich vorrangig mit solchen gesellschaftlichen Problemen, die in der offiziellen und institutionalisierten Forschungs- und Bildungslandschaft eher vernachlässigt werden oder gar nicht vorkommen.

Unser Name ist auch unser Programm. Die dichte Verbindung von Sprache und Gesellschaft erfassen wir dabei durch unseren wissenschaftlichen Ansatz von Diskurstheorie und (ideologiekritischer) Diskursanalyse. Das heißt, wir betrachten Texte und andere sprachliche Äußerungen von vornherein als soziale Produkte, die deshalb selbst gesellschaftlich sind, weil und insofern sie auf Gesellschaft wirken. Eingebettet in einen gesellschaftlichen Diskurs entfalten Texte und Äußerungen sogar in dem Sinne Macht, daß sie Menschen zu bestimmten Handlungen disponieren.

Unser Schwerpunkt liegt zur Zeit bei der Erforschung von **Rassismus** und **Rechtsextremismus** in der Bundesrepublik.

Die Studien zum Rassismus beschäftigen sich vor allem mit dem rassistisch strukturierten Einwanderungs- und Flüchtlingsdiskurs im Alltag und in den Medien. Dabei geht es nicht nur um eine exakte Beschreibung des vorhandenen Diskurses, sondern auch um eine Analyse des Zusammenwirkens von Medien- und Alltagsdiskurs.

Insofern Rassismus ein zentraler Ideologiebestandteil rechtsextremen Denkens ist, ist die kontinuierliche Analyse rechtsextremer Entwicklungstendenzen ein weiterer wichtiger Bestandteil der DISS-Arbeit. Ein entsprechendes Archiv hierzu konnte in den letzten Jahren aufgebaut werden. Da aber rechtsextremes Denken nur dann Aussicht auf Erfolg hat, wenn es ihm gelingt, sich in den hegemonialen Diskurs einzubringen, interessieren hier vor allem die Übergänge zum (neo-) konservativen Denken.

Neben diesen inhaltlichen Schwerpunkten beschäftigt sich das DISS mit der Analyse des **bioethischen** Diskurses. Dieser Diskurs war bislang eher ein Diskurs für Spezialistinnen und Spezialisten. Doch in den letzten Jahren gewinnt er, vermittelt über die Debatten um Sterbehilfe und Euthanasie, um einen möglichen Eingriff in menschliche Keimbahnen, um Organspenden und Hirntod, zunehmend Einfluß auf Politik, Medien und Alltag.

Das DISS macht seine Ergebnisse durch Seminare, Vorträge und Publikationen sowie Bildungs- und Unterrichtsmaterialien öffentlich. Unsere Veröffentlichungen können sowohl direkt über das DISS als auch über den Buchhandel bezogen werden.

Das DISS ist ein freies Institut. Das bedeutet, daß wir keine regelmäßige öffentliche Förderung erhalten und dringend auf Spenden angewiesen sind.

Wer mehr über das DISS wissen will, der wende sich bitte an:

Duisburger Institut für Sprach- und Sozialforschung
Realschulstraße 51, 47051 Duisburg,
Tel. 0203-20249, Fax: 0203-287881

Margret Jäger / Siegfried Jäger / Ernst Schulte-Holtey / Ina Ruth / Frank Wichert (Hg.)

Biomacht und Medien

Wege in die Bio-Gesellschaft

359 Seiten, 39,90 DM
ISBN 3-927388-59-9

Ein bisher vernachlässigtes Forschungsfeld, für das die vorliegende Untersuchung den Blick schärfen will, ist der diskursive Komplex der - wie Michel Foucault diesen Zusammenhang nennt - *Biomacht.* Dabei geht es heute im wesentlichen um die Nutzung moderner Biowissenschaften und -technologien, in deren Gefolge sich teilweise neue Institutionen und Wissenspraktiken formieren, die sich mit Bestehendem vernetzen. Ziel dieser Studie ist zu beschreiben, wie sich diese Vernetzungsprozesse in bundesdeutschen Print-Medien präsentieren und welche Effekte von ihnen ausgehen.

Doch es geht nicht nur um eine neutrale Beschreibung dieser Sachverhalte. Die Analyse will gleichzeitig einen Beitrag zu einem sich vielfältig artikulierenden Widerstand leisten, der sich gegen die zunehmende Ausbreitung und Normalisierung biotechnologischer Logiken und Praktiken richtet, deren Durchsetzung häufig mit dem Verweis auf den ›Standort Deutschland‹ und der ökonomischen Zukunft der Bundesrepublik hysterisch beschworen wird.

Das Ergebnis zeigt zum einen, daß die Print-Medien in mancherlei Varianten und in unterschiedlichem Grad biopolitische Anrufungen präsentieren, die gerade deswegen den größten Teil der bundesdeutschen Bevölkerung erreichen. Zum anderen zeigt sich, daß mit Hilfe der Berichterstattung und Kommentierung die vielfach vorhandene Skepsis abgetragen wird. Mit anderen Worten: Die meisten Artikel tragen dazu bei, daß in der Bevölkerung eine Akzeptanz gegenüber biotechnologischen Logiken hergestellt wird. Überraschend ist dabei allerdings, daß trotz dieses Befundes der biopolitische Diskurs sich zwischen Akzeptanz und Ablehnung bewegt. Letzteres ist für die Entwicklung weiterer Gegendiskurse von Bedeutung.

Klaus-Peter Drechsel

Beurteilt Vermessen Ermordet

Die Praxis der Euthanasie bis zum Ende des deutschen Faschismus

1993, 174 Seiten, 16,80 DM, ISBN 3-927388-37-8

Euthanasie war keinesfalls eine Erfindung vom Rassenwahn befallener Nazis, sie war vielmehr eingebettet in Betrachtungsweisen einer Gesellschaft, die Menschen verdinglicht, vermißt und bewertet.

Heutzutage diskutieren namhafte Wissenschaftlerinnen und Wissenschaftler auf Kongressen, in Universitäten, Parlamenten, Kliniken, Ethikkommissionen und Fachzeitschriften wieder die gleichen Themen.

In einer »Risikogesellschaft«, in der Embryonen nach ihrer potentiellen Personalität selektiert werden, in der das Ende menschlichen Lebens an der Funktionstüchtigkeit seiner Organe festgemacht wird, in der medizinische Versorgung nach Kriterien des Nutzens und der Rentabilität vergeben wird, in der schließlich eine mörderische Hatz aus alles »Fremde« und »Andere« stattfindet, ist der Weg auf die schiefe Ebene, auf der es kein Halten mehr gibt, nicht mehr weit.

Detlev Franz

Biologismus von oben

Das Menschenbild in Biologiebüchern

1993, 90 Seiten, 12,80 DM, ISBN 3-927388-38-6

Inhaltlicher Schwerpunkt des ersten Teils der Untersuchung ist die Umstellung von republikanischer Schulbiologie auf »Deutsche Biologie« und Rassenlehre. Ausführlich werden dabei die gängigen Biologiebücher im »Dritten Reich« analysiert.

Der zweite Teil untersucht Nachkriegsschulbücher auf Elemente der NS-Schulbiologie, auf Rassismus, Eugenik und das Thema Ehe und Familie.

Die Herangehensweise beider Teile unterscheidet sich also: Der Erste Teil beschreibt den Umbruch, der Zweite Teil lotet die Kontinuität zur NS-Biologie aus.

Untersucht werden besonders nicht-naturwissenschaftliche Elemente, die eher einem Staatsbürgerkunde- oder Gesellschaftskundeunterricht zugehören. Die Arbeit kommt zu dem Schluß, daß auch heute noch die Schule mit ihren Schulbüchern Kindern biopolitische Ideologien als Teil eines quasi regierungswissenschaftlichen Blickes auf den Gesellschafts- und Individualkörper vermittelt.

Der Anhang enthält eine ausführliche Bibliographie.

Jahrbücher und Forschungsberichte

Margret Jäger / Siegfried Jäger (Hg.)
Baustellen
Beiträge zur Diskursgeschichte deutscher Gegenwart
1996, 346 Seiten, 36 DM
ISBN 3-927388-56-4

Ernst Schulte-Holtey (Hg.)
Grenzmarkierungen
Normalisierung und diskursive Ausgrenzung
1995, 190 Seiten, 28 DM
ISBN 3-927388-51-3

Siegfried Jäger (Hg.)
Aus der Werkstatt
Anti-rassistische Praxen
Konzepte - Erfahrungen - Forschung
1994, 359 Seiten, 38 DM
ISBN 3-927388-45-9

Siegfried Jäger / Jürgen Link (Hg.)
Die Vierte Gewalt
Rassismus und die Medien
1993, 328 Seiten, 29,80 DM
ISBN 3-927388-36-X

Siegfried Jäger / Franz Januschek (Hg.)
Der Diskurs des Rassismus
1992, 262 Seiten, 18 DM
ISBN 3-924110-46-8
(vergriffen)

Margret Jäger / Siegfried Jäger (Hg.)
Aus der Mitte der Gesellschaft

Heft 1: Zu den Ursachen von Rechtsextremismus und Rassismus in Europa
1991, 84 Seiten, 8 DM
DISS-Texte Nr. 20
ISBN 3-927388-24-6

Heft 2: Rechtsextremismus und Rassismus in Rußland und in der ehemaligen DDR
1991, 58 Seiten, 6 DM
DISS-Texte Nr. 22
ISBN 3-927388-26-2

Heft 3: Rechtsextreme Tendenzen in Österreich, Italien und Belgien
1991, 58 Seiten, 6 DM
DISS-Texte Nr. 23
ISBN 3-927388-27-0

Margret Jäger / Frank Wichert (Hg.)
Rassismus und Biopolitik
Werkstattberichte
DISS-Forschungsbericht 1996
110 Seiten (DIN A4), 24 DM
ISBN 3-927388-55-6

Margret Jäger / Siegfried Jäger (Hg.)
Studien zu rechtsextremen und (neo-)konservativen Diskursen
DISS-Forschungsbericht 1995
177 Seiten (DIN A4), 30 DM
ISBN 3-927388-54-8

Nachfolgend finden Sie einen Auszug aus unserem Publikationsverzeichnis, das Sie auch bei einer der untenstehenden Bestelladressen anfordern können.

Siegfried Jäger / Jobst Paul
Von Menschen und Schweinen
Der Singer-Diskurs und seine Funktion für den Neo-Rassismus
1990, 2. Auflage 1992
44 Seiten, 5 DM
DISS-Texte Nr. 13
ISBN 3-927388-17-3

Sebastian Reinfeldt / Richard Schwarz
Bio-Macht
Biopolitische Konzeptionen der Neuen Rechten
1992, 2. Auflage 1993
52 Seiten, 6 DM
DISS-Texte Nr. 25
ISBN 3-927388-34-3

Jobst Paul
Im Netz der Bioethik
1994, 96 Seiten, 12,80 DM
ISBN 3-927388-43-2

Margret Jäger
Fatale Effekte
Die Kritik am Patriarchat im Einwanderungsdiskurs
1996, 304 Seiten, 32 DM
ISBN 3-927388-52-1

Irmgard Pinn / Marlies Wehner
EuroPhantasien
Die islamische Frau aus westlicher Sicht
1995, 257 Seiten, 29,80 DM
ISBN 3-927388-49-1

Wolf D. Hund (Hg.)
Zigeuner
Geschichte und Struktur einer rassistischen Konstruktion
1996, 152 Seiten, 18 DM
ISBN 3-927388-53-X

Siegfried Jäger
Kritische Diskursanalyse
Eine Einführung (mit mehreren Musteranalysen)
1993, 448 Seiten, 38 DM
ISBN 3-927388-40-8

Heinrich Strunk
Dauerkalender
Über das Andere im Gleichen und das Gleiche im Anderen
Format 69 x 42 cm, Vierfarb-Kunstdruck
15 DM zuzügl. Paketporto

Bestelladresse:
DISS, Realschulstr. 51, 47051 Duisburg, Tel.: 0203-20249, Fax: 0203-287881, http://members.aol.com/dissdui
Bestelladresse für die Schweiz:
Pinkus Genossenschaft, Buchauslieferung, Froschaugasse 7, CH-8025 Zürich, Tel.: 01-2512674, Fax: 01-2512682

ISBN 3-89656-023-9

Stefan Etgeton und Sabine Hark (Hg.)

Freundschaft unter Vorbehalt

Chancen und Grenzen lesbisch-schwuler Bündnisse

Streitbare AutorInnen diskutieren über Visionen und Barrieren lesbisch-schwuler Zusammenarbeit und fragen, was Lesben und Schwule verbindet und trennt. Lesbisch-schwule Projekte werden unter die Lupe genommen, kontroverse Diskussionen dokumentiert und der Raum für neue Fragen geöffnet. Wer über den lesbischen bzw. schwulen Tellerrand hinausblicken will und Lust auf neue Bündnisse hat, wird viele Anregungen finden.

QUER VERLAG